KB242361

쉽게 푼 역학

쉽게 푼 역학

저자 **김봉준**

·충남 서산 출생, 서산 서령고등학교 졸업
·도학연구, 서울시 행정개선제안 3회 입상, 지방 행정공무원 근무
·국영기업체 근무, 기업체 정신교육 강사 다수

저서로는『쉽게 푼 역학(개정판)』,『운세십진법(本大路)』,『국운(나라의 운세)』,
『통변술해법』,『말하는 역학(알기 쉬운 해설)』,『핵심 관상과 손금』,
『나의 천운 운세찾기(몽골정통 토정비결)』,『천직(사주팔자로 찾은 나의 직업)』,
『완벽 사주와 관상』(공저),『정본 만세력』,『正本｜완벽 만세력』 등이 있다.

■ 백우역학원 원장
　전　　화 : (02) 2275-5607~8
　팩시밀리 : (02) 2275-5608

개정 쉽게 푼 역학

1판 1쇄 발행일　|　2006년 6월 16일
1판 6쇄 발행일　|　2019년 2월 16일

발행처　|　삼한출판사
발행인　|　김충호
지은이　|　김봉준

신고년월일　|　1975년 10월 18일
신고번호　|　제305-1975-000001호

411-776 경기도 고양시 일산서구 일산동 1654번지
산들마을 304호 2001호

대표전화 (031) 921-0441
팩시밀리 (031) 925-2647

값　39,000원
ISBN 89-7460-115-X　　03180

신비한 동양철학 · 71

쉽게 푼 역학

易學界의 大家
金奉俊 先生 編著

삼한

머리말

　우리나라에 서구문명이 들어와 놀라운 속도로 발전했으나 잃는 것 또한 많다. 서구사상의 철학은 형이하학 학문으로 형체를 갖춘 사물 중심의 사상인데 비해, 동양사상은 형이상학 학문으로 사물의 근본인 우주와 인간의 근본원리를 추구하는 학문이다. 따라서 분석을 요구하는 현대학이나 동양철학을 이해하려는 사람들에게는 난해한 점이 많아 제자리걸음만 해왔다. 이것이 누적되어 지금은 정신마저 서구식으로 바뀌어가는 원인 중의 하나다.

　이에 시대와 자라는 세대를 우려하던 중에 삼한출판사 김충호 사장님께서 동양의 인본중심사상까지도 잃을까 염려하시며, 인간본연의 삶과 의미를 알고 자기중심사상을 바로 잡으려면 동양의 우주철학을 알기 쉽게 풀이해 만인이 읽을 수 있게 하자면서 원고를 부탁하셨다. 그러나 필생이 둔재라 여러 차례 사양하다 공익정신으로 이바지하시겠다는 말씀에 이 글을 쓰게 되었다.

　동양철학사상은 인간에게 자연의 공익정신을 본받게 하려는 것을 대도정신으로 삼는다. 오늘날에는 학문과 생활양식까지도 서구사상에 침식당하여 현대인들은 동양철학을 태고 농경문화시대의 유물이며 시대착오적 학문의 복습이라고까지 말한다. 하지만 근세

경험과학이 발달하면서 수천 년 동안 신비에 싸인채 말없이 지켜오던 동양철학은 세계 최고의 문명을 자랑하는 서구인들에 의해 서서히 베일이 벗겨지기 시작하면서 지금은 그 육중한 모습을 드러냈다. 그들은 이제 미신이라고 하지 않는다. 오히려 진리라면서 늦잠을 깬듯 놀라 달려들고 있는데 우리는 무엇을 하고 있는가?

 우리에게는 오직 조상에게 우주철학이라는 값으로 헤아릴 수 없는 보고의 자산을 물려받았으면서도 지키고 가꿀 줄 몰랐다. 그 사이에 서구인들의 손에 베일이 벗겨지고 진리로 입증되고 있다. 그러나 부끄러운 줄도 모르고 아직도 미신 운운하며 어처구니 없는 말을 하고 있다. 안타까운 마음에 발이라도 동동 구르고 싶다. 더더욱 안타까운 것은 폭발할 것 같이 팽창해가는 기독교문화의 조류는 급속하게 우리에게 파고들어 기독교적이 아닌 것은 모두 뿌리째 버리라고 한다.

 기독교문화의 정신사상은 마침내 본 학문을 미신이라고 매도하는 폭언을 서슴치 않는가 하면, 나를 낳아준 조상과 부모까지도 우상이라면서 욕됨도 서슴치 않고 있다. 정말 이래도 되는지 의아스럽다. 세계는 지금 어지럽게 움직이고 있는데 우리도 휘말리다보니 얻는 것도 많고 잃는 것도 많다. 이해득실로는 반반이라 하겠지만 가장 아쉬운 것은 동양정신문화의 전통 자산인 인본중심사상이 병들어 가는 것이다. 이것은 천금을 준다해도 바꿀 수 없는 것이다.

보라! 세계는 지금 아비가 누구이며 조상의 뿌리가 어디 있는지도 모르고 뒤섞여 방황하고 있지만, 우리는 세계 유일의 한 배달한 겨레 한 민족으로 당당히 서 있다. 이 지구상에 어느 나라 어느 민족이 이처럼 인간의 근본인 도덕을 지키며 가르치고 있느냐.

민족이여 잠을 깨라!
그리고 들어라!
우리는 5,000년의 혼이 살아 숨쉬는 백두대간족이다.

그동안은 바보처럼 수난도 많았고, 부질없는 사상논쟁에 휘말려 내것을 잃기도 했다. 그러나 이제는 교훈으로 삼고 안으로 눈을 돌려보자. 무진(戊辰)대운부터 동방의 아침나라로 세계의 거족들이 대이동을 시작했다. 저- 우렁찬 함성이 들리는가. 그들은 시도때도 없이 우루루 몰려와 서울을 삼키기도 하고 토해내기도 하면서 동양의 신비에 탄성을 지르고 있다. 딱딱한 콘크리트문화에 찌든 그들이기에 흙냄새 물씬 풍기는 인간의 고향에 와보니, 설레이는 감정을 억제할 길 없어 터져나오는 함성이리라.

잠자는 듯 고요하면서도 가느다란 미소를 머금고 있는 저 불상들, 가라앉을 듯이 옹기종기 모여앉은 초옥들, 봉황의 꼬리처럼 하늘로 치솟은 고옥들, 구곡간장 여밀 듯 애끓는 한을 호소하며 절규하는 저 대금소리가 가슴을 파고들 때 그들은 인간 본연의 선으로 돌아가 무아무욕의 세계를 헤매이며 지난날 부질없이 놀아났던 욕을 한없이 부끄러워하고 있다. 이것은 자연의 진리다. 어느 누구의 강요가 아닌 인간 본래의 모습이 자연스럽게 나타나는 것이다.

인간은 공욕보다 사욕이 많다. 그러나 자연은 사욕은 없고 공욕만 있으니 이것을 사람의 마음 곳곳에 심어주고자 한다. 하도낙서(河圖洛書)의 원리까지 미신이라는 기독교인의 주장에 반론을 제기한다. 그리고 동양철학은 우주철학임과 동시에 자연과학임을 검증할 수 있도록 사람의 사주를 풀어가면서 설명했다.

이것은 인간도 자연이기 때문에 자연의 군생들이 생노병사하는 진리를 배우게 하기 위함이고, 잃어가는 우리 전통의 학문을 널리 알려 만유의 것으로 삼게하기 위해서이다. 너와 내가 따로 없는 공유의 우주정신은 온누리를 덮고도 남음이 있으리라 믿는다. 그러나 무한한 우주의 깊이를 미물인 인간이 감히 몇 개의 간지(干支)로 측량한다는 자체가 불가능한 일일 것이다.

精舍
金奉俊

1장. 우주론

2장. 오행론

3장. 사주조직론

8장. 십이운성론

9장. 운명판단론

■머리 좋은 사주 ■농사꾼 사주 ■장사꾼 사주 ■사법관 사주
■공무원 사주 ■예술가 사주 ■승려 사주 ■맹인 사주 ■농아 사주
■불구 사주 ■백일을 살지 못하는 사주 ■식모 · 마담 사주
■자연유산이나 낙태수술을 잘하는 사주 ■맹장염이 있는 사주
■정신질환에 걸리는 사주 ■음독자살하는 사주
■조상을 돌보지 않는 사주 ■어머니가 재취로 들어온 사주
■색정을 탐하는 사주 ■어린여자를 좋아하는 사주
■남자가 몰래 첩과 자식을 두는 사주 ■국제결혼하는 사주
■혼혈아를 낳는 사주 ■총각이 자식낳는 사주 ■처녀가 임신하는 사주
■실외에서 자식낳는 사주 ■부부궁이 불길한 일주
■고부간에 갈등이 있는 사주 ■ 임신하면 남편을 미워하는 사주
■남편덕 없는 사주 ■남편이 애주가인 사주
■남편이 도박을 좋아하는 사주
■남편과 시어머니에게 구박과 폭력을 당하는 사주
■남편과 생이별하는 사주 ■남편이 악사당하는 사주
■남편이 익사하는 사주 ■여자가 가권을 쥐는 사주
■아내덕으로 출세하는 사주 ■악처를 만나는 사주
■아내가 악사하는 사주 ■장모를 모시는 사주 ■공처가 사주
■처가를 돕는 사주 ■처가가 망하는 사주 ■아내가 가출하는 사주
■부부싸움을 많이 하는 사주 ■아내가 뚱뚱한 사주
■아내가 날씬한 사주 ■아내가 물건을 잘 깨트리는 사주
■강도나 강간을 당하는 시기 ■사기를 당하거나 부도가 나는 시기
■객사하기 쉬운 시기

10장. 신살론

  - ■천을귀인(天乙貴人) ■태극귀인(太極貴人) ■천관귀인(天官貴人)
  - ■복성귀인(福星貴人) ■천주귀인(天廚貴人) ■천복귀인(天福貴人)
  - ■천록귀인(天祿貴人) ■문창귀인(文昌貴人) ■학당귀인(學堂貴人)

11장. 사주통변술

1장. 우주론

1. 만남에 감사하며 살자

고요하고 깊은 밤이다. 천지의 만물도 지친 듯 잠에 취해 버렸고, 바람소리조차 끊어졌다. 이것이 우주의 위대한 능력에서 비롯된 정(靜)의 통일인 모양이다. 그러나 이 밤이 가고나면 또다시 잠들었던 만물은 기지개를 펴며 일어나기 무섭게 일벌처럼 흩어져 꿀을 모으는 삶이 계속된다. 들판 사이를 바쁘게 돌아다니는 농부도 있고, 빌딩숲을 누비며 돌아다니는 신사 숙녀도 있으며, 개미굴과 같이 북적거리는 시장통의 한복판에 서서 고래고래 소리지르는 사람도 있고, 구성진 노랫가락에 손장단 발장단을 쳐대며 오고가는 손님을 불러 모으는 사람도 있고, 수단과 방법을 가리지 않고 긁어모으기에 성공해 거드름을 피우는 사람도 있고, 자신만의 이익을 위해 바쁘게 움직이는 사람도 있다. 이 모두가 아침이면 하나의 빛이 있어 움직이는 우주의 동(動)에 의한 생활일 뿐이다.

우주의 참뜻은 만물을 죽이려고 하는 것이 아니다. 고운 사람 미운 사람 가리지 않고 빛을 선물하는 자애로움을 갖고 있다. 우주의 개념으로 표현하면 우주의 질서운동이라고 한다. 여기에 소우주라는 인간도 우주와 같이 올바른 질서운동을 해야겠지만 현재의 인간사회는 어떤 모습을 하고 있는가.

정도와 정의는 사도와 불의에 찢기고 할퀴어 굴복당하고, 선은 악의 포로가 되고, 정의는 불의의 노예가 되어 마침내 약자만이 범하는 죄아닌 죄악의 누명을 뒤집어 써야 하는 현실. 그러므로 너와 나 우리 모두라는 공유의 개념은 사라지고, 오직 나 하나만이라는 이기적 사고가 공동을 지배하는 듯한 사회가 되면서, 인간은 본연의 윤리와 도덕이 무엇이고, 무엇 때문에 존재하는지조차 모르면서 타락의 길로 가고 있으니 개탄하지 않을 수 없다.

이것은 모순과 대립이 반복되는 과정에서 먼저 있었던 것은 없어지고, 없어지면 새롭게 낳는 과정인 생과 사의 진리를 본받는다는 것이, 인간은 두뇌가 발달하면서 이를 핑계삼아 자연의 진리를 올바르게 받아들이지 않고, 오늘날과 같이 인간의 의미가 무엇인지조차 모르면서 죄와 벌의 늪에서 헤매이고 있는 것이다.

물론 인간은 본래 미완의 산물이기 때문에 완성을 이루기 위한 과정에서 발생한 문제라 할 수도 있지만 사회로까지 커다란 파장을 이루고 있는 것도 지적하지 않을 수 없다. 그러나 이런 인간의 모순은 신이 허락한 것인지도 모른다. 왜냐하면 무법무례하게 개

방된 인간시장에는 한 줄기의 빛이 있기 때문이다. 그 빛을 거두면 모두 그만인 것을 … 이에 대해 한 성직자를 이렇게 말한다.

"당신께서는 처음 우주를 창조하실 때, 먼저 빛과 어둠을 있게 하시고 사람을 만드신 창조자이시므로, 만 백성을 사랑하사 모두를 용서하시는 절대권능을 갖고 계시기에, 미운사람 고운사람 가리지 않고 모두에게 빛을 주시는 거라고…."

어기서 중요한 것은 빛과 어둠이다. 이 말을 동양사상으로 보면 빛은 양(陽)이요 어둠은 음(陰)이다. 또 우주를 크게 나누어 음양(陰陽)으로 구분하면 하늘은 양(陽)이요, 땅은 음(陰)이요, 남자는 양(陽)이요, 여자는 음(陰)이다. 이렇게 우주의 모든 삼라계는 눈에 보이는 사물에서 눈에 보이지 않는 빛에 이르기까지 음양(陰陽)으로 되어 있고, 이들은 서로 배합관계를 이루고 있다. '나'라는 자신도 음양(陰陽)의 배합에서 생산되어 가정과 사회와 국가의 구성원이 된 것이다.

만약 이런 음(陰)과 양(陽)의 배합이 아니라 양(陽)과 양(陽), 음(陰)과 음(陰)의 배합이라면 불배합이 되어 '나'라는 존재도 없고, 가정과 국가도 존재할 수 없을 뿐 아니라 우주도 낮이나 밤만 계속될 것이다. 우주는 움직이며 변화해 지구에 생명체가 존재할 수 있는 것이다. 그러니 이토록 깊은 밤이 찾아와도 감사하고, 먼 동이 트는 새벽을 보고도 감사하며, 사람을 만나는 것에 감사하며 살

자. 지구의 생명이 시작된 때부터 지금까지 수억 년의 시간이 있었고, 또 수억 년의 미래라는 시간이 있건만 너와 내가 바로 이 시간 이 장소에서 만난 것이 어찌 기적이 아니겠는가.

2 뿌리가 있는 것은 미신이 아니다

'나'라는 존재는 무한한 우주에서 내려다 볼 때 한 점도 안되는 미미한 존재이다. 그러나 엄연하게 존재하는 것은 대립과 경쟁에서 승리했기 때문이다. 인간의 생명체가 한 톨의 씨앗이 되려면 생산되는 정자의 수가 무려 2억 개 이상이나 된다. 나는 이들과의 경쟁에서 2억:1이라는 기적의 관문을 뚫고 태어난 것이다. 그러나 이토록 치열한 경쟁에서 승리한 인간들은 무공이라도 자랑하듯 교만하고 방자하기 이를데 없다. 만물의 영장이랍시고 멋대로 특권을 휘두른다.

먼저 동양철학을 미신이다 아니다라는 시비에 대해 말하겠다. 미신이란 혼미할미(迷) 자를 쓴다. 이것은 사실이 아닌 것을 사실인 것처럼 꾸며 믿게 하는 것을 말한다. 미개시대의 전통과 인습을 맹목적으로 믿는 것을 말한다. 그러나 미신이란 속설의 근거를 좀더 깊이 있게 생각해보자.

지금까지 전해오는 미신의 내용은 대부분 시대적 배경도 모르면서 전해오고 있는 것 뿐이다. 그 내용물을 분석해보면 믿을 수도 없고 믿지 않을 수도 없어 오늘날까지 결론을 유보한 것들이다. 이 말의 뜻을 뒤집어 생각해보자. 이러한 미신의 내용들이 사실로 밝혀졌다면 지금까지 미신으로 남아 있겠는가를 ….

동양철학도 예외는 아니다. 동양철학이라는 학문도 발생된 시기나 시대에서 해명하지 못했고, 오랜 세월의 흐름과 더불어 인간의 두뇌 발달에도 불구하고, 진의가 아직까지 과학적으로 분석되지 않았다 해서 결론을 유보한 채 미신이다, 신비다 하며 흘려보내고 있는 것이다.

그럼 여기서 인간의 습성을 살펴보자. 인간은 어떤 사실이 있을 때 는 사실내로 인정한다. 그러나 인간의 지능으로 밝힐 수 없으면 신비라고 해서 무지와 무식을 덮어둔다. 더 나가서는 사실도 믿을 수 없어 모르겠다고 판단되면 거침없이 미신이라고 싹쓸어 버린다. 먼 옛날 어떤 사실이 있었으나 인간이 믿지 않아 미신이 되었다고 한들 무슨 소용이 있겠는가.

300여 년전 코페르니쿠스가 지구는 유성과 같이 태양을 중심으로 돈다는 지동설을 주장했을 때, 사람들은 그를 미친 사람으로 몰아세웠다. 그러나 지금은 그를 미친 사람이라고 하는 사람은 한 명도 없다. 만일 그의 지동설을 해명하지 못했다면 지금도 미신이나 신화로만 남아 있을 것이다. 내가 모른다고, 과학이 밝힐 수 없다고 해서 무조건 미신이라고 해서 되겠는가.

한동석 선생은 신비란 무지인의 동경대상으로서의 진리요, 미신이란 무지인의 망각대상으로서의 미신이라고 했다. 그러면 동양철학이 미신인지 신비인지를 논하기 전에, 우리 생활주변에서 흔히 볼 수 있는 예를 들어보자.

우리 동네 김씨라는 사람이 터무니없는 거짓말을 했다고 해보자. 그의 거짓말은 진실로 둔갑해 온동네로 전국으로 퍼져나갈 때 1년이 가고 10년이 되도록 진실이 밝혀지지 않으면 효력은 여전할 것이다. 그러나 거짓말이라는 것이 밝혀지고 나면 단막극이 되어 생명이 끝나버린다. 더이상 생명력이 없는 말이기 때문이다.

신화나 전설도 마찬가지이다. 어떤 신화나 전설이 사실무근인 거짓말이었다면 이미 역사 속에서 사라졌을 것이다. 그러나 아직도 존재하는 이유는 무엇인가? 아담과 이브의 신화도 그렇고, 그리스의 신화, 이집트의 불사조, 동양의 수많은 전설들은 지금도 살아숨쉬며 전해지고 있다. 이것은 이속에 도저히 지워버릴 수 없는 사실성과 전통성과 역사성이 있기 때문이다.

인간의 내용은 정신이고, 우주의 내용은 오행(五行)이다. 인간의 정신과 우주의 정신을 핵·중앙중심·十·공(空)이라고도 하는데 진리를 말한다. 인간의 중심이 되는 정신과 우주의 중심이 되는 축이 흐트러졌다고 가정해보자. 만일 인간의 정신이 흐트러져 있다면 정신이 산만해지고, 심하면 탕아같은 행동을 할 것이다. 그리고 우주의 중심이 흐트러져 있다면 천체가 중심을 잡지 못해 행성들이 부딪쳐 천지개벽이 일어날 것이다.

따라서 동양철학에도 진리가 있고, 미신이나 신화에도 중심인 핵의 진리가 있어 지금까지 존재하는 것이다. 다시 말하면 우주와 인간, 미신이나 신비, 그리고 전설이나 신화에도 진실의 내용이 숨겨져 있다. 이렇게 자연은 진리를 진리 그대로 변질시키지 않고 흘려보내고 있건만, 인간이 모른다고 미신이나 신비로만 가볍게 볼 것인가 하는 것이다.

그러므로 본서의 다음 우주론에서는 1988년 11월 11일자 조선일보의 광고란에 다음과 같은 내용으로 태극기개조론에 대한 기독교인의 의견이 있었기에 이에 대한 반론을 제기하는 뜻으로 본편을 마련했으니 독자들께서 정의가 있으리라 믿고 다음 글을 올린다.

3. 우주의 원리와 동양철학

1. 북극성

독자의 이해를 돕기 위해 우주의 원리와 자연수의 원리를 먼저 설명한 뒤, 동양철학의 원리를 설명하는 것이 순리라고 생각한다.

인간은 광대무변한 우주의 공간이라고 하는 축과 시간이라고 하는 축의 만남 점에서 살고 있다. 우(宇)는 공간을 말하고, 주(宙)는 시간을 말하는데 여기에 인간까지 포함해 우주라고 한다. 하늘이라고 하는 천체에서는 해와 달과 별들이 뒤엉켜 무질서하게 움직이는 것 같으나, 주기적으로 질서운동을 반복하면서 역사를 만들고 세월을 만든다.

끝도 없이 높고 넓게 펼쳐진 하늘의 중심은 어디인가? 누구나 한 번쯤은 하늘의 중심을 찾아보려고 사방을 뱅뱅 돌아보았을 것이다. 태양은 타원형의 궤도를 그리며 황도선을 따라 하루에 한 번씩 규칙적으로 운행한다. 적도선을 찾아낸 천문학자들은 황도선과 적도선을 따라 하늘을 양분해 북극성이 있는 쪽을 이북이라 하고, 반대쪽을 이남이라고 하는가 하면, 북극성이 있는 쪽을 북천, 반대쪽을 남천이라고 해 중심선을 긋기도 한다. 어쨌든 이런 경계선이 하늘에 그려져 있는 것도 아니다. 다만 천체학자들은 이렇게라도 선을 그어 놓고 하늘은 공과 같이 둥글다해 천구(天球)라 이름지어 놓고 북극성을 축으로 삼아 연구하고 있는 것 뿐이다.

그러면 여기서 잠시 태양의 운행을 살펴보자. 태양은 하늘의 적도 이북으로 올라와 지구의 여름을 만들고, 하지가 지나면 다시 이남으로 물러가 지구의 겨울을 만든다. 이때 태양이 운행하는 황도면

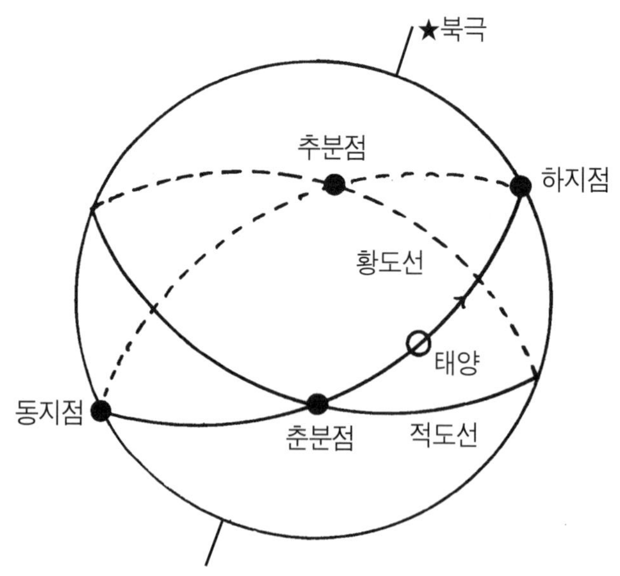

은 지구의 공전궤도면과 일치하면서 황도선과 적도선을 따라, 아래 그림과 같이 커다란 타원형을 그리며 운행한다.

 태양이 남에서 북으로 올라올 때 적도와 만나는 점이 춘분점이고, 북에서 남으로 내려갈 때 적도와 만나는 점이 추분점이다. 이때 황도와 적도의 면이 각을 이루는 경사는 23도 27분이다. 이렇게 하늘에서 춘분·추분·하지·동지점을 찾아낸다. 이들 4점 가운데 절기라고 하는 등분점을 다시 24등분한 것이 24절후다. 그리고 일년의 시작은 입춘일부터 계산하고, 4계절도 계절마다 각각 시작되는 절기가 있다.

■ 봄 : 입춘 ■ 여름 : 입하 ■ 가을 : 입추 ■ 겨울 : 입동이라 하고, 다시 ■ 중춘 : 춘분 ■ 중하 : 하지 ■ 중추 : 추분 ■ 중동 : 동지라고 하는 절기가 있어, 4계절의 구분을 더욱더 명확하게 해준다. 그리고 아래의 표에서 보는 것과 같이 1년 24절후 중 매 절기 마디에는 초후·중후·말후의 3후로 세분하여 1년은 모두 72후가 된다. 이들 72후는 이렇게 각각 계절의 변화를 나타낸다. 그러나 이 도표는 중국의 화북지방을 기준으로 한 것이기 때문에 우리 나라와는 차이가 좀 있다는 것을 참고하기 바란다.

72절후와 자연현상

24절후		初候	中候	末候
1월	입춘	동풍이 불어 언 땅을 녹인다.	동면하던 벌레가 움직이기 시작한다.	물고기가 얼음 밑으로 돌아다닌다.
	우수	수달이 물고기를 잡는다.	기러기가 북쪽으로 날아간다.	초목에 싹이 나기 시작한다.
2월	경칩	복숭아꽃이 피기 시작한다.	꾀꼬리가 운다.	매는 보이지 않고 비둘기가 날아다닌다.
	춘분	남쪽에서 제비가 날아온다.	우뢰소리가 들려온다.	처음으로 번개가 친다.
3월	청명	오동나무에 꽃이 피기 시작한다.	들쥐는 숨고 종달새가 울어댄다.	무지개가 나타나기 시작한다.
	곡우	마름이 생기기 시작한다.	산비둘기가 깃털을 턴다.	뽕나무 위로 뻐꾸기가 내려온다.
4월	입하	청개구리가 운다.	땅 속에서 지렁이가 나온다.	오이가 나온다.
	소만	씀바귀가 돋아난다.	냉이가 누렇게 죽어간다.	보리가 누렇게 익어간다.
5월	망종	명아비가 돋아난다.	왜가리가 울기 시작한다.	자빠귀가 울음을 멈춘다.
	하지	사슴뿔이 떨어진다.	매미가 울기 시작한다.	반하(半夏)의 밑알이 들기 시작한다.
6월	소서	더운바람이 불기 시작한다.	벽에 귀뚜라미가 기어다닌다.	매가 사나워지기 시작한다.
	대서	썩은 풀에서 반디불이 생긴다.	흙이 습하고 더러워진다.	때대로 큰 비가 내린다.

72절후와 자연현상

24절후		初候	中候	末候
7월	입추	서늘한 바람이 불어온다.	진한 이슬이 내린다.	쓰르라미가 운다.
	처서	매가 새를 잡는다.	천지가 쓸쓸해지기 시작한다.	벼가 익어가기 시작한다.
8월	백로	기러기떼가 날아온다.	제비가 돌아간다.	새들이 먹이를 저장한다.
	추분	우뢰소리가 걷힌다.	동면하는 벌레들이 구멍을 막는다.	땅위의 물이 마르기 시작한다.
9월	한로	기러기가 모여든다.	참새가 줄고 조개가 나돌기 시작한다.	국화가 핀다.
	상강	승냥이가 산짐승을 잡는다.	초목의 잎들이 누렇게 변해 떨어진다.	벌레가 동면하러 땅속으로 들어간다.
10월	입동	물이 얼기 시작한다.	땅이 얼기 시작한다.	꿩이 드물고 큰 물에서 조개가 잡히기 시작한다.
	소설	무지개가 생기지 않는다.	천기가 올라가고 지기가 내린다.	만물이 퇴색하고 겨울이 시작된다.
11월	대설	할단새가 울지 않는다.	호랑이가 교미를 시작한다.	여지가 돋아난다.
	동지	지렁이가 교결한다.	고라니의 뿔이 떨어진다.	샘물이 얼기 시작한다.
12월	소한	기러기가 북쪽으로 돌아간다.	까치가 집을 짓기 시작한다.	꿩이 운다.
	대한	닭이 알을 낳는다.	새가 높고 빠르게 날아다닌다.	물이 꽁꽁 얼어붙는다.

2. 자연수

우리는 알게 모르게 숫자의 테두리 속에 묶여서 살아간다. 숫자 속에는 엄격한 상하의 질서가 확립되어 있다. 만약 이런 질서가 없다면 우리의 생활은 혼란에 휘말려 아수라장이 되고 말것이다. 그러나 다행스럽게도 다음 그림에서 보는 것과 같이 우주는 질서로 시작해 질서로 끝맺는 원리가 있다. 더불어 인간도 질서있게 공동생활을 할 수 있는 것이다.

자연수는 1·2·3·4·5·6·7·8·9·10이다. 이 가운데 생수(生數)라고 하는 1·3·5·7·9의 홀수가 있고, 성수(成數)라고 하는 2·4·6·8·10의 짝수가 있고, 중수(中數)라고 하는 5·10이 있다. 생수(生數)는 만물을 생장시키는 수이고, 성수(成數)는 만물을 결실시키는 수이며, 중수(中數)는 만물이 결실하는데 근본이 되는 수이다.

이중에서도 특히 10은 자연수의 만수(滿數)로 모든 수의 우두머리가 된다. 가정에서는 가장과 같고, 사회에서는 어른과 같고, 국가에서는 대통령과 같고, 우주에서는 최고의 신과 같다고 할 수 있다. 이와 같이 10은 만물의 어른이며 결실을 뜻하므로 10이 되어야만 열매를 맺는다는 것을 참고하면서 다음의 우주원리도를 이해하기 바란다.

3. 우주원리도

- □ 정원은 360도이다.

- □ 원둘레 수의 합은 360이다.

- □ 1년은 360일이다.

- □ 인간의 혈(穴)은 360개다.

- □ 우주는 공전하고 일생은 자전한다.

- □ 일생은 공전하고 생활은 자전한다.

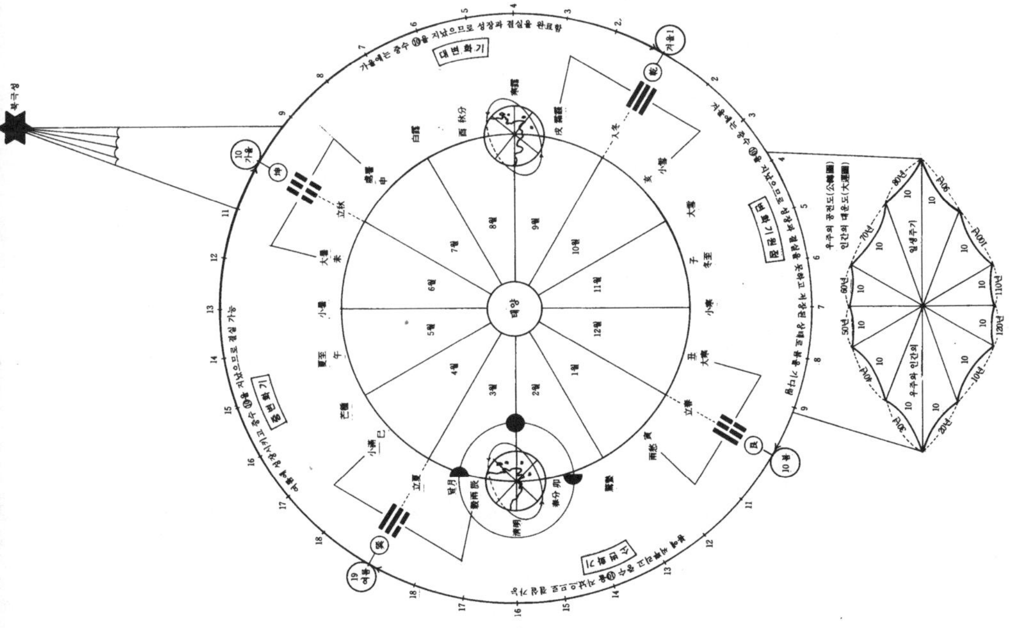

- □ 원 둘레 수의 합은 360이다. 이것은 정원의 각은 360도이고, 일
  년은 360일이라는 뜻이다.

□ 춘하추동 가운데 질서 있게 배열한 수가 10을 넘어야 열매를
맺는다.

   봄 : 10~18까지의 수가 봄이다. 봄은 만물을 생육하면서 10을
         넘었으니 결실을 맺는다. 우주의 형상으로는 소변화기에
         속한다.
   여름 : 19~11까지의 수가 여름이다. 10을 훨씬 넘었으니 만물이
         무성하게 성장하여 결실을 맺는다. 우주의 형상으로는
         중변화기에 속한다.
   가을 : 10~2까지의 수가 가을이다. 10을 넘었으니 만물이 성장
         과 결실을 끝내고 수확을 한다. 우주의 형상으로는 대
         변화기에 속한다.
   겨울 : 1~9까지의 수가 겨울이다. 10에 이르지 못했으니 싹도
         트지 못하고 수장된다. 그러나 9나 10이 되면 봄이 되니
         새로운 활동을 할 수 있다. 우주의 형상으로는 변화기의
         원점에 속한다.

□ 달은 하루에 13도씩 29. 5일에 걸쳐 지구를 한 바퀴 돌아야 한
달을 만든다. 지구는 태양을 공전하는데 하루에 1도씩 30도를
공전해야 한 달이 된다.
□ 지구는 태양을 하루에 1도씩 365. 2564일 돌아야 일년을 만든다.
□ 달·지구·태양이 한 덩어리가 되어 북극성을 한 바퀴 공전하

는데는 120년이 걸린다. 나와 똑같은 사주가 나오려면 120년이 걸린다는 뜻이다.

□ 지구가 태양을 한 번 공전하려면 12개월이 걸린다. 사주의 대운이 10년씩으로 정해진 것은 지구 : 12월(1년), 우주 : 120년(1년)＝10년이 되기 때문이다. 인간도 120년이 천명이다.

□ 지구와 달의 거리는 38만 킬로미터이다. 지구에서 달에 있는 사람에게 무선통신을 보내면 1. 3초만에 도착한다.

□ 태양과 지구의 거리는 14.945만 킬로미터이다.

4. 우주의 상대성원리

지금까지 우주의 원리와 인간의 원리는 하도(河圖)와 낙서(洛書)에서 비롯되었다는 것을 설명하기 위해 장광설을 늘어놓은 것이다. 멀리 있는 산은 푸르름은 알 수 있으나 그 푸르름을 만든 재목은 알 수 없다. 따라서 독자들을 숲 속으로 안내해 재목의 유무만이라도 확인시켜 주는 것이 역학도의 올바른 자세라고 생각한다.

역(易)이란 글자를 풀이해보면 바꿀역(易) 자로 날일(日) 밑에 달월(月) 자를 썼다. 이것은 우주의 음양(陰陽) 관계다. 해와 달은 우주가 돌 때 떠오르기도 하고 일그러지기도 하는 일정한 운동을 하고 있다는 뜻이다. 따라서 역(易)은 자유자재로 변한다. 하루를 12시간 기준으로 변하는 색만 보면 아침에 떠오르는 햇볕의 온도부터 시간이 지나면서 해가 질 때까지의 온도는 매 시간마다 다르다. 그에 미치는 색 또한 달라 만물의 색은 하루에 12번 변한다.

이렇게 역(易)의 원리는 변화무쌍하여 도저히 예측할 수 없는 것 같으나 그렇지 않다. 여기에는 반드시 조직과 질서가 있고, 본질 또한 정역(正易)으로만 변화하는 성격과 철저한 상대성원리를 갖고 있기 때문에 어느 것 하나 많고 적음이 없이 형평을 유지한다. 다시 말해 우주의 만물은 반드시 상대가 있다. 천지(天地)·음양(陰陽)·좌우(左右)·상하(上下)·고저(高低)·장단(長短)·표리(表裏)·흑백(黑白)·순역(順逆)·인과(因果)·산천(山川) 등과 같이 이것이 있으면 반드시 저것이 있다.

이런 우주의 원리가 학문으로 기록되기 시작한 것은 약 6,000여 년 전이다. 태시천원문(太始天元文)에 복희(伏羲)가 팔괘(八卦)를 그려 우주상의 기본을 만들었다는 기록이 있고, 황제가 갑자성두(甲子星斗)의 원리를 설명했고, 문왕(文王)과 주공(周公)은 역(易)을 완성했고, 공부자(孔夫子)는 십익(十翼)의 상수(象數)원리에서 우주의 본체는 태극(太極)이라고 했고, 주자는 무극설(無極設)을 제창했다. 아득한 상고시대에 이처럼 놀라운 학설이 있었다는 사실에 감탄하지 않을 수 없다.

그럼 여기서 잠시 역학이 발전해온 배경을 살펴 보자. 역(易)의 발전은 3황시대(천황·신농·복희)로 거슬러 올라간다. 복희(伏羲)가 팔괘(八卦)를 만들어 우주의 근본을 세웠다고 해서 복희팔괘(伏羲八卦)라 하고, 이것을 근거로 우주의 원리를 삼았다. 그리고 문왕(文王)이 계사(繫辭)를 쓰고, 주공(周公)이 효사(爻辭)를 써서 역(易)을 완성했다. 그후 약 500년 뒤 노(魯)나라의 공부자(孔夫子)가 역(易)의 원리를 정립하여, 나라에서는 경세치국하고 백성에게는 인본사상을 가르치는 유교경전을 만들었다. 이후 불교와 선도의 경전이 나오면서 유불선의 세 경전은 동양권에서 쌍벽을 이루며 발전해 현재의 동양정신문화사상의 보고가 되었으며, 인륜도덕사상의 모체가 된 것이다.

이와 같이 역(易)은 복희(伏羲)에게서 시작하여 우왕(禹王)·문왕(文王)·주공(周公)·공자(孔子)의 5성에 이르기까지 무려 2,500여 년의 긴 세월이 흘러 지금에 이르렀디. 이것은 지구의 역시에서 가장 오래된 학문이며, 우주의 근본진리서라고 할 수 있다. 여기에 역(易)의 발전에 크게 공헌한 인물들을 기록하니 참고하기 바란다.

5. 역(易)을 발전시킨 인물들

문왕(文王) : 은(殷)나라의 주왕(周王)과 무왕(武王)의 아버지이고, 서방제후의 장(長)이었으며, 서백(西伯)이라고도 하는데 역(易)을 연술했다고 한다.

주공(周公) : 문왕(文王)의 아들이며, 은(殷)나라를 멸하고 주(周)나라를 세운 무왕(武王)의 동생이다. 무왕(武王)을 보좌해 천하를 다스리기도 했고, 문왕(文王)의 업을 이어 받아 주역(周易)을 완성했다고 한다.

공자(孔子) : 주(周)나라 춘추시대 이후 2,500년 전에 노(魯)나라에

서 출생했다. 예락(禮樂)의 도를 정립했고, 익전십편
　　　(翼傳十篇)을 저술하였으며, 유도(儒道)의 종조이다.
우왕(禹王) : 하(夏)나라를 세운 임금이다. 처음에는 요순(堯舜)
　　　밑에서 벼슬을 하다 홍수와 산하를 잘 다스려 국토
　　　를 평정했다고 한다.

4. 어느 기독교인의 주장

어느 기독교인이 하도낙서(河圖洛書)를 미신의 점괘라 하며, 태극
기 개조론을 제창한 바가 있어, 그 원본을 싣고 동양철학의 원리로
반론한다.

1. 통일은 태극기 개조에 달렸다 (원문)

본인은 나라의 안익과 국민의 복리와 또한 민족의 염원인 통일을
하루빨리 이루기 위해 당국에 건의와 진정을 수차했지만 시기상조
로 그 뜻이 이루어지지 않았으나 오늘에 이르러 기탄없이 공개 건
의를 하게 됨은 그때가 왔다고 판단되기 때문이다.
　나라의 상징인 국기를 개선하자는 것은 좀 지나친 처사라고 말할
사람도 있겠지만, 국기로서의 태극기가 좋지 않다는 생각을 가진
사람은 본인뿐만이 아닐 것이라 생각하는 동시, 반면에 흔히 태극

기에 대해 역사가 유구하고 민족의 혼이 담긴, 참으로 전통적이요 숭고한 것으로 생각하는 사람도 있을 것이다.

그러나 실상은 태극기에 담긴 태극(太極)의 유래를 말하면, 지금으로부터 5900여년 전 중국에서 나온 하도낙서(河圖洛書)에서 비롯된 것으로 태극(太極)은 음양(陰陽)·일월(日月)·용(龍)·고사(古蛇)·거북·복술(卜術) 등인데, 중국에서는 주역(周易)으로 발달해 세상의 이치를 점치고 있는 창조원리신이라 한다.

이런 복술(卜術)로서의 태극(太極) 주역(周易)이 우리 나라에 들이와 상관된 역사는 오래 되었지만, 우리 민족의 혼을 대표하는 사상은 결코 아닌 것이다. 태극(太極)이 우리 나라의 상징물이 된 것은 지금으로부터 100여년 전 박영효가 일본수호조약의 사신일 때 이 태극(太極)을 국기로 급조해 이용한 것이 오늘에 이르렀으나 구한말 대한제국이 태극(太極)에 심취한 이후에 나라는 일본에 합병당하고, 오늘날까지 우리민족이 수난의 역사만 거듭될 뿐 좋은 일들이 하나도 없었음을 알 수 있다. 물론 통일이 되어 국기개조에 대해 건의를 한다면 더욱 좋겠지만, 이 기로서는 결코 국운을 얻지 못할 뿐만 아니라, 통일에도 지장을 초래하게 될 것이 분명해 통일을 촉진시키는 방법으로는 무엇보다도 국기부터 개조가 급선무임을 생각하고 개조를 건의한다.

그 이유는 38선이 나누인 것이 거저 미소 강대국 수뇌들이 모여 단순히 남북분단 통치를 위해 선을 그어서 이루어진 것이 아니라, 해방 전 한국기독교회가 1938년에 신사참배를 국가의식으로 가결해 일본 태양신 앞에 굴복한 때문이요, 일황 소화 38세 되던 해 대동아전쟁이 시작해 이 천황에게 최고 경배를 하느라고 허리꺾은 죄값이기에 38선상에서 분단되고 만 것이기 때문이다.

하나님의 섭리는 이와 같이 만상에 법칙이 있다. 시종 섭리가 모두 하나님의 뜻이니, 통일의 열쇠도 주님의 십자가밖에 없는 것이다. 그 십자가로 나누어진 한반도를 통일해야 하기 때문에 개조되는 국기는 한반도 내에 십자가가 담긴 상징적인 도안의 국기로 죄값을 씻어야 마땅하다. 예수가 십자가에 죽고 유대민족이 세계 속에 흩어짐을 당한 것이 불신자의 죄가 아니고, 믿는 유대인들의 죄값이듯이, 오늘날 우리 나라의 수난의 현실이 바로 범죄한 기독교인들의 죄값이다.

공산과 민주가 합할 수 없는 것처럼 태극(太極)의 주역(周易) 우상의 과학문명사회가 합할 수 없다. 제6공화국은 분명히 민주쇄신체제라고 출범했다. 그러므로 민주선진국에서는 태극기는 국기로 어울리지 않는다. 그 이유는 그것이 곧 복술(卜術)로 이루어져 있고 태극기는 36효(爻)의 거북점괘의 기이기 때문이다. 이것은 민주문명사회에 모순이 아닐 수 없다.

더욱이 한국의 1천만 기독교인들은 태극(太極)이 성경에서 지적한 666수라는 사실을 모르거나 또는 알면서도 말을 못하고 있기에 더욱 큰 문제가 아닐 수 없다. 즉 태극기의 건(乾)·곤(坤)·감(坎)·리(離)에 나타난 숫자는 횡합수가 6이고, 종합수가 6이며, 수합수가 6이니 그것을 모으면 666수가 된다. 이 666수는 짐승의 수도 되고 사람의 수도 된다 했으니 태극(太極)의 궤는 곧 짐승의 수요 사람의 수가 된다. 이것이 오늘날 우리 나라의 상징인 태극기가 담고 있는 내용이다.

 성경은 전세계적인 것이지만, 특히 이 부분은 동양아세아의 복술(卜術)을 비유했다. 거짓과 참은 언제나 비슷한 모양으로 나타나니 기독교인에게는 십자가가 표본이고, 복술(卜術)가는 주역(周易)으로 진리를 삼으니 과연 어느 것을 따라야 하겠는가?

 성경에서 태극(太極)사상에 미혹되지 말 것을 경고하고 있다. 그러나 노골적으로 태극(太極)이라 말하지 않고 666을 「짐승의 수와 사람의 수」라 하고, 「지혜있는 자는 깨달을지니라」라고 암시하고 있다. 또 그 암시에는 주로 용·뱀·짐승·우상·음녀·각뿔로 나타나지만 이것들이 곧 태극(太極)이다. 그러므로 태극(太極)을 분명히 알아야 성경을 해석할 수 있다는 말이다. 이런 사상을 담은 태극기가 국기로 사용된 조선말 고종 26세 이후부터 그의 파란만장한 생을 어찌 말로 표현할 수 있으며, 일제의 설움을 거쳐 분단 조국의 운명을 맞은 것이 아닌가!

 그러므로 이 태극(太極)사상은 죄악의 근본이라 하겠다.

 첫째, 전인류를 범죄자로 타락시켰다. 에덴동산에서 하와가 뱀의 꾀임에 빠져 범죄를 저지르고 추방된 것은 인류의 추방이다.

 둘째, 종교를 범죄유린했다. 일제 태양신에는 거의 다 강제로 죄를 짓게 되었지만(일부 순교자 제외)·해방 후 음양(陰陽)신에 와서는 태극(太極)이 국기라는 존엄성에 가려서 스스로 죄를 짓고 있다.

 셋째, 정치를 범죄화시켰다. 만국내빈이 올 때마다 제일 먼저 태극훈장을 달아준 인물이 누구인가? 그는 곧 국가원수이니 역대 국가원수들의 말로가 순탄하지 못한 이유가 여기에 있다고 할 수 있다. 이는 복술(卜術)로 만국을 미혹시켰기 때문이다. 이로 보아서 태극(太極)이 국가의 상징으로 있는 한 불행을 어찌 막겠는가.

 그러나 모든 것에는 시기와 기회가 있는 것이니 지난날을 반성해 더이상 지체하지 말고 국운의 기승을 잡아야 할 것이다. 민주는 말로만 되는 것이 아니라 여론에 붙여 실천해야 한다. 바로 지금이 그 전환의 기회이다. 잘못된 부분은 과감히 시정해 새 장을 펼쳐야겠다. 통일을 염원하고 선진문화 조국을 상징하는 국기로 개조되기를 간곡히 희망한다.

1988. 11. 11. 창신동에서 최경석

2 태극기를 신앙관으로만 보지 말자

1. 박영효 그는 누구인가

 나라와 민족을 대표하고 국가를 상징하는 우리 나라의 존엄한 국기를, 미신의 점괘에서 얻은 것이므로 개조해야 마땅하다는 주장에 모욕적인 발언이라고 분노하면서 항변하려고 이 글을 쓰는 것은 아니다. 그렇다고 우리 나라의 태극기가 100여년 전 일본과의 수호조약체결을 위해 사신으로 갔던 박영효가 나라와 민족을 대표할 국기가 없어 현해탄을 건너며 고심하던 중 어렵게 만든 것이 태극기라 해서 이분의 뜻을 기리려고 이 글을 쓰는 것도 아니다.

다만 하도낙서(河圖洛書)의 원리는 곧 우주천문지리의 원리이거늘, 이것을 전혀 무시하고 자신의 신앙관에 따라 기독신앙사상이라는 획일적인 관념 하나만을 갖고 미신운운 한다는 것은 언어도단이라고 지적하면서 반론을 제기한다.

태극기의 모체는 선생의 말대로 분명 하도낙서(河圖洛書)에서 비롯되었다. 그러나 하도낙서(河圖洛書)는 선생이 말하는 대로의 미신적인 복술(卜術)의 점폐만 있는 것이 아니라, 살아움직이는 우주의 모든 원리가 여기에 있다는 것까지 알았다면 이런 망언은 나오지 않았을 것이다. 아울러 하도낙서(河圖洛書)의 본뜻을 자연과 사람을 비유해 동양철학의 견해로 설명하겠으니, 이 글을 보는 독자들이나 태극기 개조론에 동의하는 사람들, 그리고 기독교 신자들께서는 관심있게 읽어주기 바란다.

우선 태극기를 처음으로 제작한 사람의 이력부터 살펴보고, 필자의 소견에 따른 자연의 원리와 신의 이론에 대해 필설하겠다.

국가의 상징이며 대표하는 것에는 태극기와 애국가가 있다. 그러나 애국가만큼 우리 나라의 태극기 제작자는 널리 알려지지 않았다. 이것은 아마도 그의 이력때문인 것 같다. 그는 정치적 야망에 불타 끝내 친일파가 되었고, 1910년 한일합방이 이루어지자 일본정부로부터 후작이라는 작위를 받은 뒤 일본귀족원의원까지 지냈기에 그의 이름이 역사 속에 묻혀버린 것 같다.

박영효는 고종 때 활동한 인물이다. 13세 때 영혜옹주와 결혼해 철종의 사위가 되었고, 1882년(고종 19년) 수신사의 자격으로 일본에 건너갈 때 처음으로 태극기를 만들었다. 일본에 건너가 일본의 근대문명을 보고 들어와서는 조선의 정치개혁을 주장했다.

그는 1884년 김옥균과 함께 갑신정변을 일으켜 수구파를 제거하고 정권을 잡았다. 그러나 청나라의 간섭으로 3일만에 개화당내각이 무너지자 일본으로 망명했다가, 1894년 갑오경장 때 다시 귀국해 제2차 김홍집내각의 내무대신을 지내던 중, 1895년 반역음모사건으로 인해 다시 일본으로 망명했다. 그후 1907년 다시 귀국해 이완용내각의 궁내대신이 되었고, 또다시 대신암살음모사건에 연류되어 일 년간 제주도로 유배를 갔다. 1910년 한일합방이 되자 일본 정부로부터 후작이라는 극진한 칭호까지 받은 것으로 보아 그의 정치적 야심은 대단했던 것 같다. 이렇게 매국노의 행각을 일삼은 박영효이었기에 역사에서 그의 이름이 빛을 발하지 못하는 것 같다. 그러나 필자는 박영효가 우주의 원리인 태극(太極)을 국기로 삼았다는 것을 높이 평가하고 싶다. 그러면 이제부터 우주의 겉과 속, 본질과 형질에 대해살펴본다.

2. 예수는 하느님의 아들이 아니라 요셉의 아들이어야 한다.

대자연의 생명속에는 무한한 인자가 있다. 그리고 생명의 인자에는 음(陰)과 양(陽)의 인자가 배합해 새로운 것을 낳는다. 이런 맺음의 과정을 연, 또는 인연이라 하는 것이다.

이와 같이 천지만물의 근본은 음(陰)과 양(陽)의 인자에서 시작해, 쉬지 않고 끊임없이 분열하면서 새로운 것을 만들어낸다. 이처럼 신비스러운 우주는 도대체 무슨 원리를 갖고 있기에 하느님이 계신 곳이요, 천당과 지옥이 있는 곳이라며 우리의 정신을 파고드는 것일까. 하나는 우주의 껍데기 같은 형질이고, 하나는 우주의 속과 같은 신이다. 이것은 영원히 지구와 함께 풀어야 할 숙제다.

이에 대한 해답은 있을 수 없다. 왜냐하면 우주의 본체는 음양(陰陽)으로 니뉘이져 있기 때문이다. 인긴도 내성이라고 하는 음(陰)의 속마음과 외형이라고 하는 양(陽)의 겉모습이 있는 것처럼, 우주도 음(陰)에 속하는 본질과 양(陽)에 속하는 형질이 있다. 양(陽)의 형질은 겉만 보고도 알 수 있지만 음(陰)의 본질인 내용은 겉으로 나타나 있지 않아 알 수 없다. 인간은 이를 신(神)이라고 한다.

그러나 동양철학에서는 우주의 겉과 같은 형질에 목화토금수(木火土金水)라는 오행(五行)의 물질이 있다는 것과, 이 물질은 음양(陰陽)으로 나뉘어 서로 배합하고 분열해 새로운 것을 만들기도 하는가 하면, 우주에서는 계절의 변화와 풍운의 조화를 만든다는 것을 설명할 만큼 상당한 논리를 갖고 있다. 그러나 우주의 정신이요, 인간의 정신과 같은 음(陰)의 보이지 않는 내용에 대해서는 알 수 없기 때문에 더이상 설명하지 못하는 한계를 느끼고 있다.

그러나 이후 반론을 제기하는 학술적 이론은 선생께서 미신이라고 한 하도낙서(河圖洛書)의 원리를 바탕으로 설명하겠다. 아울러 동양철학의 본원은 대자연의 사상과 질(質), 그리고 우주가 천체를 운행할 때 발생하는 우주자력의 기(氣), 그대로가 인간에게 Recopy 된 것을 인간의 운명인 사주철학이라고 하는 것다. 이와 같은 사주철학을 있게 한 본원이 바로 하도낙서(河圖洛書)이므로 동양철학을 공부하는 학도들에게는 어떤 경전보다도 귀한 책이다. 그런데도 이를 미신운운하며 점괘의 역술로만 알고 전락시킨다는 것은 무례한 언행이다.

왜냐하면 현실에 존재하고 있는 물질과 음양(陰陽)으로 나타나 있는 물질이 있고, 그들의 음양(陰陽) 변화에 대한 사실은 인정하는 것이 지극한 상식임에도, 눈에 보이지 않는 음(陰)의 내성만 주장하며 점이니 미신이니 하는 것은 자기 신앙의 아집이다. 이후 신(神)에 대해서 필자 나름대로의 논리를 설명하겠지만, 신(神)은 어디까지나 신(神)이어야 한다. 신정일치(神政一致) 사고를 역사적 사실과 연계해 일방적인 논리만을 주장해서는 안 된다.

그러나 하도낙서(河圖洛書)의 원리에서 비롯된 본 학문의 이론은 어떤 근거없는 환상이나 신의 계시, 또는 영감만으로 멋대로 말하는 것이 아니다. 오직 우주의 질서있는 순환과 물질의 형질, 그리고 그들의 변화로운 모습 그대로를 학문으로 정립시킨 것이다. 이를 이치학문(理致學問)이라고도 한다.

그러면 여기서 음(陰)이라고 하는 인간의 속과 우주의 속을 살펴보자. 이것은 눈으로 확인할 수 없는 에너지의 기(氣)와 같다. 인간으로 비유하면 정신이고 종교에서는 신(神)인데, 신(神)은 무형·무체·무존이다. 그러나 기독교에서는 하느님을 '우주를 창조하신 절대자이시며 우주의 주인이시다'라고 한다. 여기서 주목되는 것은 분명 하느님을 무형·무체·무존이라고 하면서도, 그 내용 속에는 무체·무존이 아닌 실존의 하느님이 인간의 형상으로 존재하고 있다는 뜻이 있다.

분명 신(神)은 형체가 없음에도 형체가 있는 것처럼 만들어 하느님이라는 상을 떠올리게 하고, 만유의 어른이라고 하는 것이 의아스럽다. 그뿐만이 아니라 성경의 인용과 해실만으로 하도낙서(河圖洛書)를 미신이라고 하기 이전에, 기독교에서는 자연의 물질에 속하는 인간 예수의 출생과 부활에 대해서도 먼저 해명해야 한다. 이에 대한 해명이 없으면 설득력이 부족한 교리가 되어 이와 같은 시비에서 헤어나기 어려울 것이다.

왜냐하면 예수의 출생은 인간의 상식으로는 이해할 수 없는 일이다. 우주의 만물은 음양(陰陽)의 교접으로 생산된다. 이것은 지구가 시작한 시점부터 지금까지 그래왔고, 또 앞으로도 그럴 것이다. 그럼에도 2,000년 전 이스라엘에서 출생한 예수만은 유일하게 동정녀의 몸에서 태어났다는 것이 이해되지 않아 하는 말이다. 동정녀란 한번도 남자와의 성관계를 맺지 않은 여자를 말하는데, 어떻게 남자와의 성관계도 없이 잉태할 수 있단 말인가.

그리고 예수의 부활론도 그렇다. 영혼의 불멸은 이해할 수 있으나 육신의 부활은 애매하기 이를 데 없다. 예수는 분명히 십자가에 못박혀 죽어 땅에 묻혔는데, 3일 후에 인간 예수로 부활했다고 한다. 이에 대한 의학적인 해명도 있어야 한다. 성경구절이나 삼위일체론 등을 들먹이는 것은 이미 식상했다. 따라서 의학적이나 이치적으로 논리에 맞는 규명이 있어야 한다. 만약 이런 문제가 규명된다면 기독교의 진리는 온 천하를 덮어 지상천국이 될 것이다.

 의문점 중에서도 특히 예수의 출생은 많은 문제가 있다. 아직까지 이진법을 사용하는 현대의 이론으로 보나, 음양(陰陽)의 이론으로도 있을 수 없는 이야기이다. 예수가 인간 요셉의 아들이 아니라 하느님의 독생자로 태어났다는 이론이 성립된다면 이것은 우주의 질서를 파괴하는 것과 같다. 그렇다면 자연은 이변을 속출할 것이다. 콩 심은데 콩이 나지 않고, 팥 심은데 팥이 나지 않을 것이다. 또 음양(陰陽)의 교접이 없었는데도 처녀가 아이를 낳을 것이다.

 물론 절대자의 권능은 우주의 질서가 혼란스럽게까지 함부로 권능을 쓰는 것이 아니라, 오직 예수 한 분만을 특별히 아들로 낳게 한 때문이라고 하겠지만 설득력이 없다. 만약 이런 논리가 특별하게 예외적으로라도 성립될 수 있는 우주의 원리를 갖고 있다면, 지구의 생명체는 존재할지 모르나 그들의 생명체는 질서 없는 생명체가 되어 지구촌은 아수라장이 될 것이다. 선생께서 하도낙서(河圖洛書)의 원리를 미신의 점괘로만 본 것과 같이 필생도 음양(陰陽)의 이론에 맞지 않는 예수의 출생을 보고 이렇게 억지의 논리를 펼 수 있다.

 예수의 출생 전인 구약시대에는 세계를 놀라게 할 만한 전쟁이 없었다. 그러나 예수의 출생 후인 신약시대부터는 지구촌에서 전쟁이 끊이지 않았다. 이것은 대자연의 원리를 무시하고 예수가 출생했다는 말에 대한 자연이 주는 분노요 노여움의 응징이라고 ···. 그러니 이제부터라도 예수는 하느님의 아들이 아니라 요셉의 아들이라고 한다면 우주의 노여움은 사라지고 '대자연은 인간을 이처럼 사랑하사' 전쟁이 없는 지구촌을 만들어줄 것이라고 한다는 생각에 곡해가 없길 바란다.

그리고 마지막으로 부탁하건데, 태극기의 4괘의 자리가 잘못되었다고 한다면 모르지만 유일신앙에 너무 집착해 태극(太極)의 원리를 설명한 하도낙서(河圖洛書)의 본원을 부정하는 경솔함이 더이상 되풀이 되지 않기를 바란다.

이상의 글을 보고 필자의 종교에 대해 의문을 갖는 독자들도 있을 것이다. 그러나 필자는 종교에 대해서는 어떤 부담도 느끼지 않고 자유스럽다. 오직 참된 신(神)의 진리를 찾으려고 모순된 논리를 지적하는 것 뿐이다. 아울러 3대성인의 출생과 철학을 요약하며 필생의 소견을 말하기로 하겠다.

3. 3대 성인의 탄생과 진리

1. 예수

예수는 2,000년 전 마리아라는 유태인 처녀의 몸에서 성령으로 잉

태해 출생했다. 그는 어려서부터 지혜가 뛰어나며 총명했다. 예수께서 13세 되던 해 인도의 티벳지방으로 출가해 29세까지 그곳에 머물며 도교를 공부했다. 그후 이스라엘로 돌아와 그때부터 기적을 일으키며 하느님의 진리를 선교하기 시작했다.

이때마다 그는 하늘에 계신 아버지를 찬양하며 "나는 하느님의 아들 예수이다.", "아버지 하느님을 믿는 자는 영생을 얻으리라.", "내 말은 곧 진리다."라고 했다. 예수는 십자가에 못박히는 순간까지도 "아버지시여! 내 영혼을 아버지의 손에 맡기나이다."라는 말을 하면서 두려움을 갖지 않았다.

이것은 예수 자신이 하느님의 아들이라고 하는 확신과 자신이 있었기 때문에 영생하리라는 것을 믿고 죽음을 거부하지 않았던 것이다. 또한 당신의 육신을 제물로 바쳐 인간의 죄를 대속한다는 희생정신과 박애정신, 구원정신이 있었기에 인간 예수는 오늘날까지도 위대한 성인으로 불리고 있는 것이다.

2. 석가모니

석가는 3,000년 전 인도 가비라성의 정반왕과 마야부인 사이에서 흰코끼리가 궁중의 문안으로 들어오는 태몽을 얻고 태어났다. 그러나 석가는 진리를 깨닫기 위해 스스로 왕자의 신분을 버리고 출가했다. 그리고 6년의 고행 끝에 깨달음을 얻고 불타가 되었다. 석가는 고행하면서 범자연의 시생과 종멸을 보며, 인과응보(因果應報)와 무(無)와 공(空)을 깨닫고 불살생계(不殺生戒)의 진리를 남겼다.

3. 공자

 공자는 2,500년 전 노(魯)나라 춘추전국시대에 곡부마을에서 공숙양흘과 안징재 사이에서 흑룡이 품에 안기는 태몽을 얻고 태어났다. 한때 노(魯)나라에서 대사구(법무부장관격)라는 벼슬에 올라 국정에도 참여했지만 50세 되던 해 물러났다. 그후 인근 70여 개 나라를 돌며 인륜도덕사상과 인본주의사상을 포덕하기 시작했다.

 공자는 인의예지신(仁義禮智信)을 인간의 오상(五常)으로 삼고, 이것을 잃지 않고 갖추면 세상은 자연스럽게 만사형통한다는 도덕론을 폈다. 이는 곧 천지음양(天地陰陽)은 발현지상(發現之象)이니 모든 것은 순리를 따르는 이치에서 비롯되는 것이라고만 했다. 그는 인간의 영혼을 언급하거나, 기적을 일으켜 사람의 이목을 끌거나, 내세(來世)를 예언하지 않았다. 이것은 천도천리(天道天理)에 어긋나는 행동이라며, 오직 중용사상(中庸思想)만을 인간의 근본으로 삼고자 했다.

4. 천지음양(天地陰陽)의 질서가 곧 신이요 하느님이다.

 우주의 구도는 음양(陰陽)으로 되어 있고, 인간의 구도도 음양(陰陽)으로 되어 있다. 사람이 살아있으면 양(陽)이라 하고 죽으면 음(陰)이라 한다. 인간이 죽으면 물질인 골육은 썩어 흙이 되나, 내성과 같은 에너지의 기(氣)는 썩지 않고 남아 우주의 공간을 떠돌아 다닌다. 종교에서는 이와 같은 기거의 에너지를 영혼이라 해서 생전의 공과에 따라 천당과 지옥으로 가게 된다고 한다. 따라서 종교단체들은 서로 자기 쪽이 진리라면서 구원을 받으라고 난리들이다. 도대체 어느 것이 진실이고 어느 것이 가식인지 혼미하다. 그러나 자연의 원리로 보면 이것 또한 무리한 현상은 아니다.

 왜냐하면 일년의 변화를 보면 봄과 여름을 지나고 가을이 되면 만물은 성숙을 끝내고 열매를 맺는다. 이때 잘 익고 잘 여문 것은 씨앗감으로 잘 보관되는 것처럼, 마침 우주의 계절도 가을로 들어가는 시기가 되어, 인간의 씨앗이 되려고 애를 쓰는 것이다. 그럼 지금까지 설명한 자연의 현상을 태극(太極)으로 표시해본다.

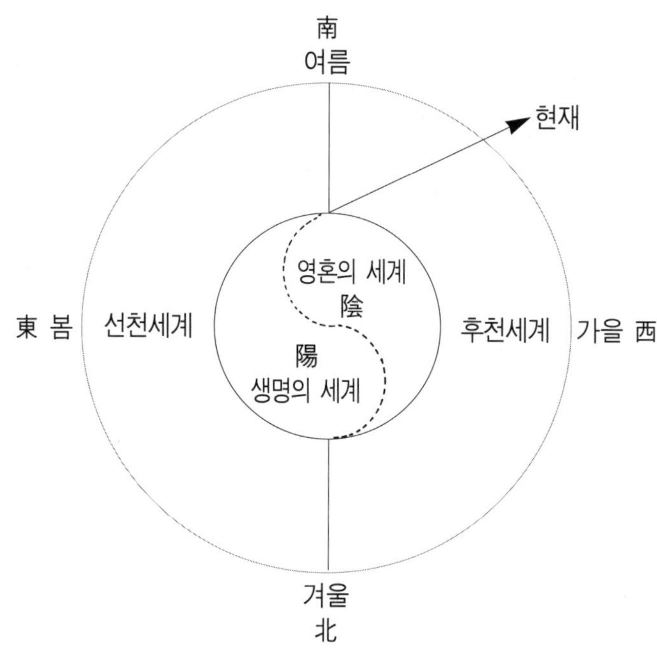

□ 현재 : 선천세계와 후천세계의 교체기

□ 선천세계 : 만물이 싹이 트고 성장하면서 고통받는 기간, 낮이 되면
　활동하는 생활의 시간, 살아 있는 생존기간.

□ 후천세계 : 성장을 마치고 열매를 맺어 조용히 저장되는 기간, 밤이
　되면 활동을 멈추고 휴면하는 시간, 사망 후의 기간.

　앞의 그림과 같이 태극(太極)은 우주처럼 원형으로 나타난다. 어디부터 시작되어 어디에서 끝나는지 오직 둥글뿐이다. 이를 종즉유시(終則有始)라 하는데, 끝이 있으면 시작이 있다는 말이다. 이것은 다음에 나오는 그림에서 보는 것처럼 대자연에서는 모든 것이 윤회·순환운동을 하기 때문에 인간들도 서로 다음 시대의 씨앗이 되려고 하는 것이다.

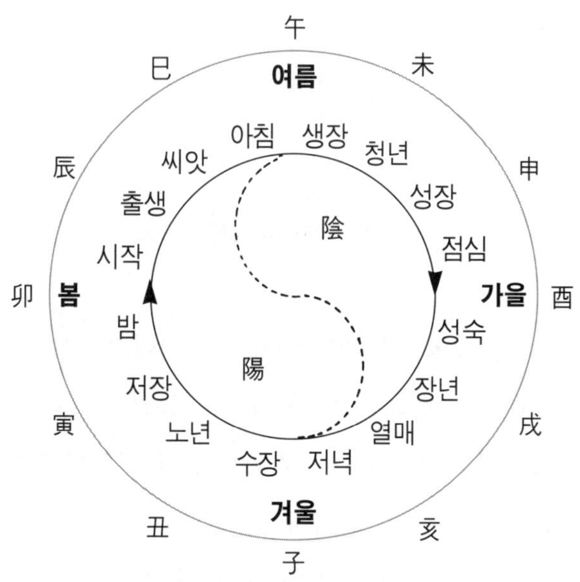

천지음양(天地陰陽)은 윤회의 원리를 갖고 있다. 양(陽)도 윤회하고 음(陰)도 윤회하며 우주를 움직인다. 따라서 인간도 윤회하며 살고 있다. 인간이 살아있는 동안 양(陽)의 이론은 표출된 물질이므로 시비의 대상이 될 수 있다. 그러나 음(陰)의 이론은 보이지 않는 물질이므로 시비의 대상으로 삼으면 안 된다. 내것이 옳으면 남의 것도 받아줄 줄 아는 아량이 있어야 한다. 내것만 옳고 남의 것은 모두 부정한다면 이것은 아집이요 편견일 뿐이다. 이것은 앞에서 말한 것처럼 음(陰)이라는 형상에 불과해 과학적·의학적·학술적으로 분석할 수 없기 때문이다. 다만 갖고 있는 신앙에 대해 확신을 갖고 올바르게 행동하면 이에 맞는 응보가 있을 것이다.

자연의 대도가 곧 신이고, 천지음양(天地陰陽)의 질서가 곧 하느님이며, 대우주 자연의 올바른 법도가 오직 하느님이다. 따라서 각 종교들은 음(陰)의 이론만으로 말하지 말고, 양(陽)의 이론까지 접목시켜 교리를 만들어야 한다고 생각한다.

5. 하도(河圖)

역경(易經)의 원문에 의하면 복희(伏羲)시대 때 중국 황하에서 신비하게 생긴 용마(龍馬)가 나타났는데, 그 말의 배복모(배의 털)에 다음의 그림과 같이 이상한 모양의 점이 있었다고 한다. 이를 신비롭게 생각하고 유심히 관찰해 본 결과 여기서부터 우주의 원리를 발견하고 팔괘(八卦)를 얻었다고 한다.

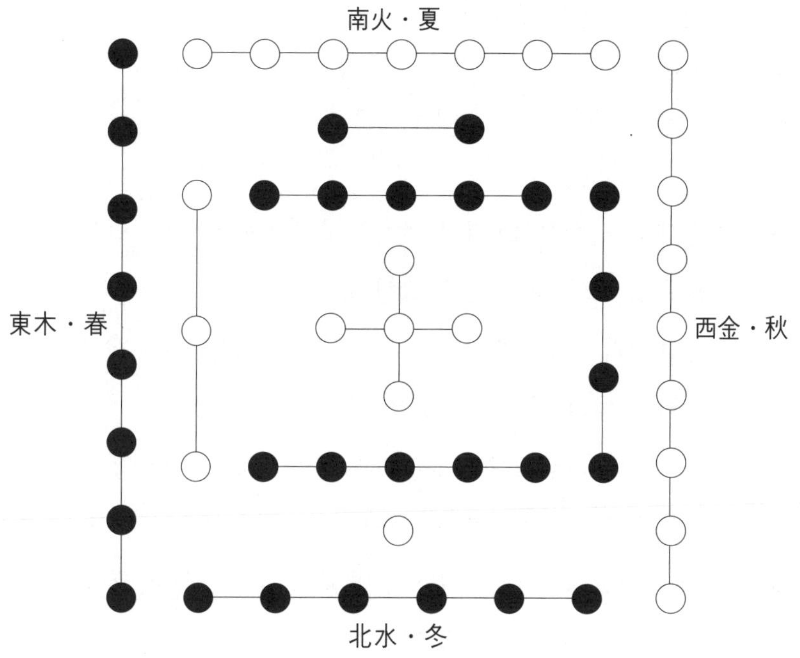

南火・夏
東木・春
西金・秋
北水・冬

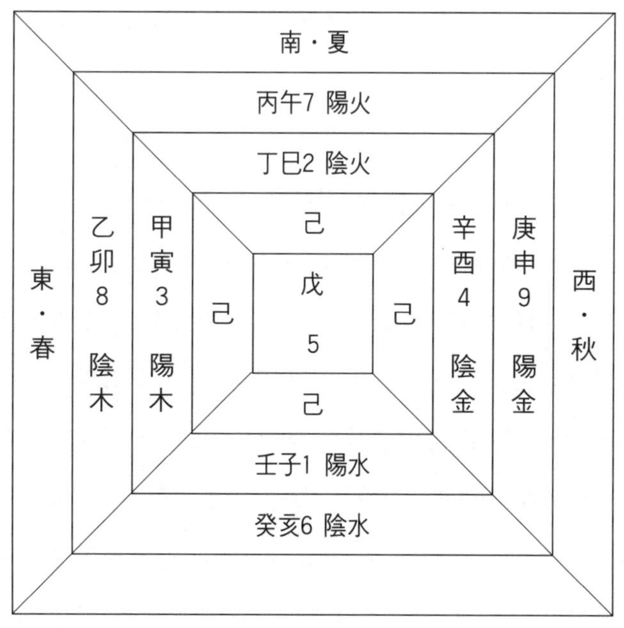

南・夏
丙午7 陽火
丁巳2 陰火
己
戊
5
己
己
己
乙卯8 陰木
甲寅3 陽木
辛酉4 陰金
庚申9 陽金
東・春
西・秋
壬子1 陽水
癸亥6 陰水

□ 양수(陽數 : 홀수) : 1·3·5·7·9(흰점으로 표시)

□ 음수(陰數 : 짝수) : 2·4·6·8·10(흑점으로 표시)

□ 중앙수 : 5(흰점으로 표시)·10(흑점으로 표시)

■ 동: 양(陽)의 흰점 3개와 음(陰)의 흑점 8개가 있어, 동쪽을 3·8목(木)이라 하고 봄을 말한다.

■ 서: 음(陰)의 흑점 4개와 양(陽)의 흰점 9개가 있어, 서쪽은 4·9금(金)이라 하고 가을을 말한다.

■ 남: 음(陰)의 흑점 2개와 양(陽)의 흰점 7개가 있어, 남쪽을 2·7화(火)라 하고 여름을 말한다.

■ 북: 양(陽)의 흰점 1개와 음(陰)의 흑점 6개가 있어, 북쪽을 1·6수(水)라 하고 겨울을 말한다.

■ 중앙: 음의 흑점 10개와 양의 흰점 5개가 있어, 중앙을 5·10토(土)라 하고 사방과 사계절을 중화시키는 역할을 한다.

하도(河圖)의 그림 속에는 동서남북과 춘하추동이 4방위에 자리를 잡았고, 그 방위에 배정된 수는 모두 상대적으로 대칭을 이루고 있다. 이것은 음(陰)과 양(陽), 다시 말해 홀수와 짝수가 서로 마주보고 있다. 이것은 앞에서 설명한 이것과 저것이 있다는 상대성 원리를 말한 것이고, 또 중앙수를 중심으로 사시사방(四時四方)의 기(氣)가 안정되게 융화를 이루고 있음을 알 수 있다. 이것은 1부터 10까지의 수가 어느 한쪽으로 많고 적음이 없이 평형을 유지해 체(體)를 형성하고 있다는 뜻이다. 다시 말해 우주의 안정된 음양(陰

陽)을 뜻한다.

　더불어 중앙의 5는 태극(太極)을 상징한다. 양수(陽數) 1·3·7·
9를 합하면 20이 되고, 음수(陰數) 2·4·6·8을 합해도 20이 되는
것은, 태극(太極)의 주위를 어느 한쪽으로 기울지 않도록 공평하게
감싸는 우주의 양의(兩儀)를 뜻한다. 이때 중앙의 5라는 수는 중화
의 뜻이 있어 어느 한쪽으로 기울지 않게 조정하는 역할을 한다.

　예를 들어 양수(陽數)인 생수(生數) 1·2·3·4·5에 5라는 수가
있고, 성수(成數)　6·7·8·9·10의 수가 질서있게 배열해 있다.
이것은 5라고 하는 중앙수가 숫자 중의 가운데 앉아 좌우를 +, -
하면서 형평을 유지시켜 주고 있다는 말이다. 그러면 이에 대해 알
기쉽게 5라고 하는 중앙수를 갖고, 5의 앞에 있는 수와 5의 뒤에
있는 수를 +, -할 때 어떻게 배열되는지 살펴보기로 하자.

■ 5를 기준으로 5의 앞에 있는 수	■ 5를 기준으로 5의 뒤에 있는 수
1+5=6-5=1	6-5=1+5=6
2+5=7-5=2	7-5=2+5=7
3+5=8-5=3	8-5=3+5=8
4+5=9-5=4	9-5=4+5=9
⑤+5=⑩-5=5	10-5=⑤+5=⑩

　위에서 보는 것처럼 5는 중앙에 앉아 상하의 수를 조정한다. 여기
서 주목할 것은 만수인 10을 넘지 않고 하향한다는 것이다.

6. 낙서(洛書)

복희(伏羲)시대로부터 약 2,000년 후인 문왕(文王) 때의 일이다.
낙수라는 마을에서 치수공사를 하는데 신비롭게 생긴 신구(神龜)
가 나타났다. 자세히 살펴보니 배갑(背甲)에 절획(折劃) 문자와 비
슷한 점이 있었는데 이것을 본떠서 만든 것이 낙서(洛書)다.

□ 가로·세로 수의 합이 모두 15이다.

□ 양수(陽數 : 홀수) : 1·3·5·7·9(흰점으로 표시)

□ 음수(陰數 : 짝수) : 2·4·6·8·10(흑점으로 표시)

□ 중앙수 : 5(흰점으로 표시)

옆의 그림을 살펴보면 양(陽)의 흰점인 홀수 1·3·7·9는 정사
방에 똑바로 자리를 잡고 있어 군주와 같고, 음(陰)의 흑점인 짝수
2·4·6·8은 모서리에 자리를 잡고 있어 신하와 같다. 여기서 하
도(河圖)와 낙서(洛書)의 차이를 발견할 수 있다. 하도(河圖)에서
는 양수(陽數)와 음수(陰數)가 서로 합해 정사방에 자리잡고 있다.
그러나 낙서(洛書)에서는 양수(陽數)가 일방적으로 정사방에 자
리잡고 앉아 군주노릇을 하고, 음수(陰數)는 모서리에 앉아 임금을
보필하는 신하처럼 앉아 있다. 이것은 가정에서의 부부관계와도
같다. (남편은 흰점의 양(陽), 아내는 흑점의 음(陰) 그럼 그림에서
보는 것과 같이 중앙의 5를 중심으로 서로 대칭하고 있는 수의 합

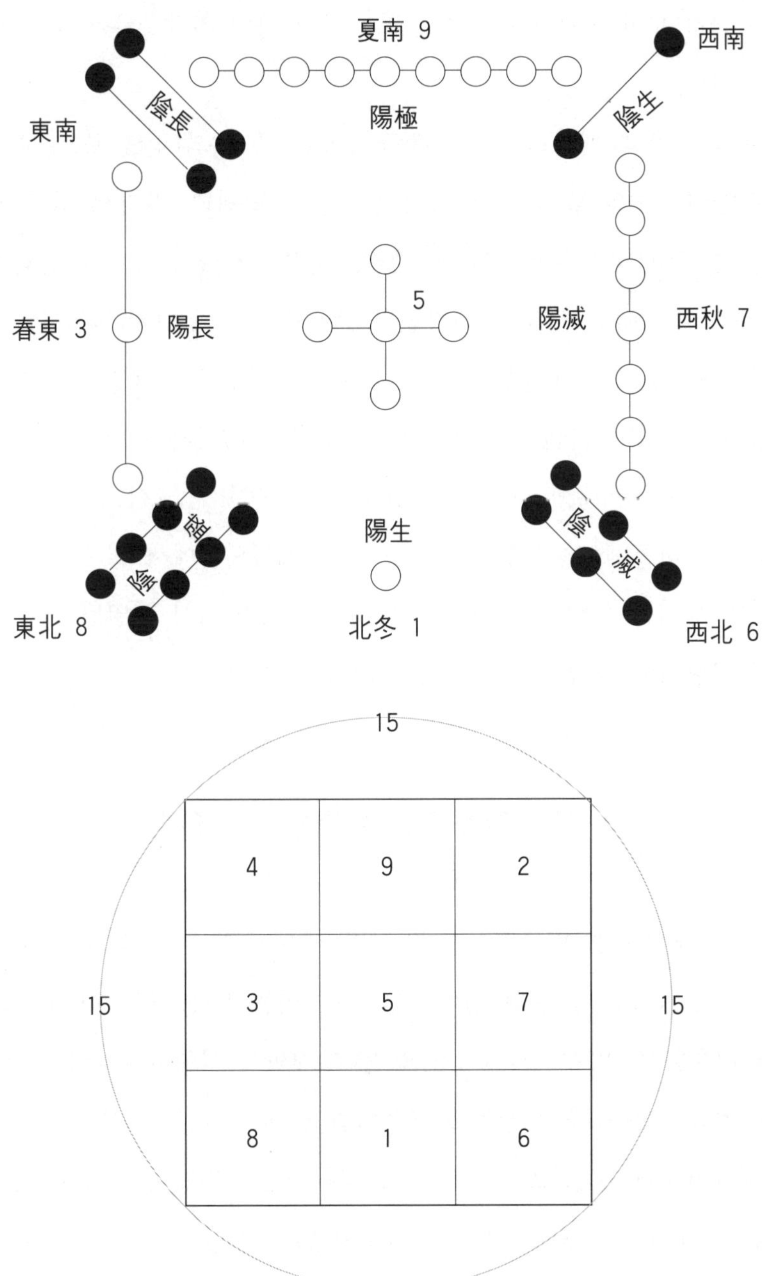

夏南 9
陽極
西南
東南
陰長
陰生
陽長
春東 3
5
陽滅
西秋 7
陽生
東北 8
北冬 1
西北 6
陰盛
陰滅
15
15
15
15
4 9 2
3 5 7
8 1 6

은 각각 10이 되지만, 중앙의 5를 각각 합하면 좌우상하가 모두 15
가 된다.

이것은 흑과 백이라는 짝·홀의 구분은 즉 양의(兩儀)를 뜻하고,
대칭하는 수의 합 10은 사상의 분열을 나타낸다. 따라서 하도(河
圖)는 선천적인 정(靜)의 체(體)가 되고, 낙서(洛書)는 후천적인
동(動)의 용(龍)이 되어, 대자연의 만물은 우주의 양기(陽氣)와 음
기(陰氣)를 받아 성장한다. 그러나 천지 대자연에는 생중유극(生中
有剋)·극중유생(剋中有生)·상생상극(相生相剋)하는 법칙이 있어
만물은 무한한 것이 아니라는 것을 하도(河圖)와 낙서(洛書)의 원
리가 말하고 있다. 이상으로 하도낙서(河圖洛書)에서 비롯된 대자
연의 원리를 설명했다. 지금부터는 태극(太極)에서 분열된 사상팔
괘(四象八卦)와 변화하는 사상에 대해 알아본다.

7. 선천수(先天數)와 후천수(後天數)

수도 생수(生數)인 1·2·3·4·5와 성수(成數)인 2·4·6·8·10
으로 나눠지듯 음양(陰陽)이 있다. 10이라는 만수(滿數)가 되려면
생수(生數)와 성수(成數)의 음양(陰陽)배합이 이루어져야 한다. 다
시 말해 10은 우주의 창조를 완성시킨 것과 같다고 할 수 있다.

지금까지의 설명으로 1부터 10까지의 자연수 가운데 중앙에 있는
중수(中數) 5는 생수(生數)로, 좌우에 있는 수를 가감시키는 중재
의 역할을 한다는 것을 알았을 것이다. 그럼 5의 중앙수를 갖고 각

오행(五行)에 배정된 생수(生數)에 5를 더해 오행(五行)의 배우자
가 생성하는 모습을 아래의 도표로 살펴보자.

生數	1水	2火	3木	4金	5土
成數	6水	7火	8木	9金	10土
陽	甲3	丙7	戊5	庚9	壬1
陰	乙8	丁2	己10	辛4	癸6

- □ 1·6=水 □ 2·7=火 □ 3·8=木 □ 4·9=金 □ 5·10=土

선천수(先天數)

天干	甲	乙	丙	丁	戊	己	庚	辛	壬	癸		
數	9	8	7	6	5	9	8	7	6	5		
地支	子	丑	寅	卯	辰	巳	午	未	申	酉	戌	亥
數	9	8	7	6	5	4	9	8	7	6	5	4

- □ 갑기자오(甲己子午)=9   □ 을경축미(乙庚丑未)=8
- □ 병신인신(丙辛寅申)=7   □ 정임묘유(丁壬卯酉)=6
- □ 무계진술(戊癸辰戌)=5   □ 사해(巳亥)=4

후천수(後天數)

天干	甲	乙	丙	丁	戊	己	庚	辛	壬	癸		
數	3	8	7	2	5	百	9	4	1	6		
地支	子	丑	寅	卯	辰	巳	午	未	申	酉	戌	亥
數	1	10	3	8	5	2	7	10	9	4	5	6

- □ 임자(壬子)=1   □ 정사(丁巳)=2   □ 갑인(甲寅)=3

- □ 신유(辛酉)＝4   □ 무진술(戊辰戌)＝5   □ 계해(癸亥)＝6
- □ 병오(丙午)＝7   □ 을묘(乙卯)＝8   □ 경신(庚申)＝9
- □ 축미(丑未)＝10   □ 기(己)＝100

오행수(五行數)

數	1	2	3	4	5	6	7	8	9	10
五行	水	火	木	金	土	水	火	木	金	土

정오행(正五行)과 배속표

天干	甲乙	丙丁	戊己	庚辛	壬癸
五行	木	火	土	金	水

地支	子	丑	寅卯	辰	巳午	未	申酉	戌	亥
五行	水	土	木	土	火	土	金	土	水

八卦	乾	兌	離	震	巽	坎	艮	坤
五行	金		火	木		水	土	

8. 태극(太極)

태극도1 : 태극(太極)은 본래 무(無)에서 비롯된 것으로 진공(眞空)이다. 우주의 만물이 창조되기 전의 상태이나 무궁무량한 이치와 근본이 뭉쳐져 있다.

태극도2 : 태극(太極)에서 일기(一氣)가 생(生)하고, 일기(一氣)가 음양(陰陽)으로 나누어지면서 우주가 열리기 시작했다.

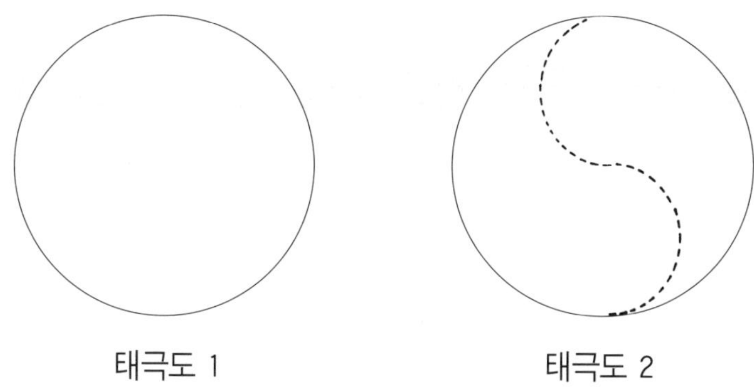

태극도 1   태극도 2

1. 태극(太極)에서 팔괘(八卦)로 변화·분열하는 상(象)

다음에 나오는 그림은 복희(伏羲)가 용마(龍馬)의 하도(河圖)를 보고 우주의 이치인 음양동정(陰陽動靜)을 정립한 것이다.

□ 문왕(文王) 계사전(繫辭傳)에서는, 본래 역(易)에는 태극(太極)이 있어 양의(兩儀)를 생(生)하고, 양의(兩儀)는 사상(四象)을 생(生)하고, 사상(四象)은 팔괘(八卦)를 생(生)한다고 했다.

□ 주자는 태극(太極)이 동(動)하여 양(陽)을 생(生)하고, 정(靜)하여 음(陰)을 생(生)하니, 양(陽)과 음(陰)을 나눈 것이 양의(兩儀)가 되어 온갖 만물이 화생(化生)한다고 했다. 그중에서도 인간이 음양오행(陰陽五行)의 가장 뛰어난 기운을 받아 생겨났다. 만물 중에서 가장 영특한 형체를 타고났기 때문에 신(神)이 있고, 또 신(神)에서 지혜가 생(生)하며 선악의 분별이 있다. 이와 같이 우주만사 모든 것은 태극(太極)에서 나왔다고 한다.

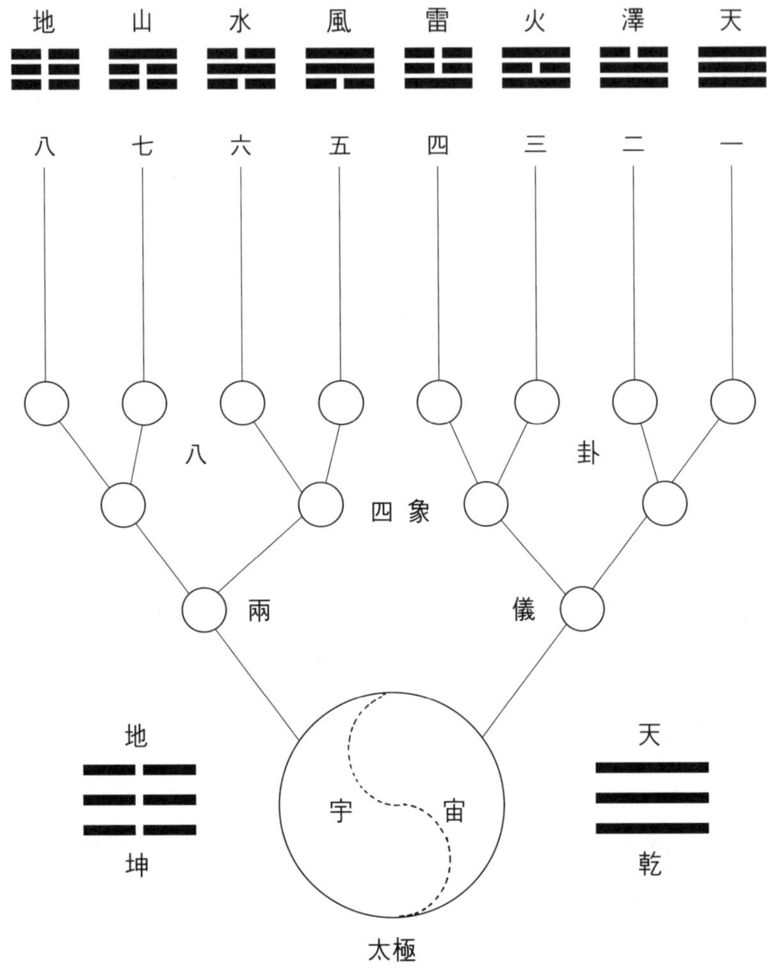

앞에 있는 팔괘(八卦)의 변형도를 보면 태극(太極)에서 양(陽)이
나와 음(陰)과 합해 양의(兩儀)를 낳고, 사상(四象)을 생(生)하며,
오기(五氣)가 유행(流行)해 팔괘(八卦)를 이루고, 팔괘(八卦)에서
배가하여 64괘로까지 나간다. 이렇게 되기까지는 앞에서 본 〈태극
도1〉처럼 하나의 O에서 시작된다.

태극(太極)은 무극(無極)이나 음양오행(陰陽五行)의 정기가 응결해, 양건도(陽乾道)는 남자가 되고 음곤도(陰坤道)는 여자가 되었다. 이것은 인간뿐 아니라 삼라만상의 이치가 모두 같은데, , 태극에서 비롯되었다. 앞에서 설명한 것처럼 사상팔괘(四象八卦)의 변하는 상(象)을 세분해 그림으로 표현하면 다음과 같다.

양(陽)은 ━로 표시하고, 음(陰)은 ━━로 표시한다.

▬▬ : - 양(陽) 위에 - 양(陽)을 생(生)하니 태양(太陽)이 된다.

▬▬ : - 양(陽) 위에 - 음(陰)이 생(生)하니 소음(少陰)이 된다.

▬▬ : - 음(陰) 위에 - 양(陽)이 생(生)하니 소양(少陽)이 된다.

▬▬ : - 음(陰) 위에 - 음(陰)을 생(生)하니 태음(太陰)이 된다.

이것이 사상(四象)을 만들고, 사상(四象)은 또다시 분열해 팔괘(八卦)를 만든다.

복희팔괘

1	乾	太陽		天	☰	太陽 위에 一陽生
2	兌		一陽	澤	☱	太陽 위에 一陰生
3	離			火	☲	太陰 위에 一陽生
4	震	少陰		雷	☳	太陰 위에 一陰生
5	巽	少陽		風	☴	少陽 위에 一陽生
6	坎		一陰	水	☵	少陽 위에 一陰生
7	艮			山	☶	太陰 위에 一陽生
8	坤	太陰		地	☷	太陰 위에 一陰生

2. 태극(太極)의 원리와 맷돌

태극(太極)은 음양(陰陽)이 발생하는 본체로 우주를 말하고, 만물은 음양(陰陽)이 있어 시생(始生)하는 원리를 갖고 있다. 세상에는 어느 것 하나 이것과 저것이 아닌 것이 없고, 높고 낮음이 없는 것이 없고, 인과가 없는 것이 없다. 그러나 상대적이면서도 또다시 상대가 변해 이것이 저것이 되고 저것이 이것이 된다.

예를 들면 아침에 해가 뜨는 것도 서서히 뜨고, 저녁에 해가 지는 것도 서서히 기울면서 밤이 되는 것과 같다. 춘하추동이 서서히 바뀌는 것도, 사람이 나서 성장하면 서서히 늙어 죽어가는 이치도 모두 태극(太極)의 원리에서 비롯된다. 이렇게 서서히 그리고 점차적으로 변하는 것이다.

태극(太極)의 중앙에 있는 새을(乙) 자 모양의 곡선이 이런 점진적인 변화를 상징한다. 새을(乙) 자 곡선의 양끝이 가는 것은 변화가 시작되고 끝나가는 과정이고, 중앙이 둥근 것은 자연의 무르익은 과정을 자연스럽게 표현한 것이다.

우주의 본체는 시계 반대방향으로 돌고, 지구는 자축인묘(子丑寅卯)의 순서에 따라 시계방향으로 돌고 있다. 이런 우주의 원리를 맷돌의 모형과 맷돌이 돌아가는 이치로 비유해 설명해 보겠다.

□ 맷돌은 아래 위 두짝으로 되어 있다.

□ 아래와 위는 각각 중심이 있고, 중심축을 기준으로 일정한 간격

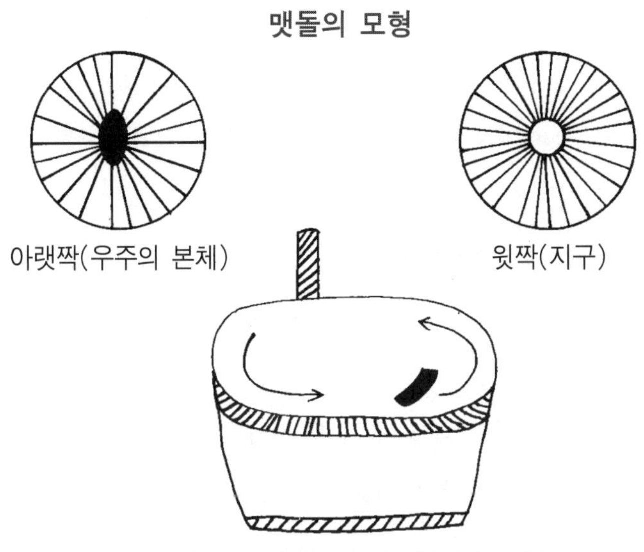

을 두고 골이 있다.

□ 위것은 암쇠라 해서 중심에 구멍이 하나 있고, 아래것은 숫쇠라 해서 중심에 뾰족한 돌쪽이(쇠붙이)가 달려 있다. 위짝의 구멍에 아래짝의 돌쪽이(쇠붙이)가 들어가 하나의 짝을 이룬다.

□ 위짝의 겉에는 손잡이와 재료를 넣는 구멍이 하나 있다.

이것은 우주와 지구의 원리를 이용해 만든 걸작이라고 할 수 있다. 옛 선인들께서는 생활용구까지도 우주의 원리를 응용했다. 그 원리를 살펴보면 다음과 같다.

□ 아래 위짝이 모두 둥근 것은 우주와 지구는 모두 둥글다는 것을 뜻한다.

□ 아래짝인 숫쇠는 우주의 본판과 같아 움직이지 않고, 위짝인 암
  쇠는 지구와 같은 위성으로 우주를 중심으로 돈다.
□ 아래짝의 원판은 양(陽)의 우주를 뜻하고, 위짝은 음(陰)의 지
  구를 뜻한다.
□ 아래 위짝의 중앙에 골이 파여 있는 것은 우주와 지구의 도수
  를 뜻한다. 우주의 도수는 세세년년과 춘하추동을 만들었고, 지
  구의 도수는 시간을 만들었다.
□ 위짝에 뚫린 구멍은 태양의 빛과 공기의 소통시키는 것으로, 지
  구에 생명체가 존재할 수 있다는 것을 뜻한다.
□ 위짝에 손잡이가 있는 것은 태양의 그림자로 시간을 알게 한다
  는 이치다.

  여기서 주목할 것은 위짝의 구멍과 아래짝의 돌쪽이(쇠붙이)가
딱들어 맞아야 비로소 맷돌이 돌아간다. 만일 돌쪽이가 맞지 않으
면 위짝이 돌아갈 수가 없다. 이것은 음양(陰陽)의 짝을 말한다.

3. 자연의 순환은 우주 대자연의 이치다.

  태초에 하늘의 문이 열리기 전, 위로는 뇌성폭우도 이슬과 서리도
없는 그저 아득한 어둠 뿐이었고, 아래에는 초목과 산천도 없이 사
람과 짐승도 없이 그저 컴컴하기만 했다. 이때를 혼돈기라 하는데,
하늘과 땅이 둘로 나뉘어지기 전이다. 그리고 일월성진(日月星辰)

과 음양(陰陽)의 빛이 나뉘어지지 않은 때를 배혼기(胚混期)라 한다. 이때 하늘의 기운이 굳어져 5가지의 기(氣)를 생성했는데 과정은 다음과 같다.

- 태역(太易)에 수(水)를 생(生)한다(아직 氣가 없음).
- 태초(太初)에 화(火)를 생(生)한다(氣는 있으나 體가 없음).
- 태시(太始)에 목(木)을 생(生)한다(體는 있으나 質이 없음).
- 태소(太素)에 금(金)을 생(生)한다(質은 있으나 形이 없음).
- 태극(太極)에 토(土)를 생(生)한다(形이 모두 갓추어짐).

이렇게 해서 오행(五行)이 생긴 순서에 따라 아래와 같이 천수(天數)가 정해진다.

- 水: 1　　□ 火: 2　　□ 木: 3　　□ 金: 4　　□ 土: 5

배혼(胚混)에서 둘로 나뉘어 맑고 가벼운 것은 하늘이 되고, 흐리고 무거운 것은 가라앉아 땅이 되면서 양의(兩儀)가 되어 비로소 우주의 만물창생이 이루어졌다. 다음 그림을 다시 보기 바란다.

복희팔괘 선천도

소강절(邵康節)에 의하면,

- 남쪽에 있는 건(乾)은 하늘이고,
- 북쪽에 있는 곤(坤)은 땅이고,
- 서북 사이에 있는 간(艮)은 산이고,
- 동남 사이에 있는 태(兌)는 연못이고,
- 동북 사이에 있는 진(辰)은 우뢰이고,
- 서남 사이에 있는 손(巽)은 바람이고,
- 동쪽에 있는 리(離)는 불이고,
- 서쪽에 있는 감(坎)은 물이라 해서 팔괘(八卦)가 되고, 이것은 자연의 윤회원리이기도 하다.

봄에는 씨앗이 싹을 터 만물이 창생하는 계절인 것처럼, 양기(陽

氣)의 발동은 진사방(震四方)에서 출발해 리삼(離三) → 태이(兌
二) → 건일(乾一) → 손오(巽五) → 감육(坎六) → 간칠(艮七) →
곤팔(坤八)로 순행(順行)하는 것을 순수(順數)라 하고, 손오방(巽
五方)에서 출발해 가을로 가는 때를 감육(坎六) → 간칠(艮七) →
곤팔(坤八) 순으로 역행(逆行)하는 것을 역수(逆數)라 한다.

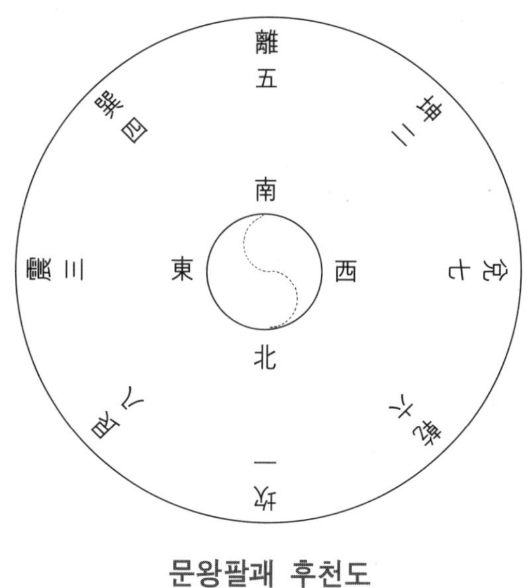

문왕팔괘 후천도

 위의 그림은 소강절(邵康節)이 말한 팔괘도(八卦圖)로 우주의 기
운을 하느님으로 신격화해서 설명한 것이다.

□ 제출호진(帝出乎震) : 하느님(帝)이 동쪽(震方)에서 나와,

□ 제호손(齊乎巽) : 동남간(巽方)에서 몸을 가지런히 하고,

□ 상견호이(相見乎離) : 남쪽(離方)에서 서로 마주보며,

□ 치역호곤(致役乎坤) : 남서간(坤方)에서 기뻐하고,

□ 전호곤(戰乎坤) : 서북간(乾方)에서 싸우며,

□ 노호감(勞乎坎) ; 북쪽(坎方)에서 일하고,

□ 성언호간(成言乎艮) : 동북간(艮方)에서 이룬다.

이 말을 풀이하면, 하느님은 만물이 시생(始生)하는 봄에 나와 만물의 씨앗을 생성시키고, 봄과 여름쯤에는 생육한 만물을 가지런히 정리하고, 여름에는 생장한 만물의 형체를 보고, 여름과 가을쯤에는 만물이 성숙하니 바쁘고, 가을에는 성숙한 것을 거두니 기쁘고, 가을과 겨울쯤에는 만물이 휴식하면서 안으로는 양기(陽氣)와 음기(陰氣)의 교전을 조화시키고, 겨울에는 만물이 휴식을 하면서도 안으로는 발아하려는 준비를 하고, 겨울과 봄쯤에는 사장된 것 같은 만물이 다시 새로운 생명을 낳는데 간방(艮方)에서 이루어진다는 뜻이다.

지금까지의 설명을 종합하면 자연이 순환하는 원리는 천도의 이치요, 천도의 이치는 하늘의 진리요, 하늘의 진리는 대자연의 이치라는 말이다.

9. 팔괘(八卦)

다음의 팔괘도(八卦圖)를 살펴보면 흥미로운 것이 있다. 낙서(洛書)에서는 서로 대칭하고 있는 수의 합이 10이었지만, 팔괘도(八卦

圖)에서는 1과 8, 2와 7, 3과 6, 4와 5가 대칭하고 있다. 대칭하고 있는 수의 합이 각각 9이고, 음수(陰數)와 양수(陽數)끼리 합하면 9가 된다. 그러면 9는 양수(陽數)로 양기(陽氣) 발동의 기(氣)를 내포하고 있는 수이다. 앞에서도 말했지만 이때 하도(河圖)는 체(體)요 낙서(洛書)는 용(用)이라 했다. 체(體)는 과일과 같은 열매를 말하고, 용(用)은 나무의 줄기와 가지와 같다.

 그러나 과일에는 두 가지 종류가 있다. 하나는 싹이 트고 피어나 열매를 맺는 봄의 열매이고, 하나는 가을의 열매이다. 여기서 말하는 9는 봄의 열매이고, 10은 가을의 열매이다. 그러나 낙서(洛書)에서는 서로 대칭하고 있는 수가 1과 9, 2와 8, 3과 7, 4와 6과 같이 양수(陽數)는 양수(陽數)끼리 음수(陰數)는 음수(陰數)끼리 마주 보고 있고, 이들이 대칭하고 있는 수의 합이 각각 10이다.

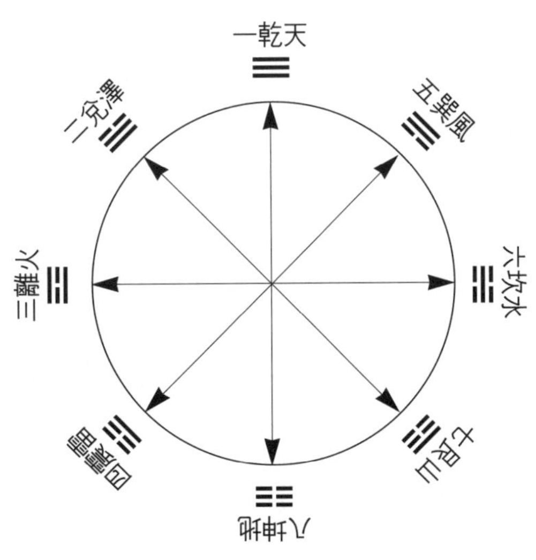

팔괘배열도

이것은 가을의 열매와 같이 완전히 성숙한 과일을 말하고, 이 과일 속에는 반드시 다음에 생산될 과일의 새로운 씨앗이 들어 있다. 그리고 이 씨앗은 다음 해 봄에 다시 파종되어 또 새로운 열매를 맺는다. 이때 열매를 맺는 나무가지의 용(用)에는 열매를 맺을 체(體)를 포장하고 있다.

지금까지 설명한 것을 다시 정리하면, 우주만물의 생장작용은 음체양용(陰體陽用)이며 성숙작용은 양체음용(陽體陰用)이고, 동지(冬至) 후의 생장기는 음체양용(陰體陽用)이며 하지(夏至) 후의 성숙기는 양체음용(陽體陰用)이라는 말이다. 이처럼 우주의 원리는 어느 것 하나 소홀함과 헛됨이 없이 절대적인 법칙을 지키고 있다. 이것을 우주의 24절후 별로 기록해본다.

■ 1월

입춘(立春) : 봄기운의 온기가 땅 속에서부터 나오기 시작한다.

우수(雨愁) : 땅 속에 있던 온기가 지상으로 올라오면서 얼음이 녹기 시작한다.

■ 2월

경칩(驚蟄) : 땅 속의 온기로 겨울잠을 자던 벌레들이 깨어 지상으로 올라오기 시작한다.

춘분(春分) : 낮과 밤의 길이가 같아진다.

■ 3월

청명(淸明) : 군생초목들이 새 뿌리를 내려 싹이 트고 풀잎이 돋
　　　　　　아나기 시작한다. 월동을 위해 따뜻한 곳으로 갔던
　　　　　　새들이 찾아오기 시작한다.

곡우(穀雨) : 모든 곡식의 씨앗들이 싹을 트기 시작한다.

■ 4월

입하(立夏) : 여름이 시작된다.

소만(小滿) : 뻐꾸기가 울기 시작한다.

■ 5월

망종(芒種) : 입동(立冬) 전에 파종한 곡식들이 성숙을 끝내는 때
　　　　　　이다. 일년생 곡식의 종자는 모두 망종(芒種) 이전에
　　　　　　씨를 뿌려야 열매를 맺는다.

하지(夏至) : 일년 중에서 낮의 길이가 가장 길다.

※ 100일 기도를 드리는 원리

　망종(芒種) 전에 씨를 뿌려야 입추(立秋)에 곡식이 여물기 시작
한다. 이 말은 곡식은 씨앗을 뿌린 후 열매를 맺기까지의 기간을
따져보면 약 100일이 걸린다는 뜻이다. 이것은 자연의 진리로 종교
계에서 100일 기도를 하는 것도 이와 같은 진리를 응용해 소원하
는 바를 얻고자 하는 것이다.

■ 6월

소서(小暑) : 더위가 시작된다.

대서(大暑) : 1년중 가장 무더운 때이다.

■ 7월

입추(立秋) : 지상에 냉기가 돌기 시작한다.

처서(處暑) : 찬바람이 시작되며 일년생 식물은 성장을 멈춘다.

■ 8월

백로(白露) : 벼꽃이 피기 시작한다.

추분(秋分) : 낮과 밤의 길이가 같다.

■ 9월

한로(寒露) : 철새들이 월동을 위해 떠나고, 겨울잠을 자는 동물들
이 동면에 들어간다.

상강(霜降) : 서리가 내리고 곡식들이 시들어가기 시작한다.

■ 10월

입동(立冬) : 일년의 농사가 모두 끝난다.

소설(小雪) : 눈이 내리기 시작한다.

■ 11월

대설(大雪) : 큰 눈이 내리기 시작한다.

동지(冬至) : 일년 중에서 밤이 가장 길고 낮이 짧다.

■ 12월

소한(小寒) : 지상은 냉하고 지하에 있는 뿌리와 열매는 휴면상태
에 들어간다.
대한(大寒) : 휴면상태에서도 봄을 위해 발아를 준비하고 있다.

10. 하도낙서(河圖洛書) 원리의 증명

역서(易書)에서 말하기를 '하출도낙출성인즉지(河出圖洛出成人則知)'라고 했다. 이것은 성인이 역학을 지을 때 하도(河圖)와 낙서(洛書)를 본받아 지었다는 뜻이다. 지금까지의 설명도 이를 근거로 한 것이지만 이 설명 가운데 빼놓을 수 없는 것은 수의 원리이다. 따라서 역(易)을 이해하려면 먼저 수의 개념을 이해해야 하니 다음의 문장을 기억하기 바란다.

우리가 흔히 쓰고 있는 1·2·3·4·5·6·7·8·9·10을 자연수 또는 원수(原數)라고 하고, 다시 둘로 나눈다. 천수(天數) 1·3·5·7·9는 기수(奇數)로 양수(陽數)라 하고, 지수(地數) 2·4·6·8·10은 우수(偶數)로 음수(陰數)라 한다.

하도(河圖)에서는 1·2·3·4·5·6·7·8·9·10을 모두 쓰고, 낙서(洛書)에서는 1·2·3·4·5·6·7·8·9까지만 쓴다. 하도(河圖)에서 10까지 모두 쓰는 것은 수의 체(體)를 말하는 것으로, 수

의 원체인 10을 한 단위로 묶었다는 말이다. 이를 수학으로 나타내면 10·20·30……과 같이 쓴다. 그러나 실제로 사용하는 숫자는 1·2·3·4·5·6·7·8·9·10까지이고, 10을 넘으면 다시 1부터 다시 쓴다.

예를 들면 1·2·3·4·5·6·7·8·9·10·11·12·13·14·15와 같다. 그러나 낙서(洛書)에서는 1부터 9까지를 썼으니 수의 용(用)을 말하는 것이다. 따라서 하도(河圖)의 체(體)는 음양(陰陽)의 수가 서로 교합하는 조직체를 뜻하고, 낙서(洛書)의 용(龍)은 양(陽)이 발동하는 운동력을 뜻한다.

그럼 이런 하도낙서(河圖洛書)의 원리가 우주의 원리와 같고, 인간의 원리와 같다는 것을 사실로 알아보자. 현재의 학문은 이론보다는 사실의 분석을 요구한다. 이에 영향을 받은 우리도 예외일 수 없어 사실과 현실, 현재와 현품이 아니면 인정하지 않는다. 그래서 사물과 사람을 무대 위에 올려놓고 공개확인을 하자는 뜻으로 앞에서 반론을 제기한다는 용어를 사용한 것이다.

앞에서도 말했지만 본 학문의 근본이 미신적인 하도낙서(河圖洛書)에서 시작된 학문이라면서 미신운운하는 사람이나, 역리인을 점쟁이라면서 혹평하는 모욕을 서슴치 않는 사람이나, 우리 나라 태극기가 하도낙서(河圖洛書)라는 점괘에서 유래되어 국난이 많이 일어났으니 태극기를 개조해야 남북통일이 된다고 생각하는 사람이나, 이런 말을 믿고 추종하는 사람들의 이해를 돕고자 이 글을 쓴다. 이치에 맞는다고 판단되면 진리로 여기고, 이치에 맞지 않는다고 생각하면 무시해도 좋다.

1. 신체의 구멍이 남자는 9개, 여자는 10개인 이유

대자연의 생명줄과도 같은 태양광선에는 빨강·파랑·노랑·주황·남·초록·보라의 7색이 있고, 사람의 눈에 보이지 않는 적외선과 자외선이라는 색이 있어 9색으로 되어 있다. 그러나 달빛까지 합치면 모두 10색이다. 여기서 9색과 10색을 하도낙서(河圖洛書)의 원리로 나누어본다.

■ 9색 : 낙서(洛書)에서 설명한 대로 양(陽)이 발동하는 수의 용(用)과 같다.
■ 10색 : 하도(河圖)에서 설명한 대로 음양(陰陽)이 교합하는 수의 체(體)와 같다.

이렇게 9색과 10색을 나누어서 보면 9색은 양(陽)이니 남자이고, 10색은 음(陰)이니 여자이다. 그리고 색이라고 하는 빛은 인체 중 어느 부분을 통해서라도 들어올 수 있도록 창조된 듯 사람에게는 구멍이 있는데, 남자에게는 9개이고, 여자에게는 10개다.

남자는 눈 2개, 귀 2개, 코 2개, 입 1개로 모두 7개의 구멍이 있어 태양의 7색과 같다. 그러나 사람의 눈에 보이지 않는 적외선과 자외선이라는 색이 또 있으니 모두 9구멍인데, 생식기 1개와 항문 1

개를 말한다. 이곳 또한 공교롭게도 적외선과 자외선이 눈에 보이지 않는 것처럼 생식기 구멍과 항문 구멍도 옷을 입으면 눈에 보이지 않는 곳에 있다.

여자는 눈 2개, 귀 2개, 코 2개, 입 1개, 항문 1개, 생식기(소변) 1개로 9개와 남자보다 자궁 1개가 더 있어 10개다. 자궁은 일광이라는 태양빛을 받아 반사하는 음의 달빛을 받아들이는 곳으로 음(陰)의 여자에게만 작용해 포태의 기능을 갖게 한 것은 신의 걸작이다. 왜냐하면 월광선은 제10선이라고도 하는데 음성인 여자에게만 한 달에 한 번씩 그 달의 행도에 따라 제10의 구멍을 통해 월경을 하게 하고, 월경의 색깔 역시 달빛을 닮아 붉은 것도 아니고 흐린 것도 아닌 붉그스름하다.

또한 이곳은 남녀의 성기가 접합되는 장소인데, 이것은 양기(陽氣)가 발동하는 수 1부터 9까지를 합한 것이 10이고, 태양의 9선과 월광선을 합한 것이 10이 된 원리에서 비롯된 장소이다. 이곳에서 남녀의 생식기가 만나 새 생명이 잉태된다. 어디 그뿐인가. 임신기간은 10개월인데, 이것은 하도(河圖)의 10수에 의한 이치에서 비롯된 것이고, 태아가 어머니의 뱃속에서 완전하게 양육하는 기간은 달이 9번에 걸쳐 만월이 되고 일그러져야 태어나는 것 또한 낙서(洛書)의 이치에서 비롯된 것이다.

※임산부의 출산일은 음력을 표준으로 하는 것이 가장 정확하다.

2. 남자는 16세에 호르몬을 생산하고, 여자는 14세에 초경을 하는 이유

 수는 우주의 본질로 삼라만상이 수리(數理)의 지배를 받지 않는 것이 없다. 지금 이 시간에도 우주는 돌고 있고, 지구도 365일 5시간 48분 46초라는 시간을 1년으로 매초 18마일의 속력으로 태양의 주위를 돌고 있다. 이처럼 대자연은 질서와 조직이라는 수의 본질이 매우 정교하게 짜여진 가운데 상(象)을 맺는다. 이것은 수가 있어 상(象)이 있는 것이다. 수를 주체로 하면 상(象)이 용(龍)이 되고, 상을 주체로 하면 수가 용(龍)이 되어, 체용(體用)관계는 마치 바늘과 실의 관계와 같다.

 역서(易書)에서는 「성인지소(聖人之所) 이극심이(以極深而) 연기야(研幾也) 유심야고(唯深也故) 능통천하지(能通天下之) 유기야고(唯幾也故) 성천하지무(成天下之務)」라고 했다. 이것은 「성인으로서도 수리(數理)의 깊이를 연구하셨도다. 깊고 깊은 수리(數理)의 뜻을 알아 천하의 뜻과 통하고, 이를 능히 이루어 천하의 업무를 완성하리라」라는 뜻이다. 이처럼 수리(數理)는 자연과의 관계가 매우 밀접하기 때문에 이번 장에서는 인간과 식물 등을 비유하며 변화의 상(象)을 설명하겠다.

 자연수 1·2·3·4·5·6·7·8·9·10 중에서도 1·3·5·7·9는 양수(陽數)로 만물을 발현시키는 수인데, 특히 9는 맨끝에 자리를 잡고 있어 식물의 생장점인 나무의 끝순과 같다. 그리고 2·4·6·8·10은 음수(陰數)로 식물을 성장시키며 보호하는 작용을 하는데, 특히 6은 중앙에 자리를 잡고 있어 식물의 줄기와 같다. 그렇다고 양수(陽數)와 음수(陰數)만으로 식물을 생육시키는 것은 아니다.

생수(生數)인 1·2·3·4·5와 성수(成數)인 6·7·8·9·10이 있어, 생수(生數)는 식물이 싹이 틀 때까지와 태아가 출생하기까지의 단계를 말한다. 이때의 상태로는 식물이나 태아가 싹이 트고 출생하는 것 뿐이지 성장하고 발육하는 과정은 아니므로 어떤 변화가 있는 상태는 아니다. 그러나 성수(成數)는 식물이나 사람이 성장하면서 영고성쇠의 상태를 갖는 것처럼 6·7·8·9·10의 성수(成數) 중에서도 7과 9는 홀수로 양(陽)에 속하니 생장작용을 하고, 6·8·10은 짝수로 음(陰)에 속하니 축소작용을 한다.

이때 7은 성수(成數) 중에서도 가장 먼저 양(陽)이 생장한 수로서 소양(少陽)이라 하고, 9는 맨끝의 수로 양(陽)의 생장이 끝났다 해서 노양(老陽)이라 한다. 노양(老陽)은 생장을 중단하고 축소작용을 한다. 9를 축소하면 8이 된다.

8은 짝수이며 음(陰)으로 성수(成數) 중에서 가장 먼저 보옹(保翁)작용을 시작한다 해서 소음(少陰)이라 하고, 8을 더욱 축소하면 6의 노음(老陰)이 된다. 이때 6의 노음(老陰)을 또 축소하면 성수(成數) 중에서 6은 처음이면서 끝이므로 더이상 변할 곳이 없어 6의 다음 수인 7의 소양(少陽)으로 변한다. 이와 같은 현상을 필변양생(必變陽生)이라고 하며 아래와 같이 부른다.

□ 6 : 노음(老陰)   □ 7 : 소양(少陽)

□ 8 : 소음(少陰)   □ 9 : 노양(老陽)

여기서 흥미로운 것은 인간의 남녀관계를 발견할 수 있다는 것이다. 옛부터 남녀 7세 부동석이라 해서 남녀가 7세가 되면 자리를 같이 하지 말라는 말이다. 그렇다면 왜 하필 7세를 딱 꼬집어 말했을까? 그것은 겉으로 보기에 7세라는 나이는 코흘리개에 지나지 않지만, 인체 속에는 7이라는 소양(少陽)의 양기(陽氣)가 태동하는 때이기 때문이다. 여자는 몸의 기운이 왕성해져 소음(少陰)이 8을 반갑게 맞으려는 성격이 생겨 7세를 기준으로 한 것이다. 이와 같이 철저한 자연의 원리 속에서 사는 인간이 어찌 생육법칙을 어길 수 있겠는가.

□ 여자는 7세가 되면 현기(賢氣)가 왕성해져 7×2=14세에 월경이 통하고, 7×7=49세에 폐경이 된다.

□ 남자는 8세가 되면 신기가 실해지고, 8×2=16세에 정액이 나오고, 8×8=64 : 64세에 정액이 줄면서 치발(齒髮)이 쇠한다.

여기서 한마디 더하면, 사람의 얼굴과 성격이 부모 중에서 어느 쪽을 많이 닮느냐는 것은 흥미로운 화제다. 해답을 하기 전에 먼저 앞에서 설명한 음양(陰陽)의 변화를 떠올리기 바란다. 노양(老陽)이 변해 소음(少陰)을 낳고, 노음(老陰)이 변해 소양(少陽)을 낳는다고 했다. 이것은 양(陽)은 아버지, 음(陰)은 어머니이니 양(陽)의 아들은 음(陰)의 어머니를 닮고, 음(陰)의 딸은 양(陽)의 아버지를 많이 닮는다.

3. 권력이 썩었다고 아우성치는 이유

생수(生數)는 1·2·3·4·5이고, 사람으로 비유하면 복중의 태아와 같다고 했다. 이 수를 모두 합하면 15가 된다는 것도 앞에서 설명했다. 다시 한 번 정리해본다.

□ 하도(河圖)의 중앙에 있는 5와 10으로 된 수의 합은 15와 같고, 배열된 수의 합이 모두 15가 된 것과 같다.
□ 노양(老陽)과 노음(老陰)의 합이 15가 되는 것과 같다.
□ 소양(少陽)과 소음(少陰)의 합이 15가 되는 것과 같다.

중앙궁인 15를 사람으로 비유하면 복중의 태아와 같다. 이때 태아는 오직 어머니의 배꼽에 붙은 탯줄에만 의지해 영양분을 섭취할 뿐이다. 그러다 15(태아)가 외부로 나오면서부터(출생) 변화(成數 : 6·7·8·9·10)한다. 그러나 출생이라는 변화를 겪더라도 노양(老陽)과 노음(老陰)의 합이 15이고, 소양(少陽)과 소음(少陰)의 합이 부동의 수 15이니, 복중의 태아(15)나 출생한 아기(15)는 동일인이다. 이것은 자연수의 진리이며 자연의 진리이다.

그러면 이와 같은 원리를 우리가 살고 있는 사회에 적용시켜보자. 소양(少陽)의 물질은 혈기왕성한 청장년과 같아 발전적이며 도전적인 성격을 갖고 있으나, 소음(少陰)의 물질은 성숙한 노년과 같아 복잡한 것을 싫어하고 안정적인 것을 좋아하는 성격을 갖고 있다. 이때 소양(少陽)의 성격을 타고난 청장년들은 불의를 보면 참지 못하며 맹진하는 자세로 사회의 주축과 동력이 되어 국가발전에 참여한다. 우리의 근세사만 보더라도 신의주학생사건을 비롯해 광주학생사건, 4·19학생의거, 5·18 광주민주화운동 등을 비롯해 사회참여운동와 노사문세운동 등 모두 청장년층의 함성이었나.

그러나 소음(少陰)의 성격은 노년과 권력의 상층부와 같고, 식물이 성숙을 끝낸 상태와도 같다. 곡식은 수확의 적기가 되면 거둬들여야 하는데, 그렇지 않으면 땅에 떨어져 썩는 것과 같이 공교롭게 인간의 권력도 상층에서 부정부패가 일어나는 것은 우연한 일이 아니다. 우리는 이런 현상을 무수히 보아왔고, 이를 응징해야 마땅하다고 소리치는 젊은이들의 함성도 무수히 들어왔다.

이런 현상을 어찌 우연이라고만 하겠는가. 자연의 원리가 그러하거늘. 식물도 성숙을 끝내면 고개를 숙이고 수확을 거부하지 않는데, 인간은 이를 어겨 추한 모습으로 전락한다. 나가고 물러서는 때도 여기에 있다. 다만 이곳에 머물러 있을 때 스스로 알고 올바르게 행동한다면 과오를 면할 것이고, 죽음에 이르러 살고자 한다면 추하게 죽으리라는 말로 본말의 뜻을 대신하겠다.

육십갑자(六十甲子)와 공망(空亡)

甲子旬	甲子	乙丑	丙寅	丁卯	戊辰	己巳	庚午	辛未	壬申	癸酉	空亡戌亥
甲戌旬	甲戌	乙亥	丙子	丁丑	戊寅	己卯	庚辰	辛巳	壬午	癸未	空亡申酉
甲申旬	甲申	乙酉	丙戌	丁亥	戊子	己丑	庚寅	辛卯	壬辰	癸巳	空亡午未
甲午旬	甲午	乙未	丙申	丁酉	戊戌	己亥	庚子	辛丑	壬寅	癸卯	空亡辰巳
甲辰旬	甲辰	乙巳	丙午	丁未	戊申	己酉	庚戌	辛亥	壬子	癸丑	空亡寅卯
甲寅旬	甲寅	乙卯	丙辰	丁巳	戊午	己未	庚申	辛酉	壬戌	癸亥	空亡子丑

4. 육십갑자(六十甲子)도 우주의 원리로 만들어졌다

천지의 수인 음양(陰陽)의 배합수에는 60수가 있다. 이것은 성수(成數)에서 보는 것과 같다.

- 6＝노음(老陰)   □ 7＝소양(少陽)
- 8＝소음(少陰)   □ 9＝노양(老陽)

9가 축소되어 ▸8을 낳고 → 6을 낳으며 → 7을 낳는, 4난계의 변화를 거친다. 이때 9·6·7·8의 수를 각각 4단계로 변화시켜보면 음양(陰陽)의 합은 각각 60이 된다.

- 노양(老陽 : 9×4=36) + 노음(老陰 : 6×4=24) = 60
- 소양(少陽 : 7×4=28) + 소음(少陰 : 8×4=32) = 60

이들은 동일한 수로 천지음양(天地陰陽)의 배합수는 역시 60이 된다. 그런데 60이라는 중수(中數)의 뜻도 있다. 천수(天數)는 1·3·5·7·9에서 5가 중수(中數)이고, 지수(地數)는 2·4·6·8·10

천간지지(天干地支)의 음양(陰陽)

陰	陽
乙 丁 己 辛 癸	甲 丙 戊 庚 壬
丑 卯 巳 未 酉 亥	子 寅 辰 午 申 戌

에서 6이 중수(中數)이다. 이와 같이 수의 중앙에 있는 5와 6은 사람에게는 5장 6부를 만들었다.

음양(陰陽)의 변화는 이것으로 끝나지 않는다. 사람의 장부에도 음양(陰陽)의 구분이 있듯이 천수(天數) 5에도 음양(陰陽)이 있어 5×2(음·양)=10이 되는데, 이것은 천간(天干)의 십간(十干)과 같다. 그리고 6에도 음양(陰陽)이 있어 6×2(음·양)=12가 되는데, 이것은 지지(地支)의 십이지(十二支)와 같아 우주의 근본이 되는 천간지지(天干地支)의 십간십이지(十干十二支)와도 같다.

이 간지(干支)는 또다시 음양(陰陽)으로 나뉜다. 이렇게 음양(陰陽)의 원리는 서로 배합하고 분열하면서 새로운 것을 낳는다. 이것은 우주의 천간지지(天干地支)가 돌고 돌면서 육십갑자(六十甲子)를 만들어내고, 다시 1갑자(甲子)를 낳으면 또다시 육십갑자(六十甲子)를 만드는 윤회의 원리에서 비롯된 것이다.

5. 남자와 여자가 사랑하는 이유

대자연 속에는 우주의 기류에 따라 천지의 대운(大運)이 돌고 있다. 대운(大運)은 음양(陰陽)의 기류가 바뀌면서 도는데, 이런 음양(陰陽)의 기류변화로 인체에 미치는 음양(陰陽)의 기운 또한 시대에 따라 다르게 나타난다. 중국 송대 말엽에는 인체에 질병이 생기는 원인을 양기(陽氣)가 부족한데서 비롯된다고 해서 양기(陽氣)를 보하는 중궁(中宮)을 다스렸고, 명대 말엽에는 음기(陰氣)가 허한데서 비롯된다고 해서 하초(下焦)를 다스렸다. 이렇게 변하는 음양(陰陽)의 기류는 지리적으로나 인적관계에 어떤 영향을 주고, 인간의 주거환경과 식생활에 어떤 영향을 주는가를 알아보자.

지리에도 고저가 있고, 건습이 있고, 온냉과 열한한 곳이 있다. 이런 현상은 이것이 있으면 저것이 있다는 상대성원리와도 같고, 음양(陰陽)의 원리와도 같다. 대자연은 수평을 이루며 남자는 여자를 사랑하고, 여자는 남자를 사랑하는 것이다. 이것은 태초에 우주의 배합이 음양(陰陽)으로 이루어지면서 천지가 있고, 남녀가 있고, 동서가 있두록 짝을 지어놓은 천생연분이다. 어찌 한 번 맺어진 사랑을 사람의 마음대로 끊을 수 있단 말인가.

만일 남녀 어느 한 쪽이 싫다고 하거나 없다고 가정해보자. 그는 짝잃은 기러기와 같이 잃어버린 한쪽의 사랑을 찾기 위해 수단과 방법을 가리지 않을 것이다. 이와 같이 음양(陰陽) 관계가 균형을 잃으면 잃은 한쪽을 얻으려고 하는 것을 음양상구(陰陽相求)라 하는데, 음(陰)과 양(陽)은 서로 찾으려고 하는 성격을 갖고 있다. 그리고 서로 찾아서 만나면 유무상통(有無相通) 관계가 되어 부족한 것을 나누어주면서 상생상존하는 부부처럼 깊은 애정을 갖는다.

사람의 관계를 음양상구(陰陽相求)의 원리로 보면 나는 체(體)이고, 상대방은 용(用)이다. 따라서 체(體)와 용(用)이 모여 공동생활을 하는 것이다. 그러나 나를 망각하면 상구(相求)가 아니라 상대의 일방적인 승리가 된다. 동서양도 양(陽)은 음(陰)을 구하고, 음(陰)은 양(陽)을 구하며 살아간다. 도표로 요약하면 옆과 같다.

가족제도	陽	부전자수(父傳子受)의 종적가족
	陰	부부중심의 횡적가족
책	陽	종서
	陰	횡서
철학	陽	사물중심
	陰	정신사상
학문	陽	포괄적
	陰	분석적
음식	陽	종합식(채식)
	陰	일미식(육식)
건축	陽	상량식(위를 중심으로 삼는다.)
	陰	정초식(아래를 중심으로 삼는다.)
문(門)	陽	외개식(밖에서 잡아당겨 연다.)
	陰	내개식(안으로 밀어서 연다.)
의관	陽	착관예(모자를 쓰는 것이 예의)
	陰	탈관예(모자를 벗는 것이 예의)
생활기법	陽	밖으로 밀어냄(톱질·대패질·숟가락질 등)
	陰	안으로 긁어당김(톱질·대패질·숟가락질·호미 등)
남·여	陽	여자 우선
	陰	남자 우선

☐ 음양상구(陰陽相求)로 본 동서양의 생활양식 비교도

☐ 동양에서 양(陽)을 쓰면 서양에서는 음(陰)을 쓰고, 동양에서
  음(陰)을 쓰면 서양에서는 양(陽)을 쓴다.

6. 국보 제31호 첨성대도 역(易)의 원리로 만들어졌다

 천년의 고도 경주에 있는 첨성대는 동양 최대최고의 것으로 손꼽
히는 문화재이다. 지금부터 1,300여년 전인 서기 632~646년 신라
27대 선덕여왕 때의 축조물이다. 천체의 운행과 별의 움직임을 관
찰하고, 일식과 월식과 지진 등을 기록해 자연으로부터의 재난를
예방할 목적으로 세워진 것으로, 오늘날의 기상대와 같은 역할을
했다.

 당시는 오늘날과 같이 기계나 과학이 발달한 시대도 아닌데 어떻
게 이처럼 놀라운 역사를 이룩할 수 있었는지, 머리숙여 경배드리
지 않을 수 없다. 더욱더 놀라운 것은 돌 하나 하나의 수 속에는
대자연의 법도와 음양오행(陰陽五行)의 상생상극(相生相剋) 이치
가 숨을 쉬고 있다는 것이다. 이것은 선인들께서 상통천문하는 달
인의 경지를 넘어 천문의 이치를 응용할 줄 아셨다는 뜻이다.

 더불어 이 글을 본 편의 말미에 쓰는 이유가 있다. 필자가 처음부
터 지금까지 여러 말을 늘어놓으며 우주의 본질은 수리(數理)로
짜여졌다는 이론만을 설명했다. 그러나 백분이불여일견이라고 확
인하자는 뜻이 있고, 필자의 부족한 설명 탓으로 아직도 동양철학

의 진의에 대해 어설픈 긍정을 내린 독자들이 있을 것 같아 본보기로 삼게 하려고 한 것이다. 이제부터 첨성대의 구조를 살펴보면서 필자의 소견을 자문자답식으로 풀이해본다.

□ 높이 : 30척 6분　□ 횡석층계 : 27단　□ 기단 : 17척 1촌
□ 정상정부 : 10척 사방　□ 총석수 : 384개　□ 석재 : 화강암

1. 높이 30척 6분의 뜻

우주는 둥글고, 둥글다는 것은 원을 말한다. 정원의 각은 360도이고, 하루가 생기려면 360도를 돌아야 한다. 이것은 30도×12지간=360도가 된다는 것으로 증명할 수 있다. 지구에서는 일(日)과 월(月)과 년(年)이 이렇게 생기고 있다.

□ 하루　 : 30도×12지간=360도
□ 한달　 : 30도×360지간=10,800도(30일×12지간=360)
□ 일년　 : 30도×4320지간=129,600도(12월×360지간=4320)

그러나 우주와 지구가 같은 정원이라 해도, 우주의 정원은 매우 크기 때문에 위의 근거를 기준으로 해서 계산하면, 우주의 일년은 지구(인간)의 129,600년, 우주의 1시간은 지구(인간)의 30년이 된다.

지구가 129,600년이 되는 것을 대변화라고 한다. 이것은 30년을 기

준으로 한 소변화부터 시작한 것이고, 지구촌에서 일어나고 있는
역사적 사실도 30년을 주기로 많은 변화가 일어나고 있다. 예를 들
면 다음과 같은 것들이 있다.

□ 임진왜란부터 6·25한국전쟁까지 약 129,600일(약 360년)
□ 한국전쟁(1950년)부터 5·18광주민주화운동(1980년)까지 30년

2. 석층계단을 총 27단으로 쌓은 뜻

□ 선덕여왕이 제27대 왕이므로 이를 상징한 것으로 본다.
□ 그 안에 우물정(井) 자 모양의 정자석이 3개 있는 것으로 보아,
  본래 우물정(井) 자는 9획이니 3×9=27이 되어 27단을 쌓은 것
  으로 본다.

3. 정사각형의 기단과 원통형의 몸체의 뜻

 천원지방(天圓地方)을 본뜬 것으로 생각한다.

4. 384개 돌의 뜻

□ 역(易)의 64괘(卦) 384효(爻)를 의미하는 것으로 생각한다.
□ 일년은 평균 364일인데, 60년을 육십갑자(六十甲子)로 따지면
  일년은 365일이 된다. 그러나 2~3년에 한 번씩 윤달이 들면,
  일년은 398.4일이 된다. 이것을 기준으로 했거나, 윤달이 든 해
  에 만든 것으로 생각한다.

　지금까지의 문답은 필자의 소견에 불과하다는 것을 첨언하니 양해해주기 바란다. 다시 몸체를 더듬어 가면서 살펴보기로 하겠다.

　몸체 밑에는 12개의 기단석을 정사방형으로 놓아 받침을 삼았고, 몸체는 원통형으로 둥글게 쌓아 올라가면서 점점 좁아지더니, 제13~15단 사이에 남향문을 내고, 제19단부터는 둥근모형이 완연하게 줄었고, 제23단부터는 곧바로 위로 올라가 정상을 이룬다. 이때 제19~20단, 제25~27단에는 각각 우물정(井) 자 모양의 정자석 3개를 넣은 것으로 보아, 앞에서 설명한 대로 제27대왕을 상징한 것이 아닌가 생각한다.

　그리고 아래에서부터 제12단까지의 돌의 수는 모두 182개이고, 제13~27단까지 180개, 지대석 8개, 남문주석 2개, 제19~20단에 있는 정자석 4개, 제25~26단에 있는 정자석 4개, 제26단에 있는 정자보조석 4개, 정상부판석 1개로 모두 385개로 되어 있다. 그러나 제26단에 있는 정자보조석 4개 중에서 1개를 빼놓았으므로 여기에 사용된 돌의 수는 모두 384개가 된다.

□ 기단석 12개로 된 정방형은 천지사방을 뜻한다.
□ 제12단까지의 횡석 182개와 제13~27단까지의 180개는 모두 362개다. 이것은 음력으로 따진 일년의 수를 뜻하고, 또한 일년 12달의 전반기가 되는 1월~6월까의 입춘(立春)·경칩(驚蟄)·청

명(淸明)·입하(立夏)·망종(芒種)·소서(小暑)의 6개 절기를 뜻한다.

□ 제13단~27단까지는 일년 12달의 후반기가 되는 7월~12월까지의 입추(立秋)·백로(白露)·한로(寒露)·입동(立冬)·대설(大雪)·소한(小寒)의 6개 절기를 뜻한 것으로 계절의 변화를 알려고 한 것이다.

□ 중간에 남향문을 세운 것은 일년을 춘분(春分)과 추분(秋分) 또는 동지(冬至)와 하지로 나누기 위한 문으로 생각한다.

11. 우주의 큰 도를 본받기 위함이여!

천지의 문호가 열리기 전이란 혼돈(混沌)과 건곤(乾坤)이 나누어지기 전을 말한다. 혼돈(混沌)을 지나고 배혼(胚混)을 지나 양의(兩儀)가 이루어지면서 하늘과 땅의 문이 열리기 시작했다. 이때 우주에서는 강(剛)과 유(柔)가 부딪치며 변화를 일으키면서 해와 달로 더웁고 추운 것을 만들었고, 천둥과 번개로 만물을 진동시켜 힘을 돋구어주고, 바람과 비로 만물의 생장을 윤택하게 하는 천도 천리를 만들었고, 음양(陰陽)의 원리로 합하고 분열하는 이치를 만들었다.

이처럼 절대적인 질서로 자연을 다스리는데 어찌 생(生)·장(長)·멸(滅)의 법칙을 따르지 않으랴. 그래서 인간의 생명은 유한의 것, 때가 되면 다시 자연의 고향인 흙으로 돌아가는 것이다. 그러나 인간은 다른 동물들과 달리 보람을 찾으려고 인간 본연의 근본과 철학을 알고 바르게 행하는 삶을 살려고 한다.

지금부터는 인간의 근본은 무엇이며, 왜 동양철학을 배우고 익혀야 하는지에 대해 설명하겠다.

우주가 일정한 괘도를 타고 운행하는 것처럼 인간도 일정한 괘도를 타고 운행한다. 이런 운행의 원리를 운(運)이라 하고, 사는 것을 다하면 멸하는 것을 명(命)이라 해서, 살고 죽는 이 두 가지를 합해 운명이라고 하는 것이다. 그리고 이런 인간의 운명론이 있기까지는 우주의 원리가 먼저 있었고, 이를 전제로 우주질서의 원리를 학문으로 정립하고 인간의 운명과 연계해 학문으로 만든 것이 사주명리학(四柱命理學)이다.

사주명리학(四柱命理學)의 원래 이름은 자평학(子平學)으로 명리학(命理學)·추명학(推命學)·명학(命學)이라고도 한다. 우주 안에 있는 만물은 태어난 때가 있고 제조년월일이 있다. 사람의 태어난 해를 년주(年柱)·태어난 달을 월주(月柱)·태어난 날을 일주(日柱)·태어난 시를 시주(時柱)라 하여 이것을 사주(四柱)라고 하는 것이다. 그리고 사람도 자연으로 보고 구성요건과 변화의 움직임을 설명한 것이 사주학이다. 먼저 본 학문의 기원을 살펴보자.

지금부터 약 1,600여년 전 중국에서는 생년으로만 운명을 감정했다고 한다. 오늘날까지 남아 있는 당사주와 같은 것으로 생각된다. 그후 명나라 때 서거역(徐居易)이라는 사람이 생일을 주로 하면서

생월을 뿌리로 하는 감정법을 창시해, 지금의 일주(日柱) 중심의
철학으로 자리를 굳히게 된 것이다.

여기서 잠시 본 학문의 원명인 자평(子平)에 대해 살펴보자. 자는
북쪽을 말하고, 북쪽은 지구의 축이 되는 곳이며, 물을 뜻한다. 물
은 천지를 만드는 만유의 시생(始生)이다. 물의 본성은 수평으로,
높은 곳에서 낮은 곳으로 흐른다. 그리고 자평(子平)에서는 사람의
사주를 저울에 비유해서 다음과 같이 기록하고 있다.

□ 년주(年柱)는 물건을 들어올리는 저울의 갈쿠리와 같다.
□ 월주(月柱)는 물건을 달고 들어올리는 손잡이와 같다.
□ 일주(日柱)는 저울의 눈금에 새겨진 저울대와 같다.
□ 시주(時柱)는 사람이 일생을 살고 나면 공과를 가늠하는 화복
  의 무게와 같다.

이것은 동양철학을 요약해서 설명한 것이다. 바다에 비바람이 몰
아치면 걷잡을 수 없게 출렁거리지만, 비바람이 잠들면 잔잔해지
는 것과 같이, 인간의 삶도 파란곡절이 많으면 험난하고, 평온하고
순탄한 삶이라면 잔잔한 물결과 같아 괴로움이 없을 것이다. 그러
나 이것은 인간이 태어날 때 천지의 오행(五行)과 일월성진(日月
星辰), 기후와 풍토, 그리고 산천의 기(氣)를 받고 나오는 것으로
숙명이라고 한다.

우주의 만물은 태양의 기(氣)를 받아 생성·생육하는 것인데 어

찌 만고불변의 진리를 거역하며 살 수 있으랴. 그러나 인간은 다른 동물보다 지적능력을 갖고 있다는 이유로 동물의 우상으로 존립하면서 인재를 자초해 화를 받기도 하고 천재를 겪기도 한다. 이것은 모두 인간의 지능이 너무 뛰어나 천리를 거역하기 때문이다. 그래서 선인들께서는 우주의 원리를 안다는 것은 곧 인간의 운명을 아는 것과 같다고 말한 것이다. 이 말은 천지의 질서는 만물을 덮고, 인간의 도는 천하를 덮는다는 말과 같아, 사람이 하늘의 원리를 알고 순응하면 천명을 따르는 길이고, 천명을 따르면 눈 앞의 현실에 만족하지 않고 어떤 고난도 슬퍼하지 않고 항상 순리로 대응하는 인(仁)의 마음이 세상을 덮는다는 뜻이다.

천지의 큰 도는 만물을 키우면서도 뽐내며 자랑하지 않고, 천하를 움직이면서도 큰 힘을 함부로 쓰지 않는다. 오직 사양하며 감추어 둔 힘을 모아 만물에게 그 힘이 미치도록 자애로움을 베푼다. 인간도 우주의 큰 도를 배우며 본받아 세상을 덮게 하자는 뜻으로 운명론을 썼다.

모두들 그랬지

무병장수
부귀영화
그 — 누가 싫다 하리오
우리들의 마음 속에는
언제나 이것이 도사리고 있거늘
이것은 곧 우리 모두의 소망이외다

그러나 사노라면
운명의 흐름따라
희노애락도 있고
고진감래도 있건만
오직 바라건대 희와 락만을 추구하노니
이것이
곧 삶의 희망인가 하노라 …

다만
희망이란 속고 사는 것
그래도 이것 때문에 산단다

사는게 무엇인지
싸움질도 하고
욕지거리도 하면서……
혹시나 하고 산다
때가 되면 어디론가
훌쩍 떠나버릴 인생 나그네들!

진시황도
링컨도
모두들 그랬지……
운명의 낙조란 이렇게도 허무하거늘
온 — 사람들은
그래도 오만과 자만에 넘쳐
한 — 없는 희망을 꿈꾸며 산다

그러나 살아 있는 생명도 유한의 것
창조자는
생명의 무한을 허락하지 않았다
사람들아!
부를 나누고
명예를 사양하며
권을 아껴라

이것도 무한의 것이 아니기에
일러두는 말이다

우주의 원리도
인간의 운명도 돌고 도는 것
그러기에 사물과 색은
있다가도 없고
없다가도 있으며
있는 깃 같으면시도 없고
없는 것 같으면서도 있다고 하지 않았드냐

성철 종정의 글이다.

『법당, 종소리 새벽하늘 울리니
모든 사물 잠깨어 이 소리 들어라
우주서본 지구는 티끌에 불과
티끌 속의 영웅호걸 가소롭구나
6국 통일한 진시황도
알렉산더도
나폴레옹도
물거품 위의 조그만 물방울
허망한 꿈과 욕심 버리고

잠에서 깨어나 저 ― 종소리 들어라』

인간은 사욕만 있고 공욕이 없지만

자연은 사욕이 없고 공욕만 있어

참을 알고

참을 위해 산 자에게

위대한 열매 맺어주기를

주저하지 않는 법이다

그리고

너와 나는

인간의 고향

편안한 곳 찾아

대 ― 자연의 흙으로 갔다

또

오게 하리라

이것을

믿으며

살자

2장. 오행론(五行論)

1. 천간지지(天干地支)의 기원

아득한 옛날 황제(黃帝) 시대에 치욱이라는 무리가 나와 세상을 어지럽히고 있었다. 백성의 고통을 더이상 두고 볼 수 없어 탁록 벌판에서 치욱과 싸움을 벌였는데, 그들의 유혈이 백 리 밖까지 넘쳤다고 한다. 무리를 물리친 황제(黃帝)는 친히 목욕재계하고 단(壇)을 모아 하늘에 제사를 올리니, 하늘에서 십간(十干)과 십이지(十二支)를 내려주었다. 십간(十干)을 둥글게 펴서 하늘을 만들고, 십이지(十二支)는 모나게 펴서 땅을 상징했다. 그래서 간(干)은 하늘이 되고, 지(支)는 땅이 되어 세상을 잘 다스렸다고 한다.

이후 대요(大堯)라는 사람이 세상에 나왔다. 황제(黃帝)는 성인이면서도 나라와 백성을 생각하면서 나는 어떻게 해야 되느냐고 크게 걱정했다. 그러나 십간(十干)과 십이지(十二支)의 뜻에서 우주

의 이치를 깨닫고 육십갑자(六十甲子)를 만들어 근본으로 삼고 치
정을 잘 했다고 전한다.

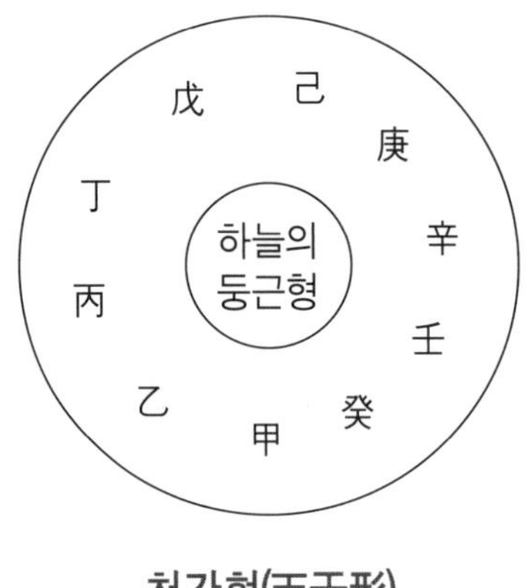

천간형(天干形)　　　　　　지지형(地之形)

2 음양오행(陰陽五行)의 분류

천간(天干)

天干	甲	乙	丙	丁	戊	己	庚	辛	壬	癸
陰陽	陽	陰	陽	陰	陽	陰	陽	陰	陽	陰
五行	木		火		土		金		水	

지지(地支)

地支	子	丑	寅	卯	辰	巳	午	未	申	酉	戌	亥
陰陽	陽	陰	陽	陰	陽	陰	陽	陰	陽	陰	陽	陰
五行	水	土	木	土	火	土	金	土	水			

앞의 도표는 동양철학의 기초문자와도 같은 천간(天干) 10가지와 지지(地支) 12가지를 음양오행(陰陽五行) 별로 순서에 따라 나열한 것이다.

■ 천간(天干)

천간(天干)은 하늘이다. 천간(天干)의 오행(五行)은 공기 속에 있는 오행(五行)의 기(氣)라고도 할 수 있다. 이것은 산화된 기(氣)를 말하고, 천간(天干)은 체(體)가 되어 움직이는 기류의 양기(陽氣)와 같다.

■ 지지(地支)

지지(地支)는 땅이다. 지지(地支)의 오행(五行)은 이미 물질화된 것을 말한다. 천간(天干)의 양기(陽氣)를 받아 생육되는 작용을 하므로 용(用)이라고 할 수 있다. 이것은 하늘의 다스림을 받는 지지(地支)의 기질과 같다.

오행(五行)별 음양(陰陽)의 성격

	陽(天干)	陰(地支)
木	기질과 생기	식물 · 나무
火	빛과 열	불
土	흙먼지	땅
金	광물질의 산화현상	철광석
水	수증기와 구름	물

3. 오행(五行)의 상(象)과 의미

1. 천간(天干)의 상(象)

□ 갑목(甲木) : 큰 나무를 상징한다.

□ 을목(乙木) : 새싹, 화초, 잔디풀을 상징한다.

□ 병화(丙火) : 태양과 같은 불을 상징한다.

□ 정화(丁火) : 등촉불이나 화롯불을 상징한다.

□ 무토(戊土) : 넓은 벌판을 상징한다.

□ 기토(己土) : 문전옥답을 상징한다.

□ 경금(庚金) : 철광석을 상징한다.

□ 신금(辛金) : 가공된 금속물질을 상징한다.

□ 임수(壬水) : 넓은 바다를 상징한다.

□ 계수(癸水) : 도랑물이나 이슬비를 상징한다.

2. 천간(天干)의 자의(字意)

□ 갑(甲 : 折) : 고목의 두꺼운 껍질을 깨고 나오는 새싹과 같다.

□ 을(乙 : 孼) : 만물이 처음으로 싹을 틔어 자라는 모습으로 꼬
부라진 형상이다. 성장하려는 몸부림과 같다.

□ 병(丙 : 炳) : 태양과 같이 이글이글 타오르는 강렬한 열을 뜻
하고, 만물을 환하게 비춰주는 모양이다.

□ 정(丁 : 壯) : 달빛과 같이 은은한 빛을 뜻한다.

□ 무(戊 : 茂) : 만물을 무성하게 키우고 살찌우는 팽창과 상승, 성장을 뜻한다.

□ 기(己 : 紀) : 만물이 완전히 성숙한 것과 같다.

□ 경(庚 : 堅) : 곧고 강한 것, 열매를 맺은 것을 뜻한다.

□ 신(辛 : 痛) : 만물이 성숙을 끝내고 모체로에서 분리되는 고통을 뜻한다.

□ 임(壬 : 姙) : 음양(陰陽)이 서로 교합해 생성의 일기를 마치는 것과 같다. 계전로는 동지(冬至)에 해당한다.

□ 계(癸 : 揆) : 물과 겨울을 뜻한다. 음중지음(陰中之陰)으로 응고된 상태이나 점점양기(陽氣)가 움직이는 봄을 기다리는 것과 같다. 동지(冬至)가 되면 일년의 모든 농사가 끝나는 것처럼, 일년 중에서 낮의 길이가 가장 짧고 밤이 가장 긴 때가 동지(冬至)이다. 이것은 농사에 필요한 일조량을 줄여, 일조량을 가장 많이 필요로 할 때 공급하기 위한 우주의 진리이다.

3. 지지(地支)의 상(象)

□ 자수(子水) : 깨끗한 물을 상징한다.

□ 축토(丑土) : 겨울에 얼어붙은 땅과 같다.

□ 인목(寅木) : 나무뿌리처럼 질기고 단단한 것을 상징한다.

□ 묘목(卯木) : 화초의 뿌리와 같다.

□ 진토(辰土) : 곡식을 재배할 수 있는 흙과 같다.

□ 사화(巳火) : 땅 속의 따뜻한 열과 같다.

□ 오화(午火) : 폭발한 화산의 불덩어리와 같다.

□ 미토(未土) : 폭염에 뜨거워진 흙과 같다.

□ 신금(申金) : 땅 속의 철광석과 같다.

□ 유금(酉金) : 금은보석과 같다.

□ 술토(戌土) : 일년의 농사를 끝내고 쉬는 땅과 같다.

□ 해수(亥水) : 핵이라는 뜻으로 씨앗이나 정액과 같다. 남녀가 성교행위를 하는 것은 새로운 종핵을 만들기 위해서인데, 해(亥)자의 모양 또한 남녀가 두 다리를 나란히 하고 있는 것과 같다.

4. 지지(地支)의 자의(字意)

□ 자(子 : 慈) : 양기(陽氣)가 싹트는 것을 말하고, 아기를 잉태한 것과 같다.

□ 축(丑 : 紐) : 귀중한 생명체를 두 손으로 감싸쥔 듯한 모양과 같다.

□ 인(寅 : 體) : 양기(陽氣)가 지표를 뚫고 올라오는 것과 같고, 태양이 떠오르는 동방을 뜻한다.

□ 묘(卯 : 昌) : 만물이 땅 위로 솟아올라 두 줄기로 갈라지면서 성장하는 모양이다.

□ 진(辰 : 伸) : 만물이 기지개를 펴며 성장하는 것과 같다.

□ 사(巳 : 巳) : 지상에 열기가 투사되어 지열이 끓어오르고 양기(陽氣)가 극에 달한 것과 같다.

□ 오(午 : 昨) : 태양광선과 같다. 오(午)는 말이라고도 표현하는데, 지는 것을 싫어하고 시기심이 많으며 잘 놀란다. 이것은 양(陽)이 음(陰)과 교접할 때 옆에서 보고 있던 다른 것이 시기하며 질투한다는 이치에서 비롯되었다.

□ 미(未 : 昧) : 양(陽)이 쇠잔해지기 시작한다는 뜻이다. 성장을 멈추고 결실을 맺으며, 나뭇잎에 단풍이 들고 떨어지는 것과 같다.

□ 신(申 : 棘) : 만물이 성장을 억제하고 영양분을 축적하며 응고해 결실을 맺는 것과 같다.

□ 유(酉 : 就) : 열매를 맺으니 목적과 결과를 모두 이룬 것과도 같다.

술(戌 : 滅) : 만물이 일생을 마치고 다음 대를 잇기 위한 종핵을 간직한 것과 같다.

해(亥 : 核) : 종핵을 잘 보관하며 싹을 틔우기 위한 준비기간과 같다.

5. 지지(地支)와 동물

地支	子	丑	寅	卯	辰	巳	午	未	申	酉	戌	亥
동물	쥐	소	범	토끼	용	뱀	말	양	원숭이	닭	개	돼지
陰陽	陽	陰	陽	陰	陽	陰	陽	陰	陽	陰	陽	陰
발가락	4~5	2	5	4	5	2	1	2	5	4	5	2

지지(地支)에 있는 12종류의 동물은 모두 육지에 사는 동물이다. 재미있는 것은 지지(地支)의 순서와 음양(陰陽)의 순서에 따라 동물도 양(陽)과 음(陰)으로 구분된다. 동물의 혀나 발가락이 1~5개로 된 것은 양(陽), 2~4개로 된 것은 음(陰)에 속한다.

□ 쥐(子) : 쥐는 태어날 때는 앞발 발가락이 4개, 뒷발 발가락이 5개다가 커가면서 앞발의 발가락이 하나 더 나와 5개가 된다. 이것은 시간의 흐름을 말하는 것과 같이 해시(亥時)에서 자시(子時)로 들어가는 것과 같다.

□ 소(丑) : 발톱이 양쪽으로 갈라져 2개다.

□ 호랑이(寅) : 발가락이 5개씩이다.

□ 토끼(卯) : 발가락이 4개씩이다.

□ 용(辰) : 발가락이 5개씩이다.

□ 뱀(巳) : 혀가 두 쪽으로 갈라져 2개다.

□ 말(午) : 말굽은 통굽이니 1개다.

□ 양(未) : 발톱이 양쪽으로 갈라져 2개다.

□ 원숭이(申) : 발가락이 5개씩이다.

□ 닭(酉) : 발가락이 4개씩이다.

□ 개(戌) : 발가락이 5개씩이다.

□ 돼지(亥) : 발톱이 2개씩이다.

■ 이런 동물들끼리 만나면 왜 충돌할까?

□ 쥐와 말(子午) : 말은 서서 잠을 자는 습관이 있고, 유난히 콧구멍이 크다. 말은 자신이 잠자고 있을 때 쥐가 콧구멍으로 들어올까봐 걱정되어 서서 자게 되었다고 쥐를 싫어한다.

□ 소와 양(丑未) : 소와 양은 모두 뿔이 달린 동물이다. 소는 자신의 몸집이 크고 기운이 세니 자신을 당할 자가 없다고 자랑하는데, 몸집도 작고 힘도 없는 양이 자기의 뿔이 센줄 알고 머리를 들먹들먹하며 덤빈다고 양을 싫어한다.

□ 호랑이와 원숭이(寅申) : 호랑이는 동물의 왕이면서도 나무를 타는 재주가 없는데, 원숭이가 나무를 잘 타기 때문에 원숭이를 싫어한다.

□ 토끼와 닭(卯酉) : 닭은 붉은 것을 보면 잘 흥분하는데, 토끼의 눈과 귀가 붉어 더욱더 흥분해 공격하므로 싫어한다.

□ 용과 개(辰戌) : 용이 여의주를 물고 승천하는데, 개짖는 소리 때문에 시간을 놓친다고 싫어한다.

□ 뱀과 돼지(巳亥) : 뱀은 흉한 모습과는 달리 살아 있는 동물이나 깨끗한 이슬을 먹고 사는데, 돼지는 더러운 것을 먹는다고 싫어한다.

■ 이런 동물들이 만나면 왜 미워할까?

□ 쥐와 양(子未) : 쥐는 양의 머리에 뿔이 달렸다고 미워한다.

□ 소와 말(丑午) : 소는 말이 일도 하지 않고 먹고 논다고 미워
한다.

□ 호랑이와 닭(寅酉) : 호랑이는 닭의 부리가 뾰족하게 생긴 것
이 싫다고 미워한다.

□ 토끼와 원숭이(卯申) : 토끼는 자기가 받아야 할 귀여움을 원
숭이가 독차지 한다고 미워한다.

□ 용과 돼지(辰亥) : 용은 돼지의 얼굴이 검고 못겨서 싫다고 미
워한다.

□ 뱀과 개(巳戌) : 뱀은 개짖는 소리가 시끄럽다고 미워한다.

화합하는 띠

■	쥐	소	호랑이	토끼	용	뱀	말	양	원숭이	닭	개	돼지
쥐		○										
소	○											
호랑이												○
토끼											○	
용										○		
뱀									○			
말								○				
양							○					
원숭이						○						
닭					○							
개				○								
돼지			○									

불화하는 띠

■	쥐	소	호랑이	토끼	용	뱀	말	양	원숭이	닭	개	돼지
쥐							×					
소								×				
호랑이									×			
토끼										×		
용											×	
뱀												×
말	×											
양		×										
원숭이			×									
닭				×								
개					×							
돼지						×						

미워하는 띠(남녀불혼살)

■	쥐	소	호랑이	토끼	용	뱀	말	양	원숭이	닭	개	돼지
쥐								×				
소							×					
호랑이										×		
토끼									×			
용												×
뱀											×	
말		×										
양	×											
원숭이				×								
닭			×									
개						×						
돼지					×							

오행(五行) 배속표

	木		火		土		金		水	
天干	甲	乙	丙	丁	戊	己	庚	辛	壬	癸
地支	寅	卯	巳	午	辰戌	丑未	申	酉	亥	子
數	3	8	7	2	5	10	9	4	1	6
방위	동		남		중앙		서		북	
계절	봄		여름		4계절		가을		겨울	
五氣	바람		열		습		건조		냉	
五色	청		적		황		백		흑	
五味	신맛		쓴맛		단맛		매운맛		짠맛	
五常	仁		禮		信		義		智	
氣風	인자, 사랑		강직, 위용		관용		살벌, 독기		유화	
五臟	간장		심장		비장		폐장		신장	
六腑	담		소장, 명문삼초		위		대장		방광	
五體	근육, 心		혈관, 溫		肉		피부, 息		골수, 血	
五官	눈		혀		몸체		코		귀	
五音	角		徵		宮		商		羽	
五星	魂		神		靈		魄		精	
五精	善		樂		恐		奴		悲	
五塵	色		聲		香		味		觸	
五氣	生		旺		鈍		殺		死	
五事	貌		視		思		言		聰	
五徵	早		熱		風		雨		寒	
五帝	太昊		炎帝		帝		少昊		瑞項	
五象	曲直		炎上		稼穡		從革		潤下	
五音	牙音		舌音		喉音		齒音		羽音	
인체기관	위장, 간장		심장, 뇌, 눈		하복부, 자궁		호흡기		신장, 비뇨	
	정신	간	소장	심장	위장	비장	대장	폐	방광	신장

앞의 도표는 목화토금수(木火土金水)로 짜여진 우주의 만물을 나타낸 것이다. 이것만 보아도 우주의 본체는 질(質)과 눈에 보이지 않는 형의 색으로 이루어졌다는 것을 알 수 있다.

- 목(木) : 동쪽을 말하고, 만물의 시생점과 같은 봄이다.
- 화(火) : 남쪽을 말하고, 태양이 중천에 떠오른 여름이다.
- 토(土) : 중앙을 말하고, 중심이다.
- 금(金) : 서쪽을 말하고, 곡식을 추수하는 가을과 같다.
- 수(水) : 북쪽을 말하고, 추수한 곡식을 저장하는 겨울과 같다.

이렇게 자연의 이치는 오행(五行)의 상생(相生) 순서에 따라 동서남북을 만들었고, 봄·여름·가을·겨울을 만들었다. 그림으로 나타내면 다음과 같다.

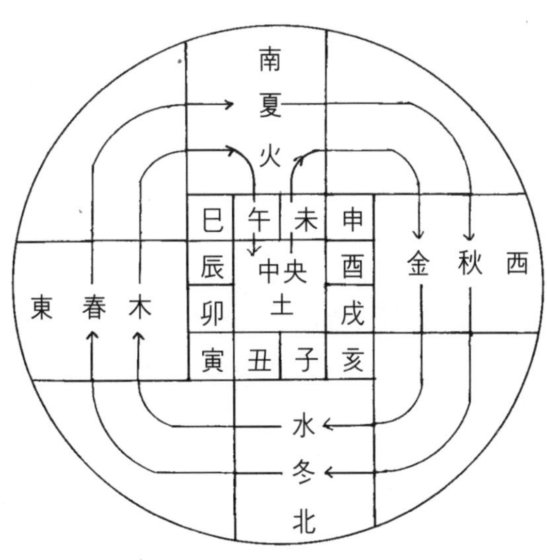

4. 오행(五行)의 작용

앞의 그림에서 보는 것처럼 우주에서는 목화토금수(木火土金水)의 상생(相生)하는 순서에 따라 계절의 변화가 일어난다는 것을 알았다. 그러나 이런 변화만 있는 것이 아니다. 해가 동쪽에서 떠서 서쪽으로 지듯이, 오행(五行)도 목(木) → 화(火) → 토(土) → 금(金) → 수(水)가 되고, 계절도 봄 → 여름 → 가을 → 겨울이 되고, 하루도 아침 → 낮 → 저녁 → 밤이 되고, 사람도 태아 → 출생 → 성장 → 죽음으로 질서있게 변화한다.

이때 움직이며 진행하는 것은 상생(相生)의 원리이고, 진행이 멈추며 사망하는 것은 상극(相剋)의 원리 때문이다. 그러나 상생(相生)과 상극(相剋)의 원리만 적용되는 것은 아니다. 오행(五行)에는 약한 물질이라 해도 많이 모이면 오히려 천적을 공격하는 것이 있고, 평소에는 지극한 은혜를 받으면서도 배신하는 경우도 있다. 따라서 반드시 본 장을 완벽하게 숙지해야 한다.

1. 상생(相生)

상생(相生)은 서로 공생관계를 유지하는 것을 말하고, 우주의 자율운동과 같다.

ㅁ 목(木)은 자신을 태워 화(火)를 일으킨다.

□ 화(火)는 모든 것을 태워 토(土)로 돌아가게 만들고, 다시 태양
의 빛을 받아 토(土)를 돕는다.

□ 토(土)는 땅 속의 금(金)이 부서지지 않게 보호한다.

□ 금(金)은 땅 속에 묻혀 있으면서 수(水)를 만들어보낸다.

□ 수(水)는 목(木)에게 영양을 공급하며 생장을 돕는다.

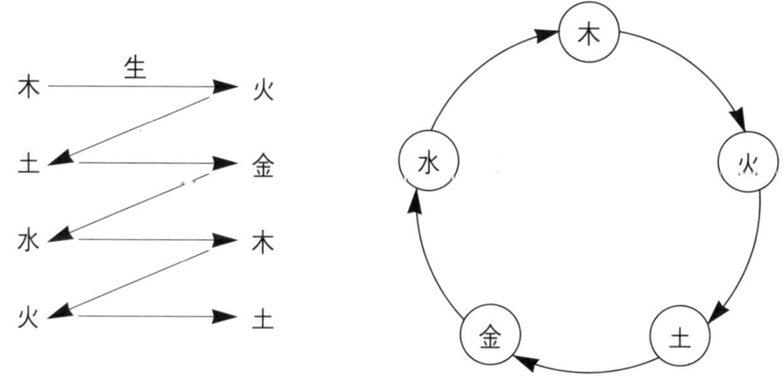

2. 상극(相剋)

상극(相剋)은 질서 속에서도 대립과 모순이 있듯이, 만물이 무한
으로 성장하며 번식하는 것을 막는 방해꾼과 같지만, 이것은 해치
려고 고의로 방해하는 것이 아니라 결과적으로는 생장을 돕는다.
만일 상극(相剋)의 원리가 없다면 생명도 무한일 것이고, 인간의
부귀영화도 일정기간이 지나면 쇠하는 것이 상극(相剋)의 이치다.

□ 목(木)은 금(金)의 극(剋)을 받으면서도 화(火)를 돕는다.

□ 화(火)는 수(水)의 극(剋)을 받으면서도 토(土)를 돕는다.

□ 토(土)는 목(木)의 극(剋)을 받으면서도 금(金)을 돕는다.

□ 금(金)은 화(火)의 극(剋)을 받으면서도 수(水)를 돕는다.

□ 수(水)는 토(土)의 극(剋)을 받으면서도 목(木)을 돕는다.

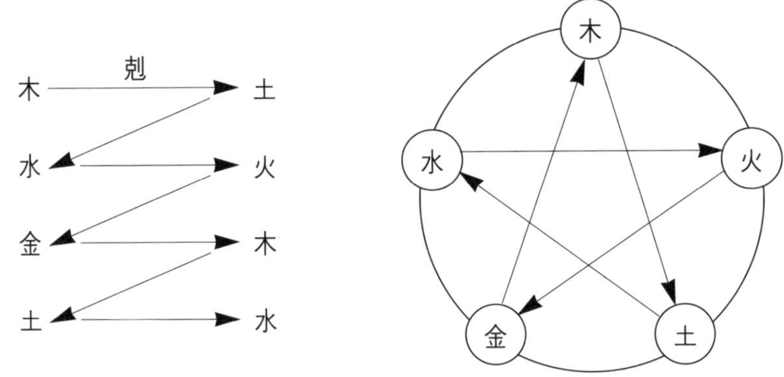

3. 상모(相侮)

지금까지 상생(相生)과 상극(相剋) 작용에 대해 설명했다. 특히 상극(相剋) 작용은 천적과 같아 대립관계에 있으면서도 일방적으로 패배만 당했다. 그러나 상모(相侮) 작용은 수극화(水剋火)가 아니라 거꾸로 화극수(火剋水)가 되어, 물이 불을 끄는 것이 아니라 불이 물을 말려버리는 이치이다. 모(侮)는 극과 같은 것으로 이해해도 좋으나, 여기서는 천적을 우습게 여긴다는 뜻으로 이해하기 바란다.

- 목극토(木剋土)가 아니라 토모목(土侮木)이 된다. 나무는 약한데 흙의 세력이 강하면 흙이 나무를 이긴다.
- 화극금(火剋金)이 아니라 금모화(金侮火)가 된다. 불기운은 약한데 금의 세력이 강하면 불이 쇠를 녹이지 못한다.
- 토극수(土剋水)가 아니라 수모토(水侮土)가 된다. 흙은 약한데 물의 세력이 강하면 흙이 물에 씻겨 내려간다.
- 금극목(金剋木)이 아니라 목모금(木侮金)이 된다. 쇠는 약한데 나무의 힘이 강하면 쇠의 끝이 무디어져 나무를 자르지 못한다.
- 수극화(水剋火)가 아니라 화무수(火侮水)가 된다. 물은 약한데 불의 세력이 강하면 물이 말라버린다.

4. 변극(變極)

변극(變極)은 상생(相生)작용과 같다. 자신을 희생해 상대방을 상생(相生)해준다.

- 목(木)이 희생하면서 화(火)로 변해 토(土)를 생(生)한다.
- 화(火)가 희생하면서 토(土)로 변해 금(金)을 생(生)한다.
- 토(土)가 희생하면서 금(金)으로 변해 수(水)를 생(生)한다.
- 금(金)이 희생하면서 수(水)로 변해 목(木)을 생(生)한다.
- 수(水)가 희생하면서 목(木)으로 변해 화(火)를 생(生)한다.

5. 생극제화(生剋制化)

상생(相生) 관계에 있는 오행(五行)이라도 생(生)하는 쪽에서 지나치면 받는 쪽이 감당하지 못해 오히려 피해를 입는다.

□ 목(木)이 너무 많아도 화(火)가 꺼진다.
□ 화(火)가 너무 많아도 토(土)가 탄다.
□ 토(土)가 너무 많아도 금(金)이 묻힌다.
□ 금(金)이 너무 많아도 수(水)가 흐려진다.
□ 수(水)가 너무 많아도 토(土)가 썩는다.

위와 같이 공급과 수요의 불균형으로 일어나는 현상만 있는 것은 아니다. 나를 낳아주고 길러주신 부모에게 자식이 너무 많아 부모가 힘이 들거나 쇠약해지는 경우와 같은 원리도 있다.

□ 목(木)이 너무 많으면 수(水)가 말라버린다.
□ 화(火)가 너무 많으면 목(木)이 시들어버린다.
□ 토(土)가 너무 많으면 화(火)가 약해진다.
□ 금(金)이 너무 많으면 토(土)가 갈라진다.
□ 수(水)가 너무 많으면 금(金)이 녹슨다.

지금까지 여러 가지 작용에 대해 설명했다. 이런 오행(五行) 가운데는 이로운 것도 있고 해로운 것도 있으며, 있어야 될 것은 없고 없어야 될 것은 있어 괴로움을 당하기도 한다. 이것은 앞으로 독자들께서 사주를 감정할 때 자연스럽게 이해할 수 있을 것이다. 어쨌든 사주에 나타난 오행(五行)은 어느 것 하나 버릴 수가 없다. 따라서 상부상조하며 강약이 없게 형평을 유지해야겠지만, 다음과 같은 강약이 또 있으니 살펴본다.

- 목(木)이 무성하게 자라고 있는데 화(火)를 만나면 성장에 지장을 받는다.
- 화(火)가 활활타고 있는데 토(土)를 만나면 불빛이 흐려진다.
- 토(土)가 단단하게 뭉쳐졌는데 금(金)을 만나면 흙이 단단함을 잃는다.
- 금(金)이 수(水)를 만나면 금(金)의 힘이 빠진다.
- 수(水)가 목(木)을 만나면 물의 기세가 약해진다.
- 목(木)이 약한데 금(金)을 만나면 나무가 꺾인다.
- 화(火)가 약한데 수(水)를 만나면 불이 꺼진다.
- 토(土)가 약한데 목(木)을 만나면 땅이 갈라진다.
- 금(金)이 약한데 화(火)를 만나면 쇠가 녹는다.
- 수(水)가 약한데 토(土)를 만나면 물의 힘이 빠진다.

이상과 같이 오행(五行)은 서로 만나 다양한 작용을 한다. 이것은 우주만물의 작용이며, 사람에게는 길흉화복을 만들어준다. 우리는 살면서 시시때때로 찾아오는 변화에 당황할 때가 있다. 그러나 알고 보면 모두 오행(五行)의 작용에서 시작된다. 이후 용신론(用神論)에서 설명하겠지만 이런 작용을 세밀하게 살피지 않으면 용신(用神)을 잡을 수 없고, 용신(用神)을 잡지 못하면 사주를 정확하게 감정할 수 없으니 본 장을 잘 익히기 바란다.

5. 천지인물학

지금까지 설명한 오행(五行)의 다양한 작용을 익히느라 피곤해 있을 것이다. 그래서 생년월일의 탄생과 사주를 세우는 요령에 대해 설명하기 전에 여러분의 머리를 식혀줄 겸, 마침 오행(五行)과 사주팔자에 대한 이용선 소장의 고사(故事)가 있어 소개하니 참고하기 바란다.

조선왕조 개국의 일등공신인 삼봉(三峯) 정도전(鄭道傳)과 그의 하인이 주고 받은 인생의 운명론에 관한 이야기이다. 어느날 삼봉은 몸종을 거느리고 산천을 돌아보게 되었다. 길을 가다가 두 사람은 더위도 시킬 겸 계곡에서 목욕을 했다. 하인은 그렇게도 높이 받들어 모시든 상전나으리였는데 같이 빨가벗고 물 속에 들어앉으니, 둘이 똑같아 구별할 것이 없었다. 하인은 물었다.

하인 : 나으리! 사람은 모두 몸뚱이 하나에 귀와 눈, 입이 똑같이
달렸는데 사는 모양은 참으로 천층만층입니다. 임금이 있
고, 신하가 있고, 주인이 있고, 하인이 있고, 누구는 남자로
태어나고, 누구는 여자로 태어나고, 인색한 부자가 있고, 착
한 가난뱅이가 있고, 춘정에 냉가슴 앓는 청춘이 있고, 칼
잡이 백정도 있고, 황새처럼 인중이 길어 자기 똥 자기가
찍어 먹으면서까지 오래 사는 늙은이가 있고, 세 살도 못살
고 무덤으로 돌아가는 가련한 인생이 있습니다. 이런 것은
모두 어디서 말미암은 것인지 나으리는 아십니까? 아마도
이 놈은 팔자가 나빠서 하인노릇이나 하는 모양입니다.

삼봉 : 네놈의 팔자가 어째서.

하인 : 어째서라니요. 어째서 나으리는 이 몸의 주인으로 태어났
고, 이놈은 나으리의 종놈으로 태어났단 말입니까.

삼봉 : 하하하. 이놈 봐라. 네놈도 이젠 불두덩이가 탱탱해지더니
신세타령을 하는 모양이구나.

하인 : 쉰네는 모르겠습니다. 어째서 나으리께서는 형부상서영록
대부(刑部尙書榮祿大夫)이신 운(云)자 경(敬)자의 아드님
으로 태어나셨고, 이놈은 어째서 씨종홀어미밖에 안 되는
장님의 의붓자식으로 태어났는지 정말 모르겠습니다.

삼봉 : 이놈아. 네가 어찌 의붓자식으로만 태어났다고 하느냐.

하인 : 쉰네는 다시 태어난다면 꼭 나으리의 아들로 태어날랍니다.

삼봉 : 이놈아! 정말 네가 어디서 왔는지 모른단 말이냐.

하인 : 네. 정말 모르겠습니다.

삼봉 : 흔히들 세상만사는 돌고돈다고 한다만, 이 말은 세상만사 돌고돌아 양지가 음지되고 음지가 양지된다는 뜻이다. 사람의 목숨도 돌고도는 것인데, 네나 내나 음양오행(陰陽五行)의 기(氣)로부터 왔느니라.

하인 : 그럼 음양오행(陰陽五行)의 기(氣)는 어디 있습니까?

삼봉 : 하늘에 있지.

하인 : 그렇다면 하늘이 세상의 온갖 것들을 만들 때 나으리도 냈고 이놈도 냈단 말씀입니까?

삼봉 : 오냐. 그렇단다.

하인 : 그렇습니까? 그럼 하늘인지 음양오행(陰陽五行)인지는 아주 못되먹은 사람입니다.

삼봉 : 왜?

하인 : 하늘이면 하늘답게 모든 것을 공평하게 내야지, 누구는 만승천자 임금으로 만들고, 누구는 쇤네같은 종놈으로 만들고, 누구는 허리가 꼬부라지도록 굶게 만들고, 누구는 원님한테 볼기가 터지도록 매를 맞게 만들었으니까요. 어디 그뿐인가요. 파리나 모기는 잠자리한테 먹히게 만들었고, 잠자리는 또 거미줄에 걸려 거미밥이 되고, 거미는 또 참새밥이 되고, 참새는 또 매나 독수리한테 잡혀먹히고, 가물치는 날치를 먹고, 날치는 새우를 먹고, 새우는 자기 새끼가 까 놓은 알을 먹으며 살게 만들었으니 말입니다. 하여튼 하늘

이라는 곳에는 심술보따리만 있어 못된 짓만 골라하는 모양입니다.

삼봉 : 우주에는 강약대소가 있고, 고저가 있고, 광협이 있고, 명암이 있느니라. 사람들은 하늘에게 일만 가지를 모두 알고 있으면서도 왜 이렇게 세상만사는 천차만별하고, 옳고 그른 것을 가리지 못하느냐고 푸념한다. 그중에 어떤 사람은 자신이 전생의 죄가 있어 업보인 모양이라고 생각하기도 하지. 그러나 그게 아니란다. 우주의 만물은 음양오행(陰陽五行)이 뭉치며 흩어지는 사이에 수생한 것 뿐이니라.

하인 : 이놈은 무슨 말씀인지 모르겠습니다.

삼봉 : 우주의 음양(陰陽)을 말한 것이다.

하인 : 나으리! 제가 알기로는 이 세상에서 지은 선악은 인(因)이고, 저 세상에서 받은 보응은 과(果)가 되어, 이승에서 저승으로 저승에서 또 다음 세상으로 돌아가면서, 뱀이 되었다, 사람이 되었다, 새가 되었다 하면서 살아가고 합니다.

삼봉 : 음양오행(陰陽五行)은 모두 그 기운이 있는 법이다. 하늘을 대신해서 네 애비와 에미가 배꼽 위에서 벼락치는 개벽역사운동을 했기 때문에, 그 기운에 따라 네가 나왔고, 또 거기에 음양(陰陽)이 있어 남자나 여자가 되는 것이니라. 다만 그 기운의 맑고 흐린 청탁과 두텁고 얇은 후박에 따라 사람마다의 됨됨이가 나누어지는 것이다.

하인 : 그럼 이놈 아비의 연장은 말뚝만 한데, 저는 왜 이렇게 작

게 만들어졌습니까?

삼봉 : 연장의 크고 작음도 모두 사주에 있다. 곡식의 씨도 여름에
　　　뿌린 것은 왕성하고, 겨울에 뿌린 것은 싹도 나지 않드냐.

하인 : 사주팔자라는 것은 도대체 어떻게 생겼습니까?

삼봉 : 우주의 기운이 넘칠 때 바른 것은 모두 사람으로 태어났으
　　　니, 사람은 누구나 귀하다. 그러나 기운이 편벽하고 약한
　　　것은 천한 물로 나온다. 사람과 짐승이라는 등분은 사주에
　　　서 비롯되었을 뿐이다.

하인 : 그렇다면 같은 사람인데도 귀한 사람과 천한 사람, 재주있
　　　는 사람과 어리석은 사람은 어떻게 해서 생겼습니까?

삼봉 : 맑은 기를 얻은 사람은 지혜롭고, 탁한 기를 얻은 사람은
　　　어리석은 것 뿐이다.

하인 : 사주팔자가 사람이 되어 나온 것이라면 이것은 천도에 따
　　　라 나왔다는 뜻이고, 천도는 하느님의 마음이니, 하나님의
　　　마음에 따라 지혜롭고 어리석게 만들었단 말씀입니까?

삼봉 : 아니다. 천도는 불편부당하지 않다. 오직 만물을 고르고 넓
　　　게 펼 뿐이다. 이것은 하느님이 이 사람은 귀하게 만들고
　　　저 사람은 천하게 만든 것이 아니라는 뜻이다. 이것을 무위
　　　이화(無爲以化)라 하느니라.

하인 : 이놈은 도대체 무슨 말인지 알아듣지 못하겠습니다. 오행
　　　(五行)인지 뭔지가 어떻게 귀한 놈도 만들고 천한 놈도 만
　　　들어 내는지 모르겠네요.

삼봉 : 술빚는 법을 아느냐?

하인 : 네. 누룩에다 술밥 넣고 항아리에 담으면 되지요.

삼봉 : 그래 맞다. 그것이 바로 술항아리 속의 천지인물학이다. 술을 빚을 때 누룩이 많이 들어가면 술이 쓰고, 술밥이 많이 들어가면 달고, 물이 많으면 싱거워지고, 무턱대고 술항아리에 이불을 뒤집어 씌워 놓으면 술맛이 변하기 쉽다. 그러나 누룩과 술밥과 물이 적당하고 항아리의 온도가 맞으면 좋은 술이 된다.

하인 : 그럼, 저같은 놈은 탁배기두 못되었으니, 부모의 기가 맞지 않은 까닭입니까?

삼봉 : 하하하. 그래, 네 말이 맞다. 기와 운은 평생의 동반자와 같고, 친한 벗과도 같아 오운육기(五運六氣)라 한다. 기가 부족하면 운이 도와주고, 운이 부족하면 기가 도와주면서 살고 있는 것이다. 그러니 네가 태어날 때는 기가 부족해 하인이 되었지만, 내일이라도 운이 좋으면 상인이 될 수도 있고, 주인이 되어 하인을 거느리며 살 수도 있다.

하인 : 참말로 운이라는 것이 있고, 그 운이 돌고돌아 저한테도 올 수 있습니까? 내일이라도…….

삼봉 : 운은 천지의 윤회와 같다. 천지가 돌지 않으면 아침에 해가 뜰 수 없으며 저녁에 해가 질 수 없고, 오늘이 있을 수 없으며 내일도 있을 수 없고, 너와 내가 여기에 있을 수도 없느니라.

하인 : 나으리, 정말 믿어도 됩니까? 저를 놀리시는 건 아니시죠.

삼봉 : 허허! 이놈 봐라. 기와 운이 돌지 않으면 너는 평생 갓난아기와 같아 크지 못했을 것이다. 기와 운이 돌기 때문에 이만큼 큰 것 아니냐. 인간의 대운(大運)도 돌고도는 것이고, 세상사 모든 것이 낳고 크고 죽는 생노병사의 이치를 갖고 있느니라. 자, 이제 그만 일어나자.

하인 : 나으리, 참말로 고맙습니다. 천지의 도인이 어디 계신가 했더니, 바로 제 눈 앞에 계셨습니다. 천지도인님! 제가 큰 절을 올리겠으니 절을 받고 일어나시지요.

하인은 넙죽 엎드려 절을 했다.

3장. 사주조직론

사주의 기둥을 세우는 법은 삼한출판사에서 발행한 필자의 저서 『운세십진법·본대로』에 자세하게 설명했으니 참고하기 바란다. 이후 에 설명하는 사주의 해설에 따라 자신의 사주를 뽑아 대조하면서 이 글을 본다면 자신이 모르던 것과 미래를 발견할 수 있을 것이다.

1. 년(年)의 기준

태양은 하루에 1도씩 동쪽에서 서쪽으로 이동해 365.2422일 만에 일년을 만든다. 지구는 24시간에 걸쳐 하루를 만들어 365.2422일만 에 일년을 만들어 내는 것을 지구의 1공전이라 한다. 이때 태양을 중심으로 공전하는 지구는 시계 반대방향으로 엇갈리게 돈다. 이것은 육십갑자(六十甲子)를 이루며 엇갈리게 도는 이치와 같다. 육십갑자(六十甲子)가 한바퀴 도는 것을 1갑자(甲子)라 하고, 사람은 60세가 되어 회갑이라고 한다. 그리고 우주의 3대 구성요소인 천지인(天地人)의 삼재(三才)와 같이 60년을 1갑자(甲子)씩 따져 다음과 같이 구분하기도 한다.

□ 상원갑자(上元甲子) : 1864년~1923 : 60년
□ 중원갑자(中元甲子) : 1924년~1983 : 60년
□ 하원갑자(下元甲子) : 1984년~2043 : 60년

이렇게 세월은 일년이 되고 1갑자(甲子)가 되어 흘러가는 것은 알 수 있다. 일년은 24절후 중에서 첫 절기가 되는 입춘(立春)부터 마지막 절기인 소한(小寒)까지를 말하고, 다시 상반기와 하반기로 나누어 상반기는 양(陽)이라 하고, 하반기는 음(陰)이라고도 한다.

2 월(月)의 기준

한 달의 기준도 매월 마지막 날을 한 달로 보는 것이 아니라, 절기를 기준으로 계산한다. 일년은 4계절로 되어 있고, 4계절 속에는 12절기가 있고, 12절기의 1절기마다에는 또 1후씩 들어 있어 일년

은 모두 24절후가 된다.

- □ 1년＝4계절 □ 1계절＝3개월 □ 1개월＝2기 □ 1기＝3후
- □ 하루＝4진(辰) □ 1진(辰)＝3시
- □ 5일×3후＝15일 □ 15일×24절후＝360일 □ 24절후×3후＝72후

월기준표

세설	陽						陰					
	상반기						하반기					
	봄			여름			가을			겨울		
월	1	2	3	4	5	6	7	8	9	10	11	12
월지	寅	卯	辰	巳	午	未	申	酉	戌	亥	子	丑
절후	입춘	경칩	청명	입하	망종	소서	입추	백로	한로	입동	대설	소한

앞의 월(月) 기준표로 생월(生月)과 월지(月支)는 알 수 있지만 월간(月干)은 알 수 없다. 월간(月干)을 월두(月頭)라고도 한다. 이것은 출생년의 천간(天干)과 간합(干合)해서 만들어진 오행을 상생(相生)해주는 것을 월두(月頭)의 간(干)으로 삼는다. 그럼 왜 상생(相生)해주는 것을 월두(月頭)로 삼는지 알아보자.

월(月)은 달이 한 번 자전하는 주기이다. 태양을 향해 공전쾌도인 자전 선상을 따라 지구의 주위를 하루에 13도씩 회전해 한 번 자전한 것을 한 달이라 하고, 29일 12시간 44분 18초가 걸린다. 태양과 지구는 동쪽에서 서쪽으로 같은 방향으로 자전하나, 달은 반대

로 서쪽에서 동쪽으로 돌기 때문에, 달이 서쪽에서 떠올라 동쪽으로 지는 것이다.

그리고 달은 태양에 의해 자전하기 때문에 달과 태양은 서로 떨어질래야 떨어질 수 없는 천생배필과도 같아, 태양과 같은 년(年)의 천간(天干)이 합(合)하여 어떤 오행(五行)의 물질을 만들어낸다. 따라서 달의 입장에서 보면 태양이 고맙기 그지없어 합(合)된 물질을 상생(相生)해준다. 마치 달은 태양의 은혜에 보답하는 것과 같다.

예를 들어 임오(壬午)년 1월에 태어났다고 가정해보자. 1월은 인(寅)월이니 월지(月支)는 인(寅)이다. 그리고 임오(壬午)년생이니 천간(天干) 임(壬)과 간합(干合)하는 것은 정(丁)이다. 정임(丁壬)은 합(合)되어 목(木)이 된다. 목(木)을 상생(相生)해주는 것은 물이니 수(水)의 오행(五行)은 임(壬)이 된다. 그러므로 1월의 인(寅)은 임(壬)이 짝이 되어 월간(月干)은 임인(壬寅)이다.

□ 갑기년(甲己年) : 병인두(丙寅頭)
□ 을경년(乙庚年) : 무인두(戊寅頭)
□ 병신년(丙辛年) : 경인두(庚寅頭)
□ 정임년(丁壬年) : 임인두(壬寅頭)
□ 무계년(戊癸年) : 갑인두(甲寅頭)

월간조견표

生月 / 節名 (出生年)		甲己年	乙庚年	丙辛年	丁壬年	戊癸年
正月	立春	丙寅	戊寅	庚寅	壬寅	甲寅
二月	驚蟄	丁卯	己卯	辛卯	癸卯	乙卯
三月	清明	戊辰	庚辰	壬辰	甲辰	丙辰
四月	立夏	己巳	辛巳	癸巳	乙巳	丁巳
五月	芒種	庚午	壬午	甲午	丙午	戊午
六月	小暑	辛未	癸未	乙未	丁未	己未
七月	立秋	壬申	甲申	丙申	戊申	庚申
八月	白露	癸酉	乙酉	丁酉	己酉	辛酉
九月	寒露	甲戌	丙戌	戊戌	庚戌	壬戌
十月	立冬	乙亥	丁亥	己亥	辛亥	癸亥
十一月	大雪	丙子	戊子	庚子	壬子	甲子
十二月	小寒	丁丑	己丑	辛丑	癸丑	乙丑

3. 일(日)의 기준

태어난 날의 일진(日辰)을 일주(日柱)라고 하고, 일진(日辰)은 만세력에서 찾는다. 하루는 지구가 24시간 동안 한 번 자전하면 만들어진다. 태양이 우주를 한 번 공전해 일년이 생기는 것이나, 지구가 태양을 한 번 자전해 하루가 생기는 것이나 원인은 같다. 따라서 하루의 연장은 일년이고, 일년의 축소는 하루라는 등식이 성립한다. 이것은 곧 우주와 인간은 똑같이 우주운동을 하고 있다는 뜻이다.

4. 시(時)의 기준

시간은 동경 135도의 자오선을 기준으로 한다. 지구의 자전과 공전으로 일어나는 시간의 변화는 지역의 멀고 가까운 것과는 관계없다. 그러나 우리가 사용하고 있는 시간은 지역에 따라 다르다. 예를 들어 우리 나라의 12시와 일본의 12시와 중국의 12시는 같을 수 없다. 그리고 동경 135도의 자오선을 기준으로 해뜨는 시각을 보면, 우리 나라는 일본보다 약 30분이 늦고, 중국은 우리 나라보다 약 30분 가량 늦다. 우리 나라에서도 부산보다 서울이 약 8분 가량 늦다.

1. 야자시(夜子時)와 명자시(明子時)

 자시(子時)는 위의 시간표에서 보는 것처럼 밤 11시~새벽 1시까지를 말하고, 이 시간이 둘로 나누어지는 것을 말한다.

□ 야자시(夜子時) : 밤 11시~자정 12시까지를 말한다. 이 시간에 태어난 사람은 전날의 일진(日辰)을 일주(日柱)로 삼는다.

□ 명자시(明子時) : 자정 12시~새벽 1시까지를 말힌다. 이 시긴에 태어난 사람은 다음날의 일진(日辰)을 일주(日柱)로 삼는다.

 이와 같이 하루를 24시간으로 나눈 것은 태양을 중심으로 한 지구의 운동 때문이다. 시두(時頭)의 천간(天干)은 월두(月頭)의 천간(天干)을 만든 원리와는 다르다. 월두(月頭)의 천간(天干)은 년(年)의 천간(天干)에서 합(合)한 것을 상생(相生)해주는 것으로, 월(月)의 천간(天干)을 삼아 인(寅)월부터 시작한다. 그러나 시두(時頭)의 천간(天干)은 일(日)의 천간(天干)에서 합(合)한 것을 상극(相剋)하는 것이 시두(時頭)가 되어 자시(子時)부터 시작한다.

 예를 들어 정사(丁巳)일 오후 4시에 태어났다고 가정해보자. 시간(時干)의 지(支)는 신(申)이며 신(申)시가 된다. 정사(丁巳)일이니 정(丁)과 간합(干合)하는 것은 임(壬)이다. 정임(丁壬)은 합(合)하

시간지 조견표

時干 \ 日干		甲己日	乙庚日	丙辛日	丁壬日	戊癸日
子時	오후11시~오전1시	甲子	丙子	戊子	庚子	壬子
丑時	오전1시~오전3시	乙丑	丁丑	己丑	辛丑	癸丑
寅時	오전3시~오전5시	丙寅	戊寅	庚寅	壬寅	甲寅
卯時	오전5시~오전7시	丁卯	己卯	辛卯	癸卯	乙卯
辰時	오전7시~오전9시	戊辰	庚辰	壬辰	甲辰	丙辰
巳時	오전9시~오전11시	己巳	辛巳	癸巳	乙巳	丁巳
午時	오전11시~오후1시	庚午	壬午	甲午	丙午	戊午
未時	오후1시~오후3시	辛未	癸未	乙未	丁未	己未
申時	오후3시~오후5시	壬申	甲申	丙申	戊申	庚申
酉時	오후5시~오후7시	癸酉	乙酉	丁酉	己酉	辛酉
戌時	오후7시~오후9시	甲戌	丙戌	戊戌	庚戌	壬戌
亥時	오후9시~오후11시	乙亥	丁亥	己亥	辛亥	癸亥

여 목(木)이 된다. 목(木)을 상극(相剋)하는 것은 금(金)이고, 금(金)의 오행(五行)에는 경(庚)이 있다. 따라서 경자(庚子)부터 시작해 신(申)까지 세어보면 무(戊)가 되니 이 사람의 태어난 시간을 무신(戊申)시가 된다.

□ 갑기년(甲己年) : 갑자두(甲子頭)
□ 을경년(乙庚年) : 병자두(丙子頭)
□ 병신년(丙辛年) : 무자두(戊子頭)
□ 정임년(丁壬年) : 경자두(庚子頭))
□ 무계년(戊癸年) : 임자두(壬子頭)

2. 썸머타임과 출생시 잡는 법

옛부터 태어난 시간은 제좌(帝坐)라 해서 임금의 자리라고 했다. 시주(時柱)는 말년과 자녀 뿐 아니라, 사주의 신강(身强)과 신약(身弱)을 본다. 그리고 월지(月支)에 비견(比肩)이나 겁재(劫財)가 있으면 시주(時柱)를 먼저 살펴야 통변할 수 있다. 이처럼 사주에서 태어난 시각은 매우 중요하다.

그러나 옛날에는 정확한 출생시를 알기 어려웠다. 낳고 나니까 첫닭이 울었다거나, 해가 저쪽 추녀 끝에 닿았다거나, 동짓달인데 시아버지가 아침 일찍 쇠죽을 끓이고 계셨다거나 정도다. 출생시에는 한 사람의 모든 것이 살아 움직이며 영고성쇠를 만드는 곳인데 참으로 답답하다. 그래서 옛어른들께서는 시간을 다음과 같이 정하기도 했다.

□ 계명축(鷄鳴丑) : 닭이 울면 축(丑)시로 잡는다.
□ 동방인(東方寅) : 날이 밝기 시작하면 인(寅)시로 잡는다.
□ 일출묘(日出卯) : 해가 뜨면 묘(卯)시로 잡는다.
□ 일입유(日入酉) : 해가 지면 유(酉)시로 잡는다.

그러나 본 학문이 발달하면서 선인들은 인체의 모습과 습성, 그리고 주위의 여건 등을 살펴서 출생시 잡는 방법을 정립했다. 여기에는 지구의 방향과 지자기(地磁氣)가 출생할 때의 순간과 깊은 관계가 있다는 것을 적용했으니, 다음 장에 나오는 출생시 잡는 법을 널리 활용해도 큰 오차가 없을 것이다.

썸머타임의 유래는 1908년 영국으로 거슬러 올라간다. 당시 의회 의원이던 웰리엄 웰레트가 일광이용법안을 의회에 제출해 2독회까지는 통과했으나, 국민들의 심한 반대에 부딪혀 부결되고 말았다. 당시 찬성하는 사람들은 현실주의자들이었고, 반대하는 사람들은 보수주의자들이었다. 당시 반대한 사람들의 주장은 다음과 같다.

첫째, 시계를 한 시간 앞당기면서까지 아침에 일찍 일어난다는 것은 일종의 속임수와 같아 그 동기가 불순하다.

둘째, 여름의 조조기상을 위해 굳이 시계바늘까지 앞당겨 놓을 필요가 없다. 일찍 일을 시작해서 일찍 끝내고 싶으면 학교, 공장, 회사, 관청 등이 합의해 여름동안만 실시하면 된다.

셋째, 대영제국에서 세계의 표준시까지 변경한다는 것은 영국의 체면에 관한 문제다.

이런 이유를 내세웠고, 또 반대파 학자층에서는 시와 길이와 무게의 3기본 단위는 물리학상 3기본 단위이므로 불변해야 한다는 순리학을 주장했다. 이렇게 시작한 썸머타임제는 제1차 세계대전 중에 독일과 이탈리아부터 쓰기 시작했고, 인구밀도가 높은 나라에게 크게 환영을 받았다. 그러나 1919년 전쟁이 끝날 무렵부터 점차 사라지는 기세를 보이더니, 1925년 영국에서 또 쓰기 시작해 전세계로 파급되었다. 그리고 마침내 우리 나라도 1948년 미군정 때부터 실시했다.

썸머타임 시행기간

1948년	5월 31일 자정~9월 22일 자정까지
1949년	3월 31일 자정 ~9월 30일 자정까지
1950년	4월 1일 자정 ~ 9월 10일 자정까지
1955년	5월 20일 자정 ~ 9월 29일 자정까지
1959년	5월 3일 자정 ~ 9월 19일 자정까지
1960년	5월 10일 자정 ~ 10월 11일 자정까지
1987년	5월 10일 새벽 3시 ~ 10월 10일 새벽 3시까지
1988년	5월 8일 새벽 2시 ~ 10월 7일 새벽 2시까지

3. 시간(時干)으로 출생시 잡는 법

1. 자(子)시생

□ 어머니보다 아버지가 먼저 돌아가신다.

□ 얼굴이 길고, 어릴 때 울음소리는 급하며 높고 가늘다.

□ 반듯하게 눕거나 엎드리고 잔다.

□ 태어날 때 반듯하게 하늘을 향하거나 엎어져서 나오고, 아버지
가 있는 쪽을 향해 나온다.

□ 가마는 오른쪽에 있고, 인신사해(寅申巳亥)생은 쌍가마가 많다.

2. 축(丑)시생

□ 아버지보다 어머니가 먼저 돌아가신다.

□ 신체는 풍만하고, 얼굴은 둥글며 두툼하고, 턱은 둥글다.

□ 울음소리가 느리다.

□ 어릴 때 옆으로 누워 잔다.

□ 태어날 때 아버지는 집에 없고, 아버지가 있는 반대쪽을 향해
엎어져서 나온다.

□ 가마는 왼쪽에 있다. 1개이면 머리의 경사진 곳에 있고, 2개이
면 머리 한복판에 나란히 있다. 간혹 앞이마쪽에 1개가 있고,
목 뒤쪽에 1개가 있는 사람도 있다. 자오묘유(子午卯酉)월생은
쌍가마인 경우가 많다.

3. 인(寅)시생

□ 어머니보다 아버지가 먼저 돌아가신다.

□ 얼굴이 넓고 입이 크며 울음소리가 높다.

□ 얼굴이 길고 귀가 크다.

□ 옆으로 누워서 잔다.

□ 태어날 때 아버지가 있는 쪽을 향해 나온다.

□ 가마는 오른쪽에 있고, 진술축미(辰戌丑未)월생은 쌍가마인 경우가 많다.

□ 인(寅)일생은 위엄이 있고, 눈동자가 황색이다.

4. 묘(卯)시생

□ 아버지보다 어머니가 먼저 돌아가신다.

□ 얼굴이 길며 좁고, 턱이 뾰족하다.

□ 울음소리는 급하며 가늘고 높다.

□ 반듯하게 누워서 잔다.

□ 가마는 왼쪽에 있고, 인신사해(寅申巳亥)월생은 쌍가마를 갖고 있다.

5. 진(辰)시생

□ 신체는 풍만하고, 얼굴은 크고 넓으며 둥글다.

□ 울음소리는 탁하다.

□ 옆으로 누워서 잔다.

□ 아버지가 있는 반대쪽을 향해 태어나고, 엎드려 태어나면 아버

지가 옆에 있다.

- 가마는 오른쪽에 있다. 머리 정상에 나란히 2개가 있고, 1개이면 머리 정상의 경사진 곳에 있다. 자오묘유(子午卯酉)월생은 쌍가마를 갖고 있다.

6. 사(巳)시생

- 아버지보다 어머니가 먼저 돌아가신다.
- 키가 크고, 얼굴은 길며 크고, 입이 크며 울음소리가 높다.
- 옆으로 누워서 잔다.
- 태어날 때 머리를 남쪽으로 두고 나오고, 아버지가 있는 쪽을 향해 옆으로 나온다.
- 왼쪽에 가마가 있고, 진술축미(辰戌丑未)월생은 쌍가마를 갖고 있다.

7. 오(午)시생

- 어머니보다 아버지가 먼저 돌아가신다.
- 얼굴이 길다.
- 울음소리는 높고 가늘며 길다.
- 반듯하게 누워서 잔다.
- 태어날 때 머리를 남쪽으로 두고 나온다.
- 오른쪽에 가마가 있고, 인신사해(寅申巳亥)월생은 쌍가마를 갖고 있다.

8. 미(未)시생

□ 아버지보다 어머니가 먼저 돌아가신다.

□ 신체는 풍만하고, 얼굴은 둥글며 넓고 두텁다.

□ 옆으로 누워서 잔다.

□ 태어날 때 머리를 남쪽으로 두고 엎어져서 나오고, 아버지가 있는 반대쪽을 향해 나온다.

□ 왼쪽에 가마가 있고, 자오묘유(子午卯酉)월생은 쌍가마를 갖고 있다.

9. 신(申)시생

□ 어머니보다 아버지가 먼저 돌아가신다.

□ 키가 크며 위엄이 있고, 얼굴은 크고 넓다.

□ 울음소리는 높다.

□ 옆으로 누워서 잔다.

□ 태어날 때 아버지가 있는 방향으로 나온다.

□ 오른쪽에 가마가 있고, 진술축미(辰戌丑未)월생은 쌍가마를 갖고 있다.

10. 유(酉)시생

□ 아버지보다 어머니가 먼저 돌아가신다.

□ 얼굴이 길며 턱이 뾰족하다.

□ 울음소리는 급하며 높다.

□ 반듯하게 누워서 잔다.

□ 태어날 때 아버지가 있는 방향을 향해 나온다.

□ 왼쪽에 가마가 있고, 인신사해(寅申巳亥)월생은 쌍가마를 갖고 있다.

11. 술(戌)시생

□ 어머니보다 아버지가 먼저 돌아가신다.

□ 신체가 풍만하고, 얼굴은 넓으며 두텁다.

□ 옆으로 누워서 잔다.

□ 태어날 때 아버지가 집에 있고, 얼굴을 서쪽으로 두고 엎어져서 나온다.

□ 자오묘유(子午卯酉)월생은 쌍가마를 갖고 있다.

12. 해(亥)시생

□ 아버지보다 어머니가 먼저 돌아가신다.

□ 키가 크고, 얼굴이 길다.

□ 머리를 왼쪽으로 갸웃둥하게 하고 걷는다.

□ 옆으로 누워서 잔다.

□ 태어날 때 하늘을 향하면서 아버지가 있는 방향으로 나온다.

□ 가마가 왼쪽에 있고, 진술축미(辰戌丑未)월생은 쌍가마를 갖고 있다.

□ 사주에 술해(戌亥)가 있으면 영감이 빠르며 꿈이 잘 맞는다.

4. 모습과 습관으로 출생시 잡는 법

앞에서 설명한 출생시의 습관을 형태와 습관별로 간추린 것이다.

1. 태어날 때의 방향

□ 인묘진(寅卯辰)시생 : 태어날 때 머리를 동쪽으로 두고 나온다.

□ 신유술(申酉戌)시생 : 태어날 때 머리를 서쪽으로 두고 나온다.

□ 사오미(巳午未)시생 : 태어날 때 머리를 남쪽으로 두고 나온다.

□ 해자축(亥子丑)시생 : 태어날 때 머리를 북쪽으로 두고 나온다.

2. 잠자는 습관

 잠을 청할 때나 잠을 깬 상태의 모습을 기준으로 한다.

□ 인신사해(寅申巳亥)시생 : 옆으로 누워서 잔다.

□ 자오묘유(子午卯酉)시생 : 반듯하게 누워서 잔다.

□ 진술축미(辰戌丑未)시생 : 엎드려서 잔다.

3. 가마의 위치

□ 인신사해(寅申巳亥)시생 : 1개이며 중심에서 옆으로 비탈진 곳
에 있다.

□ 자오묘유(子午卯酉)시생 : 1개이며 한복판에 있다.

□ 진술축미(辰戌丑未)시생 : 1개이면 중심에서 비탈진 곳에 있고,
2개이면 머리 한복판에 같이 있거나
1개는 앞이마쪽에 있고 1개는 뒷목

쪽에 있다.

4. 태어날 때 나오는 방향

□ 인신사해(寅申巳亥)시생 : 아버지가 있는 쪽을 향해 나온다.
□ 자오묘유(子午卯酉)시생 : 아버지가 있는 쪽을 향해 반듯하게
　　　　　　　　　　　　　나온다.
□ 진술축미(辰戌丑未)시생 : 아버지가 있는 쪽의 반대방향으로
　　　　　　　　　　　　　엎어져서 나온다.

5. 울음소리

□ 인신사해(寅申巳亥)시생 : 울음소리가 크다.
□ 자오묘유(子午卯酉)시생 : 울음소리가 가늘며 높고 급하다.
□ 진술축미(辰戌丑未)시생 : 울음소리가 느리다.

5. 사주와 근묘화실(根苗花實)

사주는 앞에서 설명한 대로 태어난 년월일시에 따라 년주(年柱)·월주(月柱)·일주(日柱)·시주(時柱)가 모여 만들어진다. 이때 각 주(柱)는 천간(天干)과 지지(干支)의 오행(五行)으로 짜여진 것이다. 사람도 자연의 일부이므로 식물에 비유하면서 일대기를 설명하기로 하겠다. 이것은 식물이 뿌리와 줄기가 있어 꽃을 피고 나면 열매를 맺는 것과 같이, 사람도 조상이 있고 부모가 있어

내가 태어났고, 또 자식이라는 열매를 맺는 것과 같기 때문이다.

1. 년주(年柱)와 식물의 뿌리

식물이 꽃을 피우고 열매를 맺는 것은 우연이 아니다. 뿌리가 있어 기에 가능한 것처럼 사람도 조상이 있기에 내가 있는 것이다.

사주명리학(四柱命理學)에서는 년주(年柱)로 조부모대의 환경을 본다. 천간(天干)은 할아버지, 지지(地支)는 할머니에 해당한다. 따라서 년주(年柱)에 길성(吉星)이 있으면 조부모대에 흥가였다고 보고, 흉성(凶星)이 있으면 패가였다고 본다. 년월(年月)의 간지(干支)가 상충(相沖)하면 조부모와 나의 부모가 별거했다고 보고, 년월(年月)에 길성(吉星)이 있으면서 상합상생(相合相生)하면 나의 부모는 조부모로부터 형복(亨福)을 받았다고 본다.

2. 월주(月柱)와 식물의 싹

월주(月柱)는 식물의 가지나 묘판과 같고, 부모·형제가 기거하는 가정과 같다. 월간(月干)을 아버지로 보고, 월지(月支)를 어머니로도 본다. 월주(月柱)에 길성(吉星)이 있으면 부모·형제가 행복했다고 보고, 월주(月柱)에 흉성(凶星)과 충파(沖破)가 있으면 부모·형제덕이 없으며 불화했고, 청장년기가 불우했다고 본다. 다음에 설명하겠지만 월(月)은 운원(運元)이라 해서 월주(月柱)를 기준으로 대운(大運)을 정한다. 이때 양남음녀(陽男陰女)는 순행(順行)하고, 음남양녀(陰男陽女)는 역행(逆行)한다.

3. 일주(日柱)와 식물의 꽃

일주(日柱)는 내가 되는 곳으로 나의 가정이며 나의 꽃이다. 남자는 일주(日柱)의 천간(天干)을 나로 보고, 지지(地支)는 아내로 본다. 여자는 천간(天干)을 나로 보고, 지지(地支)를 남편으로 본다. 그리고 일주(日柱)의 천간(天干)을 중심으로 각 천간(天干)과 지지(地支)를 대조해 육신(六神)을 표출해 가정, 부부, 애정관계, 부귀공명 등을 본다. 일주(日柱)가 흥왕하고 길성(吉星)이 있으면 자신의 발전은 물론 가정이 윤택하며 부부간에 애정이 좋다. 그러나 흥성(凶星)이 있으면 생활이 어렵고, 부부관계가 원만하지 못하며, 사회적으로도 발전하기 어렵다.

4. 시주(時柱)와 식물의 열매

시주(時柱)는 제왕의 자리라고도 한다. 식물에게는 열매에 해당하고, 사람에게는 자손과 말년에 해당한다. 일주(日柱)와 시주(時柱)가 상생(相生)하고 천간(天干)과 지지(地支)가 합(合)을 이루면, 말년은 물론 훌륭한 자손을 두어 탐스러운 열매를 맺는다. 그러나 일주(日柱)와 시주(時柱)가 상충(相沖)하거나 파(破)되어 오행(五行)이 뿌리를 잃으면 이혼이나 별거를 하고, 자손의 덕도 없어 노년을 외롭게 보낸다.

지금까지 사주를 식물과 비유하면서 성장과정을 설명다. 이것을 도표로 나타내면 다음과 같다.

근묘화실도

年柱	月柱	日柱	時柱
根	苗	花	實
元	亨	利	貞
조부모, 조상, 가문	부모, 형제, 친가, 친정	나, 아내, 가정	자녀, 자손
초년기	청년기	장년기	노년기
1~15세	16~30세	31~45세	46세 이후
1년(365일)	1개월(30일)	1일(오늘)	1시간(내일)
전생	과거	현재	내세

6. 사주팔자 여기서 판가름난다

1. 오행(五行)의 왕상휴수사(旺相休囚死)

앞에서도 여러 번 설명했지만 인간도 자연의 일부로, 이름모를 풀벌레에서 초목에 이르기까지 함께 군락을 이루며 살고 있다. 지금부터는 자연의 기상관계를 설명하겠다.

만일 겨울에 눈 속에 묻혀 있는 나무가 싹을 틔었는데 세찬 바람까지 만난다면 비참한 운명의 씨앗이다. 차라리 춘3월 양지바른 곳에서 싹을 틔었다면 이처럼 혹독한 계절과 싸우지 않아도 될 것을. 그러나 이것도 운명이다. 나무가 원해서 싹을 튼 것도 아니고, 추운 곳에서 자라고 싶어 뿌리를 내린 것도 아니다.

이처럼 인간도 원해서 태어난 것이 아니다. 부모가 나를 낳아놓은 것 뿐이다. 그러나 태어난 때가 언제인가에 따라 운세의 강약이 결정된다. 예를 들어 일주(日柱)의 천간(天干)이 목(木)이며 1월에 태어났다고 가정해보자. 1월은 인(寅)이며 목(木)이고, 계절로는 봄이다. 나무가 자기의 계절에 태어났으니 월령(月令)을 얻었다고 한다. 월령(月令)은 월주(月柱)의 지지(地支)를 보고 판단한다.

그리고 목화토금수(木火土金水)의 오행(五行)에는 그들 나름대로 좋아하는 계절과 좋아하지 않는 계절이 있다. 이것 또한 자신의 의지대로 되는 것이 아니다. 그리고 각 오행(五行)은 성격과 계절에 따라 운세의 강약을 알 수 있는데 조후(調候)라고 한다. 그리고 운세의 강약을 측정할 수 있도록 계절별로 만든 것이 오행(五行)의

왕상휴수사법(旺相休囚社法)

	봄(1·2·3) 木	여름(4·5·6) 火	가을(7·8·9) 金	겨울(10·11·12) 水	사계절 土
木 甲乙	旺 寅卯	休 巳午	死 申酉	相 亥子	囚 辰戌丑未
火 丙丁	相 寅卯	旺 巳午	囚 申酉	死 亥子	休 辰戌丑未
土 戊己	死 寅卯	相 巳午	休 申酉	囚 亥子	旺 辰戌丑未
金 庚辛	囚 寅卯	死 巳午	旺 申酉	休 亥子	相 辰戌丑未
水 壬癸	休 寅卯	囚 巳午	相 申酉	旺 亥子	死 辰戌丑未

왕상휴수사법(旺相休囚死法)이다. 옆의 도표를 보면서 이해하기
바란다.

일간(日干)을 기준으로 생월(生月)을 찾고, 생월(生月) 밑에 표기
된 지지(地支)의 오행(五行)으로 강약을 측정한다. 예를 들어 일간
(日干)이 경(庚)이며 2월생이면 수(囚)가 된다. 따라서 일간(日干)
이 약하니 신약(身弱)사주다. 그러나 8월생이면 왕(旺)이 되니 신
강(身强)사주다.

- 왕(旺) : 일간(日干)과 생월(生月)의 지지(地支)가 같은 것(동
  기절이 되어 강한 것).
- 상(相) : 생월(生月)의 지지(地支)가 일간(日干)을 생(生)하는
  것.
- 휴(休) : 일간(日干)이 생월(生月)의 지지(地支)를 생(生)하는
  것.
- 수(囚) : 일간(日干)이 생월(生月)의 지지(地支)를 극(剋)하는
  것.
- 사(死) : 일간(日干)이 생월(生月)의 지지(地支)에게 극(剋)되
  는 것.

2. 절기와 기상의 변화

사주명리학(四柱命理學)은 자연과 기상의 관계를 인간에게 비유
해서 만든 학문으로 월지(月支)는 매우 중요하다. 생월(生月)의 기
준도 그 달의 마지막 날을 기준으로 하는 것이 아니라 절기를 기
준으로 한다. 앞으로의 설명에 대한 이해를 돕기 위해 생월(生月)
을 기준으로 하는 12절기의 성격과 기상의 변화에 대해 기록한다.

□ 입춘(立春 : 1월) : 목기(木氣)가 왕성한 계절이고, 화기(火氣)
   가 서서히 발동하기 시작한다.

□ 경칩(驚蟄 : 2월) : 1월 초부터 목기(木氣)가 서서히 왕성해지
   기 시작하고, 중순이 되면 무르익고, 하순이 되면 극에 달한다.

□ 청명(淸明 : 3월) : 청명(淸明)부터 9일까지는 목기(木氣)가 왕
   성하며 수기(水氣)가 돌기 시작하고, 곡우(穀雨)가 지나면 온토
   (溫土)가 되며 수기(水氣)가 완전해진다.

□ 입하(立夏 : 4월) : 입하(立夏)가 지나면 양토(陽土) 무(戊)와
   양금(陽金) 경(庚)이 힘을 쓰고, 소만(小滿)이 지나면 양화(陽
   火) 병(丙)이 득세하기 시작한다.

□ 망종(芒種 : 5월) : 5월 초순에는 양화(陽火) 병(丙)이 힘을 쓰
   고, 중순에는 음토(陰土) 기(己)가 왕성해지고, 하순에는 음화
   (陰火) 정(丁)이 극을 이룬다. 이때는 하지(夏至)가 되어 일년
   중에서 낮의 길이가 가장 길다.

□ 소서(小暑 : 6월) : 초순에는 음화(陰火) 정(丁)이 왕성하고, 중순에는 목기(木氣)가 돌고, 대서(大暑)가 지나면 음토(陰土) 기(己)가 왕성해진다.

□ 입추(立秋 : 7월) : 입추(立秋) 후 5일까지는 양토(陽土) 무(戊)가 남아 있어 매우 덥다. 그러나 5일 이후부터는 양수(陽水) 임(壬)의 기운이 돌기 시작하고, 처서(處暑)가 지나면서 양금(陽金) 경(庚)의 기운이 돌기 시작해 아침 저녁으로 찬바람을 느낄 수 있다.

□ 백로(白露 : 8월) : 초순에는 양금(陽金) 경(庚)이 극을 이루어 열매가 익을 수 있게 만들고, 추분(秋分)이 지나면 음금(陰金) 신(辛)이 금기(金氣)가 무르익어 열매를 성숙시킨다. 이때부터 햇과일과 햅쌀이 나온다.

□ 한로(寒露 : 9월) : 한로(寒露) 후 9일까지는 금기(金氣)가 왕성하나, 상강(霜降)이 지나면 음화(陰火) 정(丁)이 포장되고, 양토(陽土) 무(戊)가 자신의 토기(土氣)를 맞아 왕성해진다.

□ 입동(立冬 : 10월) : 수기(水氣)의 계절이면서 양토(陽土) 무(戊)의 토기(土氣)와 양목(陽木) 갑(甲)의 기운으로 있다가 양수(陽水) 임(壬)의 기운이 넘친다.

□ 대설(大雪 : 11월) : 음(陰)이 매우 왕성하며 수기(水氣)가 얼어있지만 동지(冬至) 후 10일이 되면 양(陽)이 서서히 시생(始生)하여 화기(火氣)가 돌기 시작한다.

□ 소한(小寒 : 12월) : 음기(陰氣)가 매우 왕성하고 화기(火氣)가

없어 일년 중에서 가장 추운 때이다. 그러나 대한(大寒)이 지나면 서서히 땅 속에 양기(陽氣)가 돌기 시작해 새봄이 온다.

3. 지지장간(地支藏干)의 비밀

천간(天干)을 천원(天元)이라 하고, 지지(地支)를 지원(地元)이라 하며, 지지(地支) 속에 있는 것을 인원(人元)이라 한다. 이것은 하늘과 땅 사이에 있는 사람은 땅에 집을 짓고 산다고 해서 땅 속으로 비유한 것이다. 그리고 지장간(支藏干) 속에 있는 오행(五行)은 숨어서 강렬한 작용을 한다.

사주는 4기둥으로 되어 있고, 4기둥은 오행(五行)으로 구성되어 있다. 겉으로 나타난 오행(五行)은 일상생활에서 눈에 보이는 것과 같으나, 그러나 지장간(支藏干)에 숨어 있는 오행(五行)의 작용은 파악하기 어렵다. 이것은 예측할 수 없는 길흉화복을 만들기도 한다. 예를 들면 숨겨놓은 애인도 이곳에서 찾을 수 있다. 이에 대한 설명을 보완하는 뜻으로 필자가 경험한 몇 가지 예를 들어본다.

1988년 10월 어느날 30대 초반의 부인이 찾아왔다. 남편의 생년월일을 부르며 신수 좀 봐달라는 평범한 내용이었다. 사주를 살펴보니 지장간(支藏干) 속에서 암합(暗合)하고 있는 재(財)가 눈에 띄었다. 무진(戊辰)년과 월운(月運)을 대입해 보니, 남편은 필경 제2의 가정까지을 꾸며놓았다는 것을 알 수 있었다. 필자는 당황하면서 심한 갈등을 느꼈다. 이 여인은 평범하게 남편의 신수를 보러

온 것이 아니라, 여자문제 때문에 찾아왔다는 것을 알 수 있었기 때문이다. 이와 같은 상황을 직접적으로 설명하자니 말이 나오지 않았고, 그렇다고 모르는척 하자니 앞으로 더욱더 암울하겠기에 쉽게 판단이 서지 않았다. 그러나 더이상 머뭇거릴 수는 없었다.

"아주머니, 제가 어떤 말씀을 드려도 이해하시겠습니까?

하고 말을 건네니, 반색을 하며 서슴없이 말해달라는 것이다. 정말이냐고 다짐하면서,

"아주머니, 지금 아이를 몇이나 두셨습니까?"

하고 물었다. 한 살된 아기가 하나 있다고 한다.

"그 아기 귀엽죠?"

하고 물었더니 그렇다고 한다.

"아주머니, 사주팔자 속이지 못하고 어기지 못합니다. 지금 남편이 겪고 있는 시련도 운명에서 정해진 시련이니 용서하고 이해해 주십시요. 남편은 지금 부인의 용서를 기다리고 있는데 어떻게 하시겠습니까?"

하고 의사를 타진해 보았다. 이때 벌써 눈치챈 부인의 눈에서는 이슬이 맺히고 있었다.

"부인은 참으로 훌륭한 내조자입니다. 이 세상 모든 여인들이 부인과 같다면 가정파탄이 왜 있겠습니까? 모두 이해하고 용서할 줄 아는 도량이 부족하기 때문이지요."

일단 이렇게 부인의 마음을 진정시켜 놓고,

"오늘 집에 돌아가시는 대로 남편과 허심탄회하게 얘기를 해보십

시요. 단 부인께서 먼저 모든 것을 이해하겠다고 남편의 마음을 진정시킨 후, 아이에게 부끄럽지 않은 아빠, 엄마가 되기 위해서는 서로의 실수와 과오가 있더라도 이해하고 용서하자고 하십시요. 그리고 지금 본의 아니게 사귀고 있는 애인은 같이 사랑해 줄 수 있으니 더이상 혼자의 것으로만 삼지 말라고 설득을 하십시요." 하면서 보냈다. 그런데 결과는 기대 이상이었다. 그후 부부가 고맙다는 인사를 하러 온 것이다. 이렇게 파탄 직전에서 한 가정의 행복을 다시 찾아준 것을 생각하면 지금도 뿌듯하다.

이번에는 결혼한지 몇 년이 지났는데도 자식이 없어 전전긍긍 하던 부인의 이야기이다. 그녀는 세상에서 좋다는 약은 다 먹어 보았을 것이고, 유명한 병원과 의사는 모두 찾아다녔을 것이고, 명산대찰을 찾아 아들도 좋고 딸도 좋으니 아무 것이나 하나만 갖게 해 달라고 무수히 기도했을 것이다. 그러다 반신반의하며 찾아온 부인이었다.

그녀의 사주를 살펴보니 자식궁인 상관성(傷官星)이 시지(時支)의 장간(藏干)에 하나 묻혀 있을 뿐이다. 지지(地支)의 식신(食神)은 묘궁(墓宮)에 앉아 있고, 거기다 충파형극(沖破刑剋)까지 되어 쓸 수 없으니 어찌 자식을 두겠는가. 측은한 생각이 들었지만 화개살(華蓋殺)까지 있어 왕성한 것을 보면서 이렇게 말했다.

"부인, 아직 머리는 깎지 않으셔도 되겠으니 조금만 기다리세요. 자식하나 얻자고 복강수술도 해보고, 명의라는 명의는 모조리 찾아다녔을 것이고, 절찾아 불공드리기를 내집 드나들듯 했겠지만, 어디 부처님이 애기 낳게 해주시든가요. 어쨌든 아주머니는 머리만 깎지 않았지 중 다 됐습니다. 이렇게까지 정성을 드려도 애기를 갖지 못하면 중이나 되겠다는 결심이죠?"

하고 물으니 그렇다고 한다.

"부인께서 보시는 것과 같이 저는 분명히 의사가 아닙니다. 사주팔자만을 보는 사주쟁이입니다. 부인 사주에는 늦게 그리고 어렵게 아들하나가 있습니다. 부인을 위로하려고 하는 말이 아닙니다. 부인의 팔자에 타고난 자식이 하나 있으니 이제부터 점보다는 부지런히 방사(房事)나 하시요. 잘하면 금년에 태기가 있어 내년에 용띠아들 하나 두겠습니다."

하고 일러주었다. 아니나 다를까. 부인에게 태기가 있다는 낭보가 왔다. 당년 38세. 결혼 12년만에 처음으로 가져보는 씨앗이었다. 이때 기쁨보다 두려움이 앞서 이렇게 타일렀다.

"부인, 이제부터는 무리하지 말고 조용한 산장같은 곳에서 부처님께 기도하는 자세로 몸을 다루세요."

그후 남자아이가 태어났다. 범범(範)자, 용용(龍)자를 써서 이름까지 지어준 기억이 있어 기록한다. 범용이 엄마의 양해를 바란다.

이런 일도 있었다. 어느날, 매우 어렵게 사는 이웃이 싱글벙글 웃으며 찾아왔다. 그는 조실부모하고 고향을 떠났다. 20년의 떠돌이 생활에서 얻은 것은 아내와 자식과 가난 뿐이었다. 그런데 조부가

소유하던 산이 있었는데, 고향에 큰 공업단지가 들어서면서 날아
온 낭보였기에 미치도록 기뻐했다. 이것 또한 우연이 아니었다.

 그의 사주를 살펴보니 공교롭게도 년주(年柱)의 지장간(支藏干)
에 재고(財庫)가 숨어 있었다. 진운(辰運)에서 충(沖)되자 땅 속에
있던 토재(土財)가 튀어나와 횡재가 생긴 것이다. 이렇게 지장간
(支藏干)은 예상하지 못한 일을 만드는 곳이다. 역학을 배우고자
하는 사람은 반드시 다음의 장간표(藏干表)를 암기해두기 바란다.

지지장간표(地支藏干表)

	子	丑	寅	卯	辰	巳	午	未	申	酉	戌	亥
初氣	壬	癸	戊	甲	乙	戊	丙	丁	戊	庚	辛	戊
中氣		辛	丙		癸	庚	己	乙	壬		丁	甲
正氣	癸	己	甲	乙	戊	丙	丁	己	庚	辛	戊	壬

초기(初氣) : 여기(餘氣)라고도 한다. 지나온 절기, 다시 말해 전월
　　　　　　의 기(氣)가 끊어지지 않아 아직 받고 있다는 뜻이
　　　　　　다. 전월의 지(支)와 같은 오행(五行)을 쓴다.

중기(中氣) : 삼합(三合)이 변한 간(干)을 쓴다. 단 인신사해(寅申
　　　　　　巳亥)는 양간(陽干)을 쓰고, 진술축미(辰戌丑未)는
　　　　　　음간(陰干)을 쓴다.

정기(正氣) : 해당하는 지지(地支)와 같은 오행(五行)을 쓰는데,
　　　　　　정기(正氣)가 가장 강하므로 육신(六神)을 표출할
　　　　　　때 정기(正氣)의 간(干)을 쓴다.

초중정기표(初中正氣) : 절후기준

生月	1	2	3	4	5	6	7	8	9	10	11	12
月支	寅	卯	辰	巳	午	未	申	酉	戌	亥	子	丑
初氣	戊	甲	乙	戊	丙	丁	戊	庚	辛	戊	壬	癸
中氣	丙		癸	庚	己	乙	壬		丁	甲		辛
正氣	甲	乙	戊	丙	丁	己	庚	辛	戊	壬	癸	己
1	戊 7일2시간	甲 10일3시간	乙 9일3시간	戊 7일2시간	丙 10일	丁 9일3시간	戊 7일2시간	庚 10일3시간	辛 9일3시간	戊 7일2시간	壬 10일1시간	癸 9일3시간
2												
3												
4												
5												
6												
7												
8	丙 7일2시간			庚 7일3시간			壬 7일2시간			甲 7일1시간		
9												
10			癸 3일3시간			乙 3일1시간			丁 3일1시간			辛 3일1시간
11		乙 20일6시간			己 10일1시간			辛 20일6시간			癸 20일2시간	
12												
13			戊 18일6시간			己 11일2시간			戊 18일6시간			己 18일6시간
14												
15	甲 16일5시간			丙 16일5시간			庚 16일5시간			壬 16일5시간		
16												
17												
18												
19												
20												
21					丁 11일2시간							
22												
23												
24												
25												
26												
27												
28												
29												
30												
31												

4. 월율지장간표(月律支藏干表) 보는 방법

예를 들어 월지(月支)가 인(寅)이며 19일생이라면, 이 사람은 월지(月支)의 지장간(支藏干)에 있는 정기(正氣)의 갑기(甲氣)가 상당한 영향력을 발휘한다는 뜻이고, 갑기(甲氣)의 효력은 1월 15일부터 1월 30일까지 계속된다는 말이다. 그러나 30일은 이해하기 쉽게 하기 위해서 말한 것이다. 엄밀히 따지면 경칩(驚蟄)이 들기 전까지를 말한다. 이때 갑기(甲氣)가 머무는 기간은 16일 5시간이고, 이것이 지나면 다음 묘(卯)월로 들어간다.

그림에서 보는 것처럼 묘(卯)월이 되어도 갑기(甲氣)는 힘이 아직도 많이 남아, 경칩(驚蟄) 후 10일 3시간 동안 발휘하다가, 점점 쇠해지면서 을기(乙氣)가 발동한다. 본 편은 매우 중요하기 때문에 다시 한 번 그림으로 나타내보겠다.

7. 출생일과 계절로 본 운명

오행(五行)의 조후론(調候論)은 아무리 강조해도 지나치지 않다. 본론을 강조하려고 앞에서 왕상휴수사법(旺相休囚死法)에 대한 이치를 목화토금수(木火土金水)로 나누어 계절별로 설명했다. 그리고 인간의 운명과 나를 비유하면서 설명하겠으니, 일간(日干)이 무엇인가를 알고 읽으면 도움이 될 것이다. 앞으로 설명할 용신(用神)이 이곳에 있기 때문에 더욱더 강조하는 것이다. 만일 아직도 자신의 일간(日干)을 모르고 있다면 만세력에서 태어난 날의 일진(日辰)을 찾아본다. 그 일진(日辰)의 천간(天干)이 바로 일간(日干)이다.

1. 목(木)일생 : 甲·乙

나무는 위로 올라가려고 하는 것이 특성이 있어 성장에만 힘쓰면 열매가 실하지 못한다. 따라서 목(木)이 많으면 금(金)으로 웃자라는 것을 잘라주어야 하고, 토(土)가 약하면 뿌리가 야해지니 뽑힐 염려가 있고, 수(水)가 많으면 뿌리가 썩어 부목(浮木)이 될 염려가 있다. 그러므로 목(木)은 화(火)를 가장 좋아한다.

■ 봄철에 태어난 나무와 사람(1·2·3월생)

봄이라고는 하나 아직 음지에는 잔설이 남아 있고, 바람에도 냉기가 있다. 따라서 화(火)로 따뜻하게 해주어야 하고, 건조한 때이니 수(水)로 촉촉하게 해주어야 하나 수(水)가 너무 많으면 뿌리가 썩고, 추운 겨울을 이기고 소생한 나무이니 금(金)을 만나면 잘릴까 두렵다. 그러나 목(木)이 많으면 금(金)으로 다듬어 기물을 만드니, 사회의 동량이 되며 귀인의 품위를 갖춘다.

그러나 목(木)이 약한데 금(金)을 만나면 사소한 일에도 걱정이 많으며 분주하고, 토(土)가 적당하게 있으면 나무가 활발하게 자라는 것과 같이 재물이 풍부하나 토(土)가 너무 많으면 나무가 흙

속에 묻혀 자라지 못하니 발전이 늦고 어려운 일이 많이 따른다.

■ 여름철에 태어난 나무와 사람(4 · 5 · 6월생)

여름은 나무가 한창 자라는 계절이니 수기(水氣)가 있으면 좋으나, 더운 때이니 화기(火氣)가 강해 수기(水氣)가 부족하면 뿌리가 마르고 잎이 시들어 죽을 염려가 있다. 그리고 수기(水氣)와 화기(火氣)가 적당하면 목화통명(木火通明)이라 해서 총명하며 재주가 뛰어난 사람이 된다. 토(土)도 적당히 있으면 좋으나 많으면 재난이 많고, 금(金)이 부족하면 나무를 다듬지 못하니 관운(官運)이 약하고, 나무가 너무 많으면 보기는 좋으나 숲이 빽빽해 열매가 실하지 못하니 실속이 없고 외형만 번드르르한 사람이 된다.

■ 가을철에 태어난 나무와 사람(7 · 8 · 9월생)

가을은 만물이 성숙을 끝내고 겨울을 준비하는 계절이다. 나무는 겨울을 보내기 위해 잎을 떨어뜨리고 뿌리에 힘을 쏟는다. 가을에는 아직 화기(火氣)가 있고 수(水)와 토(土)가 있어 열매를 여물게 하지만, 중순에는 금(金)이 있어야 열매를 단단하게 한다. 서리가 내리는 상강(霜降)을 지나면 수기(水氣)가 많은 것을 싫어하고, 한로(寒露) 이후에는 화기(火氣)가 있어야 나무가 추위를 걱정하지 않는다. 이런 사람은 평생 근심 걱정을 하지 않고 살아간다.

■ 겨울철에 태어난 나무와 사람(10 · 11 · 12월생)

겨울은 춥고 수기(水氣)가 많은 계절이니 화(火)로 따뜻하게 보

호하고, 토(土)로 수(水)를 막아 나무를 성장시키고, 금(金)으로 다
듬어 주어야 한다. 따라서 사주에 금(金)이 없으면 귀한 인물이 될
수 없고, 화(火)가 없으면 부를 누릴 수 없다.

2. 화(火)일생 : 丙 · 丁

불의 사명은 빛과 열이므로 목(木)이 그의 체(體)라고 할 수 있
다. 특히 여름철의 불은 화(火)의 계절이니 불의 뿌리를 만난 것과
같아 더욱더 강렬해지니, 마땅히 수(水)로 극(剋)을 해주어야 한
다. 또한 불은 토(土)를 만나면 불빛이 흐려지는 이치를 갖고 있
다. 예를 들어 사주에 화(火)가 약한데 토(土)가 있으면 불빛이 흐
려지는 것과 같이, 뚜렷하게 빛을 내지 못하고 사는 운명이 된다.
따라서 봄의 불은 강하지 않고 따뜻하며 밝아야 하고, 여름의 불은
뜨겁지 않아야 하고, 가을의 불은 화롯불과 같이 따뜻하면서도 밝
지 않아야 하고, 겨울의 불은 목(木)이 있어 꺼지지 않도록 생조
(生助)해 주어야 기뻐한다.

■ 봄철에 태어난 불과 사람(1 · 2 · 3월생)
불은 나무가 탈 수 있도록 도와주니, 나무는 어머니와 같고 불은
자식과 같은 사이가 된다. 그러나 불은 밝고 따뜻하며 오래가야지,
쉽게 타고 쉽게 꺼지면 빛과 열의 구실을 제대로 하지 못한다. 따
라서 봄철의 불은 나무가 태워준다고 해도 목(木)을 보면 한 번에

타버릴 염려가 있다. 이것을 모왕자쇠(母旺子衰) 현상이라고 한다. 또한 사주에 화(火)가 약하고 목(木)이 왕성하면 겁과 걱정이 많고 소심하나, 화(火)가 왕성하고 목(木)이 약하면 부귀영화가 와도 오래가지 못한다. 그러나 화(火)가 왕성하고 금(金)이 있으면 화(火)로 금(金)을 충분히 다스려 쓸만한 물건을 만드는 것과 같다. 이런 사람은 인걸로 이름 높아진다.

■ 여름철에 태어난 불과 사람(4 · 5 · 6월생)

화중화(火中火)요 열중열(熱中熱)이라, 불이 자기 계절을 만났으니 그 기세가 하늘을 뚫을 듯하다. 목(木)을 만나면 더욱더 기세가 당당해지니 오직 금(金)으로 목(木)을 베고 화(火)의 기운을 꺾고, 수(水)로 화(火)를 끄는 수밖에 없다. 이때 금(金)과 토(土)만 있고 수(水)가 없으면 금(金)은 불에 녹고, 토(土)는 불에 타버려 쓸모가 없으니 반드시 수(水)가 있어야 불같은 성격을 다스려 자중자애하는 능력을 갖춘다.

■ 가을철에 태어난 불과 사람(7 · 8 · 9월생)

가을철의 불은 흐리고 탁하며 뜨겁지 않으니 수(水)를 보면 꺼지고 토(土)를 보면 약해지고, 금(金)을 보면 무력해지니 반드시 목(木)을 만나야 불길이 다시 살아난다. 따라서 목(木)으로 불을 생(生)해주고, 화롯불과 같이 은근하고 따뜻하게 오래가는 것을 좋아한다. 이런 사람은 부귀영화가 오래간다.

■ 겨울철에 태어난 불과 사람(10 · 11 · 12월생)

겨울의 불은 강하지 않으니 우선 목(木)으로 생조(生助)해주고, 수(水)가 있으니 토(土)로 막아주어야 하고, 금(金)이 있으니 불기운이 약해진다. 이런 사람은 있는 재물을 감당하기 어려워 탕진하기 쉽고, 계산에 서투른 것이 특징이다.

3. 금(金)일생 : 庚 · 辛

쇠는 치갑고 단단하며 곧고 굳은 것이 특징이니, 마땅히 화(火)로 제련시켜야 한다. 그러나 사주에 금(金)이 많은데 화(火)가 약하면 제련할 수가 없다. 이런 사람은 하는 일마다 장애가 많아 되는 일이 없다. 그러나 목(木)과 화(火)가 조화를 잘 이루고 있으면 부귀공명한다. 이것은 수(水)로 재물의 근본을 만들어 주기 때문이다. 이때 수(水)가 너무 많아도 금(金)이 물 속에 가라앉아 좋지 않다.

■ 봄철에 태어난 쇠와 사람(1 · 2 · 3월생)

봄이라고는 하나 아직 냉기가 남아 있어 찬 물질이 더욱더 차갑다. 따라서 화(火)로 따뜻하게 해주고, 토(土)로 두텁게 감싸주어야 한다. 그리고 수(水)가 있으면 금(金)은 더욱더 쓸모가 없어지는데, 이런 사람은 평생 잔병과 예측할 수 없는 재난이 많다. 그러나 수(水)가 없으면 재운(財運)과 관운(官運)이 좋아져 부귀를 모두 누릴 수 있다.

■ 여름철에 태어난 쇠와 사람(4 · 5 · 6월생)

여름의 금(金)은 화(火)에게 극을 받으니 금(金)으로 행세하기 힘들다. 따라서 토(土)로 생(生)해주어야 하나 토(土)가 많으면 파묻힐 염려가 있고, 여기다 목(木)을 만나면 약한 금(金)이 상할 염려가 있다. 이런 사람은 몸에 흉터나 수술한 흔적이 있다. 토(土)가 많으면 금(金)이 묻히니 매사에 발전이 늦고 잘못을 뒤집어 쓰는 경우가 많다.

■ 가을철에 태어난 쇠와 사람(7 · 8 · 9월생)

가을의 쇠는 자기 계절을 만났으니 득령을 얻어 신왕신강(身强)하다. 따라서 금(金)은 반드시 화(火)를 만나야 기물을 이룬다. 만일 토(土)를 만나면 금(金)이 묻히고, 수(水)와 목(木)을 만나면 흙을 닦아내고 나무를 다스릴 수 있어 좋으나, 수(水)와 목(木)이 너무 왕성하면 금(金)의 의 세력이 오히려 약해진다. 이런 사람은 잘난척을 잘하고 과대망상에 빠져 허세와 허풍으로 살아간다.

■ 겨울철에 태어난 쇠와 사람(10 · 11 · 12월생)

쇠는 나무를 다듬는 일을 해야 하는데 꽁꽁 얼어붙은 금(金)은 힘이 없다. 따라서 화(火)로 따뜻하게 해주고, 토(土)로 보호해 주어야 한다. 이때 사주에 화토(火土)가 있으면 관운(官運)이 좋고 학문의 도가 넓어 사도의 길로 가는 경우가 많다.

4. 수(水)일생 : 임계(壬癸)

물은 높은 곳에서 낮은 곳으로, 많은 곳에서 적은 곳으로 흘러 수평을 이루는 근성이 있다. 따라서 금(金)이 있어야 한다. 토(土)와 화(火)가 있으면 물이 흐리고 고갈될 염려가 있다. 사주에 수(水)가 적당히 있으면 도량이 넓고, 머리회전이 빨라 아이디어가 풍부하고, 청산유수로 말을 잘한다. 그러나 수(水)가 많으면 풍류를 좋아하니 꺼리는 경향이 있다.

■ 봄철에 태어난 물과 사람(1 · 2 · 3월생)

겨우내 꽁꽁 얼었던 물이 봄을 맞으니 기세가 도도해지기 시작한다. 더구나 금(金)까지 있으면 기세는 더욱더 높아지니 자만에 빠져 상하를 모르고, 자기꾀에 자기가 빠지고, 색정문제가 발생한다. 그러나 목(木)이 있으면 노력 이상의 결과가 나타나고, 토(土)가 있으면 관이 좋은데 특히 여자는 남편덕이 좋다. 그러나 토(土)가 없으면 정신이 산만하고, 만사가 용두사미격이 된다.

■ 여름철에 태어난 물과 사람 (4 · 5 · 6월생)

여름의 물은 뜨거운 폭염에 말라버리기 쉬우니 반드시 금(金)의 수원(水源)이 있어야 한다. 그렇지 않으면 목(木)이 있어도 물이 고갈되기 쉽고, 토(土)가 있어도 물의 흐름이 막히기 쉽고, 화(火)가 있으면 더욱더 나쁘다. 이런 사람은 비뇨기질환이 많고, 여자는 하복부질환이 많다.

■ 가을철에 태어난 물과 사람(7·8·9월생)

가을의 물은 물의 창고와 같은 금(金)의 계절을 만났으니 기세가 매우 당당하다. 따라서 반드시 토(土)로 억제하며 막아주어야 된다. 여기에 목(木)이 있으면 자식이 귀하게 되고, 화(火)가 있으면 재물이 풍부해진다. 이런 사주는 평생 복록을 보장받는 것과 같다.

■ 겨울철에 태어난 물과 사람(10·11·12월생)

겨울의 물은 차거운 물이 추운겨울을 만났으니 더욱더 차가워진다. 여기에 금(金)이 있으면 더욱더 나쁘고, 반드시 화(火)로 따뜻하게 만들어 주어야 한다. 그러나 물이 너무 많으면 목(木)으로 설기시켜야 자손에게 이롭고, 토(土)로 막아주어야 남자는 직업운이 좋아지고, 여자는 남편운이 좋아진다.

5. 토(土)일생 : 戊·己

흙은 동서남북 사방에서 독특한 작용을 한다. 진토(辰土)와 미토(未土)는 만물을 성장시키고, 술토(戌土)와 축토(丑土)는 만물을 수장시킨다. 따라서 사주에 술(戌)이 많으면 게으르며 싸움을 좋아하고, 진(辰)월이나 미(未)월생은 미식가나 대식가가 많고, 축(丑)월생은 외모가 깨끗하며 예쁘다. 그리고 사주에 토(土)가 상하지 않고 생조(生助)받으면 장수하고, 목(木)이 없으면 사주를 소통시킬 수 없으니 답답한 일이 많이 생긴다.

■ 봄철에 태어난 흙과 사람(1 · 2 · 3월생)

봄의 흙은 겨울을 이기고 얼굴을 드러낸 어린흙과 같으니 단단하지를 못하다. 따라서 반드시 화(火)로 보호해야 하고, 토(土)가 있어야 한다. 이때 목(木)이 있으면 어린흙에 뿌리를 내리는 것과 같고, 수(水)가 있으면 더욱더 허약해진다. 그러나 화토(火土)로 생조(生助)해주면 부모의 유산도 있고, 부모·형제와 화목하고, 동기간에 단합이 잘 된다. 이런 사람과는 시비를 벌이지 않는 것이 좋다. 왜냐하면 형제들이 벌떼처럼 달려들기 때문이다.

■ 여름철에 태어난 흙과 사람(4 · 5 · 6월생)

여름의 흙은 화기(火氣)가 극심한 때이니 흙이 심하게 마른다. 따라서 반드시 수(水)로 땅을 적셔주어야 하고, 금(金)이 있어야 한다. 만일 금(金)이 없으면 남녀 모두 피부가 거칠고 변비나 설사가 잦다. 특히 여자는 건토가 되어 자식을 기르기 어렵고, 무능하거나 나이 많은 남편을 만난다.

■ 가을철에 태어난 흙과 사람(7 · 8 · 9월생)

가을의 흙은 일년농사를 끝내고 쉬는 계절이니 화(火)와 형제와 같은 토(土)가 있으면 좋다. 그러나 금(金)이 있으면 토생금(土生金)으로 자식 때문에 더욱더 힘이 빠지는데, 이를 자왕모쇠(子旺母衰)라 한다. 이때 금(金)을 극(剋)하는 화(火)가 있으면 토(土)는 힘을 되찾아 수(水)의 재물을 감당할 수 있다. 이런 사람은 수(水)만 너무 많지 않으면 재금(財金)이 왕성하니 현명한 아내를 맞이해 형복(亨福)을 누리며 산다.

■ 겨울철에 태어난 흙과 사람(10·11·12월생)

 겨울의 흙은 다른 때와는 다르다. 비록 추운 때이지만 겉만 얼었을 뿐 땅 속은 온기를 품고 있다. 목(木)이 있어도 좋고, 금(金)이 있으면 자식이 뛰어나고, 수(水)가 있으면 재물이 풍성하고, 화(火)가 있으면 학문과 지혜가 뛰어나 명예를 얻고, 토(土)가 있으면 힘이 되어 건강을 보장받은 사람이라고 할 수 있다.

8. 내가 태어난 날의 천기가 나를 이렇게 살라한다

 우주의 만물 가운데 종자없이 태어난 생명은 없다. 모두 나름대로의 혈통이 있어 씨앗을 터트려 싹이 튼 것이다. 이렇게 움튼 것을 목기(木氣)의 작용이라 하고, 화금수(火金水)는 자연의 질(質)이 되고, 수(水)는 만물이 이곳에서 솟아나기도 하고 들어가게도 하면서 생사를 조절해준다. 사람도 역시 천지음양(天地陰陽)의 기(氣)를 받고 태어났기에 금(金)으로 인체를 이루고, 목(木)으로 골육을 이루고, 수(水)로 혈액을 만들고, 화(火)로 체온을 만들었다. 사람의 성격 또한 마찬가지이다. 지금부터는 태어난 날의 천기는 성격과 외모에 어떤 영향을 미치는지를 설명한다.

 열반경(熱潘經)에 석가가 설산에 들어가 수도할 때, 제석(帝釋)이 나타나 생멸멸사적멸위락(生滅滅已寂滅爲樂)이라는 여덟 글자를 풀이하면서 인간의 팔자가 생겨났다는 말이 있고, 송나라 서자평 (徐子平)이 생년월일 지지간지(地支干支)의 여덟 글자를 인간의 팔자로 풀이했다는 고사가 있다.

어쨌든 여덟팔(八) 자는 인간과 더불어 살아온 글자이다. 여덟팔 (八) 자가 들어 있으면서 네 자로 되어 있는 낱말을 골라보면 사주팔자, 팔방미인, 팔도강산, 강산팔경, 사통팔방, 사통팔달 등 좋은 뜻의 단어들이 있는가 하면, 중국에서는 여덟팔(八) 자를 필발(發) 자와 같이 발전이나 발달의 뜻으로 사용하고, 불교에서는 팔계법 이 있고, 역학에서는 사상팔괘(四象八卦)가 있다. 어쨌든 여덟팔 (八) 자는 사람의 사주팔자 뿐만 아니라 우주의 모든 것이 아름답게 생겼다는 뜻으로 쓰고 있다. 이를 우주팔자라고 말하고 싶다.

그리고 다음에 설명하겠지만 오행(五行)이 많다와 부족하다의 기준은, 같은 오행(五行)이 3개 이상이면 많다고 하고, 1개 있거나 전혀 없으면 부족하다고 한다. 이해를 돕기 위해 다시 오행(五行)을 분류하고, 사주기록표를 만들었으니 자신의 사주를 기록한 후 보기를 보면서 어떤 오행(五行)이 몇 개 있는지를 알아보자.

음양오행(陰陽五行) 분류표

	木	火	土	金	水
天干	甲乙	丙丁	戊己	庚辛	壬癸
地支	寅卯	巳午	辰戌丑未	申酉	亥子

사주기록표

	天干	地支	陽
年柱	戊	寅	木 : 6
月柱	甲	寅	火 : 5
日柱	甲	戌	土 : 2 金
時柱	丙	寅	水

예를 들어 1938년 1월 12일 새벽 4시 태어났으면 목(木)은 6개, 토(土)는 2개, 그리고 화금수(火金水)는 전혀 없다. 이 사람은 목(木)이 많으나 화금수(火金水)가 부족하다.

1. 갑(甲)·을(乙)일생의 성격

인자하며 측은지심이 많아 남을 돕는데 인색하거나 주저하지 않고, 언제나 약한 자의 편에 서는 사람이다. 그러나 상대방도 자기 마음 같은 줄 알아 종종 당하기도 한다. 목(木)은 인(仁)을 상징하고, 신맛을 뜻하고, 자비의 상을 갖고 있다. 체격은 나무와 같이 크며 후리후리하고, 얼굴은 청백색을 띠고, 목은 길고, 육식보다 채식을 좋아하고, 이상이 높은 생활을 탐한다. 그러나 목(木)이 균형을 잃으면 오히려 키가 작고 뚱뚱하다.

■ 갑(甲)·을(乙)일생이 목(木)이 많으면

사리판단이 흐리며 질투심이 많고, 편굴되거나 편협되기 쉽고, 속성속패하는 경우가 있다. 유난히 고집이 강하여 남의 말을 잘 듣지 않는다. 강직과 강압을 강요하는 폭군의 성격이다.

■ 갑(甲)·을(乙)일생이 목(木)이 부족하면

자신감이 없고 의뢰심이 많으면서 질투가 많고 변덕이 심하니, 종잡을 수 없는 성격이다. 종교나 학문으로 나가는 경우가 많고, 예술이나 연구직에서 명성을 떨치는 경우도 많다.

■ 갑(甲)·을(乙)일생이 화(火)가 많으면

내면보다 외모에 신경을 더 많이 쓰는 편이다. 따지기를 좋아해 이론의 대가라는 별명을 얻기도 한다. 특히 문장력이 뛰어나다.

■ 갑(甲)·을(乙)일생이 토(土)가 많으면

인색하나 검소하고, 은근과 끈기를 겸비한 인내의 대명사이다. 재물에 대한 집착이 강하고, 자신을 과신하는 경향이 있다.

■ 갑(甲)·을(乙)일생이 금(金)이 많으면

결단력은 빠르나 행동이 따르지 않으니 흐지부지 해버리는 경향이 있다.

■ 갑(甲)·을(乙)일생이 수(水)가 많으면

공상은 많으나 실천력이 없고, 점잖은 척하나 알아주는 사람이 없다. 상대방을 왜곡하며 곡해하는 경향이 있다.

2. 병(丙)·정(丁)일생의 성격

체면과 예의를 중요하게 생각하고, 남을 공경할 줄 알며, 겸손하며 사양할 줄 안다. 그러나 은근히 뽐내며 나타내기를 좋아해 많은 사람 앞에 불쑥 튀어나와 열변을 토하기도 한다. 화(火)는 쓴 맛을 나태내고, 명랑하며 낙천적이며 화려한 것을 좋아한다. 성격이 불 같아 생각한 것은 바로 행동으로 옮겨야 직성이 풀리는 사람으로, 어물어물 하는 것을 제일 싫어한다. 얼굴은 붉고, 아래가 둥글며 위가 좁고, 콧구멍은 들려 있고, 목소리는 높으며 말이 빠르고, 웃을 때는 활짝 웃고, 의자에 앉으면 다리를 흔드는 경향이 있다.

■ 병(丙)·정(丁)일생이 화(火)가 많으면

성격은 불같으며 사치와 허영을 즐기고, 즉흥적이라 선동·과장·허풍을 떨고, 주위사람에게 구매욕을 충동질하며 엉뚱한 물건을 잘 사들인다. 사소한 일에도 허둥대기를 잘하니 주위 사람들을 놀라게 하기도 한다.

■ 병(丙)·정(丁)일생이 화(火)가 부족하면

목소리가 쉰듯하고, 잔재주를 뽐내려는 성격이 있고, 같은 말을 계속하고, 말로 술을 깨는 사람이다.

■ 병(丙)·정(丁)일생이 목(木)이 많으면

시비와 공리공담을 좋아하고, 자만이 넘쳐 별 것도 아닌 것으로 위세를 부리려는 사람으로 때로는 빈축을 받기도 한다.

■ 병(丙)·정(丁)일생이 토(土)가 많으면

말과 행동이 경솔하며 일치하지 않고, 비판과 불평불만이 많으니
남의 일에 간섭을 잘한다.

■ 병(丙)·정(丁)일생이 금(金)이 많으면

입만 갖고 사람을 부리려고 하니 따돌림을 받는다.

■ 병(丙)·정(丁)일생이 수(水)가 많으면

잔재주를 부리려 하나 균형이 맞지 않고, 마음은 급하나 소심하고
편협되어 졸렬하니 이루는 것보다 이루지 못하는 것이 더 많다.

3. 무(戊)·기(己)일생의 성격

땅은 거짓말을 하지 않는다는 말이 있듯이 심은 대로 거둬주는
곳이다. 믿음직스럽고, 감미로운 것을 좋아하고, 언행이 일치하고,
매사에 신중하며 도량이 넓고, 신앙심이 깊어 종교를 갖고 있는 사
람이 많다. 얼굴은 둥글며 넓고, 얼굴색은 황색이고, 입은 모가 나
고, 코는 크며 둥글고, 눈썹은 분명하고, 동공은 맑다.

■ 무(戊)·기(己)일생이 토(土)가 많으면

지나치게 순박해 한 번 믿으면 끝까지 믿으려고 하니 답답할 때

도 있다. 고집이 강하여 자기 반성을 못하게 만들어 일의 진도가 늦고, 발전이 늦다.

■ 무(戊)·기(己)일생이 토(土)가 부족하면

지능이 낮고, 불성실하며 비굴하니 모순이나 대립이 자주 발생한다. 신기가 있어 예언을 하기도 하고, 얼굴은 근심과 수심이 쌓인 듯하고, 음성도 맑지 않다.

■ 무(戊)·기(己)일생이 목(木)이 많으면

인정이 많아 남의 말이나 심부름을 잘 들어주고, 쓸데 없는 일에 힘쓰며 쓸데 없는 걱정을 많이 한다. 이마는 죽어 있고, 코는 낮고, 간혹 얼굴에 홍이 있거나 마마자국이 있는 사람이 있다.

■ 무(戊)·기(己)일생이 화(火)가 많으면

자기만 아는 사람으로 불로소득과 일확천금을 바라고, 봉사나 희생정신은 추호도 없다.

■ 무(戊)·기(己)일생이 금(金)이 많으면

이웃에게 정을 베풀며 친하게 잘 지내나, 남의 일에 간섭하는 것을 좋아한다.

■ 무(戊)·기(己)일생이 수(水)가 많으면

남녀 모두 색정을 좋아하고, 쓸데 없는 일을 만들어 주위 사람들을 귀찮게 한다.

4. 경(庚)·신(辛)일생의 성격

쇠의 특성은 단단하고 곧으니 개혁과 정의를 부르짖는 용감한 호걸의 상이다. 맛은 칼칼한 것을 좋아하고, 결단력이 뛰어나고, 절도가 분명하다. 얼굴은 모나며 광대뼈가 튀어나왔고, 눈썹은 거칠고, 눈동자는 반짝반짝 빛나고, 코는 오똑하고, 귀는 쫑긋 솟아 있고, 목소리에서는 쇳소리가 난다.

■ 경(庚)·신(辛)일생이 금(金)이 많으면

살생과 투기를 좋아하고, 싸움에서 지는 것을 싫어한다. 용기가 지나쳐 설치는 경향이 있고, 독립·독보·독행하려는 성격이 강해 보수격으로는 최상이다.

■ 경(庚)·신(辛)일생이 금(金)이 부족하면

단순하며 지혜가 없고, 뜻은 있으나 행동에 옮기지 못하고, 끼어들기는 잘하나 뒷감당을 못하니 오히려 뒤집어쓰는 경향이 있다.

■ 경(庚)·신(辛)일생이 목(木)이 많으면

인자함이 부족하며 이해타산이 빠르나 경우가 분명하다. 재물에 대한 집착이 강해 저축을 많이 한다.

■ 경(庚)·신(辛)일생이 화가 많으면

아부와 아첨의 근성이 강하니 상급자의 비위를 맞추는데는 기생 빰칠 정도다. 출세를 위해서는 수단과 방법을 가리지 않으니 주위로부터 비난을 많이 받는다.

■ 경(庚)·신(辛)일생이 토(土)가 많으면

베풀 줄은 모르면서 허풍만 떤다.

■ 경(庚)·신(辛)일생이 수(水)가 많으면

남의 일에 간섭하기를 좋아하고, 총명하며 영리하나 이기적이라 오히려 구설과 손재를 자초하는 경향이 많다.

5. 임(壬)·계(癸)일생의 성격

두뇌가 우수하며 지혜가 많고 지모에 능하다. 맛은 짜고, 얼굴은 깨끗하며 순결해 보이고, 이목구비는 수려해 나무랄 데가 없다. 남녀 모두 인물값 하는 사람이 많다.

■ 임(壬)·계(癸)일생이 수(水)가 많으면

음흉하며 의심이 많고, 쟁투와 시비가 많고, 남을 이용하려는 성격이 강하다. 색을 좋아하며 방탕하니 성병에 걸리는 경우가 많다.

■ 임(壬)·계(癸)일생이 수(水)가 부족하면

 무모하며 꾀가 지나치고, 의심이 많으며 소극적이라 큰 일을 하지
못한다.

■ 임(壬)·계(癸)일생이 목(木)이 많으면

 공치사를 잘하고, 아는 체를 잘하고, 있는 척을 잘한다. 척병에 걸
린 사람이다.

■ 임(壬)·계(癸)일생이 화(火)가 많으면

 정서가 불안하며 산만하고, 갈등과 번뇌가 많아 쓸데없는 걱정을
많이 한다. 땅이 꺼질까 걱정되어 어떻게 사느냐고 물어보고 싶은
사람이다.

■ 임(壬)·계(癸)일생이 토(土)가 많으면

 하나만 알고 둘은 모르는 사람으로 옹졸하기 짝이 없고, 하는 일
도 막힘이 많아 좌절과 실망을 많이 한다.

■ 임(壬)·계(癸)일생이 금(金)이 많으면

 아는 것은 많으나 표현력이 부족하고, 큰 뜻은 있으나 결단력과
실천력이 부족하다. 망설이다 기회를 놓치는 사람이다.

9. 사주의 감정과 의사의 검진

앞에서 왕상휴수사(旺相休囚死)를 설명하고, 계절별로 목화토금수(木火土金水)의 오행(五行)을 나누어 이들의 생장상태를 사람과 비유해 설명한 것을 기억하고 있을 것이다. 여기서 오행(五行)의 물질은 자연의 물질이니 계절과 매우 밀접한 관계가 있고, 오행(五行)별로 보면 좋아하는 계절과 싫어하는 계절이 있듯이 인간에게도 그와 같은 현상이 길흉으로 나타난다고 설명했으며, 용신(用神)을 잡는데 매우 중요하다고 강조했다. 지금부터는 용신(用神)을 잡는데 반드시 필요한 목화토금수(木火土金水)의 계절과 조후(調候) 관계를 설명하고, 오행(五行)이 서로 도와주고 극(剋)하므로서 좋아지는 원리를 자연의 이치로 설명하겠다.

오행(五行)이 서로 도와주고 극(剋)하므로써 좋아하는 것을 용신(用神)이라 하고, 용신(用神)은 사주를 판단할 때 핵이 된다고 할 수 있다. 왜냐하면 사주의 여덟 글자 중에는 용신(用神)의 핵이 들어 있어, 이것으로 길흉화복을 판단하기 때문이다. 그러나 사주의 여덟 글자 중에서 용신(用神)을 찾는다는 것이 쉬운 일이 아니다.

이것은 지금까지 설명한 일간(日干)의 오행(五行)을 중심으로 살핀다. 우선 내(日干)가 되는 오행(五行)을 보고 성격과 근원을 살피고, 월지(月支)에 뿌리가 있느냐 없느냐를 살피고, 무엇이 나를 돕는지 해롭게 하는지를 살피고, 계절은 따뜻한가 추운가 등등을 살핀 뒤 종합해서 판단해야 한다.

　그러나 사주감정을 업으로 하는 사람들도 잘못 판단하는 경우가 종종 있다. 그렇다고 책망하거나 비난할 수만은 없다. 왜냐하면 사주명리학(四柱命理學)의 근원은 우주의 원리에서 비롯된 것이고, 우주의 변화를 모두 예측한다는 것은 어렵기 때문이다. 필자의 경험으로는 만일 용신(用神)의 혼동으로 다른 결과가 나왔을 때는, 과거의 대운(大運)·현재의 대운(大運)과 세운(歲運)·가족관계, 직업 등을 자세히 말해주면서 다시 용신(用神)을 찾는 것이 좋다.

　우리가 병원에 가면 의사에게 먼저 진찰을 받는다. 의사가 질병 의원인을 찾으면 쉽게 처방을 내려주지만, 알 수 없으면 환자에게 이것 저것 묻는다. 그러면 환자는 서슴없이 대답하며 묻지도 않는 말까지도 기억을 더듬어가며 한다. 그래도 원인을 알지 못하면 장기검진에 들어가 짜증이 날 정도로 많은 종류의 검사를 한다. 그리고 원인을 찾아내면 치료를 시작한다.

　물론 사람들은 의사와 역리인이 같으냐고 할 수도 있다. 그러나 사주의 감정과 질병의 검진이라는 용어만 다를 뿐이다. 눈에 보이는 질병이라는 물질을 찾는 것보다 눈에 보이지 않는 우주의 원리를 이용한 운명의 물질을 찾는 것이 더 어려운 일이다. 그러니 역리인이 이런 질문을 할 때는 그것도 모르냐고 일축해버리지 말고 협조하는 것이 자신의 운명을 더 정확하게 볼 수 있는 방법이다.

10. 용신(用神)과 일간(日干)의 관계

용신(用神)을 잡는 방법에 대해서는 역술인마다 다른 견해를 보인다. 가끔 내방객에게 다른 곳하고 다르다거나 맞지 않는다는 말을 듣는다. 이 책에서는 나를(日干) 중심으로 설명할 것이다. 나는 몇 월에 태어났고, 무엇이 필요하며, 무엇이 이로운가를 계절별로 나누어 기록한다.

1. 천간목(天干木) : 甲 · 乙

1. 삼춘절(三春節) 갑을목(甲乙木) : 1 · 2 · 3월생

- 1월 갑목(甲木) : 추운 계절이니 병화(丙火)로 따뜻하게 해주어야 잘 자란다. 임수(壬水)보다 계수(癸水)를 쓰는 것이 좋다.

- 1월 을목(乙木) : 갑목(甲木)과 같이 병화(丙火)로 따뜻하게 해주어야 하고, 병정화(丙丁火)가 또 있어도 계수(癸水)가 있으면 무방하다.

- 2월 갑목(甲木) : 목왕절(木旺節)이니 경금(庚金)이 있어야 하고, 병정화(丙丁火)가 있으면 길하다.

- 2월 을목(乙木) : 갑목(甲木)과 같이 목왕절(木旺節)이라고 하나 을목(乙木)은 약하기 때문에 경신금(庚辛金)을 꺼린다. 차라리 목생화(木生火)로 목기(木氣)를 설기(洩氣)시키는 것이 좋고, 임수(壬水)보다 계수(癸水)로 수기(水氣)를 돕는 것이 좋다.

- 3월 갑목(甲木) : 경금(庚金)으로 금극목(金剋木)하여 나무를

다듬어 주는 것이 좋으나, 3월은 진토(辰土)월이니 토생금(土生金)하기 때문에 금(金)이 더욱 강해진다. 임수(壬水)가 있으면 금생수(金生水)로 경금(庚金)을 설기(洩氣)시키는 것이 좋다.

■ 3월 을목(乙木) : 지지(地支)에 수(水)가 많으면 무토(戊土)로 토극수(土剋水)시켜 주면 좋고, 병화(丙火)도 쓸만하다.

2. 삼하절(三夏節) 갑을목(甲乙木) : 4·5·6월생

■ 4월 갑목(甲木) : 계수(癸水)로 수극화(水剋火)시켜 주고, 경금(庚金)으로 계수(癸水)의 수원(水源)을 삼는다.

■ 4월 을목(乙木) : 계수(癸水)를 쓰는 것이 최상이다.

■ 5월 갑목(甲木) : 경금(庚金)은 금극목(金剋木)하여 쓸 수 없을 것 같으나 계수(癸水)가 있으면 다시 쓸 수 있다. 이것은 금생수(金生水)를 해서 수기(水氣)가 말라갈 때 오히려 수원(水源)이 되기 때문이다.

■ 5월 을목(乙木) : 계수(癸水)가 길하다.

■ 6월 갑목(甲木) : 대서(大暑)가 지나면 경금(庚金)과 정화(丁火)를 직접 써도 좋다. 무성한 나무를 다듬어 재목을 얻고 열매를 맺게 하기 위함이다.

■ 6월 을목(乙木) : 대서(大暑)가 지나면 병화(丙火)와 계수(癸水)가 좋다.

3. 삼추절(三秋節) 갑을목(甲乙木) : 7·8·9월생

■ 7월 갑목(甲木) : 7월은 금(金)의 계절이니 금(金)의 뿌리가 매

우 깊고 강하다. 따라서 임수(壬水)로 금생수(金生水)할 수 있
도록 설기(洩氣)시키거나, 정화(丁火)를 써도 좋다. 수(水)는 목
(木)의 어머니인데 수(水)로 금(金)의 힘을 빼니 살인상생(殺
印相生)이 된다. 이런 사람은 부자는 될 수 있으나 귀인은 되지
못한다.

■ 7월 을목(乙木) : 병화(丙火)로 화극금(火剋金)하고, 계수(癸
水)로 금생수(金生水)해서 신금(申金)을 설기(洩氣)시켜 준다.

■ 8월 갑목(甲木) : 먼저 경금(庚金)으로 다스리고, 병정화(丙丁
火)로 따뜻하게 해주면 좋다.

■ 8월 을목(乙木) : 상순에는 계수(癸水)를 쓰고, 하순에는 병화
(丙火)를 써서 조후(調候)시켜 주는 것이 좋다.

■ 9월 갑목(甲木) : 경금(庚金)으로 다스리고, 임계수(壬癸水)로
생(生)해주면 좋다.

■ 9월 을목(乙木) : 계수(癸水)를 쓰는데 신금(辛金)을 수원(水
源)으로 삼는다.

4. 삼동절(三冬節) 갑을목(甲乙木) : 10 · 11 · 12월생

■ 10월 갑목(甲木) : 병화(丙火)로 조후(調候)하고, 신금(辛金)으
로 다듬어주면 좋다.

■ 10월 을목(乙木) : 수기(水氣)가 많을 때이니 무토(戊土)로 토
극수(土剋水)하고, 병화(丙火)로 조후(調候)하면 좋다.

■ 11월 갑목(甲木) : 경금(庚金)을 쓰고, 병화(丙火)를 쓰고, 무토

(戊土)를 쓴다.

- 11월 을목(乙木) : 임계수(壬癸水)는 좋지 않고, 병화(丙火)는 길하다.
- 12월 갑목(甲木) : 경금(庚金)을 쓰고, 병정화(丙丁火)를 쓴다.
- 12월 을목(乙木) : 정화(丁火)는 약하고 병화(丙火)를 쓴다.

2. 천간화(天干火) : 丙 · 丁

1. 삼춘절(三春節) 병정화(丙丁火) : 1 · 2 · 3월생

- 1월 병화(丙火) : 경금(庚金)이 있으면 임수(壬水)를 써도 좋다.
- 1월 정화(丁火) : 도끼에 해당하는 경금(庚金)으로 갑목(甲木)을 쪼개면 장작이 된다. 추운 때 약한 정화(丁火)를 돋구기 위해 장작으로 불을 살리는 것과 같다.
- 2월 병화(丙火) : 수(水)가 많으면 무토(戊土)를 쓰고, 그렇지 않으면 임수(壬水)를 쓰고, 임수(壬水)가 없으면 기토(己土)를 쓴다.
- 2월 정화(丁火) : 1월의 정화(丁火)와 같다.
- 3월 병화(丙火) : 임수(壬水)가 좋고, 토(土)가 많으면 갑목(甲木)도 쓴다.
- 3월 정화(丁火) : 수(水)가 많으면 무토(戊土)를 쓰고, 갑목(甲木)을 쓰려면 경금(庚金)이 있어야 좋다.

2. 삼하절(三夏節) 병정화(丙丁火) : 4 · 5 · 6월생

■ 4월 병화(丙火) : 경금(庚金)으로 수원(水源)을 삼고 임수(壬水)를 쓴다.

■ 4월 정화(丁火) : 목(木)을 쓰되 임수(壬水)로 수생목(生木)시켜 주는 것이 좋다.

■ 5월 병화(丙火) : 임수(壬水)와 경금(庚金)이 길하다.

■ 5월 정화(丁火) : 임계수(壬癸水)도 좋고, 경금(庚金)도 좋다.

■ 6월 병화(丙火) : 임수(壬水)를 쓰되 경금(庚金)으로 금생수(金生水)시켜 주는 것이 좋다.

■ 6월 정화(丁火) : 갑목(甲木)을 쓰되 경금(庚金)으로 목(木)을 금극목(金剋木)시켜 쪼개 쓰도록 한다.

3. 삼추절(三秋節) 병정화(丙丁火) : 7 · 8 · 9월생

■ 7월 병화(丙火) : 신약(身弱)하면 을목(乙木)을 쓰고, 신왕(身旺)하면 임수(壬水)를 쓰되 병화(丙火)가 신(申)의 자리에 있으면 삼가해야 한다.

■ 7월 정화(丁火) : 갑을목(甲乙木)을 쓴다.

■ 8월 병화(丙火) : 임계수(壬癸水)를 쓴다.

■ 8월 정화(丁火) : 갑목(甲木)을 쓴다.

■ 9월 병화(丙火) : 갑목(甲木)과 임수(壬水)를 쓴다.

■ 9월 정화(丁火) : 갑목(甲木)과 경금(庚金)을 쓴다.

4. 삼동절(三冬節) 병정화(丙丁火) : 10 · 11 · 12월생

- 10월 병화(丙火) : 갑목(甲木)을 쓴다.
- 10월 정화(丁火) : 갑목(甲木)과 경금(庚金)을 쓴다.
- 11월 병화(丙火) : 갑목(甲木)과 임수(壬水)를 쓴다.
- 11월 정화(丁火) : 갑목(甲木)을 쓴다.
- 12월 병화(丙火) : 임수(壬水)와 갑목(甲木)이 좋다.
- 12월 정화(丁火) : 갑목(甲木)을 쓴다.

3. 천간토(天干土) : 戊 · 己

1. 삼춘절(三春節) 무기토(戊己土) : 1 · 2 · 3월생

- 1월 무토(戊土) : 병화(丙火)와 계수(癸水)를 쓴다.
- 1월 기토(己土) : 병화(丙火)를 쓴다.
- 2월 무토(戊土) : 병화(丙火)와 계수(癸水)를 쓴다.
- 2월 기토(己土) : 갑목(甲木) · 병화(丙火) · 계수(癸水)가 좋다.
- 3월 무토(戊土) : 갑목(甲木)으로 땅을 뚫고 계수(癸水)를 쓴다.
- 3월 기토(己土) : 병화(丙火)를 쓰고, 계수(癸水)를 좋아한다.

2. 삼하절(三夏節) 무기토(戊己土) : 4 · 5 · 6월생

- 4월 무토(戊土) : 임계수(壬癸水)를 쓰고, 갑목(甲木)으로 소통을 시켜준다.
- 4월 기토(己土) : 계수(癸水)를 쓴다.

■ 5월 무토(戊土) : 임수(壬水)를 쓴다.

■ 5월 기토(己土) : 임계수(壬癸水)를 쓴다.

■ 6월 무토(戊土) : 임수(壬水)를 쓴다.

■ 6월 기토(己土) : 계수(癸水)를 쓰고, 대서(大暑)가 지나면 병화(丙火)를 쓸만하다.

3. 삼추절(三秋節) 무기토(戊己土) : 7 · 8 · 9월생

■ 7월 무토(戊土) : 병화(丙火)를 쓴다.

■ 7월 기토(己土) : 병화(丙火)와 계수(癸水)를 쓴다.

■ 8월 무토(戊土) : 무토(戊土)를 쓴다.

■ 8월 기토(己土) : 병화(丙火)를 쓰고, 신금(辛金)으로 계수(癸水)를 얻어 쓰면 좋다.

■ 9월 무토(戊土) : 갑목(甲木)을 쓴다.

■ 9월 기토(己土) : 갑목(甲木)을 쓴다.

4. 삼동절(三冬節) 무기토(戊己土) : 10 · 11 · 12월생

■ 10월 무토(戊土) : 갑목(甲木)과 병화(丙火)를 쓴다.

■ 10월 기토(己土) : 병화(丙火)와 갑목(甲木)을 쓴다.

■ 11월 무토(戊土) : 갑목(甲木)과 병화(丙火)를 쓴다.

■ 11월 기토(己土) : 병화(丙火)와 갑목(甲木)을 쓴다.

■ 12월 무토(戊土) : 갑목(甲木)과 병화(丙火)를 쓴다.

■ 12월 기토(己土) : 병화(丙火)와 갑목(甲木)을 쓴다.

4. 천간금(天干金) : 庚 · 辛

1. 삼춘절(三春節) 경신금(庚辛金) : 1 · 2 · 3월생

- 1월 경금(庚金) : 병화(丙火)를 쓰고, 갑목(甲木)도 가능하다.
- 1월 신금(辛金) : 기토(己土)를 쓴다.
- 2월 경금(庚金) : 정화(丁火)를 쓰나 갑목(甲木)이 있으면 더욱 더 좋다.
- 2월 신금(辛金) : 갑목(甲木)과 임수(壬水)를 쓴다.
- 3월 경금(庚金) : 정화(丁火)를 쓴다,
- 3월 신금(辛金) : 갑목(甲木)과 임수(壬水)를 쓴다.

2. 삼하절(三夏節) 경신금(庚辛金) : 4 · 5 · 6월생

- 4월 경금(庚金) : 임수(壬水)를 쓰고, 토(土)가 많으면 갑목(甲木)을 쓴다.
- 4월 신금(辛金) : 임수(壬水)를 쓴다.
- 5월 경금(庚金) : 임계수(壬癸水)를 쓴다.
- 5월 신금(辛金) : 임수(壬水)를 쓴다.
- 6월 경금(庚金) : 임계수(壬癸水)를 쓴다.
- 6월 신금(辛金) : 임수(壬水)를 쓴다.

3. 삼추절(三秋節) 경신금(庚辛金) : 7 · 8 · 9월생

- 7월 경금(庚金) : 정화(丁火)를 쓰고, 갑목(甲木)이 있으면 더욱더 좋다.

■ 7월 신금(辛金) : 갑목(甲木)과 임수(壬水)를 쓴다.

■ 8월 경금(庚金) : 정화(丁火)와 갑목(甲木)을 쓴다.

■ 8월 신금(辛金) : 임수(壬水)를 쓰고, 정화(丁火)를 쓴다.

■ 9월 경금(庚金) : 병화(丙火)를 쓴다.

■ 9월 신금(辛金) : 임수(壬水)와 갑목(甲木)을 쓴다.

4. 삼동절(三冬節) 경신금(庚辛金) : 10 · 11 · 12월생

■ 10월 경금(庚金) : 병화(丙火)와 갑목(甲木)을 쓴다.

■ 10월 신금(辛金) : 병화(丙火)를 쓴다.

■ 11월 경금(庚金) : 병정화(丙丁火)를 쓰고, 갑목(甲木)을 쓴다.

■ 11월 신금(辛金) : 병화(丙火)를 쓴다.

■ 12월 경금(庚金) : 병정화(丙丁火)를 쓰고, 갑목(甲木)을 쓴다.

■ 12월 신금(辛金) : 병화(丙火)와 갑목(甲木)을 쓴다.

5. 천간수(天干水) : 壬 · 癸

1. 삼춘절(三春節) 임계수(壬癸水) : 1 · 2 · 3월생

■ 1월 임수(壬水) : 경금(庚金)을 쓰고 병화(丙火)로 조후(調候)한다.

■ 1월 계수(癸水) : 신금(辛金)을 쓰고 병화(丙火)로 조후(調候)한다.

■ 2월 임수(壬水) : 신금(辛金)과 경금(庚金)을 쓴다.

■ 2월 계수(癸水) : 경신금(庚辛金)을 쓴다.

■ 3월 임수(壬水) : 갑목(甲木)을 쓰고, 경금(庚金)을 쓴다.

■ 3월 계수(癸水) : 청명(淸明)이 지나면 병화(丙火)를 쓴다.

2. 삼하절(三夏節) 임계수(壬癸水) : 4 · 5 · 6월생

■ 4월 임수(壬水) : 경신금(庚辛金)을 쓴다.

■ 4월 계수(癸水) : 경신금(庚辛金)을 쓴다.

■ 5월 임수(壬水) : 계수(癸水)를 쓰고 경신금(庚辛金)이 있으면 더욱더 좋다.

■ 5월 계수(癸水) : 임계수(壬癸水)를 쓰고 경신금(庚辛金)을 기뻐한다.

■ 6월 임수(壬水) : 신금(辛金)과 계수(癸水)를 쓰고, 갑목(甲木)이 있으면 좋다.

■ 6월 계수(癸水) : 상순에는 경신금(庚辛金)을 쓴다.

3. 삼하절(三夏節) 임계수(壬癸水) : 7 · 8 · 9월생

■ 7월 임수(壬水) : 무토(戊土)와 정화(丁火)를 쓴다.

■ 7월 계수(癸水) : 정화(丁火)와 갑목(甲木)을 쓴다.

■ 8월 임수(壬水) : 갑목(甲木)을 쓴다.

■ 8월 계수(癸水) : 병화(丙火)를 쓴다.

■ 9월 임수(壬水) : 갑목(甲木)과 병화(丙火)를 쓴다.

■ 9월 계수(癸水) : 신금(辛金)을 쓴다.

4. 삼동절(三冬節) 임계수(壬癸水) : 10 · 11 · 12월생

■ 10월 임수(壬水) : 무토(戊土)와 갑목(甲木)을 쓴다.

■ 10월 계수(癸水) : 무토(戊土) · 갑목(甲木) · 병화(丙火)를 쓴다.

■ 11월 임수(壬水) : 갑목(甲木)과 병화(丙火)를 쓴다.

■ 11월 계수(癸水) : 갑목(甲木)과 계수(癸水)를 쓴다.

■ 12월 임수(壬水) : 갑목(甲木)과 계수(癸水)를 쓴다.

■ 12월 계수(癸水) : 병정화(丙丁火)를 쓴다.

11. 신왕(身旺)사주와 신약(身弱)사주

사주를 뽑아놓고 가장 먼저 일간(日干)을 보고, 그 다음은 월지(月支)를 본다. 사주가 신왕(身旺)한가 신약(身弱)한가를 살펴야 하기 때문이다. 일간(日干)을 중심으로 각 천간(天干)과 지지(地支)를 살핀다. 월지(月支)에서 월령(月令)을 얻고, 다른 오행(五行)들이 극(剋)하는 것이 적으면 신왕(身旺)사주라 한다. 그리고 월지(月支)에서 월령(月令)을 얻지 못하고, 다른 오행(五行)들이 극(剋)하는 것이 많으면 신약(身弱)사주라 한다. 신왕(身旺)사주는 도시나 중심에서 사는 것을 좋아하고, 신약(身弱)사주는 농촌이나 변두리에서 조용하게 사는 것을 좋아한다.

1. 신왕(身旺)사주

□ 갑을(甲乙)일생이 인묘진(寅卯辰)월에 태어난 사람

조후용신표(調候用神表)

		12	11	1	2	3	4	5	6	7	8	9	10
		子	丑	寅	卯	辰	巳	午	未	申	酉	戌	亥
甲	조후용신	丁	丁	丙	庚	庚	癸	癸	癸	庚	庚	庚	庚
	보조용신	丙	丙	癸	戊	壬	庚	庚	庚	壬	丙	壬	戊
乙	조후용신	丙	丙	丙	丙	癸	癸	癸	癸	丙	癸	癸	丙
	보조용신	丙	丙	癸	癸	戊	庚	丙	丙	己	丁	辛	戊
丙	조후용신	壬	壬	壬	壬	壬	壬	壬	壬	壬	壬	甲	甲
	보조용신	己	甲	庚	己	甲	癸	庚	庚	戊	癸	壬	庚
丁	조후용신	甲	甲	甲	庚	甲	甲	壬	甲	甲	甲	甲	甲
	보조용신	庚	庚	庚	甲	庚	庚	癸	壬	丙	丙	戊	庚
戊	조후용신	丙	丙	丙	丙	甲	甲	壬	癸	丙	丙	甲	甲
	보조용신	甲	甲	癸	癸	癸	癸	丙	丙	癸	癸	癸	丙
己	조후용신	丙	丙	丙	甲	丙	癸	癸	癸	丙	丙	甲	丙
	보조용신	戊	戊	甲	癸	癸	丙	丙	丙	癸	癸	癸	戊
庚	조후용신	丁	丙	戊	丁	甲	壬	壬	丁	丁	丁	甲	丁
	보조용신	丙	丁	甲	甲	丁	戊	癸	甲	甲	丙	壬	丙
辛	조후용신	丙	丙	己	壬	壬	壬	壬	壬	壬	壬	壬	壬
	보조용신	戊	戊	壬	甲	甲	癸	癸	庚	戊	甲	甲	丙
壬	조후용신	戊	丙	庚	戊	庚	壬	癸	辛	戊	甲	甲	戊
	보조용신	丙	丁	戊	辛	庚	庚	辛	甲	丁	庚	丙	庚
癸	조후용신	丙	丙	辛	庚	丙	辛	庚	庚	丁	辛	辛	庚
	보조용신	辛	丁	丙	辛	辛	丙	壬	壬	丙	丙	壬	辛

□ 병정(丙丁)일생이 사오미(巳午未)월에 태어난 사람

□ 무기(戊己)일생이 진술축미(辰戌丑未)월에 태어난 사람

□ 경신(庚辛)일생이 신유술(申酉戌)월에 태어난 사람

□ 임계(壬癸)일생이 해자축(亥子丑)월에 태어난 사람

2. 약간 신왕(身旺)사주

□ 갑을(甲乙)일생이 해자축(亥子丑)월에 태어난 사람

□ 병정(丙丁)일생이 인묘진(寅卯辰)월에 태어난 사람

□ 무기(戊己)일생이 사오미(巳午未)월에 태어난 사람

□ 경신(庚辛)일생이 진술축미(辰戌丑未)월에 태어난 사람

□ 임계(壬癸)일생이 신유술(申酉戌)월에 태어난 사람

3. 신약(身弱)사주

□ 갑을(甲乙)일생이 신유술(申酉戌)월에 태어난 사람

□ 병정(丙丁)일생이 해자축(亥子丑)월에 태어난 사람

□ 무기(戊己)일생이 인묘진(寅卯辰)월에 태어난 사람

□ 경신(庚辛)일생이 사오미(巳午未)월에 태어난 사람

□ 임계(壬癸)일생이 진술축미(辰戌丑未)월에 태어난 사람

4. 약간 신약(身弱)한 사주

□ 갑을(甲乙)일생이 사오미(巳午未)월에 태어난 사람

□ 병정(丙丁)일생이 진술축미(辰戌丑未)월에 태어난 사람

□ 무기(戊己)일생이 신유술(申酉戌)월에 태어난 사람

□ 경신(庚辛)일생이 해자축(亥子丑)월에 태어난 사람

□ 임계(壬癸)일생이 인묘진(寅卯辰)월에 태어난 사람

5. 십이운성(十二運星)의 신왕(身旺)과 신약(身弱)

번호의 순서에 따라 강약을 본다.

■ 사왕지(四旺地)

① 제왕(帝旺) ② 건록(建祿) ③ 관대(冠帶) ④ 장생(長生)

■ 사평지(四平地)

① 목욕(沐浴) ② 양(養) ③ 쇠(衰) ④ 병(病)

■ 사쇠지(四衰地)

① 절(絶) ② 묘(墓) ③ 사(死) ④ 태(胎)

6. 육신(六神)의 신왕(身旺)과 신약(身弱)

번호의 순서에 따라 강약을 본다.

① 비견(比肩)·겁재(劫財) ② 인수(印綬)·편인(偏印)

③ 정관(正官)·편관(偏官) ④ 정재(正財)·편재(偏財)

⑤ 식신(食神)·상관(傷官)

4장. 합형충파해(合刑沖破害)와 공망(空亡)

1.합(合)

1. 천간합(天干合)

이 세상 모든 물질은 본래의 모습을 그대로 갖고 있는 것이 아니라 변한다. 이것을 둔갑이라고도 하는데, 우주의 변화작용에서 비롯된 목화토금수(木火土金水)의 상생상극(相生相剋) 작용에서 기인되었다고 해도 과언이 아니다. 먼저 천간(天干) 오행(五行)의 물질이 음(陰)과 양(陽)이 만나 어떻게 다른 물질로 변하는가를 알아보자.

□ 갑(甲)+기(己)＝토(土) : 갑목(甲木)이 기토(己土)와 만나면 토(土)가 된다.

□ 을(乙)+경(庚)=금(金) : 을목(乙木)이 경금(庚金)과 만나면
　　　　　　　　　　　　　금(金)이 된다.

□ 병(丙)+신(辛)=수(水) : 병화(丙火)가 신금(辛金)과 만나면
　　　　　　　　　　　　　수(水)가 된다.

□ 정(丁)+임(壬)=목(木) : 정화(丁火)가 임수(壬水)와 만나면
　　　　　　　　　　　　　목(木)이 된다.

□ 무(戊)+계(癸)=화(火) : 무토(戊土)가 계수(癸水)와 만나면
　　　　　　　　　　　　　화(火)가 된다.

　이와 같이 음양(陰陽)의 물질은 서로 만나 합(合)하면 다른 물질로 변한다. 이것은 음(陰)의 어머니와 양(陽)의 아버지가 만나 합(合)을 이루면 자식을 낳는 원리와 같다. 옛글에 고양불성(孤陽不成)이요 고음불성(孤陰不成)이라는 말이 있다. 이것은 양(陽)으로만 물건이 만들어지지 않고, 음(陰)으로만 물건이 만들어지지 않는다는 뜻이다. 천간(天干)이 합(合)되는 해가 되면 다음과 같다.

□ 갑(甲)일생은 기(己)년에, 기(己)일생이 갑(甲)년에 도와주는
　사람을 만난다. 직장인은 승진하고, 실업자는 직장을 구한다.

□ 을(乙)일생은 경(庚)년에, 경(庚)일생은 을(乙)년에 도와주는
　사람을 만난다. 새로 경영하는 일이 생긴다.

□ 병(丙)일생은 신(辛)년에, 신(辛)일생은 병(丙)년에 관재구설이
　생긴다.　직장인은 휴직되거나 직장문제로 고통을 받는다.

□ 정(丁)일생은 임(壬)년에, 임(壬)일생은 정(丁)년에 외도한다.

□ 무(戊)일생은 계(癸)년에, 계(癸)일생은 무(戊)년에 친구나 친
   척 등 근친자에게 피해를 당한다.

2. 지지합(地支合)

하늘을 우러러 보라. 끝도 시작도 없이 무한한 가운데 오직 태양 하나만 둥그렇게 떠있다. 하늘의 중심은 분명 태양이고, 땅의 만물은 그 빛의 광영으로 살아간다. 그리고 땅에서는 양(陽)이 지지와 음(陰)의 지지가 만나 지합(支合)을 한다.

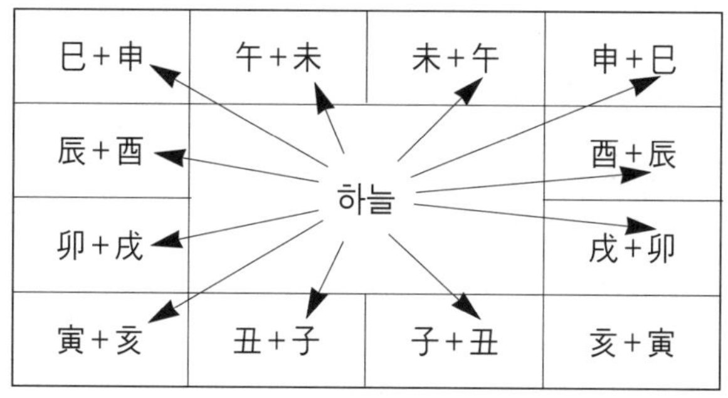

□ 합(合)이 공망(空亡)되면 합(合)이 풀린다.

□ 사주에 합(合)이 많으면 사교술이 뛰어나다.

□ 여자가 합(合)이 많으면 정이 헤프다.

□ 길성(吉星)이 합(合)되면 좋은 것이 더욱더 좋아지고, 흉성(凶
   星)이 합(合)되면 나쁜 것이 소멸된다.

□ 일간(日干)의 가까운 곳에 합(合)이 있으면 합(合)의 작용이

강하고, 멀리 있으면 합(合)의 작용이 약하다.

■ 지지삼합(地支三合)

하늘이 왼쪽으로 돌고 땅이 오른 쪽으로 돌 때 만나는 점을 말하고, 지지상합(地支相合)이라고도 한다.

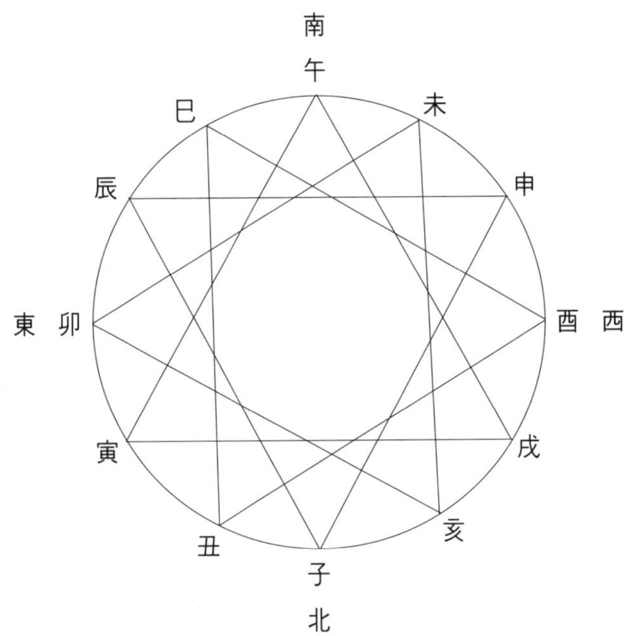

위의 그림과 같이 자오묘유(子午卯酉)의 방위에 중심이 되는 곳을 기점으로 삼고, 이를 중심으로 3개의 지지(地支)가 모여 다른 오행(五行) 물질을 만드는 것을 국(局)이라고 한다. 그리고 국(局)은 삼합(三合)의 국(局)과 반합(半合)의 국(局)으로 나눈다.

■ 삼합(三合)의 국(局)

중심점인 자오묘유(子午卯酉)는 어머니와 같고, 옆에 있는 것은
아들과 같다.

	중심점		
申	子	辰	水局
寅	午	戌	火局
亥	卯	未	木局
巳	酉	丑	金局

■ 반국(半局)

 중심점에 있는 자오묘유(子午卯酉)를 포함해 2개만 모인 것을 말
한다. 중심점에 있는 자오묘유(子午卯酉)를 포함하지 않고 좌우에
있는 것끼리 합(合)된 것은 반합(半合)으로 보지 않는다.

ㅁ 반합(半合)도 삼합(三合)과 같은 효력이 있다.

ㅁ 삼합(三合) 사이에 형충파해(刑沖破害)가 있으면 만사에 말썽
  이 생긴다.

ㅁ 삼합(三合)을 이룬 것이 나쁘면 스스로 천한 짓만 골라서 한다.

ㅁ 삼합(三合)을 잘 이루면 평생 복록이 많다.

ㅁ 삼합(三合)을 잘 이루면 얼굴이 예쁘고 수려하다.

2 충(沖)

1. 천간상충(天干相冲)

칠살(七殺)이라고도 한다. 양(陽)은 양(陽)끼리 음(陰)은 음(陰)끼리 화합하지 못하고 상극(相剋)되어 싸우는 것을 말한다.

■ 양(陽)끼리 싸우는 충(沖) : (相剋)
갑경(甲庚)·병임(丙壬)·무임(戊壬)·병경(丙庚)

■ 음(陰)끼리 싸우는 충(沖) : (相剋)
을신(乙辛)·정계(丁癸)·을기(乙己)·정신(丁辛)·기계(己癸)

生日	沖年	발생하는 일
甲日生	庚年	직업이나 주거의 변동이 생긴다.
乙日生	辛年	관재구설과 휴직 등이 따른다.
丙日生	壬年	경제적인 고통이 따른다.
丁日生	癸年	야간 관재구설이 따른다.
戊日生	甲年	가족의 우환, 직업 변동이나 좌천이 따른다.
己日生	癸年	애인이나 배우자와 불화가 심하고 문서분실이 따른다.
庚日生	丙年	금전손해가 있고, 비행이 폭로되어 망신을 당한다.
辛日生	丁年	손재와 관재구설이 따른다.
壬日生	戊年	다툼이 벌어지고, 학생은 휴학 등이 따른다.
乙日生	己年	사기수가 있고, 조직이 붕괴된다.

2. 지지상충(地支相沖)

천간(天干)과 같이 지지(地支)도 상극(相剋)이 되어 싸우는 것을
칠살(七殺)이라고 한다. 그림과 같이 이들은 서로 마주보고 있는
것끼리 충(沖)한다.

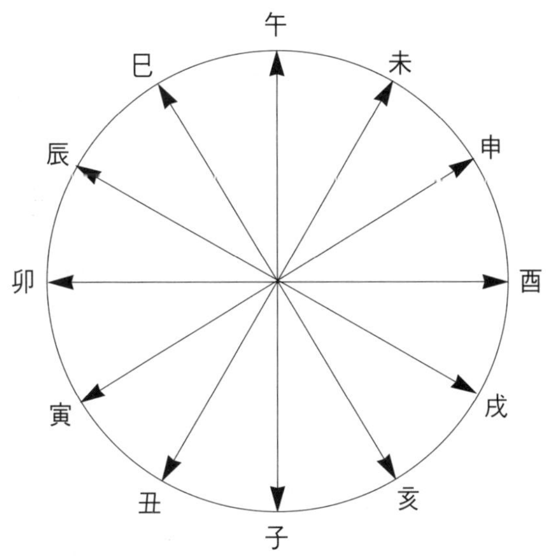

■ 자오충(子午沖)

심신이 불안정하고, 배우자와 이별이나 마찰이 심하다. 심장 · 신
장 · 정신질환이 따른다.

■ 축미충(丑未沖)

만사가 순조롭지 못하고 중단되거나 방해되는 일이 많다.

■ 인신충(寅申沖)

 정이 많고 감상적이나 근심 걱정이 많고, 남녀간에 싸움이 많다. 신경계통의 질환이 따른다.

■ 묘유충(卯酉沖)

 쓸데없는 일에 걱정이 많고, 배신이나 불화가 많으며, 부부관계가 건전하지 못하다. 간·폐·골격계의 질환이 따른다.

■ 진술충(辰戌沖)

 고집이 세며 욕심이 많고 다툼이 많다. 그러나 재고(財庫)를 충(沖)하면 길하다. 피부·위장·신장 등의 질환이 따른다.

■ 사해충(巳亥沖)

 소득없이 분주다사하고, 남의 일을 내일같이 잘 돌보아준다. 방광·소장·혈압계통의 질환이 따른다.

□ 월지(月支)를 충(沖)하면 이사를 하거나 직장의 변동이 생기고, 여자는 가출한다.
□ 사주에 충파(沖破)가 있으면 이사를 하거나 부모·형제와 떨어져 사는 것이 좋다.
□ 양지(陽支)의 충(沖)은 강하고, 음지(陰支)의 충(沖)은 약하다.
□ 천간(天干)이 합(合)되는데 지지(地支)가 충(沖)하면 처음에는 잘하나 뒤가 깨끗하지 못해 불화가 생기며 헤어진다.

□ 진술축미(辰戌丑未)가 모두 충(沖)이면 귀명이다.

□ 일지(日支)를 충(沖)하면 부부간에 마찰이 심하고, 심하면 이별하는 경우도 많다.

□ 천간(天干)과 지지(地支)가 모두 충(沖)이면 독하며 싸움을 즐기고 무섭다.

□ 사주가 대운(大運)을 충(沖)하면 흉을 자초하는 것과 같아 흉 작용이 빠르게 나타나고, 대운(大運)이 사주를 충(沖)하면 외부에서 흉이 발생하여 들어오는 것과 같아 흉이 늦게 발생한다.

□ 사주에 충(沖)이 있는데 형충파해(刑沖破害)가 되면 평생 파란곡절이 많다.

□ 인신사해(寅申巳亥)를 충(沖)하면 파상(破傷)되어 부상을 당하게 된다.

□ 진술축미(辰戌丑未)를 충(沖)하면 동요가 생긴다.

□ 자오묘유(子午卯酉)를 충(沖)하면 일의 결과가 결정된다.

■ 년지(年支)가 충(沖)되면

□ 만사에 막힘이 많으며 노력에 비해 소득이 적다.

□ 송사 사건 등은 지기 쉽다.

□ 쓸데없는 일을 잘 만들고 수습을 하지 못한다.

□ 비석건립, 분묘이장, 족보 등 조상과 관계있는 일을 한다.

■ 월지(月支)가 충(沖)되면

□ 여자는 결혼하고, 직장인은 전직·전보 등의 변화가 생긴다.

□ 이사를 하게 되고, 부모·형제와 불화하며, 가출하기도 한다.

■ 일지(日支)와 충(沖)되면

□ 배우자와 관계가 나빠지고, 건강이 나빠진다.

□ 정신적으로 동요가 심하고, 어떤 일을 해도 만족하지 못하고, 작은 일에도 짜증과 화를 잘낸다.

■ 시지(時支)와 충(沖)되면

□ 속을 썩이는 자식이 생겨 자손의 근심이 생긴다.

※ 산모가 난산일 때 순산시키는 방법

난산으로 산모가 심한 진통을 겪는 경우가 있다. 지금은 예전에 비해 적어졌다고 하나 그래도 가끔은 볼 수 있다. 이런 경우 산모는 물론 주위 사람까지 안타까운 마음과 불안이 엄습한다. 산고는 참기 어려운 진통으로만 끝나는 것이 아니라 죽음에 이르기도 한다. 이것을 아담과 이브의 원죄론에서 비롯된 남자의 육체적 노동과 여자의 산고를 내세우는 학자도 있고, 여자는 칠거지악을 범하면 내쫓아도 무방하다는 유교사상의 덕행론에도 산고를 원죄로 비유해 말한다. 칠거지악은 아내를 내쫓아도 되는 7가지의 이유를 말한다.

□ 불순구고(不順舅姑) : 시어머니에게 불손한 것.

□ 무자(無子) : 자식을 낳지 못하는 것.

□ 악행(惡行) : 행실이 나쁘며 손버릇이 나쁜 것.

□ 악질(惡疾) : 괴질의 질병이 있는 것.

□ 구설(口舌) : 입이 가벼워 시비를 많이 저지르는 것.

□ 음행(淫行) : 외간 남자와 사통하는 것.

□ 도절(盜竊) : 도둑질하는 것.

이렇게 칠거지악을 쓰고 있노라니 어머니와 아내, 그리고 여성들에게 미안한 생각이 든다. 아무리 남존여비를 강조하는 시대였기로 이렇게까지 심하게 … 남자는 범해도 무방하지만 여지는 절대로 안된다는 말이다. 도대체 이런 짓들을 남자가 범해도 무방한 것이 어디 하나라도 있단 말인가. 이렇게 지난날의 유교사상을 훑어보면 논리의 모순이 많은 것도 사실인즉 다만 우리들의 교훈으로 삼을 뿐이며 이제부터 본론으로 들어가 설명하기로 하겠다.

옛날 의학이 발달하기전 우리 나라의 민간전통출산방법으로는 자연적 출산외에 별다른 방법이 없었다. 다만 난산을 방지하기 위해 부유한 가정이라면 정기탕이나 불수산 한두 첩을 달여먹인다든가 또는 출산일을 하루 앞두고 순산하라는 비방으로 돼지고기나 먹이는 것이 고작이었고 진통이 시작되면 삼신 할머니께 빌기 시작한다. 아랫목에 깨끗한 짚 한줌을 깔아 그 위에 밥 한 그릇, 물 한그릇을 올려놓고 시어머니는 두손을 싹싹 빌며 이렇게 주문을 하기 시작한다.

영험하신 삼신할머니 인간은 아무것도 모르는 식충이옵나이다. 그저 날이 훤하면 밝은 줄 알고, 밥사발만 크면 생일날인 줄 알지 화식(火食)하는 인간이 무엇을 알겠습니까. 그저 제발 삼신할머니께서 따뜻한 약손으로 어루만져 주시어 어서 빨리 순산이나 시켜주십시오.비나이다. 비나이다. 삼신할머니께 비나이다. 인간부정, 인사부정, 상문부정, 살생부정, 모두들 그저 제살(制殺)시켜 주시옵고, 어여쁘게 여기시어 어서 빨리 순산이나 시켜주십시오.

이렇게 한쪽에서는 숨돌릴 사이 없이 시어머니의 비손이 계속되고, 한쪽에서는 산모의 고함으로 뒤엉켜 온통 방안은 아수라장이 된다. 이때 누군가가 옆에서 애비의 허리띠를 가져오라고 소리친다. 허겁지겁 남편의 허리띠나 옷가지가 들어오면 산모의 허리에 동여매주고 방문고리를 잡게하면서 젖먹은 힘까지 주라고 한다. 그러나 이미 탈진 상태에 빠진 산모는 모기만한 소리조차 낼 기운도 없고 아무 소리도 들리지 않는다. 정신을 차리려 해도 아물거리기만 할 뿐 사물의 초점은 잡히지 않고 흐려지기만 한다. 흰 것은 까맣게 보이고 빨간 것은 파랗게 보이며 한없이 땅 속으로 빠져 들어가는 것만 같다. 그러나 아직은 혼수상태는 아니다.

오늘날처럼 의학이 발달한 시대에서는 이와 같은 상황이라면 복벽이나 자궁벽을 절개해 태아를 출산시키는 제왕절개수술을 하면 그만이겠지만 40여 년 전에는 다른 방법이 없어 이런 고통을 겪으며 우리 어머니들은 우리를 낳아준 것이다. 이렇게 여자의 산고란 고통이요 두려운 것이다. 이것은 자연의 원리에서 볼 때 새롭게 탄생되는 것 모두에게는 탄생의 아픔을 겪고 출생하도록 만들어 놓은 자연의 조화다.

 씨앗이 두꺼운 껍질을 깨고 비로서 새싹을 트는 것도 진통으로부터 시작된 것이오. 어여쁜 장식품도 도공으로부터 깎고 다듬을 때의 진통을 겪은 후 만들어진 것이며, 지금 숱하게 겪고 있는 체루탄의 내음과 함성도 민주의 한송이 꽃을 피우기 위해 겪어야 되는 산모의 진통과 같은 것이다. 그러므로 산고란 어차피 겪어야 되는 진통이지만 이런 산고를 덜어 주기 위해 자연의 원리를 응용한 여자의출산방법이 예부터 전해지고 있기에 여기에 기록하니 많이 참고하기 바란다.

 앞에서 지지충(地支沖)을 설명할 때 충(沖)은 부딪치는 것이요 부딪치므로써 마찰되어 충격을 가하는 뜻으로 설명한바 있어 이를 기억하고 있을 것이다. 그러면 인간 역시 자연물에 불과하므로 자연의 기로 뭉쳐져 있는데 이때 인간의 기와 자연의 기를 서로 상극(相剋)되는 것끼리 부딪치게 하는 충격요법을 산모에게 쓰므로 자연순산하게 되는 출산방법을 말하는 것이다.

 다음의 도표에서 보는 것처럼 산모가 산통을 겪으면서 출산하지 못할 때는 현재 시간의 반대방향으로 누우면 상극(相剋)하고 있는 충(沖)의 방향이 되어 순산할 수 있다. 이것은 자연의 기와 산모의 기를 충극(沖剋)시키는 원리이니 활용해보기 바란다.

출산충격요법 조견표

산모의 진통시간	반대방향
子(23~1시)	午(남쪽)
丑(2~3시)	未(남남쪽)
寅(3~5시)	申(서남쪽)
卯(5~7시)	酉(서쪽)
辰(7~9시)	戌(서북쪽)
巳(9~11시)	亥(북북쪽)
午(11~13시)	子(북쪽)
未(13~15시)	丑(북동쪽)
申(15~17시)	寅(동북쪽)
酉(17~19시)	卯(동쪽)
戌(19~21시)	辰(동남쪽)
亥(21~23시)	巳(남동쪽)

3. 형(刑)

사주에 형(刑)이 있으면 무관사주라고 하며, 군인·경찰·판사·검사·의사 등으로 나간다.

■ 인사신형(寅巳申刑) : 지세지형(持勢之刑)

여러 가지 형살(刑殺) 중에서 작용력이 가장 강하다. 시비·쟁투·폭력·갈등·형액·송사 등이 따르고, 수술을 하거나 흉터가 있다. 대장·소장·삼초계 질환을 조심해야 한다.

■ 축술미형(丑戌未刑) : 무은지형(無恩之刑)
 부모·형제간에 쟁투가 많고, 배신과 불신이 따른다. 특히 여자는
고독해 홀로 사는 경우가 많고, 부부관계가 아름답지 못하다. 심
장·위장·뇌신경계 질환을 조심해야 한다.

■ 자묘형(子卯刑) : 무례지형(無禮之刑)
 색정문제로 염문과 불륜관계가 있고, 변태적인 부부생활을 하기
도 한다. 비뇨기관·자궁·간장계통의 질환을 조심해야 한다.

■ 진진형(辰辰刑)
 수재·구설·시비 등이 따른다.

■ 오오형(午午刑)
 자해·충돌·교통사고 등의 위험이 따른다.

■ 유유형(酉酉刑)
 몸에 흉터가 있다. 특히 여자는 생리질환을 조심해야 한다.

■ 해해형(亥亥刑)
 수재가 따르며, 당뇨·혈압계통의 질병을 조심해야 한다.

4. 해(害)

합(合)되는 것을 다른 지지(地支)에서 방해하는 것을 말한다.

자미(子未)·축오(丑午)·인사(寅巳)
묘진(卯辰)·신해(申亥)·유술(酉戌)

□ 일주(日柱)와 시주(時柱)에 해(亥)가 있으면 노년에 고생이 많고, 잔병으로 고생한다.
□ 월주(月柱)에 해(亥)가 있으면 고독하다. 특히 여자는 수명이 짧다.
□ 인(寅)과 사(巳)의 해(亥)가 겹쳐 있으면 신체 불구자가 되기 쉽다.
□ 유(酉)일 술(戌)시생은 귀머거리나 벙어리가 많다.
□ 인사해(寅巳害)가 있으면 구설이 많다.
□ 신해(申亥)가 있으면 얼굴에 상처가 있고 질투심이 강하다.
□ 묘진(卯辰)이 있으면 다툼과 풍파가 많다.
□ 유술(酉戌)이 있으면 가정불화와 질투가 많다.
□ 유술(酉戌)이 신왕(身旺)하면 잔인하며 강폭하다.
□ 자미(子未)가 있으면 아내에게 화가 있고 고독하다.
□ 묘진(卯辰)이 왕성하면 승부를 좋아하고, 쇠하면 못된 일만 골라한다.

□ 축오(丑午)가 있으면 육친간에 분리되며 불화가 많다.

□ 육해(六害)가 있으면 대개 이간질·음해·방해하는 성격이 있고, 빼앗는 것도 잘한다.

5. 공망(空亡)

공망(空亡)은 육십갑자(六十甲子)의 일순(一旬) 중 그 순(旬)에 포함되지 않는 지지(地支)가 두 개씩 있는 것을 말한다. 위(位)는 있으나 녹(祿)이 없다는 뜻이다.

□ 목(木)이 공망(空亡)되면 나무가 썩는 이치와 같다.

□ 화(火)가 공망(空亡)되면 불이 꺼진 이치와 같다.

□ 토(土)가 공망(空亡)되면 흙이 무너지는 이치와 같다.

□ 금(金)이 공망(空亡)되면 쇠가 부서지는 이치와 같다.

□ 수(水)가 공망(空亡)되면 물이 마르는 이치와 같다.

지지(地支)의 두 글자 중에서 양지(陽支)는 공(空)이 되고, 음지(陰支)는 망(亡)이 된다.

□ 년지(年支)가 공망(空亡)되면 유산이 없다.

□ 월지(月支)가 공망(空亡)되면 부모·형제덕이 없고 외롭다.

□ 일지(日支)가 공망(空亡)되면 발전하기 어렵고 아내덕이 없다.

공망(空亡) 조견표

甲子旬	甲子	乙丑	丙寅	丁卯	戊辰	己巳	庚午	辛未	壬申	癸酉	空亡戌亥
甲戌旬	甲戌	乙亥	丙子	丁丑	戊寅	己卯	庚辰	辛巳	壬午	癸未	空亡申酉
甲申旬	甲申	乙酉	丙戌	丁亥	戊子	己丑	庚寅	辛卯	壬辰	癸巳	空亡午未
甲午旬	甲午	乙未	丙申	丁酉	戊戌	己亥	庚子	辛丑	壬寅	癸卯	空亡辰巳
甲辰旬	甲辰	乙巳	丙午	丁未	戊申	己酉	庚戌	辛亥	壬子	癸丑	空亡寅卯
甲寅旬	甲寅	乙卯	丙辰	丁巳	戊午	己未	庚申	辛酉	壬戌	癸亥	空亡子丑

□ 시지(時支)가 공망(空亡)되면 자식덕이 없고 말년이 고독하다.

□ 남자가 관성(官星)이 공망(空亡)되면 직업운이 불길하며 자식을 두기 어렵고, 여자가 관성(官星)이 공망(空亡)되면 남편덕이 없다.

□ 재성(財星)이 공망(空亡)되면 재물욕심이 없다. 남자는 결혼을 늦게 하며 아내덕이 없다.

□ 건록(建祿)이 공망(空亡)되면 실속이 없다.

□ 식신(食神)이 공망(空亡)되면 의식이 부족하다. 여자는 자식과의 인연이 부족하고, 수극적인 사람이 많다.

□ 인수(印綬)가 공망(空亡)되면 부모와의 인연이 희박하고, 학생은 공부를 싫어한다.

□ 식신(食神)이 공망(空亡)되면 승려나 종교계로 많이 나간다.

□ 사(死)나 절(絶)이 공망(空亡)되면 바쁘며 기복이 많다.

□ 신왕(身旺)사주가 월일시가 모두 공망(空亡)되면 오히려 대귀한 대인의 명이다.

□ 정편관(正偏官)이 공망(空亡)되면 여자는 독신이거나 남편에게 관심이 적고, 남자는 명예를 크게 생각하지 않는다.

□ 정편재(正偏財)가 공망(空亡)되면 남자는 아내에게 관심이 적으며 재물에 집착하지 않는다.

□ 인수(印綬)가 공망(空亡)되면 공부를 싫어하며 학업이 짧다.

□ 식신(食神)이 공망(空亡)되면 성공에 대한 야망이 없다.

□ 일주(日柱)가 공망(空亡)되면 수명이 짧다.

■ 4대 공망(空亡)일

이 날 태어난 사람은 평생 노고가 많다.

갑자순(甲子旬) : 임신(壬申)·계유(癸酉)

갑오순(甲午旬) : 임인(壬寅)·계묘(癸卯)

갑인순(甲寅旬) : 경신(庚申)·신유(辛酉)

갑신순(甲申旬) : 경인(庚寅)·신묘(辛卯)

■ 재로공망(栽路空亡)

갑기(甲己)일 : 신유(申酉)시

을경(乙庚)일 : 오미(午未)시

병신(丙辛)일 : 진사(辰巳)시

정임(丁壬)일 : 인묘(寅卯)시

무계(戊癸)일 : 자축(子丑)시

5장. 용신(用神)·격국론(格局論)

1. 용신법(用神法)

1. 용신(用神)과 기신(忌神)

앞에서 용신(用神)과 신강(身强)·신약(身弱)을 설명했으나 다시 한 번 강조한다. 일간(日干)은 너무 강해도 못쓰고 너무 약해도 못 쓴다. 일간(日干)이 약하면 용신(用神)으로 일간(日干)을 생조(生助)해주고, 일간(日干)이 강하면 용신(用神)으로 일간(日干)을 설기(洩氣)시키거나 제극(制剋)시켜야 조화를 이룬다.

다시 말해 사주가 너무 냉습하면 용신(用神)으로 따뜻하게 해주어야 하고, 너무 건조하면 용신(用神)으로 습하게 해주어야 한다. 그리고 용신(用神)에는 희신(喜神)과 기신(忌神)이 있는데 다음과 같이 구분한다.

□ 용신(用神) : 일간(日干)을 도와주는 것.

□ 희신(喜神) : 용신(用神)을 생(生)하는 것.

□ 기신(忌神) : 용신(用神)을 해롭게 하는 것.

□ 구신(仇神) : 기신(忌神)을 도와주는 것.

□ 구신(救神) : 기신(忌神)을 해롭게 하는 것.

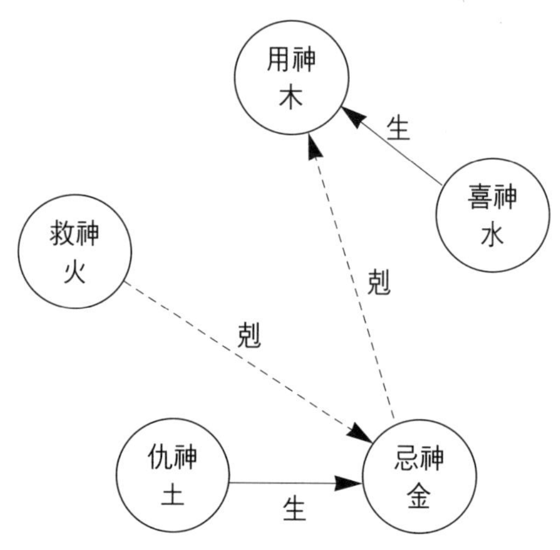

2. 용신(用神)의 종류

1. 억부용신(抑扶用神)

억부(抑扶)란 오행(五行)이 서로 생부(生扶)하거나 억제하는 것
을 말한다. 일간(日干)을 생조(生助)하는 것이 너무 많아 일주(日
柱)가 신왕(身旺)해지면 제극(制剋)이나 설기(洩氣)시키는 것과,
반대로 일간(日干)이 약하면 일간(日干)을 생조(生助)해주는 것을
억부용신(抑扶用神)이라 한다.

時　日　月　年

癸　庚　丙　丁

未　午　午　卯

2. 전왕용신(專旺用神)

사주의 오행(五行)이 전부 또는 대부분이 한쪽으로만 치우쳐 있어　어느 것으로도 세력을 억제할 수 없으면 강한 오행(五行)의 세력으로 할 수 없이 따라가게 된다. 이때 강한 세력에 따라가는 것을 용신(用神)으로 삼고, 그 기세에 따라 순응할 때는 종(從)하기도 하고 변화하기도 하므로 종격(從格)이 된다.

時　日　月　年

乙　**甲**　乙　癸

亥　寅　卯　亥

3. 조후용신(調候用神)

조후(調候)는 사주에 계절의 관계를 적용시키는 것이다. 추울 때 태어난 사람은 따뜻하게 해주는 것이 용신(用神)이고, 더울 때 태어난 사람은 서늘하게 해주는 것이 용신(用神)이고, 건조할 때 태어난 사람은 습하게 해주는 것이 용신(用神)이다.

時　日　月　年

丙　壬　辛　辛

午　寅　**丑**　丑

4. 병약용신(病藥用神)

　일주(日柱)를 도와주는 오행(五行)을 극해(剋害)하는 것이 병(病)이고, 이 병(病)을 억제하는 오행(五行)이 용신(用神)이다.

時　　　日　　　月　　　年

丁(藥)　戊　　乙　　**癸(病)**

巳　　子　　卯　　亥

5. 통관용신(通關用神)

　양쪽의 세력이 팽팽히 맞서고 있을 때 다른 오행(五行)이 와서 화해시켜 주는 것을 말한다. 화해의 방법으로는 양쪽에게 다른 오행(五行)이 상생(相生)시켜 사주가 소통되는 것을 말한다.

時　日　月　年

壬　丁　庚　丙

寅　亥　子　子

　화(火)가 3개, 수(水)가 3개 있으니 서로 양보할 줄 모른다. 이때 인목(寅木)이 화(火)에 가서 목생화(木生火)시켜 주고, 수(水)에 가서 수생목(水生木)시켜 주면 소통이 잘 된다.

2. 격국법(格局法)

사주에는 용신(用神) 외의 격국(格局)이 있는데, 천간(天干)과 지지(地支) 별로 세분하면 무려 518,400여 종류나 된다고 한다. 가장 작용력이 강한 월지(月支)를 중심으로 살펴보면 10여 가지로 구분할 수 있고, 다음과 같은 방법으로 정한다.

□ 월지(月支)의 정기(正氣)가 반드시 천간(天干)에 나타나 있는 것을 격국(格局)으로 삼는다.

□ 월지(月支)의 정기(正氣)가 천간(天干)에 나타나 있지 않고, 여기(餘氣)나 중기(中氣)가 나타나 있으면 이것으로 격국(格局)을 삼는다.

□ 월지(月支)의 장간(藏干)에 오행(五行)이 투출(透出)해 천간(天干)에 나타나 있더라도 다른 오행(五行)이 파극(破剋)해 쓸모 없어도 월지(月支)의 정기(正氣)가 표시하는 오행(五行)으로 격국(格局)을 삼는다.

지금까지 격국(格局)에 대해 설명했다. 다시 정리하면 오행(五行)의 많고 적음을 따지지 않고, 월지(月支)를 중심으로 기세가 가장 강한 것을 격국(格局)으로 삼는다. 이것은 사주를 분류하기 위한 것 뿐이지 작용과는 무관하다.

<table>
<tr><td>時</td><td>日</td><td>月</td><td>年</td></tr>
<tr><td>壬</td><td>戊</td><td>乙</td><td>甲</td></tr>
<tr><td>戌</td><td>子</td><td>亥</td><td>午</td></tr>
</table>

월지(月支) 해(亥)의 지장간(支藏干)에 임(壬)의 정기(正氣)가 들어 있고, 천간(天干)에 임(壬)이 투출(透出)했으니 격국(格局)으로 삼는다.

1. 종격(從格)

종격(從格)은 오행(五行)이 전부나 대부분이 재성(財星)·관성(官星)·식상(食傷)·인성(印星)·비겁(比劫) 중에서 어느 한 가지로만 편중된 것을 말한다. 이것은 일주(日柱)를 중심으로 하는 것이 아니라, 사주의 여덟 글자 중에서 힘이 가장 강한 쪽을 따른다. 이때 용신(用神)도 가장 강한 것으로 정한다. 종격(從格)은 다시 종강격(從强格)·종왕격(從旺格)·종세격(從勢格)·종아격(從兒格) 등으로 나눈다. 종격(從格)사주는 종강격(從强格)을 제외하고는 모두 일간(日干)이 약하다.

1. 종강격(從强格)

사주의 대부분이 비견(比肩)·겁재(劫財)나 인수(印綬)로 되어 있는 것을 말한다. 인성운(印星運)이 오면 크게 발전하나, 식상운(食傷運)이 오면 불길하다.

時　日　月　年
甲　丙　**戊**　乙
午　午　寅　卯

이 사주는 인성(印星) 목(木)이 5개나 있으니 목생화(木生火)시킨다.

2. 종왕격(從旺格)

사주에 비견(比肩)이나 겁재(劫財)가 많으면 종왕격(從旺格)이라 한다. 비겁운(比劫運)이 오면 크게 발전하나 재관운(財官運)이 오면 대흉하다.

時　日　月　年
乙　甲　癸　壬
亥　寅　卯　寅

이 사주는 비겁(比劫) 목(木)이 5개나 있고, 임계수(壬癸水)가 있다. 수생목(水生木)까지 시켜 모두 일간(日干)을 생(生)해준다.

3. 종재격(從財格)

사주의 전부나 대부분이 재(財)로 구성되면 종재격(從財格)이라 한다. 재관운(財官運)이나 식상운(食傷運)을 만나면 대길하나, 인성운(印星運)이나 비겁운(比劫運)을 만나면 대흉하다. 종재격(從財格)사주는 대운(大運)에서 식상운(食傷運)을 만나면 대성하며 평생 큰 흉재는 당하지 않는다. 그러나 식신(食神)이나 상관(傷官)이 없으면 공부를 싫어하며 편친 슬하에서 자란다.

時	日	月	年
甲	癸	丙	壬
寅	巳	午	午

4. 종관살격(從官殺格)

사주의 대부분이 관(官)으로 구성되면 종관살격(從官殺格)이라 한다. 재관운(財官運)을 만나면 대길하나, 인성운(印星運)·비겁운(比劫運)·식상운(食傷運)을 만나면 불길하다.

時	日	月	年
庚	丁	壬	壬
子	酉	子	子

5. 종세격(從勢格)

사주에 재성(財星)·관성(官星)·식상(食傷)이 똑같이 있어 왕성

하고, 인성(印星)이나 비겁(比劫)이 1~2개 있어 미약하면 종세격
(從勢格)이라 한다. 재성운(財星運)·관성운(官星運)·식상운(食傷
運)을 만나면 대길하나, 인수운(印綬運)이나 비겁운(比劫運)을 만
나면 불길하다.

6. 종아격(從兒格)

사주가 대부분 식신(食神)이나 상관(傷官)으로 구성되면 종아격
(從兒格)이라 한다. 사주에 재(財)가 있거나 재운(財運)을 만나면
큰 부자가 되고, 인수운(印綬運)·관성운(官星運)·비겁운(比劫運)
을 만나면 대흉하다. 종아격(從兒格)사주는 인품이 수려하며 총명
하고 학업이 뛰어나다. 일간(日干)을 극(剋)하면 좋아한다.

時	日	月	年
甲	壬	乙	甲
辰	寅	亥	寅

7. 가종격(假從格)

사주에 인수(印綬)나 비겁(比劫)이 1~2개 있고, 나머지는 모두
식상(食傷)·관성(官星)·재성(財星)으로 되어 있고, 인수(印綬)나
비겁(比劫)을 극(剋)하면 가종격(假從格)이라 한다.

時 日 月 年

丙 壬 甲 戊

午 戌 寅 辰

종격(從格)의 용신(用神)과 길흉

	육신구성	용신과 길운	기신과 흉운
종강격	印星, 比肩, 劫財	印星, 比肩, 劫財	財星, 官星
종재격	財星	財星, 官星, 食神, 傷官	比肩, 劫財
종관격	官星	財星, 官星	印星, 比肩, 劫財, 食神, 傷官
종왕격	比肩, 劫財	印星, 比肩, 劫財	官星, 財星, 食神, 傷官
종세격	財星, 官星, 食神, 傷官	財星, 官星, 食神, 傷官	比肩, 劫財, 印星
종아격	食神, 傷官	財星	官星, 印星, 比肩, 劫財
가종격	財星, 官星, 食神, 傷官	財星, 官星, 食神, 傷官	比肩, 劫財, 印星

2. 화격(化格)

1. 갑기합토(甲己合土) 화격(化格)

 갑(甲)일이나 기(己)일생이 사주의 천간(天干)에서 단 하나의 기
(己)나 갑(甲)을 만나 합(合)을 하고, 진술축미(辰戌丑未)월에 태

어나 목(木)이 없으면 토화격(土化格)이라 해서 토(土)를 용신(用神)으로 삼는다. 화토금운(火土金運)으로 가면 대길하고, 목수운(木水運)으로 가면 불길하다.

<pre>
時   日   月   年
甲   己   丙   戊
戌   丑   辰   辰
</pre>

2. 을경합금(乙庚合金) 화격(化格)

경(庚)일이나 을(乙)일생이 사주의 천간(天干)에서 단 하나의 을(乙)이나 경(庚)을 만나 합(合)을 하고, 신유(辛酉)월에 태어나 화(火)가 없으면 금화격(金化格)이라 해서 금(金)으로 용신(用神)을 삼는다. 토금수운(土金水運)으로 가면 대길하고, 화목운(火木運)으로 가면 불길하다.

<pre>
時   日   月   年
壬   辛   丙   甲
辰   酉   子   申
</pre>

3. 병신합수(丙辛合水) 화격(化格)

병(丙)일이나 신(辛)일생이 사주의 천간(天干)에서 단 하나의 신(辛)이나 병(丙)을 만나 합(合)을 하고, 해자(亥子)월에 태어나 토(土)가 없으면 수화격(水化格)이라 해서 수(水)로 용신(用神)을 삼는다. 수금목운(水金木運)으로 가면 대길하고, 토화운(土火運)으로 가면 불길하다.

```
時    日    月    年
壬    辛    丙    甲
辰    酉    子    申
```

4. 정임합목(丁壬合木) 화격(化格)

 정(丁)일이나 임(壬)일생이 사주의 천간(天干)에서 단 하나의 임(壬)이나 정(丁)을 만나 합(合)을 하고, 인묘(寅卯)월에 태어나 다른 곳에 금(金)이 있으면 목화격(木化格)이라 해서 목(木)으로 용신(用神)을 삼는다. 목수화운(木水火運)으로 가면 대길하고, 금토운(金土運)으로 가면 불길하다.

```
時    日    月    年
丙    壬    丁    甲
午    寅    卯    子
```

5. 무계합화(戊癸合火) 화격(化格)

 무(戊)일이나 계(癸)일생이 사주의 천간(天干)에서 단 하나의 계(癸)나 무(戊)를 만나 합(合)을 하고, 사오(巳午)월에 태어나 다른 곳에 수(水)가 없으면 화화격(火化格)이라 해서 화(火)를 용신(用神)으로 삼는다. 목화토운(木火土運)으로 가면 대길하고, 수금운

(水金運)으로 가면 불길하다.

<pre>
時   日   月   年
戊   癸   己   己
午   卯   巳   巳
</pre>

화격(化格)의 용신(用神)과 길흉

	생일	생월	용신과 길운	기신과 흉운
甲己	甲己 己甲	辰戌丑未	土金火	木水
乙庚	乙庚 庚乙	申酉	金水土	火木
丙辛	丙辛 辛丙	亥子	水木金	土火
丁壬	丁壬 壬丁	寅卯	木火水	金土
戊癸	戊癸 癸戊	巳午	火土木	水金

3. 일행득기격(一行得氣格)

1. 인수곡직격(仁壽曲直格)

갑(甲)일이나 을(乙)일생이 사주의 지지(地支)에 해묘미(亥卯未)나 인묘진(寅卯辰)이 있고, 금(金)이 없으면 인수곡직격(仁壽曲直格)이라 해서 목(木)으로 용신(用神)을 삼는다. 목수화운(木水火

運)으로 가면 대길하고, 금토운(金土運)으로 가면 불길하다.

時　日　月　年
己　乙　甲　戊
卯　卯　寅　辰

2. 염상격(炎上格)

병(丙)일이나 정(丁)일생이 사주의 지지(地支)에 인오술(寅午戌)이나 사오미(巳午未)가 있고, 수(水)가 없으면 염상격(炎上格)이라 해서 화(火)로 용신(用神)을 삼는다. 화목토운(火木土運)으로 가면 대길하고, 수금운(水金運)으로 가면 불길하다.

時　日　月　年
甲　丙　乙　丁
午　戌　巳　未

3. 가색격(稼穡格)

무(戊)일이나 기(己)일생이 사주의 지지(地支)에 진술축미(辰戌丑未)가 있고, 목(木)이 없으면 가색격(稼穡格)이라 해서 토(土)로 용신(用神)을 삼는다. 토화금운(土火金運)으로 가면 대길하고, 목수운(木水運)으로 가면 불길하다.

時	日	月	年
己	戊	辛	己
未	辰	未	丑

4. 종혁격(從革格)

경(庚)일이나 신(辛)일생이 사주의 지지(地支)에 사유축(巳酉丑)이나 신유술(申酉戌)이 있고, 화(火)가 없으면 종혁격(從革格)이라 해서 금(金)으로 용신(用神)을 삼는다. 금토수운(金土水運)으로 가면 대길하고, 화목운(火木運)으로 가면 불길하다.

時	日	月	年
乙	庚	庚	癸
酉	戌	申	酉

5. 윤하격(潤下格)

임(壬)일이나 계(癸)일생이 사주의 지지(地支)에 해자축(亥子丑)이나 신자진(申子辰)이 있고, 토(土)가 없으면 윤하격(潤下格)이라 해서 수(水)로 용신(用神)을 삼는다. 수금목운(水金木運)으로 가면 대길하고, 화토운(火土運)으로 가면 불길하다.

時	日	月	年
壬	癸	辛	壬
子	丑	亥	子

<h1 style="text-align:center">일행득기격(一行得氣格)의 용신(用神)과 길흉</h1>

	生日	生月	用神과 길운	忌神과 흉운
인수곡직격	甲乙	亥卯未 寅卯辰	木火水	金土
염상격	丙丁	寅午戌 巳午未	火土木	水金
가색격	戊己	辰戌丑未	土金火	木水
종혁격	庚辛	巳酉丑 申酉戌	金水土	火木
윤하격	壬癸	申子辰 亥子丑	水木金	土火

6. 양신성상격(兩神成象格)

양신성상격(兩神成象格)은 토금(土金)·금수(金水)·목화(木火)·화토(火土)처럼 상생(相生)하는 간지(干支)가 짝을 지어 있는 것을 말한다. 종강격(從强格)과 같은 방법으로 본다. 예를 들어 목화(木火)의 양신성상격(兩神成象格)은 목화운(木火運)으로 가면 대길하나, 상충(相沖)되는 토금수운(土金水運)으로 가면 불길하다.

<pre>
時   日   月   年

己   甲   丁   甲

巳   午   卯   午
</pre>

이 사주는 목화(木火)로만 구성되어 있다.

7. 기반(羈絆)

기반(羈絆)이란 사주의 일간(日干)에서 간합(干合)하여 희신(喜神)이나 기신(忌神)으로 화(化)하지 못하고, 간합(干合)된 두 간(干) 중에서 음간(陰干)이 작용하지 못하는 것을 말한다. 간합(干合)된 것이 길신(吉神)으로 화(化)하면 길하나, 기신(忌神)으로 화(化)하면 재해가 많다. 만일 용신(用神)이 기반(羈絆)이 되면 평생 고생이 많다.

時	日	月	年
辛	**丙**	癸	丁
卯	戌	卯	丑

4. 팔정격(八定格)

팔정격(八定格)이라는 것도 있으니 참고하기 바란다.

1. 정관격(正官格)

□ 관살혼잡격(官殺混雜格) : 정편관(正偏官)이 혼잡된 것.

□ 재관쌍미격(財官雙美格) : 정관(正官)과 재성(財星)이 있는 것.

□ 관인격(官印格) : 정관(正官)과 인수(印綬)가 있는 것.

□ 시상일위귀격(時上一位貴格) : 정관(正官)이 시상(時上)에 있는 것.

2. 인수격(印綬格)

□ 관인격(官印格) : 인수(印綬)와 정관(正官)이 있는 것.

□ 살인격(殺印格) : 인수(印綬)와 편관(偏官)이 있는 것.

3. 식신격(食神格)

□ 제살격(制殺格) : 편관(偏官)을 식신(食神)이 극(剋)하는 것.

□ 식신생재격(食神生財格) : 식신(食神)이 재(財)를 생(生)하는 것.

□ 식록격(食祿格) : 식신(食神)이 시상(時上)에 있고, 건록(建祿)이 있는 것.

4. 재금격(財錦格)

□ 재관격(財官格) : 재(財)와 관(官)이 있는 것.

□ 재살격(財殺格) : 재(財)와 편관(偏官)이 있는 것.

□ 시상일위편재격(時上一位偏財格) : 편재(偏財)가 시상(時上)에 있는 것.

□ 재자약살격(財慈弱殺格) : 재(財)가 약한 편관(偏官)을 생(生)하는 것.

5. 상관격(傷官格)

□ 상관패인격(傷官佩印格) : 상관(傷官)과 인수(印綬)가 있는 것.

□ 상관생재격(傷官生財格) : 상관(傷官)이 재(財)를 생(生)하는 것.

ㅁ 상관파진격(傷官破盡格) : 삼합(三合)으로 상관(傷官)이 되는
  것.

6. 칠살격(七殺格)

편관(偏官)이 월지장간(月支藏干)에서 투출(透出)한 것.

7. 월인격(月刃格)

양인(陽刃)이 월지장간(月支藏干)에서 투출(透出)한 것.

3. 대자연은 이렇게 일러준다

십이운성(十二運星)은 우주의 만물의 생노병사의 과정을 말하고,
자연은 생(生)·장(長)·멸(滅)의 3단계로 나누어 순환하고 있다.
이것을 자연의 계절과 기(氣)로 분류한 것이 사맹(四孟)·사정(四
正)·사계(四季)이다. 그런데 우주에는 양전자(陽電子)와 음전자
(陰電子)라는 자기(磁氣)가 그물망처럼 처져 있다. 이중에서도 이
3가지의 그물망은 ×표와 +표로 처져 있는 것이 특징이다. 더불어
인간의 사주에서도 ×표로 지지(地支)가 구성된 사람은 곤욕이 많
고, +표로 지지(地支)가 구성된 사람은 대범하며 공정한 성격이
있다.

1. 사맹(四孟) : 생(生) : ×

사맹(四孟)은 인신사해(寅申巳亥)를 말한다. 일년의 춘하추동은 3개월씩을 한 계절로 만들어 4계절이 된다. 이때 한 계절의 시작인 첫 달마다의 지지(地支)를 딴 것이 사맹(四孟)이다.

봄 : 1월(寅)·2월(卯)·3월(辰) → 寅
여름 : 4월(巳)·5월(午)·6월(未) → 巳
가을 : 7월(申)·8월(酉)·9월(戌) → 申
겨울 : 10월(亥)·11월(子)·12월(丑) → 亥

사맹(四孟)은 만물창생의 시작인 생(生)과 같고 태(胎)와 같아 사물의 창조·창생·발상을 뜻하기도 하는 발생지국(發生之局)이고, 이것은 모두 십이운성(十二運星)의 장생(長生)에 속한다.

□ 인(寅)은 병(丙)의 장생(長生)이다.
□ 사(巳)는 경(庚)의 장생(長生)이다.
□ 신(申)은 임(壬)의 장생(長生)이다.
□ 해(亥)는 갑(甲)의 장생(長生)이다.

사맹(四孟)의 원리를 알았으니 이제부터는 이치에 대해 알아보자. 사맹(四孟)은 만물의 생(生)과 같고, 창조를 뜻한다고 했다. 예를 들어 씨앗이 땅 속에 묻혀 있다고 해보자. 씨앗은 두꺼운 껍질을 깨고 싹을 틔어야 하는 고통이 얼마나 클 것인가? 두꺼운 껍질을 깨고 싹은 텃지만 겹겹이 쌓여 있는 흙과 자갈을 헤치고 솟아 나오는 괴로움은 또 얼마나 크겠는가? 마침내 모든 고통과의 싸움을 이기고 머리를 들어 지상으로 올라왔지만 이곳 또한 편안하게 내버려 두지 않는다. 춥고, 덥고, 비바람 몰아치고, 때로는 사람의 손에 꺾이고 짓밟힌다. 마치 인신사해(寅申巳亥)를 타고난 사람의 운명과 같다.

따라서 사주에 사맹(四孟)의 인신사해(寅申巳亥)가 있으면 풍파를 타고난 사람으로 무관의 사주이다. 판사·검사·군인·경찰 등으로 나가면 좋다. 범을 잡으려면 호랑이 굴 속에 들어가야 된다는 속담과 같이, 이런 사람이 무관으로 나가면 크게 이름을 떨치는 경우가 많다. 혁명의 주체자들 가운데 인신사해(寅申巳亥)를 타고난 사람들이 많다.

그러나 사주대로 직업을 갖기도 어렵고, 가질 수도 없다. 이렇게 되면 사주가 특별한 경우를 제외하고는 대부분 문제가 생긴다. 인신사해(寅申巳亥)는 지세지형(持勢之刑)으로 형살(刑殺) 중에서 작용력이 가장 강하다. 인신사해(寅申巳亥) 속에는 형충파해(刑冲破害)가 모두 들어 있기 때문이다. 그럼 인신사해(寅申巳亥)가 형충파해(刑冲破害)를 어떻게 만드는지 알아보자.

□ 인사신(寅巳申)은 형(刑)이 된다.

□ 인신(寅申)과 사해(巳亥)는 충(沖)이 된다.

□ 인해(寅亥)와 사신(巳申)은 파(破)가 된다.

□ 인사(寅巳)와 신해(申亥)는 해(亥)가 된다.

위에서 볼 수 있듯이 7가지 모두가 괴롭힐 뿐 편안하게 해주는 것은 하나도 없다. 물론 사주의 구성에 따라 육친관계가 다르니, 다르게 나타나는 경우도 있다. 그러나 대부분 부부간의 생사이별·부모 형제간의 불화·사망·사고·신체불구·질병·소송·쟁투·배신·중상모략·이간질·도난·화재·손재·분실·살인·강도·간음·폭행·절도 등 온갖 궂은 일만 생긴다. 이렇게 괴롭히는데 대운(大運)과 년운(年運)에서 또 만나니 설상가상이다.

지금까지 사맹(四孟)의 인신사해(寅申巳亥)를 생(生)의 원리와 사주에 비유하면서 설명했다. 이들은 공교롭게도 ×로 표시한다. ×는 좋지 않다, 틀렸다, 아니다 등의 부정의 뜻과 얽히고 설킨 복

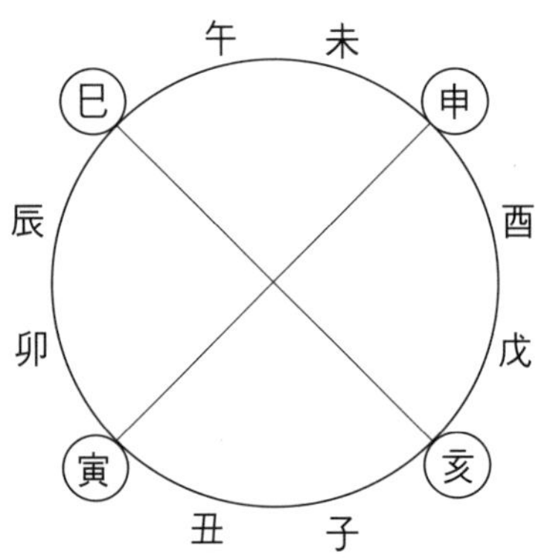

인신사해도(寅申巳亥圖)

잡함의 뜻이 있다. 그리고 가로와 세로의 수가 같으면 곱해서 합을 얻어내는 역할을 하기도 한다. 이것은 모든 것이 공정하고 바르게 되어 있다면 더하고 빼는 번거로움이 필요없다는 우주의 공정한 원리를 말한다.

2. 사정(四正) : 장(長) : +

사정(四正)은 춘하추동의 각 계절을 3개월씩으로 나누어, 각 계절의 가운데 달을 말한다. 사중(四仲) 또는 사패(四敗)라고도 한다. 이것은 각 계절의 기세가 어느 달은 더 강하고 어느 달은 더 약한 것이 아니라, 정기(正氣)가 공정하고 바르게 모인 곳이라는 뜻으로, 자오묘유(子午卯酉)를 말한다. 자오묘유(子午卯酉)는 동서남북을 뜻하기도 하고, 춘하추동을 뜻하기도 한다.

봄 : 1월(寅) · 2월(卯) · 3월(辰) → 卯
여름 : 4월(巳) · 5월(午) · 6월(未) → 午
가을 : 7월(申) · 8월(酉) · 9월(戌) → 酉
겨울 : 10월(亥) · 11월(子) · 12월(丑) → 子

사정(四正)은 새싹이 싹을 틔었으니 성장하는 것과 같고, 사람이 성장해 부지런히 활동하는 청장년기와 같다. 이것은 모두 십이운성(十二運星)의 목욕(沐浴)에 해당한다.

□ 자(子)는 갑(甲)의 목욕(沐浴)이다.

□ 오(午)는 경(庚)의 목욕(沐浴)이다.

□ 묘(卯)는 병(丙)의 목욕(沐浴)이다.

□ 유(酉)는 임(壬)의 목욕(沐浴)이다.

목욕(沐浴)은 사람이 성장을 다하면 결혼을 하는 시기에 해당한다. 이때는 패기넘치는 청장년으로 기세가 당당하고, 공정하며 떳떳하게 살려는 성격이 있어, 자립의 의지가 강하며 정의를 부르짖는 때이기도 하다. 그리고 정기(正氣)가 모인 청년기를 놓치지 않고 음양(陰陽)의 짝을 맺어 건강한 씨앗만들기에 들어간다. 이처럼 목욕(沐浴)은 음양(陰陽) 운동을 하기 위해 발가벗은 모습을 하고 있는 것이다.

여자의 사주에 목욕(沐浴)이 있으면 정조관념이 희박하며 정이 헤프고, 사치와 낭비가 심하다. 또 도화살(挑花殺)에 해당하는 자오묘유(子午卯酉)가 있으면 얼굴이 복사꽃처럼 예쁘다.

이렇게 자오묘유(子午卯酉)는 정기(正氣)가 모인 곳이다. 이것은 우주의 원리는 불편부당하게 어느 한쪽으로 치우쳐 있지 않고, 바르고 공정하게 만들어져 있어 모두를 하나같이 통일되게 한다는 뜻이다.

사정(四正)은 +로 표시하는데, +는 중앙과 통일을 뜻한다. 통일은 O이라는 뜻이고, O은 우주의 형상으로 우주는 O과 같이 텅비어 있다는 뜻이고, 우주가 텅비어 있으니 빈공(空) 이라는 뜻이고,

공(空)은 우주는 네 것도 내 것도 아닌 모두의 것이라는 뜻이다.

 따라서 +는 수직과 수평의 만남인 인간의 정신을 말하고, 수직과 수평의 만남은 화평을 말한다. 화평 가운데는 인간의 화평, 만인의 화평, 세계의 화평, 자연의 화평. 우주의 화평이 있다. 이렇게 모두 화평하다면 너와 내가 다투지 않고, 나라와 나라가 다투지 않는다. 이것은 세계의 평화를 말하고, 우주의 평화를 말한다. 이러기 위해서는 먼저 인간의 겉과 속이 일치된 마음부터 만들어야 한다. 일치된 마음이란 정신통일과 언행일치를 말하는 것으로, 우주의 마음을 닮자는 뜻이다.

 이런 원리에서 비롯된 +의 형상을 사람들은 이렇게 응용하고 있다. 기독교에서는 만인의 죄를 대신해 +자가에 못박힌 예수 그리스도의 거룩한 박애정신을 담았고, 불교신자나 그외 사람들은 소원을 빌 때 마음을 모아 기도드린다.

 마음이 산란하면 기도가 잘 되지 않는다는 사람들이 있다고 하니 여기서 잠깐 기도에 대해 말하겠다. 기도는 먼저 정신통일을 해야 한다. 정신통일을 하는 방법으로는 인당(印堂)을 이용하는 방법이 있다. 눈썹과 눈썹 사이인 인당(印堂)은 천기로(天氣路)라고 해서 우주의 기를 받는 곳이다. 이곳에 마음과 눈으로 수직과 수평, 즉 +의 모양을 형상으로 그리고, +의 중앙에 정신을 맞추면, 맞추는 순간 정신통일이 된다. 이렇게 신은 인간에게 우주의 정신을 닮을 수 있게 신체를 조절할 수 있도록 만들었고, 또 인간에게는 기(氣)

가 부족할 때 스스로 태극(太極)을 만들어 원기를 발전시킬 수 있게 만들었다.

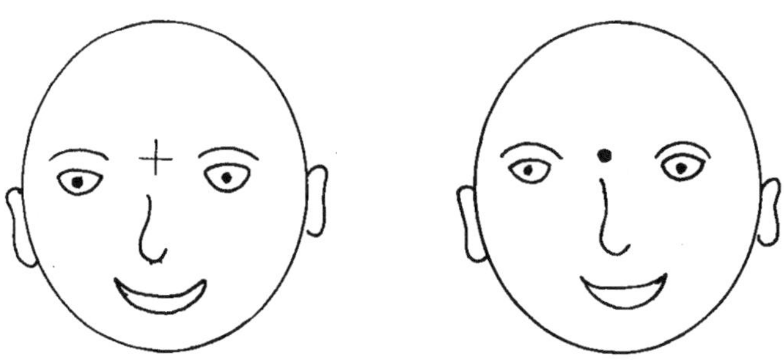

다음의 그림을 보면서 태극(太極)을 만들어보고 응용하기 바란다. 양손의 엄지와 인지를 사용해서 먼저 오른손 엄지의 가운데 마디를 90도로 꼬부리고, 왼손의 인지 첫째마디와 가운데 마디를 90도로 꼬부려, 오른손 엄지의 꼬부라진 속에 바짝끼우고 양손을 모은다. 자연스럽게 커다란 태극(太極)이 만들어질 것이다. 이렇게 만들어진 태극(太極)은 우주의 태극(太極)과 같은 것이다.

손에서 만들어진 태극을 정리하면 다음과 같은 우주의 태극이 된다.

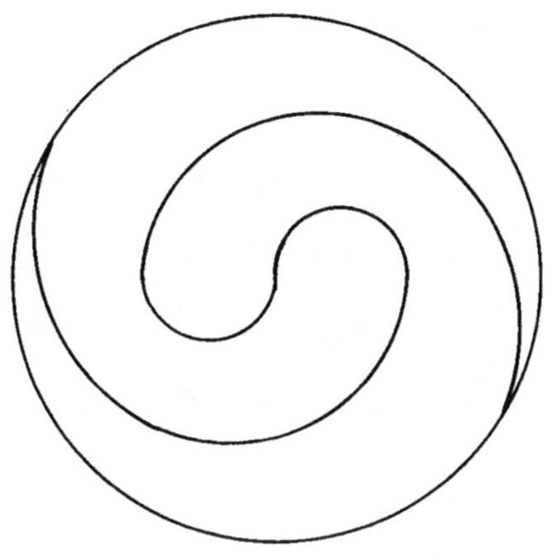

태극(太極)은 음양(陰陽)의 근원인 우주를 말한다. 이때 양손으로 만든 태극(太極)은 음양(陰陽)의 천기가 모여 소용돌이치듯 꿈틀 거리는 형상에, 이글거리는듯 기가 끓어오르는 모습을 하고 있을 것이다. 여기서 숨을 고르고 하단(下丹)에 힘을 주면 기(氣)가 중 단(中丹)과 상단(上丹)으로 치솟아 360혈을 뚫어주고 돌려주어 원 기가 회복된다.

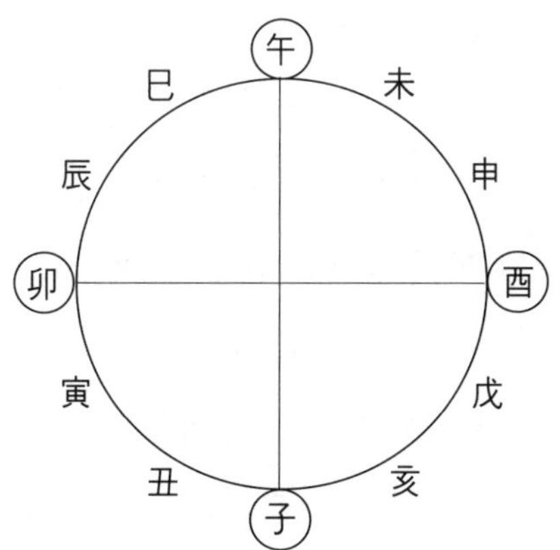

자오묘유도(子午卯酉圖)

3. 사계(四季) ： 멸(滅) ： ×

우주의 생장멸(生長滅)의 법칙 중 마지막의 단계이다. 새싹이 성
장해서 다음 세대를 이을 씨앗을 만들었으니 당연히 늙어야 되고
죽어야 되는 것은 자연의 당연한 이치이다. 사계는 3개월씩으로 된
각 계절의 맨끝 달에 속하는 진술축미(辰戌丑未)월을 말한다. 한
계절을 끝내고 다음 계절로 넘어가는 마지막 달로, 사고(四庫) 또
는 사묘(四墓)라고도 한다.

봄 ： 1월(寅) · 2월(卯) · 3월(辰) → 辰
여름 ： 4월(巳) · 5월(午) · 6월(未) → 未
가을 ： 7월(申) · 8월(酉) · 9월(戌) → 戌
겨울 ： 10월(亥) · 11월(子) · 12월(丑) → 丑

사묘(四墓)는 곡식을 창고에 저장하는 것과 같고, 사람이 죽으면
땅에 매장하는 것과 같다. 십이운성(十二運星)은 자연의 생노병사
과정을 말하는데, 이 12개의 별이 운행하는 동안 사람은 기(氣)가
살아있는 별과 만날 때도 있고, 기(氣)가 없는 별과 만날 때도 있
는데, 기(氣)가 있는 것을 유기(有氣)라하고, 기(氣)가 없는 것을
무기(無氣)라 한다. 따라서 사주를 감정할 때 유기성(有氣星)과 무
기성(無氣星)을 참고해야 한다. 참고로 일본에서는 십이운성(十二
運星)을 매우 중요하게 한다는 것을 말해둔다.

▫ 유기성(有氣星) : 태(胎), 양(養), 장생(長生)·목욕(沐浴)·대
　　　　 건(帶健)·관록(冠祿)·제왕(帝旺).

▫ 무기성(無氣星) : 절(絶), 쇠(衰), 병(病), 사(死), 묘(墓).

　사주의 지지(地支)에 진술축미(辰戌丑未)가 있으면 싸움과 출입
이 많은 것이 특징이다.

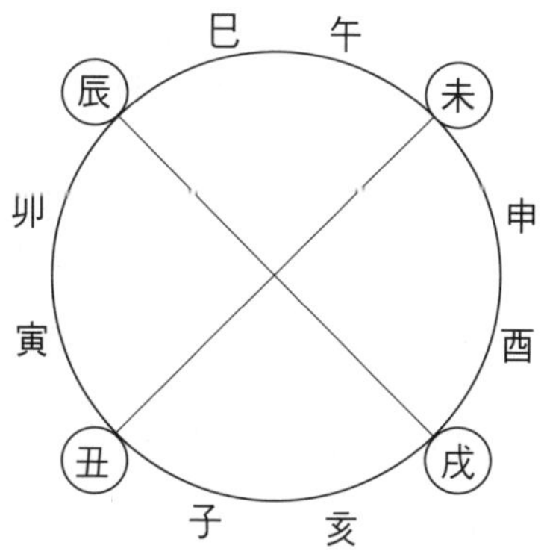

진술축미도(辰戌丑未圖)

　이와 같이 우주의 순환도에 따라 사람도 낳고 성장하고 죽는 과
정을 겪는다. 순환도는 이탈할 수도 없고 거역할 수 없는 천칙이
다. 그러나 이를 거부하듯 신을 빙자해 혹세무민(惑世誣民)하는 사
람들이 있어 책망하지 않을 수 없다. 인간은 미완의 동물이기 때문
에 두려움과 죽음에 대해 불안하게 느끼며 살아간다. 이때 시원한
소낙비 같은 인간 본연의 도덕성과 수양으로 이 세상에 영원히 남
길 인생의 싸인을 만들 수 있는 희망을 심어주면 좋으련만.

육신이 쇠하고 노하면 죽는 것은 당연한 상식인데 이것까지 거부한단 말인가. 무민(誣民)하는 사람도 문제이지만 이 말을 믿고 뇌화부동하는 사람이 더 문제이다. 만약 이같은 논리가 사회의 구석구석까지 파고 든다면 이는 사회의 악이요 마약이 되어 심하면 국가의 흥망까지 좌우할 것이니 하는 말이다. 오직 신앙이라는 자연의 원리를 바탕으로 삼고, 인간 본연의 도(道)와 덕(德)을 넓게 펴서 교화시켜 서로 시기하고 질투하며 미워하는 감정을 갖지 않도록 하는데 목적을 두어야 한다. 그러기 위해서는 모든 종파를 초월해 인본중심신앙을 가르치고, 인본중심사상을 고쳐시켜, 그들로부터 사회와 국가의 발전에 공익하게 할 때 보람의 열매는 무한하리라 믿는다.

인간들이여! 자연의 진리를 본받고 배우자. 지금 말하는 진술축미(辰戌丑未)의 이치가 바로 자연의 진리이다. 만생의 초목들은 단풍이 들기 시작하면 쇠한 것을 알고, 새로운 씨앗을 위해 보호망을 쳐주고, 스스로 떨어지는 자애로운 모습과 자연에 순응하는 모습을! 나무잎이 떨어지지 않으려고 악착같이 매달려 몸부림치는 것을 보았드냐. 때가 되면 떨어진다는 것을 알고, 떨어지면 썩어 다음 씨앗의 밑거름이 되는 자연의 아름다움을 세세년년 보여주고 있건만, 인간은 이를 외면하려고 하는구나.

우리는 이런 상황을 많이 볼 수 있다. 인간 특유의 만용을 부리며 흐물거리게 부패한 나라살림을 보고도 향기로 알고 물러서지 않으려는 몸부림도 보았고, 끝내는 명예롭지 못하게 떨어지고마는 인간권력의 낙엽을 보았다. 이것 뿐이 아니다. 바둑판 앞에 앉아 흑과 백으로 나뉜 360개의 돌알로 승부의 싸움이 벌어졌다고 하자. 백은 흑을 유혹하고, 흑은 백을 유인한다. 꾀와 꾀로 대결하며 치열한 유혈전이 벌어져 피아간에 병력손실을 감수하면서도 물러설 수 없는 싸움을 해야 되는 때가 있는가 하면, 조자룡 헌칼쓰듯 마구잡이로 대들면서 상대의 실수와 요행수만 기다리는 모습을 볼 때, 참으로 딱하다못해 추한 꼴이 된다. 이것 또한 인간의 욕심이 아니고 무엇이겠는가. 때가 되면 돌을 던질 줄도 알고, 물러설 줄도 알게 하는 것이 바둑의 도이거늘 인간은 이것도 외면한다.

애기가 나온 길에 여기서 잠깐 바둑의 도를 알아보자. 바둑판을 네모로 만든 것은 천원지방(天圓地方)을 뜻하고, 네 모퉁이의 점이 모두 90점씩인 것은 일년 4계절을 3개월씩으로 나누어 90(3월×30일＝90일)일을 뜻하고, 바둑알이 360개인 것은 일년은 360(4계절×90일＝360일)일을 뜻하고, 바둑판 둘레가 72로(路)로 된 것은 5일마다 드는 천기에서 비롯된 일년의 72절기를 뜻하고, 바둑알 360개가 반반씩 흑과 백인 것은 음(陰)과 양(陽)을 뜻하고, 바둑알이 둥근 것은 움직이는 우주의 모양이고, 바둑판이 모난 것은 고요한 땅을 뜻한다. 이처럼 이 속에 우주의 윤회가 있고, 인간의 생노병사와 흥망성쇠가 있어, 날마다 달마다 새롭게 바뀌는 삶의 진리가 있다.

사맹(四孟) 사정(四正) 사계(四季) 종합도

6장. 운명종합론

1. 대운(大運)

우주의 공전은 인간일생의 공전과 같고, 지구의 자전은 인간생활의 자전과 같아, 일생은 공전하고 생활은 자전한다. 따라서 인간은 누구나 태어나는 순간부터 우주와 더불어 우주 속에서 우주의 한 구성원이 된다. 우주가 일정한 공전궤도의 레일을 타고 운행하고 있는 것과 같이, 인간도 사는 동안 일정한 운명궤도의 레일을 타고 운행하면서 살아가는 운명의 진로를 인간 대운(大運)이라고 한다. 우리가 흔히 운이 좋다, 나쁘다라는 말도 여기서 비롯된 것이다.

사실 흥망성쇠가 모두 여기에 달려 있으니 사람은 대운(大運)을 잘 타고 태어나야 무리하지 않는다. 사주가 불여대운(不如大運)이라는 말은, 사주를 아무리 잘 타고 태어나도 대운(大運)만 못하다는 말이다. 예를 들어 고급승용차를 타고 잘 포장된 도로를 달린다면 이것은 사주와 대운(大運)이 모두 좋은 것과 같고, 고급승용차를 탔더라도 울퉁불퉁한 자갈길을 달린다면 이것은 사주는 좋으나 대운(大運)이 나쁜 것과 같다. 이처럼 아무리 사주가 좋아도 대운(大運)이 다라주지 않으면 역경을 피할 수 없다.

대운(大運)은 생월(生月)을 기준으로 세운다. 양(陽)년생 남자와 음(陰)년생 여자는 순행(順行)하고, 음(陰)년생 남자와 양(陽)년생 여자는 역행(逆行)한다. 우선 왜 생월(生月)을 기준으로 하는지를 설명하겠다.

태양의 위성은 지구이고, 지구의 위성은 달이다. 세 무리는 태양계를 이루면서 태양과 지구는 경도에 있고, 달은 지구와의 인력관계에 있어, 위도 즉 횡적관계를 유지하면서 매우 정밀하며 질서있는 우주운동을 한다. 이때 지구와 달의 인력관계로 나타나는 경사도는 66.5도가 되어 봄·여름·가을·겨울의 4계절을 만든다.

내가 어느 계절에 태어났는가는 태어날 때 목화토금수(木火土金水) 중 어느 물질의 영향을 받았느냐와 계절과 기상과의 관계를 고려해 때를 잘 타고 났다, 때를 잘못타고 태어났다가 결정된다. 태양이 공전하면서 생긴 일년이나, 지구가 태양을 한 번 자전해 생긴 하루나, 단위만 다를 뿐 원리는 같다. 따라서 생월(生月)을 기준으로 대운(大運)을 정하는 것은 계절의 중요성도 있지만, 계절이 발생한 원인과 결과가 모인 곳, 즉 태어난 생월(生月)이 인생의 출발점이 되기 때문이다.

그리고 대운(大運)은 왜 10년씩으로 정하는가를 살펴보자. 달은 지구 주위를 돌고, 지구는 태양 주위를 돌고, 태양과 지구와 달은 다시 한 무리가 되어 북극성을 중심으로 우주운동을 하는데, 북극 성을 한 바퀴 도는 기간이 120년이 걸린다. 그러나 120년은 태양계 에서 볼 때는 우주를 한 번 공전한 것이니 1년이다. 그러므로 지구 의 120년은 우주의 12개월과 같아 10분의 1이 되니 인간의 대운(大 運)을 10년씩으로 정한 것이다.

1. 대운(大運) 정하는 방법

앞에서 양남음녀(陽男陰女)는 순행(順行)하고, 음남양녀(陰男陽 女)는 역행(逆行)한다고 했다. 이것은 생년(生年)의 천간(天干)을 보아 남자가 양(陽)의 천간(天干)년에 태어났고, 여자가 음(陰)의 천간(天干)년에 태어났으면 운이 시계방향으로 돌기 때문에 순행 (順行)이라 한다.

그리고 생년(生年)의 천간(天干)을 보아 남자가 음(陰)음의 천간 (天干)년에 태어났고, 여자가 양(陽)의 천간(天干)년에 태어났으면 운이 시계 반대방향으로 돌기 때문에 역행(逆行)한다고 한다. 여기 서 역행(逆行)과 순행(順行)은 좋고 나쁘고의 뜻은 아니다. 그럼 생월(生月)을 기준으로 해서 순행(順行)과 역행(逆行)을 정하는 방법을 알아보기 전에 먼저 천간(天干)의 양(陽)과 음(陰)을 구분 해보자.

□ 양(陽) : 갑(甲)·병(丙)·무(戊)·경(庚)·임(壬)

□ 음(陰) : 을(乙)·정(丁)·기(己)·신(辛)·계(癸)

남녀 모두 태어난 해를 기준으로 순행(順行)과 역행(逆行)을 구분한다.

■ 순행운(順行運)

양(陽)년생 남자와 음(陰)년생 여자가 인(寅)월에 태어났으면 운로의 방향은 인(寅)부터 시작해 묘(卯)·진(辰)·사(巳)·오(午)·미(未)·신(申)·유(酉)·술(戌)·해(亥)·자(子)·축(丑)이 되어 지지(地支)의 순서대로 바르게 돌아간다.

■ 역행운(逆行運)

음(陰)년생 남자와 양(陽)년생 여자가 인(寅)월에 태어났으면 운로의 방향은 축(丑)·자(子)·해(亥)·술(戌)·유(酉)·신(申)·미(未)·오(午)·사(巳)·진(辰)·묘(卯)가 되어 지지(地支)의 반대로 돌아간다.

그리고 대운(大運)은 반드시 방합(方合)의 국(局)을 이루기 때문에 나이가 같아도 순행운(順行運)이냐 역행운(逆行運)이냐에 따라 국(局)이 다르다. 예를 들어 생년월일이 똑같은 남자와 여자가 있다고 하자. 남자는 음(陰)년에 태어나 역행운(逆行運)으로 돌아가고, 여자는 음(陰)년에 태어나 순행운(順行運)으로 돌아가기 때문에, 운로가 되는 국(局)은 서로 반대의 국(局)이 된다.

■ 남자 : 역행(逆行)

水局(丑子亥)·金局(戌酉申)·火局(未午巳)·木局(辰卯寅)

■ 여자 : 순행(順行)

木局(寅卯辰)·火局(巳午未)·金局(申酉戌)·水局(亥子丑)

이에 대한 이해를 돕기 위해 그림으로 그려보면 다음과 같다.

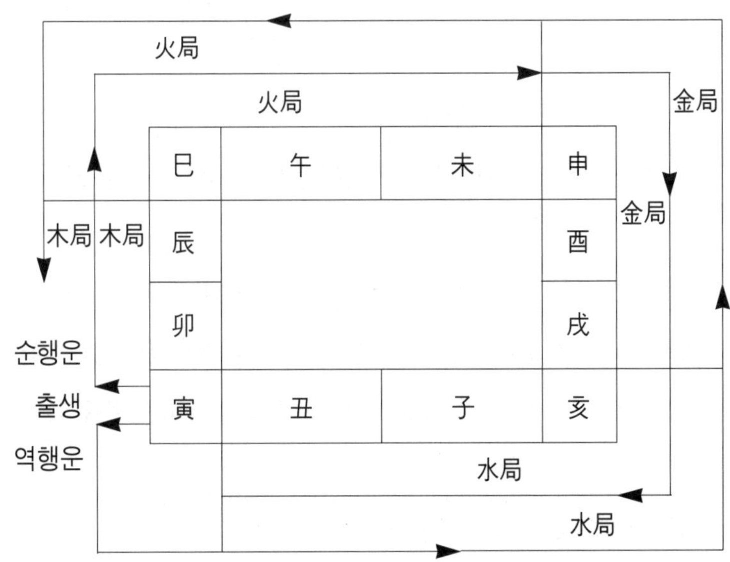

■순행운은 시계 방향으로 돌고, 역행운은 시계 반대방향으로 돈다.

2. 대운수(大運數) 정하는 방법

대운(大運)의 수를 행운세수(行運歲數)라고도 한다. 앞에서 월주(月柱)를 설명할 때 12절기가 매월 별로 기준이 된다고 설명했다. 내가 태어난 날 이후는 미래가 되고, 내가 태어난 날 이전은 과거가 된다. 순행(順行)하는 사람은 미래절을 쓰고, 역행(逆行)하는 사람은 과거절을 쓴다는 뜻이다. 이를 알기 쉽도록 구분해 본다.

■ 순행(順行) : 양남음녀(陽男陰女)
 내가 태어난 날로부터 다음달 절기까지의 날짜를 모두 센다.

■ 역행(逆行) : 음남양녀(陰男陽女)
 내가 태어난 날부터 거꾸로 지난달 절기까지의 날짜를 모두 센다.

 이렇게 계산해서 나온 총일수를 3으로 나눈다. 2가 남으면 1을 더하는데, 이것을 절상(切上)이라 한다. 그리고 1이 남으면 계산하지 않는다. 아래에 여러 가지 예를 들었으니 연습해보기 바란다.

▢ 총일수가 23일이라고 해보자.
▢ 총일수를 3으로 나눈다고 했으니 23÷3=7이고, 2가 남는다.
▢ 2가 남으면 1을 더한다고 했으니 7+1=8이다.
▢ 따라서 이 사람의 대운수(大運數)는 8이 된다.
▢ 총일수가 19일이라고 해보자.

□ 총일수를 3으로 나눈다고 했으니 19÷3=6이고, 1일 남는다.

□ 1이 남으면 계산하지 않는다고 했으니 그대로 6이다.

□ 따라서 이 사람의 대운수(大運數)는 6이 된다.

□ 1942년 1월 19일생 남자의 대운수(大運數)를 알아보자

□ 1942년은 임오(壬午)년이다. 남자이니 임(壬)년은 양(陽)년이 되어 순행(順行)한다.

□ 1월 19일부터 다음 절기까지를 세어보니 1월 20일이 경칩(驚蟄)이고, 19일부터 20일까지는 1일이 된다.

□ 1은 3으로 나눌 수가 없으니 그대로 1이 된다.

□ 따라서 이 사람의 대운수(大運數)는 1이 된다.

□ 1935년 5월 1일생 남자의 대운수(大運數)를 알아보자.

□ 1935년은 을해(乙亥)년이다. 남자이니 을(乙)년은 음(陰)년이 되어 역행(逆行)한다.

□ 5월 1일부터 지난 달 절기인 입하(立夏)까지를 거꾸로 세어보니 4월 4일이 입하(立夏)가 되고, 이날까지는 모두 27일이다.

□ 27일을 3으로 나누면 9이고 남는 수는 없다.

□ 따라서 이 사람의 대운수(大運數)는 9가 된다.

□ 1962년 7월 5일생 여자의 대운수(大運數)를 알아보자.

□ 1962년은 임인(壬寅)년이다. 여자이니 임(壬)년은 양(陽)년이

되어 역행(逆行)한다.

□ 7월 5일부터 지난 달 절기를 찾아 거꾸로 세어보니 6월 6일이
   소서(小暑)이고, 이날까지는 모두 29일이다.

□ 29일을 3으로 나누면 9이고 2가 남는다.

□ 2가 남으면 1을 절상(切上)하라고 했으니 9+1=10이 된다.

□ 따라서 이 사람의 대운수(大運數)는 10이다.

□ 1955년 9월 15일생 여자의 대운수(大運數)를 알아보자.

□ 1955년은 을미(乙未)년이다. 여자이니 을(乙)년은 양(陽)년이
   되어 순행(順行)한다.

□ 9월 15일부터 다음 절기까지 세어보니 9월 24일이 입동(立冬)이
   고, 이날까지는 모두 10일이다.

□ 10을 3으로 나누면 3이 되고 1이 남는다.

□ 1은 버리라고 했으니 그대로 3이 된다.

□ 따라서 이 사람의 대운수(大運數)는 3이다.

3. 대운수(大運數) 적는 방법

대운(大運)은 천간(天干)과 지지(地支)가 짝을 이루어 흘러가는
것이니 천간(天干) 붙이는 법은 간단하다. 예를 들어 순행운(順行
運)인 사람이 임인(壬寅)월에 태어났으면, 천간(天干) 임(壬)의 다
음 글자인 계(癸)부터 시작해 갑(甲)·을(乙)·병(丙)·정(丁)·

무(戊)·기(己)·경(庚)·신(辛)·임(壬)·계(癸)로 쓰고, 지지(地支)도 인(寅)의 다음 글자인 묘(卯)·진(辰)·사(巳)·오(午)·미(未)·신(申)·유(酉)·술(戌)·해(亥)로 짝을 이루어 쓴다. 대운수(大運數) 역시 짝을 이루고 있는 대운(大運)의 천간지지(天干地支) 위에 쓴다. 먼저 대운(大運)의 천간지지(天干地支) 붙이는 방법을 설명하겠다.

임인(壬寅)월에 태어났으니 임(壬)과 인(寅)의 다음 글자부터 차례로 기록한다.

■ 순행운(順行運) 대운(大運)의 흐름

천간(天干) :	癸甲	乙丙丁	戊己庚
지지(地支) :	卯辰	巳午未	申酉戌
	木局	火局	金局

그러나 같은 임인(壬寅)월에 태어났어도 역행운(逆行運)인 사람의 대운(大運) 흐름은 전혀 다른 국(局)이 형성된다.

■ 역행운(逆行運) 대운(大運)의 흐름

천간(天干) :	辛庚己	戊丁丙	乙甲癸
지지(地支) :	丑子亥	戌酉申	未午巳
	水局	金局	火局

순행운(順行運)인 사람은 목국(木局)・화국(火局)・금국(金局)으로 대운(大運)이 흘러가지만, 역행운(逆行運)인 사람은 수국(水局)・금국(金局)・화국(火局)으로 대운(大運)이 흘러간다. 이렇게 똑같은 임인(壬寅)월이라도 순행운(順行運)과 역행운(逆行運)의 차이가 있고, 이 사람들의 운세 또한 전혀 다르다. 이해를 돕기 위해 앞에서 예를 들었던 사람들의 대운(大運) 흐름과 대운수(大運數) 모두를 종합해보면 다음과 같다.

■ 1942년 1월 19일생 남자 : 순행운(順行運)

임오(壬午)년 임인(壬寅)월생으로 대운수(大運數)는 1이니 다음과 같다.

1	11	21	31	41	51	61	71
癸	甲	乙	丙	丁	戊	己	庚
卯	辰	巳	午	未	申	酉	戌

| 木局 | | 火局 | | | 金局 | | |

대운(大運)은 10년씩으로 정하니 1세・11세・21세・31세의 순으로 10년씩 운이 정해졌고, 또 10년마다 운이 바뀐다. 그리고 다시 30년, 즉 국(局)을 기준으로 바뀐다. 대운(大運) 10년씩은 천간(天干)년의 운에서 5년과 지지(地支)년의 운에서 5년으로 10년이다. 이것은 천간(天干)과 지지(地支)의 대운(大運)에서 5년씩 그 운의 영향을

받는 것이다. 그러나 천간(天干)년의 운을 3년으로 보고, 지지(地支)년의 운을 7년으로 보는 사람도 있다.

■ 1935년 5월 1일생 남자 : 역행운(逆行運)
을해(乙亥)년 신사(辛巳)월생으로 대운수(大運數)는 9였다.

9	19	29	39	49	59	69	79
庚	己	戊	丁	丙	乙	甲	癸
辰	卯	寅	丑	子	亥	戌	酉

木局　　　　水局　　　　金局

■ 1962년 7월 5일생 여자 : 역행운(逆行運)
임인(壬寅)년 정미(丁未)월생으로 대운수(大運數)는 8이었다.

8	18	28	38	48	58	68	78
丙	乙	甲	癸	壬	辛	庚	己
午	巳	辰	卯	寅	丑	子	亥

火局　　　　木局　　　　水局

4. 1955년 9월 15일생 여자 : 순행운(順行運)

을미(乙未)년 병술(丙戌)월생으로 대운수(大運數)는 3이었다.

3	13	23	33	43	53	63	73
丁	戊	己	庚	辛	壬	癸	甲
亥	子	丑	寅	卯	辰	巳	午
	水局			木局		火局	

2. 사주감정의 기준

1. 일간(日干)의 왕쇠(旺衰) 판단한다.

우리는 아무리 신체가 풍만해도 약하고 무르면 솜방망이와 같은 사람이라 하고, 작아도 단단하고 야무지면 대추방망이 같은 사람이라고 한다. 이것을 사주로 비유하면 전자는 신약(身弱)사주이고, 후자는 신강(身强)사주이다. 따라서 사주를 감정할 때는 먼저 신약(身弱)과 신강(身强)을 살펴야 한다. 여기에 대해서는 앞에서 여러 번 설명했으니 생략하고, 신약(身弱)과 신강(身强)의 판단 비율만을 기술하기로 한다.

예를 들어 사주의 4기등 전체를 100이라고 하면, 생월(生月)의 지지(地支)는 일간(日干)의 뿌리가 되니 30%의 비중을 갖고 있다고 할 수 있다. 뿌리가 튼튼한 나무는 강한 비바람에도 좀처럼 쓰러지지를 않지만, 뿌리가 약한 나무는 약한 비바람에도 쉽게 쓰러지는 이치와 같다. 이렇게 월지(月支)의 비중이 가장 크기 때문에 먼저 월지(月支)에 일간(日干)의 뿌리가 있느냐, 없느냐, 생(生)해주느냐, 극(剋)하느냐를 보아야 한다.

■ 사주의 비율배정표

□ 년간(年干) : 10%　　□ 년지(年支) : 10%

□ 월간(月干) : 10%　　□ 월지(月支) : 30%

□ 일간(日干) : 나　　□ 일지(日支) : 20%

□ 시간(時干) : 10%　　□ 시지(時支) : 10%

년　10% ← 乙　亥 → 10%

월　10% ← 辛　巳 → 30%

일　　나 ← 戊　申 → 20%

시　10% ← 戊　午 → 10%

위에서 보는 것과 같이 일간(日干)이 무토(戊土)이고 월지(月支)가 사화(巳火)이니 화생토(火生土)로 일간(日干)을 생(生)해주고 있고, 또 일간(日干)과 같은 무토(戊土)가 시상(時上)에 있고, 시상(時上)에는 일간(日干)을 생(生)하는 오화(午火)가 있으니 신강(身强)사주가 되었다. 이것을 세부적으로 나누어 일간(日干)을 생(生)하는 것과, 일간(日干)을 생(生)해주지 않는 것으로 구분해보면 다음과 같다.

■ 일간(日干)을 도와 주는 것

사(巳) 30%, 무(戊) 10%, 오(午) 10% → 50%

■ 일간(日干)을 도와주지 않는 것

을(乙) 10%, 해(亥) 10%, 신(辛) 10%, 신(申) 20% → 50%이다.

이렇게 50 : 50일 때는 신왕(身旺)으로 본다.

2. 격국(格局)을 정한다.

앞에서 설명한대로 월지(月支)의 장간(藏干)과 생월(生月)의 계절 등을 살피며 격국(格局)을 정한다. 격국(格局)은 앞에서 설명한 것을 참고하기 바란다.

■ 왕쇠(旺衰)·격국(格局)·용신(用神) 정할 때 참고할 사항

□ 월지(月支)는 월령(月令)이라고도 한다. 사람의 중추신경과 같고, 한 나라의 수도와 같으며, 군대의 최고사령부와도 같다. 나라에서는 법으로 백성을 다스리고, 군대에서는 명령으로 통솔하듯이, 사람의 운명은 월지(月支)에서 결정된다.

□ 천간(天干)을 천원(天元)·지지(地支)를 지원(地元), 지장간(支藏干)을 인원(人元)이라 해서 천지인(天地人)을 삼원(三元)이라 한다. 인간의 운명을 감정하는 본 학문은 인원(人元)에 속하

는 지장간(支藏干)을 중요하게 여긴다.

ㅁ 절기로부터 며칠되는 날에 태어났느냐의 초기(初氣)·중기(中氣)·정기(正氣)를 살펴 그 계절의 깊이를 가늠한다.

3. 길성(吉星)과 흉성(凶星)을 찾는다.

■ 4길성(吉星)

정관(正官)·정재(正財)·식신(食神)·인수(印綬)

■ 4흉성(凶星)

편관(偏官)·편재(偏財)·상관(傷官) 편인(偏印)

4. 상생상극(相生相剋)을 본다.
5. 형충파해(刑冲破害)를 본다.
6. 대운(大運)과 세운(歲運)을 본다.

이상의 7가지를 살핀 후 감정해야 하는데, 대운(大運)의 흐름이 주력이 된다는 것을 기억하기 바란다.

■ 사주를 감정할 때 기본적으로 참고해야 할 사항

1. 년(年)

ㅁ 년천간(年天干)과 일천간(日天干)이 서로 극(剋)하고, 년지(年支)와 일지(日支)가 서로 극(剋)하면 단명하거나 비명횡사하는

경우가 있다.

2. 월(月)

- □ 생월(生月)의 천간(天干)을 아버지, 생월(生月)의 지지(地支)를 어머니로 본다. 생월(生月)이 일지(日支)를 충(沖)하면 이사를 자주하고, 직장의 변동이 심하며, 부부가 이별하는 경우가 많다.
- □ 월(月)과 시(時)가 충(沖)하면 자녀를 극(剋)한다.

3. 일(日)

- □ 일간(日干)은 나에 해당하고, 일지(日支)는 배우자에 해당한다. 일간(日干)이 일지(日支)를 극(剋)하면 내가 배우자를 극(剋)하는 것과 같고, 일지(日支)가 일간(日干)을 극(剋)하면 배우자가 나를 극(剋)하는 것과 같고, 일지(日支)가 시지(時支)를 충(沖)하면 부부간에 이별하거나 자녀와 인연이 박하다.
- □ 일지(日支)가 제왕(帝旺)이나 건록(建祿)에 있으면 무병장수하고, 장성 · 관대(冠帶) · 목욕(沐浴) · 양(養)이 되어도 건강하다.
- □ 일지(日支)가 쇠(衰) · 병(病) · 사(死) · 묘(墓) · 절(絶)에 있으면 건강이 나쁘고, 기쁜 일보다 궂은 일이 많다.
- □ 특히 일지(日支)가 제왕(帝旺)에 해당하면 사람이 뻣뻣하며 멋이 없고, 자존심이 강하며 방자하다.
- □ 일주(日柱)가 양인(羊刃)에 해당하면 신약(身弱)사주를 제외하고는 모두 파란만장한 일생을 보낸다.

양인일주(羊刃日柱) : 병오(丙午)·무오(戊午)·임자(壬子)

☐ 일주(日柱)가 임오(壬午)나 계미(癸未)이고, 신왕(身旺)사주에 재관(財官)을 겸비하면 복록이 많으며 무병장수한다.

☐ 일주(日柱)가 일덕(日德)에 해당하고 충파(沖破)를 당하지 않으면 평생 재난을 당하지 않는다.

일덕(日德) : 갑인(甲寅)·갑진(甲辰)·무진(戊辰)·임술(壬戌)

☐ 일주(日柱)가 일귀일(日貴日)이면 천을귀인(天乙貴人)과 같아 인덕이 많으며 얼굴이 아름답고, 여기에 지지합(地支合)까지 있으면 복록까지 두터워 평생 고귀한 인품을 간직하며 산다.

일귀(日貴) : 정유(丁酉)·정해(丁亥)·계묘(癸卯)·계사(癸巳)

☐ 일주(日柱)가 신진일(神進日)이면 평생 액사와 막히는 일 없이 만사가 순조롭다. 남자는 이름이 높고, 여자는 빼어나게 얼굴이 예쁘다.

양(陽) 신진일(神進日) : 인묘진사오미(寅卯辰巳午未)월생이고, 일주(日柱)가 갑자(甲子)나 갑오(甲午)인 사람.

음(陰) 신진일(神進日) : 신유술해자축(申酉戌亥子丑)월생이고, 일주(日柱)가 기묘(己卯)나 기유(己酉)인 사람.

☐ 일주(日柱)가 괴강(魁罡)일이면 용맹·과단·총명하고, 문장력이 뛰어나 명성을 얻는다. 충신열사와 애국지사도 여기서 나온다. 단 충파(沖破)가 없어야 한다.

괴강(魁罡) : 무술(戊戌)·경술(庚戌)·경진(庚辰)·임진(壬辰)

4. 시(時)

□ 생시(生時)가 극(剋)을 당하고 제살(制殺)시켜 주는 것이 없는
데 사(死)나 절(絶)을 만나면 양자를 들이는 경우가 있다.

□ 월(月)과 시(時)가 합(合)이 되면 정상으로 열 달을 채우지만,
월(月)과 시(時)가 태(胎)에 해당하면서 충(沖)되면 7~8개월만
에 태어나는 경우가 많다.

7장. 육신론(六神論)

1. 육신(六神) 표출법

육신(六神)은 육친(六親)이라고도 하며 가족관계를 말한다. 나는 누구로부터 태어났고, 가족은 사주에 어떻게 나타나가를 알아보는 것이다. 사주는 일간(日干)인 나를 기준으로 한다. 일간(日干)과 각 천간(天干)과 지지(地支)를 대조해서 일간(日干)과 같으냐, 일간(日干)을 생(生)하느냐, 일간(日干)을 극(剋)하느냐에 따라 구분한다.

□ 비견(比肩) : 일간(日干)과 오행(五行)이 같고 음양(陰陽)이 같은 것.

□ 겁재(劫財) : 일간(日干)과 오행(五行)이 같고 음양(陰陽)이 다른 것.

□ 식신(食神) : 일간(日干)이 생(生)하는 것으로 음양(陰陽)이 같은 것.

□ 상관(傷官) : 일간(日干)이 생(生)하는 것으로 음양(陰陽)이 다른 것.

□ 편재(偏財) : 일간(日干)이 극(剋)하는 것으로 음양(陰陽)이 같은 것.

□ 정재(正財) : 일간(日干)이 극(剋)하는 것으로 음양(陰陽)이 다른 것.

□ 편관(偏官) : 일간(日干)을 극(剋)하는 것으로 음양(陰陽)이 같은 것.

□ 정관(正官) : 일간(日干)을 극(剋)하는 것으로 음양(陰陽)이 다른 것.

□ 편인(偏印) : 일간(日干)을 생(生)하는 것으로 음양(陰陽)이 같은 것.

□ 인수(印綬) : 일간(日干)을 생(生)하는 것으로 음양(陰陽)이 다른 것.

이것을 도표로 나타내면 다음과 같다.

日干이 甲木일때

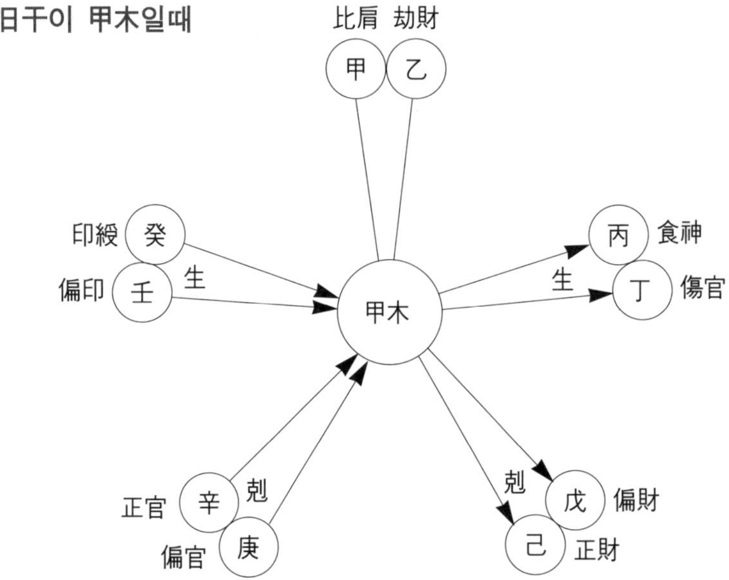

日干이 丙火일때

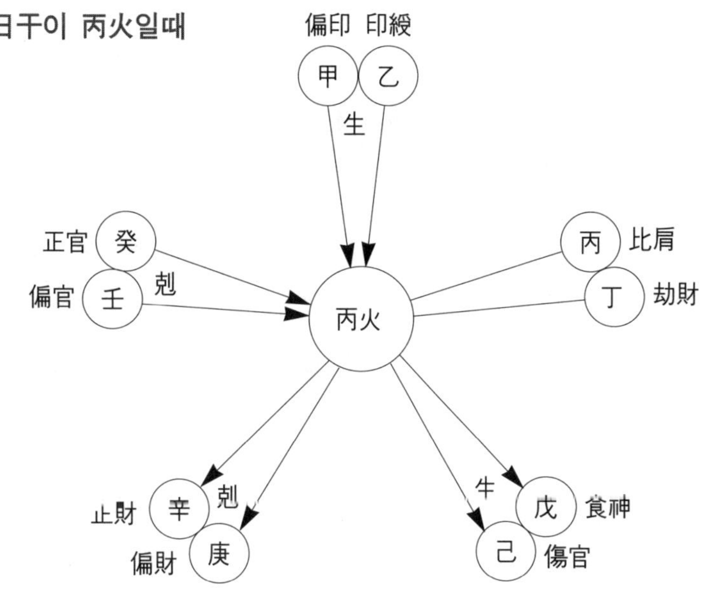

日干이 戊土일때

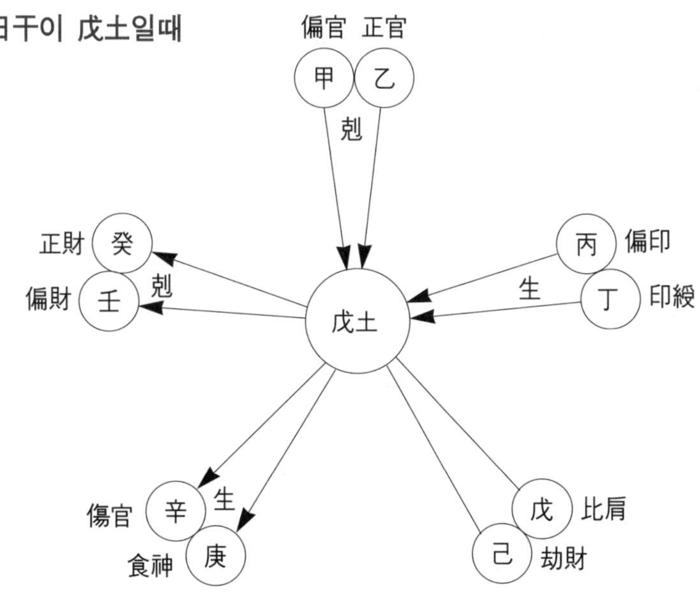

日干이 庚金일때

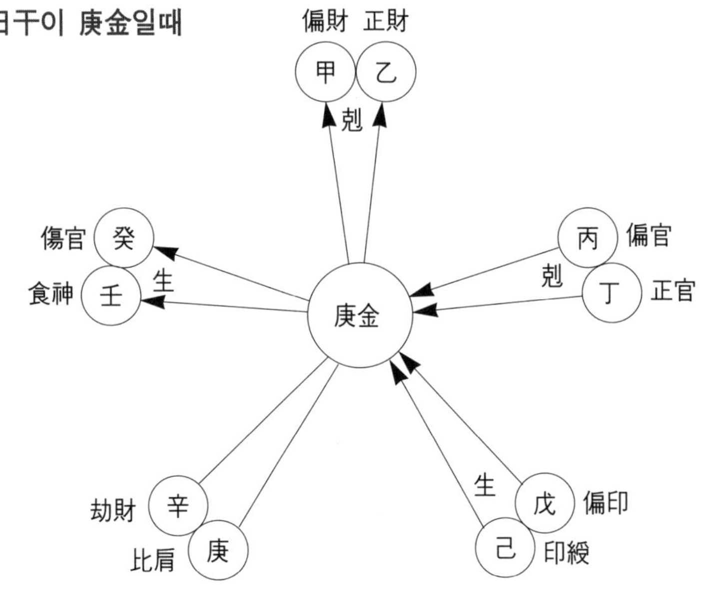

日干이 壬水일때

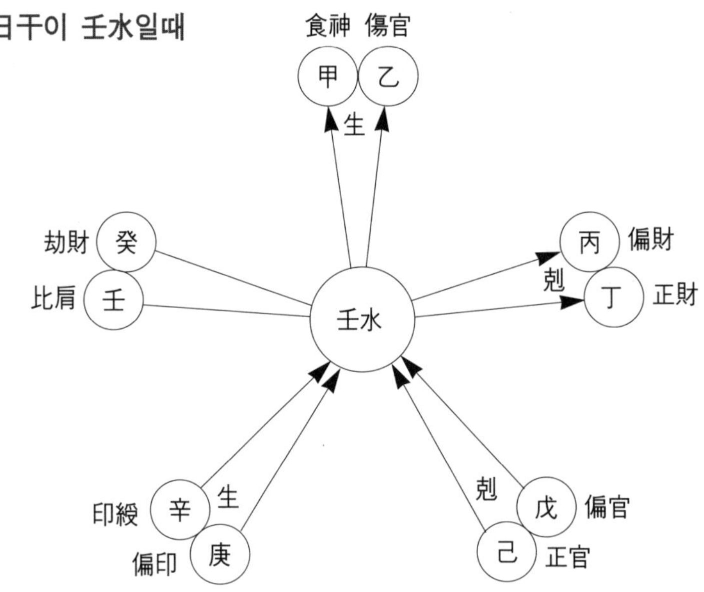

	年柱	月柱	日柱	時柱
天干	戊	乙	庚	丙
地支	戌	丑	子	子
天干	偏印	正財		偏官
地支	偏印	印綬	傷官	傷官

- □ 천간(天干) 육신(六神)표에서 경(庚)에서 년(年)의 무(戊)를 보면 편인(偏印)이니 천간(天干) 줄에 편인(偏印)을 써넣는다.
- □ 경(庚)에서 월(月)의 을(乙)을 보면 정재(正財)가 되니 천간(天干) 줄에 정재(正財)를 써 넣는다.
- □ 경(庚)에서 시(時)의 병(丙)을 보면 편관(偏官)이 되니 천간(天干) 줄에 편관(偏官)을 써 넣는다.
- □ 일간(日干) 경(庚)을 중심으로 년지(年支)의 술(戌)을 보면 편인(偏印)이 되니 지지(地支)의 줄에 편인(偏印)을 써 넣는다.
- □ 경(庚)에서 월지(月支)의 축(丑)을 보면 인수(印綬)가 되니 지지(地支)의 줄에 인수(印綬)를 써 넣는다.
- □ 경(庚)에서 월지(月支)의 자(子)를 보면 역시 상관(傷官)이 되니 지지(地支)의 줄에 상관(傷官)을 써 넣는다.

이렇게 일간(日干)을 중심으로 천간(天干)과 지지(地支)에서 육신(六神)을 찾았으면 이것이 곧 나의 가족이다. 가족의 호칭은 다음의 육신(六神)별 가족관계를 참조하기 바란다.

천간(天干) 육신(六神) 표출표

日干\六神	甲日	乙日	丙日	丁日	戊日	己日	庚日	辛日	壬日	癸日
比肩	甲	乙	丙	丁	戊	己	庚	辛	壬	癸
劫財	乙	甲	丁	丙	己	戊	辛	庚	癸	壬
食神	丙	丁	戊	己	庚	辛	壬	癸	甲	乙
傷官	丁	丙	己	戊	辛	庚	癸	壬	乙	甲
偏財	戊	己	庚	辛	壬	癸	甲	乙	丙	丁
正財	己	戊	辛	庚	癸	壬	乙	甲	丁	丙
偏官	庚	辛	壬	癸	甲	乙	丙	丁	戊	己
正官	辛	庚	癸	壬	乙	甲	丁	丙	己	戊
偏印	壬	癸	甲	乙	丙	丁	戊	己	庚	辛
印綬	癸	壬	乙	甲	丁	丙	己	戊	辛	庚

일간(日干)을 기준으로 천간(天干)을 대조한다.

지지(地支) 육신(六神) 표출표

日干 \ 六神	甲日	乙日	丙日	丁日	戊日	己日	庚日	辛日	壬日	癸日
比肩	寅	卯	巳	午	辰戌	丑未	申	酉	亥	子
劫財	卯	寅	午	巳	丑未	辰戌	酉	申	子	亥
食神	巳	午	辰戌	丑未	申	酉	亥	子	寅	卯
傷官	午	巳	丑未	辰戌	酉	申	子	亥	卯	寅
偏財	辰戌	丑未	申	酉	亥	子	寅	卯	巳	午
正財	丑未	辰戌	酉	申	子	亥	卯	寅	午	巳
偏官	申	酉	亥	子	寅	卯	巳	午	辰戌	丑未
正官	酉	申	子	亥	卯	寅	午	巳	丑未	辰戌
偏印	亥	子	寅	卯	巳	午	辰戌	丑未	申	酉
印綬	子	亥	卯	寅	午	巳	丑未	辰戌	酉	申

일간(日干)을 기준으로 지지(地支)를 대조한다.

육신(六神)별 가족관계

比肩	남	형제, 남매, 며느리, 사촌, 아내의 외간 남자. 친구, 동료, 고모부, 처남의 아들, 남매의 시아버지, 조카.
	여	형제 자매, 이복형제, 남편의 첩, 동서, 시아버지, 시아버지의 형제, 조카, 친구.
劫財	남	형제, 남매, 이복형제, 친구, 며느리, 아내의 외간 남자, 고조모, 딸의 시어머니, 처남의 딸, 남매의 시아버지, 조카.
	여	형제 자매, 이복형제, 친구, 남편의 첩, 시아버지, 동서, 아들의 장인, 시아버지의 형제 남매, 조카, 며느리.
食神	남	손자, 장모, 사위, 증조부, 조모, 외조부, 생질, 생질녀, 장인, 조카.
	여	아들, 딸, 조카, 증조부, 편조모, 손부, 사위의 아버지, 시누이의 남편, 손자, 손자의 첩.
傷官	남	조모, 손녀, 외조부, 첩의 어머니, 증손부, 사위, 생질, 외숙모, 딸의 시동기.
	여	아들, 딸, 조모, 조카, 외손부, 시누이의 남편, 손자.
偏財	남	아버지, 첩, 첩의 형제, 아버지의 형제 자매, 형제의 재혼처, 애인, 고손자, 형수, 제수, 외사촌, 자매의 시어머니.
	여	아버지, 아버지의 형제, 자매의 시어머니, 외손자, 며느리의 어머니, 시어머니, 오빠의 첩, 오빠 첩의 오빠, 시외숙, 증손.

육신(六神)별 가족관계

正財	남	아내, 어머니의 외간 남자, 숙부, 고모, 이모부, 형수, 제수, 고손녀, 남매의 시어머니.
	여	시어머니, 편시어머니, 어머니의 외간 남자, 오빠의 처첩, 아버지의 형제 자매, 이모부, 외손녀, 증손, 시조부, 시이모.
偏官	남	아들, 딸, 외조모, 증조부의 재혼처, 매부, 조카, 질녀, 고조부, 딸의 시아버지, 사촌형제.
	여	재혼남편, 외간 남자, 정부, 남편, 남편의 형제 자매, 형부, 증조모, 며느리, 아들의 첩, 며느리의 오빠.
正官	남	딸, 아들, 손부, 첩의 딸, 증조모, 외조모, 매부, 조카, 질녀.
	여	남편, 증조모, 형부, 제부, 사위의 어머니, 자부의 형제 자매, 며느리, 시동생, 시누이, 손부.
偏印	남	계모, 이모, 유모, 서모, 숙모, 조부, 어머니, 처남의 처, 외삼촌, 증손자, 외손자, 며느리의 어머니.
	여	계모, 이모, 유모, 서모, 숙모, 조부, 어머니, 외삼촌, 사위, 손자, 시조모, 시외조부, 사위의 형제.
印綬	남	어머니, 이모, 장인, 외손녀, 증손녀, 조부의 자매, 백모, 숙모, 고손부, 처남의 처, 며느리의 편모, 외숙부, 조부.
	여	어머니, 이모, 백모, 숙모, 조부의 자매, 외숙부, 증조부, 손녀, 대고모, 사위의 여동생, 사촌형제.

가족관계도

조모
傷官
己(土)
甲(木)
조부
偏印
合
生
아버지
偏財
庚(金)
乙(木)
어머니
印綬
合
生
아내
正財
辛(金)
丙(火)
나
合
生
자식
偏印
壬(水)
丁(火)
劫財
며느리
合
生
손부
正官
癸(水)
戊(土)
손자
食神
合

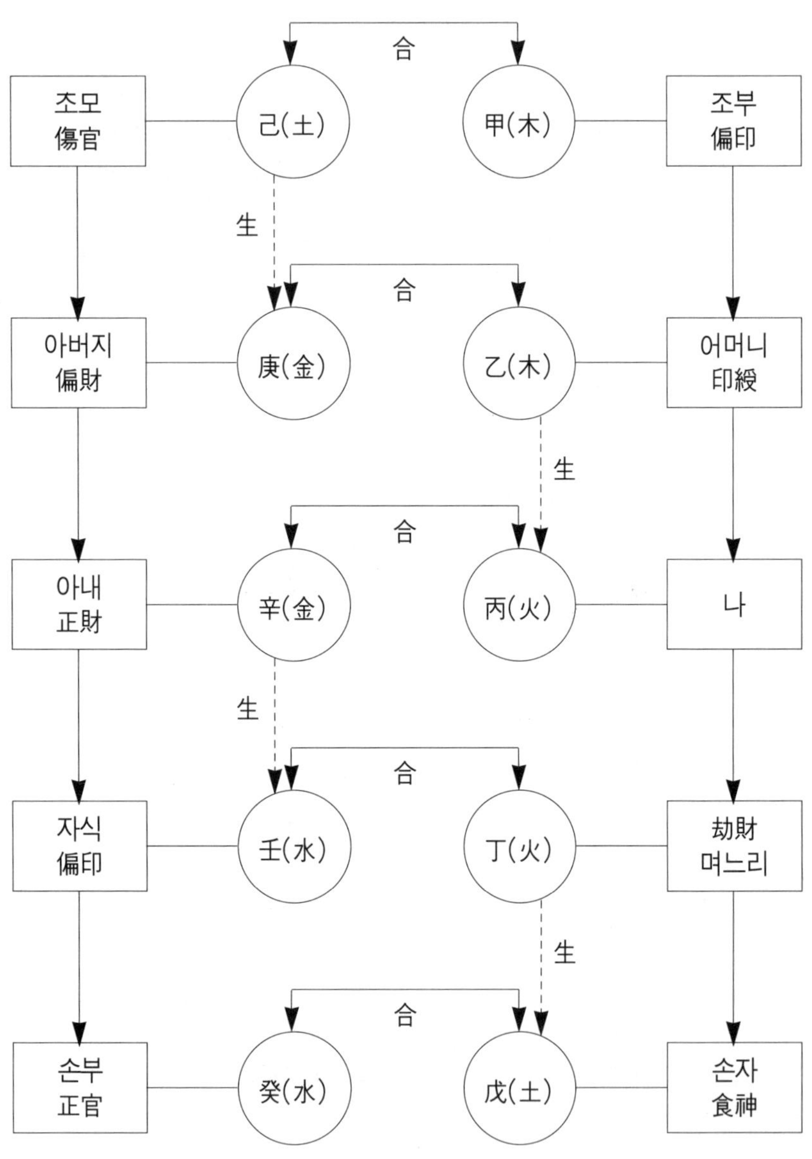

□ 옆의 그림을 보면 앞에서 설명한 대로 천간(天干)의 음(陰)과
양(陽)이 합(合)을 이룬 5운(運)으로 되어 있다.

□ 이것들은 모두 음(陰)과 양(陽)으로 짝을 이루었다. 이것은 남
자와 여자의 결합을 말한다.

□ 나는 위에서 결합했기 때문에 생겨나 나의 결합으로 자손이 생
긴다.　이것은 윤회하는 자연의 원리에 의한 것이다.

2. 육신(六神)의 간합(干合)

1. 길신(吉神)의 합(合)

□ 정관(正官)이 합(合)을 해서 다른 오행(五行)으로 변하면 귀
(貴)가 반감된다.

□ 정재(正財)가 합(合)을 해서 다른 오행(五行)으로 변하면 재물
이 손상된다.

□ 인수(印綬)이 합(合)을 해서 다른 오행(五行)으로 변하면 명예
가 손상된다.

□ 식신(食神)이 합(合)을 해서 다른 오행(五行)으로 변하면 식록
이 반감된다.

2. 흉신(凶神)의 합(合)

□ 상관(傷官)이 합(合)을 해서 다른 오행(五行)으로 변하면 오히
려 귀해진다.

□ 편관(偏官)이 합(合)을 해서 다른 오행(五行)으로 변하면 오히
  려 나쁜 것을 제살(制殺)해준다.

□ 편인(偏印)이 합(合)을 해서 다른 오행(五行)으로 변하면 오히
  려 좋아진다.

□ 겁재(劫財)가 합(合)을 해서 다른 오행(五行)으로 변하면 오히
  려 손재를 면한다.

3. 육신(六神)의 성격과 길흉

1. 비견(比肩)

비견(比肩)은 자존심과 승부욕이 유난히 강해 다른 사람에게 지기 싫어하는 근성이 있다. 눈에 띄게 독립·독보·독행하려고 하니 주위로부터 질시와 질타를 받지만 고집으로 밀고나가는 강행력은 대적할만한 상대가 없다. 이렇게 강한 성격 때문에 시비와 쟁투가 많고, 친구와 동료에게 눈총을 받는다.

이런 사람은 동업이나 직장인으로는 적합하지 않으니 자유업을 갖는 것이 좋다. 특히 비견(比肩)은 재(財)를 극(剋)하기 때문에 아내와 불화나 이별이 따르고, 부모·형제와도 재산이나 금전문제로 싸우는 경향이 많다. 이것은 재물에 대한 욕심이 많아 내 것을 먼저 챙기는 근성 때문이나 그렇다고 재물을 모으는 것도 아니다. 구멍뚫린 지갑과 같이 낭비는 낭비대로 지출은 지출대로 하니 빠

져나가는 재물을 막을 길이 없다. 그러나 사주가 비록 재물을 극(剋)하지만 극(剋)해서 다른 것과 생조(生助)될 때는 오히려 만금을 희롱하며 벽돌쌓는 것과 같이 재물을 축적한다.

□ 독립과 사업을 확장하려는 의욕이 강해지고, 부부간의 갈등이 고조된다.

□ 사업가는 사업확장에 몰두하며 기어코 이루어내는 강한 집념을 갖는다.

□ 경쟁에 과감히 뛰어든다

□ 물불을 가리지 않고 생활전선에 뛰어들고, 시비와 쟁투를 서슴치 않는다.

□ 주위의 충고나 권유는 듣지 않고 독립·독보하는 성격이 있다.

□ 신약(身弱)사주는 대길하고, 신왕(身旺)사주는 대흉하다.

□ 속성속패한다.

□ 양(陽)의 비견(比肩)이 강하게 작용하고, 음(陰)의 비견(比肩)은 약하게 작용한다.

□ 사주에 관(官)이 있으면 무방하나, 관(官)이 없고 비견(比肩)이 많으면 평생 가난을 면하기 어렵다.

□ 년간(年干)이나 월간(月干)에 편재(偏財)가 있고, 그 지지(地支)에 비견(比肩)이 동주(同柱)하면 아버지가 객사한다.

□ 일간(日干)이 약하고 월지(月支)에 비견(比肩)이 있으면 자기중심적이며 자존심이 매우 강하다.

□ 재성(財星)이 강하고 일주(日柱)가 약한데 비견운(比肩運)이
되면 크게 성공한다.

□ 비견(比肩)이나 겁재(劫財)가 많아 신왕(身旺)하면 부부간에
이별을 면하기 어렵다.

□ 남자의 사주에 비견(比肩)이나 겁재(劫財) 많은데 편인운(偏印
運)이 오거나 사주에 편인(偏印)이 있으면 아내를 잃는다.

□ 여자가 비견(比肩)이나 겁재(劫財)가 많으면 첫 자식을 잃거나
산액으로 고생한다.

□ 남자의 사주에 비견(比肩)이나 겁재(劫財)가 많으면 일찍 아내
를 잃거나 결혼을 늦게하는 경우가 있다.

□ 비견(比肩)이나 겁재(劫財)가 많으면 이기적이며 고집불통이다.

□ 비견(比肩)이 많으면 식신(食神)이 하나만 있어도 형제간에 싸
움이 많다.

□ 비견(比肩)이 많으면 부모·형제와 인연이 박하다.

□ 비견(比肩)이 너무 약해도 부모·형제와 인연이 박하다.

□ 비견(比肩)이 많은데 재(財)가 하나 있으면 군비쟁재(群比爭
財)라 해서 형제간에 재산싸움을 한다.

□ 비견(比肩)이 많고 관(官)이 약한데 상관(傷官)이 있으면 형제
나 친구에게 피해를 당한다.

□ 남자의 사주에 비견(比肩)이 많으면 아내와 불화가 많거나 생
사이별한다.

■ 비견(比肩)이 희신(喜神)이면 좋은 일이 생긴다.

□ 형제나 친구의 도움으로 크게 발전한다.

□ 승진·승급·취직·합격 등이 따른다.

□ 사업이 확장되고 거래선이 늘어난다.

□ 재왕(財旺)사주가 비견(比肩)을 만나면 용이 물을 얻은 격이다.

□ 결혼이 성사되며 아이를 갖는다.

■ 비견(比肩)이 기신(忌神)이면 나쁜 일이 생긴다.

□ 손재수가 생기며, 친구나 형제에게 배신을 당한다.

□ 부친과 사별하는 경우가 있다.

□ 소송·쟁투·시비·구설수가 따른다.

□ 아내가 불경·불손·부정·부패 등을 저지른다.

□ 남자는 아내에게 트집을 잡으며 짜증을 부린다.

□ 친구간에 경쟁이 벌어지며 암투가 시작된다.

□ 수입보다 지출이 많고, 경제적 고통이 심화된다.

□ 불의의 재난으로 파산하는 경우도 있다.

2. 겁재(劫財)

겁재(劫財)는 비견(比肩)과 한 뱃속에서 같이 나온 형제와 같아
성격도 비슷하다. 시기와 질투심이 많고, 주는 것보다 얻는 것을
좋아하고, 방해와 공작에 능하고, 같은 말을 번복하는 등 이중인격

자라고 해도 지나치지 않다. 특히 재물욕심이 지나쳐 남의 것은 물론 형제의 것까지 뺏으려들고, 재물 때문에 결혼하려는 비정상적인 면도 있고, 지는 것을 싫어하며 남이 잘 되는 것을 칭찬할 줄 모른다.

더구나 사주의 구성이 나쁘면 도둑근성과 사기성이 있고, 한탕주의로 도박과 투기 등도 서슴치 않으니 속성속패하는 경우가 많다. 만일 일주(日柱)의 천간(天干)과 지지(地支)가 같아 간여지동(干與支同)이 되어 겁재(劫財)가 지지(地支)에 있으면 배우자를 잃거나 이별하는 경우가 많다. 갑인(甲寅) · 을묘(乙卯) · 병오(丙午) · 정사(丁巳) · 무진(戊辰) · 기미(己未) · 경신(庚申) · 신유(辛酉) · 임자(壬子) · 계해(癸亥)일생이 여기에 속한다.

□ 비견(比肩)과 비슷하나 손재 · 사기 · 예상외 지출 · 도난 등이 따른다.

□ 신약(身弱)사주는 주위의 도움을 받지만 신왕(身旺)사주는 경쟁 · 쟁투 · 시비 · 관재구설이 따른다.

□ 불량품의 누적이나 재고로 경영부진을 겪는다.

□ 자금의 악화로 부도나 체불현상이 생긴다.

□ 애인이나 부부와 이별한다.

□ 형제간에 쟁투가 있거나 친구와 불화한다.

□ 교통사고나 안전사고를 조심하지 않으면 부상을 당한다.

□ 비견(比肩)이나 겁재(劫財)가 간합(干合)하면 형제와 우애가

없다.

- 겁재(劫財)가 일지(日支)에 있으면 배우자를 극(剋)하여 사별한다.

- 겁재(劫財)와 양인(羊刃)이 있어도 사별한다.

- 겁재(劫財)와 양인(羊刃)이 있으면 빈천한 생활을 면하기 어렵다. 그러나 관성(官星)이 있으면 면할 수 있다.

- 사주에 겁재(劫財)가 많으면 남자는 아내를 극(剋)하고, 여자는 남편을 극(剋)하니 생사이별한다.

- 남자가 시상(時上)에 겁재(劫財)가 있는데 생일(生日)에 양인(羊刃)이 있으면 아내를 잃거나 산액이 따른다.

- 겁재(劫財)가 많은데 정재(正財)가 하나 있으면 도적질을 한다.

- 재성(財星)이 비견(比肩)이나 겁재(劫財)와 형충(刑沖)하면 도적질을 한다.

- 세운(歲運)에서 형충(刑沖)하면 도적질하고 싶은 마음을 느끼고 실천하는 경우도 있다.

- 겁재(劫財)와 양인(羊刃)이 년월(年月)에 있으면 일찍 고향을 떠난다.

- 비견(比肩)·겁재(劫財)·상관(傷官)이 강하면 도적과 같다.

■ 겁재(劫財)가 희신(喜神)이면 좋은 일이 생긴다.

- 식신격(食神格)이면 겁재운(劫財運)에서 크게 발전한다.

- 정재(正財)가 있어 인수격(印綬格)이 깨지면 겁재운(劫財運)에

서 발복한다.

□ 재격(財格)사주가 겁재운(劫財運)을 만나면 발복한다.

■ 겁재(劫財)가 기신(忌神)이면 나쁜 일이 생긴다.

□ 남자의 사주가 정재(正財)가 약한데 겁재운(劫財運)을 만나면
  아내를 잃는다. 그러나 정관(正官)이 있으면 면할 수 있다.
□ 형제간에 다툼이 생긴다.
□ 재물로 인한 손재와 피해가 크게 발생한다.

3. 식신(食神)

신체가 비대하고, 얼굴은 네모반듯하며 건강이 넘쳐 보인다. 성격
은 명랑하며 활동력이 뛰어나 싫어할 사람이 없다. 술과 색을 좋아
하며 식욕이 왕성하다. 미식가로도 이름나 있으니 사통팔방이라고
나 할까. 특히 부지런하며 사교술 뛰어나 섭외업무에는 막힘이 없
고, 아무리 어려운 일도 두려워하지 않는다. 대인관계가 좋으며 봉
사정신이 투철하고, 사람을 가리지 않고 폭넓게 사회활동을 한다.
그러나 사주에 식신(食神)이 너무 많으면 편굴·편협된 사람으로
이기적이며 경솔하고, 쓸데없는 말을 함부로 하다 봉변을 당하기
도 한다. 말은 앞서나 행동은 따르지 않고, 책임지지 못할 일도 우
선 맡아놓는 특징을 갖고 있다. 그러나 재(財)와 식신(食神)의 구
성이 좋으면 음식업으로 크게 성공하고, 사업가도 많다.

□ 흑자경영으로 사업을 확장하고 거래선이 늘어난다.

□ 수입과 재산이 늘어난다.

□ 증권이나 투기성 유동자산에서 재미를 본다.

□ 상품경쟁에서 우선하고 히트상품도 나온다.

□ 관운(官運)이 좋아 취직·승진 등이 따른다.

□ 여자는 임신하고 결혼도 한다.

□ 주위의 칭찬과 협조를 받는다.

□ 식신(食神)이 많은데 편관(偏官)을 극(剋)하면 무능하며 게으르다.

□ 식신(食神)이 약하면 마음의 동요가 많다.

□ 식신(食神)이 공망(空亡)되면 한가한 직업을 갖는다.

□ 식신격(食神格)이 시상(時上)에 정관(正官)이 있으면 고관의 명이다.

□ 여자가 식신(食神)이 왕성하면 색정에 빠지기 쉽고, 화류계 생활을 한다.

□ 목화식신격(木火食神格)은 지식이 넓고 총명하다. 일간(日干)이 목(木)이고, 월지(月支)가 화(火)이면 여기에 해당한다.

□ 화토식신격(火土食神格)은 점잖은 선비와 같다. 일간(日干)이 화(火)이고, 월지(月支)가 토(土)이면 여기에 해당한다.

□ 토금식신격(土金食神格)은 노래를 잘하고 문장력이 특출나며 이해타산이 빠르다. 일간(日干)이 토(土)이고, 월지(月支)가 금(金)이면 여기에 해당한다.

ㅁ 금수식신격(金水食神格)은 박학다식하며 다재다능한 만능인이다. 일간(日干)이 금(金)이고, 월지(月支)가 수(水)이면 여기에 해당한다.

ㅁ 수목식신격(水木食神格)은 문학에 소질이 있고 명랑하다. 일간(日干)이 수(水)이고, 월지(月支) 목(木)이면 여기에 해당한다.

ㅁ 식신(食神)이 편재(偏財)를 만나면 횡재한다.

ㅁ 일간(日干)이 약한데 식신(食神)이 왕성하면 입이 가벼워 비밀을 간직하기 어렵고, 언제나 입 때문에 화를 자초한다.

ㅁ 식신(食神)이 편인(偏印)・인수(印綬)와 같이 있으면 파란곡절이 많다.

ㅁ 월지(月支)에 식신(食神)이 있으면 본인은 홀쭉하나 배우자는 뚱뚱하다.

ㅁ 월지(月支)에 편인(偏印)이 있는데 다른 곳에 식신(食神)이 있으면 자신은 뚱뚱하나 배우자는 홀쭉하다.

ㅁ 여자가 일지(日支)에 식신(食神)이 있으면 음식솜씨가 좋다.

ㅁ 남자가 식신(食神)이 왕성한데 정편관(正偏官)이 없으면 자식이 없다.

ㅁ 남자가 식신(食神)이 왕성한데 재(財)가 있으면 아내덕이 있다.

ㅁ 남자가 편관(偏官)이 약한데 비견운(比肩運)・겁재운(劫財運)을 만나면 불구 자식이 있다. 그러나 편인(偏印)이 있으면 면할 수 있다.

ㅁ 남자가 편관(偏官)이 약한데 식신운(食神運)을 만나면 자식을

잃거나 불구 자식을 둔다. 그러나 편인(偏印)이 있으면 면한다.

ㅁ 여자가 재성(財星)이 있는데 식신(食神)이 왕성하면 남편은 크게 발전하고, 자식은 현명하며 재주가 있다.

ㅁ 여자가 식신(食神)이 약하면 자식의 근심이 있다.

ㅁ 여자가 지합(支合)으로 식신(食神)이 합(合)하고 정관(正官)이 충(沖)되면 남편을 버리고 자식만 데리고 산다.

ㅁ 여자가 상관(傷官)이 왕성하면 색욕이 강해 남편이 오래살기 어렵다. 그러나 편인(偏印)이 있으면 면할 수 있다.

ㅁ 여자기 식신(食神)이 왕성하면 본인과 자식이 모두 건강하다.

ㅁ 여자의 사주에서 양(陽)의 식신(食神)은 아들, 음(陰)의 식신(食神)은 딸로 본다.

ㅁ 여자가 일간(日干)이 약한데 식신(食神)이 왕성하면 출산한 후부터 건강이 약해진다.

ㅁ 남자가 일시(日時)에 식신(食神)이 있으면 아내와 자식이 현명하다.

ㅁ 식신(食神)이 년월(年月)에 있으면 유산이 있고 조업을 지킨다.

ㅁ 여자가 일지(日支)에 식신(食神)이 있는데 월시(月時)에서 도식되면 자식을 두기 어렵다.

ㅁ 남자가 식신격(食神格)인데 일지(日支)의 식신(食神)이 도식되면 아내로 인하여 봉변을 당하는 경우가 있다.

■ 식신(食神)이 희신(喜神)이면 좋은 일이 생긴다.
ㅁ 식욕이 왕성하며 몸이 비대하다.

□ 남자는 처가의 도움을 받는다.

□ 학생은 성적이 향상되고, 사업가는 크게 번창한다.

□ 특히 양(陽)일생은 취직·시험·승진·당선 등이 보장된다.

□ 새로운 사업을 시작하고, 여자는 자식을 얻는다.

□ 주택을 구입하거나 재산을 늘려 이사한다.

□ 병약자는 건강을 회복하고, 채무자는 빚을 청산하고 채권자가
  된다.

■ 식신(食神)이 기신(忌神)이면 나쁜 일이 생긴다.

□ 화재·재난·도난·분실·하자발생 등 재산의 손실이 크다.

□ 남자는 처가와 마찰이 생기고, 여자는 시집과 마찰이 생긴다.

□ 남자는 자녀의 근심이 있고, 심하면 자식을 잃을 수도 있다.

□ 여자가 편관(偏官)이 많으면 남편이 불구가 되거나 사망하는
  경우도 있다.

□ 남자는 아내와 불화가 심하고 바람이 난다.

□ 관재구설·송사·시비·쟁투 등이 따른다.

□ 좋은 일을 하고도 욕을 먹는다.

□ 건강문제와 금전문제로 고통을 당하거나 식생활을 걱정한다.

3. 상관(傷官)

다재다능하며 총명하나 안하무인격으로 상대방을 무시하며 억압

하면서 자신은 구속과 억압받는 것을 죽기보다 싫어하고, 반항심이 강해 상사에게 잘 덤빈다. 변덕스러운 성격도 있어 이 사람 저 사람 잘 사귀나 오래가지 못하고, 직업의 변화도 많다. 요즘은 청소년의 가출문제가 심각한데 이들 중에는 상관(傷官)이 매우 강한 사람이 많다. 그러나 상관(傷官)이 용신(用神)이면 재주가 비범하며 문장력이 뛰어나 문필가가 많고, 크게 명예를 얻는 사람도 많다. 상관(傷官)은 발전하기 시작하면 대발한다.

□ 판새나 송사가 따르고, 찌증을 많이 낸다.

□ 획기적인 개혁과 변화가 있다.

□ 자만·고집·독단·강폭한 성격이 있다.

□ 명예를 얻으나 신왕(身旺)사주는 불명예를 얻는다.

□ 신약(身弱)사주는 윗사람과 다투는 일에 앞장선다.

□ 경영인은 경영이 악화되고 자금사정이 어려워진다.

□ 예지능력이 뛰어나며 승부욕이 강하다.

□ 강한 자에게는 강하고, 약한 자에게는 약하며 동정심이 많다.

□ 상관(傷官)이 양인(羊刃)과 같이 있으면 사기근성이 있고, 간교하며 모사와 계략에도 능하다.

□ 허영심이 많으며 사치와 낭비가 심하다.

□ 자존심이 강하며 지는 것을 싫어한다.

□ 정관(正官)과 상관(傷官)이 있으면 불손하며 무례하다. 그러나 인수(印綬)가 있으면 오히려 예의를 찾는다.

□ 말솜씨가 뛰어나며, 논리정연한 이론으로 사람을 제압한다.

□ 시시비비를 가려야 직성이 풀린다.

□ 총명하며 박학다식하고, 민첩하며 활동적이다.

□ 신왕(身旺)사주가 상관(傷官)이 강하면 독신생활을 즐긴다.

□ 연구직 등 치밀한 직종에 종사하면 길하다.

□ 양인(羊刃)과 편관(偏官)이 있으면 무관으로 명성을 높인다.

□ 예술계에 종사하는 사람이 많다.

□ 상관(傷官)이 천간(天干)에 있으면 오만불손하고, 지지(地支)에 있으면 총명하며 지혜가 많다.

□ 신약(身弱)사주가 상관격(傷官格)이면 입이 가볍다.

□ 상관격(傷官格)은 이중인격의 성격이 있다.

□ 상관(傷官)이 생년(生年)에 있으면 발복하나, 월지(月支)에 있으면 재난과 걱정이 많다.

□ 상관(傷官)이 년(年)과 일(日)에 있으면 얼굴에 흉터가 있다.

□ 상관(傷官)이 있는데 인수(印綬)와 재성(財星)이 있어 설기(洩氣)하면 대부대귀하다.

□ 상관(傷官)이 있는데 양인(羊刃)이 있으면 교묘하게 사람을 속이며 이용한다.

□ 시상(時上)에 상관(傷官)이 있으면 남의 집에서 이름을 불리는 팔자이다.

□ 여자가 시상(時上)에 상관(傷官)이 있으면 과부팔자이다.

□ 양(陽)일생이 상관(傷官)이 있는데 편인(偏印)이 있으면 빼어

나게 잘 생겼으며 큰 인물이 된다.

- 상관(傷官)이 있으면 눈이 크고 광대뼈가 튀어나왔다.
- 토(土)일생이 월(月)이나 시(時)에 상관(傷官)이 있으면 얼굴에 흉터가 있다.
- 병(丙)일생이 상관(傷官)이 있으면 고난이 많고 불화가 심하다.
- 경(庚)일생이 상관(傷官)이 있으면 색욕이 강하다.
- 신(辛)일생이 상관(傷官)이 있는데 토(土)가 없으면 색욕이 강하다.
- 종아격(從兒格) 남자는 자식의 근심이 있고, 여자는 남편의 근심이 있다.
- 상관(傷官)은 흉신(凶神)이니 간합(干合)되면 작용이 약해진다.
- 남자가 일시(日時)에 상관(傷官)이 왕성하면 첫자식을 잃거나 자식을 두기 어렵다.
- 남자가 일시(日時)에 상관(傷官)과 양인(羊刃)이 있으면 배우자를 극(剋)하니 생사이별하는 경우가 많다.
- 남자가 년(年)에 상관(傷官)이 있으면 재혼한 어머니 밑에서 성장한다.
- 여자가 상관(傷官)이 3개 이상 있으면 과부팔자이다. 그러나 재성(財星)과 인수(印綬)가 있으면 부귀한 명이 된다.
- 여자가 정관(正官)이 약한데 상관(傷官)이 많으면 남편과 사별한 후 수절하며 혼자 산다.
- 여자가 일지(日支)가 상관(傷官)이면 남편을 극(剋)한다.

□ 여자가 상관격(傷官格)인데 정관운(正官運)을 만나면 남편이
　 죽는다.

■ **상관(傷官)이 희신(喜神)이면 좋은 일이 생긴다.**

□ 병약자는 건강을 회복한다.

□ 혼담이 들어와 결혼이 성사된다.

□ 남자는 아내에게 경사가 생긴다.

□ 재능을 인정받아 사해에 명예를 떨친다.

□ 여자는 득남하며 그 자식에게 경사가 생긴다.

■ **상관(傷官)이 기신(忌神)이면 나쁜 일이 생긴다.**

□ 남자는 아내가 싫어지고 여자는 남편이 미워져 이혼한다.

□ 소송·시비·쟁투·손재·실물·파산·도산 등이 따른다.

□ 질병을 얻는다.

□ 일지(日支)에 상관(傷官)이 있는데 상관운(傷官運)을 만나면
　 얼굴에 흉터가 생긴다.

□ 직장인은 파직되거나 자의반 타의반으로 직업을 잃는다.

□ 여자는 상관운(傷官運)에서 남편이나 애인과 생사별한다.

□ 대운(大運)에서는 관성운(官星運)에서, 세운(歲運)에서는 상관
　 운(傷官運)에서 재난이 발생한다.

□ 상관(傷官)이 왕성한데 상관운(傷官運)이 되면 눈병이 생긴다.

□ 상관운(傷官運)에서 관(官)이 충(沖)이나 형(刑)되면 파직되거
　 나 실직한다.

5. 편재(偏財)

 편재(偏財)는 가무와 풍류를 즐기고, 즉흥적으로 처리하는 성격이 있으며, 봉사정신도 강하여 남을 돕는데 앞장서기도 잘 한다. 이재에도 뛰어나 거금을 희롱하는 천부적인 재능을 갖고 있다. 저명한 대기업가 중에는 편재(偏財)가 발복해 재벌이 되는 사람이 많다. 통솔력과 용인술에 남다른 뛰어난 특징을 갖고 있어 노사분규 같은 것은 아랑곳하지 않고 사업에만 전념하여 통이 큰 사람으로 불리워지기도 하고, 이성문세로 염문을 일으키기도 한다. 어쨌든 편재(偏財)의 성격은 작은 돈보다는 큰돈이나 목돈에만 초점을 맞춘 금전관을 갖고 있어 배짱과 통이 크다.

 그러나 칠살이라는 흉살(凶殺)을 벗어날 수 없으니 이것이 심술을 부리기 시작하면 걷잡을 수 없다. 물론 이때는 사주의 구성이 나쁘고 기신(忌神)인 경우를 말하지만 돈으로 인한 고통은 말할 것도 없다. 심하면 파산으로까지 치닫는 경우도 있으니 강폭하며 횡폭하다고 하겠다.

□ 투기업종에 관심이 많고, 일확천금을 노리며, 투기하고 싶은 욕망이 생긴다.

□ 요령이 많은 재주꾼이며, 예상하지 못한 일을 저지른다.

□ 편재(偏財)가 용신(用神)이면 횡재한다.

□ 남자는 외도하며 가정불화가 생긴다.

□ 신왕(身旺)사주는 채무가 발생한다.

□ 격이 나쁘면 도심이 생기기도 한다.

□ 개척자 정신이 뛰어나며 매사에 치밀하다.

□ 도움을 받는 것보다 베푸는 것을 더 좋아한다.

□ 형충(刑沖)되면 인격이 떨어지며 재물에 대한 집착이 강하다.

□ 정편재(正偏財)가 많으면 게으르며 잠이 많고 유랑을 즐긴다.

□ 신왕(身旺)사주가 재(財)가 약하면 거지근성이 있다.

□ 신왕(身旺)사주가 재(財)가 왕성하면 성격이 곧고 인정이 많다.

□ 돈버는 기술자와 같으나 신약(身弱)사주는 맺고 끊는 것이 분
   명하지 않다.

□ 신왕(身旺)사주가 재왕(財旺)하면 낙천적이며 풍류를 즐긴다.

□ 술·여자·꽃 등을 취미로 삼는다.

□ 신약(身弱)사주가 재왕(財旺)이면 우둔하며 계산이 느리지만
   재물에 대한 욕심은 강하다.

□ 편재격(偏財格)은 식신(食神)이나 상관운(傷官運)에서 크게 발
   복한다.

□ 정편재(正偏財)가 혼잡되면 남자는 여자와 돈문제로 고심하는
   일이 많고, 여자는 남편에 대한 내조가 지나쳐 말썽이 된다.

□ 편재(偏財)가 간합(干合)되면 돈문제로 고생이 많고 재복이 따
   르지 않는다.

□ 편재(偏財)가 시간(時干)에 있으면 시상편재격(時上偏財格)이
   라 하고, 시지(時支)에 있으면 시지편재격(時支偏財格)이라 하

는데 거부의 명이다.

□ 신왕(身旺)사주가 월지(月支)에 재국(財局)을 이루면 초년부터 성공하고, 신약(身弱)사주이면 아내에게 가권을 빼앗기고 데릴 사위로 들어간다.

□ 여자가 관(官)이 없고 재(財)가 왕성하면 남편이 없는 것 같아도 재(財)가 관(官)을 생(生)해주어 남편에게 내조를 잘하고, 아내는 남편에게 사랑과 존대를 받는다.

□ 여자가 재(財)가 너무 왕성하면 남편을 무능인으로 취급하며 못살게 군다.

□ 남자가 편재(偏財)가 간합(干合)하면 본처보다 첩을 더 아낀다.

□ 양(陽)일생 남자가 정편재(正偏財)가 혼잡하면 첩을 거느린다. 음(陰)일생은 양(陽)일생 보다는 경미하다.

□ 일간(日干)이 약한데 편재(偏財)가 형충(刑沖)되면 유산을 지키지 못한다.

□ 정편재(正偏財)가 형충(刑沖)되면 도둑질하는 습관이 있다.

□ 편재(偏財)와 도화살(挑花殺)이 같이 있으면 색을 좋아한다.

□ 지지(地支)에 편재(偏財)가 모두 있는데 신왕(身旺)하면 아내가 여걸이며 큰 부자다.

□ 음(陰)일생이 편재격(偏財格)이면 꽁생원이다.

□ 사주에 재(財)가 많으면 뜻은 크나 속빈 강정과 같다.

□ 편재(偏財)가 합(合)되면 자수성가 한다.

□ 편재(偏財)가 천간(天干)과 지지(地支)에 모두 있으면 재물을

우습게 알고, 주색을 좋아하며 친구와 어울리기를 좋아한다.

- 편재(偏財)와 비견(比肩)이 천간(天干)과 지지(地支)에 같이 있으면 아버지와 마찰이 심하다.
- 편재격(偏財格)이 너무 왕성하면 첩을 둔다.
- 편재(偏財)가 장생(長生) 자리에 있으면 외화를 벌어들이는 사업가이다.
- 편재격(偏財格)이 구성이 좋으면 인정이 많아 자선사업도 잘하고, 금전거래도 분명하다.
- 신왕(身旺)사주가 편재(偏財)가 있으면 복이 두터우나, 비견(比肩)·겁재(劫財)가 있으면 복이 나누어지고, 비겁(比劫)년에 도적을 맞기 쉽다.
- 남자가 일지(日支)에 재성(財星)이 있으면 아내덕이 크다.
- 남자가 일지(日支)가 아닌 곳에서 편재(偏財)가 왕성하면 본처보다 첩이나 애인을 더 사랑한다.
- 남자가 편재(偏財)보다 정재(正財)가 왕성하면 오직 아내를 사랑한다.
- 정재(正財)는 아내로 보고 편재(偏財)는 첩으로 보나, 일지(日支)에 편재(偏財)가 있으면 정재(正財)를 첩으로 본다.
- 편재(偏財)는 아버지가 되는데 진술축미(辰戌丑未)에 해당하면 아버지가 타향에서 객사한다.
- 남자가 사주에 정재(正財)·편재(偏財)가 종과 횡으로 나란히 있으면 복잡한 여자문제로 문제가 많다.

□ 년주(年柱)에 편재(偏財)가 있으면 아버지나 할아버지가 양자로 들어온 사람이고, 편재(偏財)가 공망(空亡)되면 아버지는 다른 사람의 집에서 양육된 사람이다.

□ 재성(財星)이 충(沖)되면 양자로 간다.

□ 편재(偏財)가 건록(建祿)에 앉아 있고, 형(刑)·충·공망(空亡)되지 않으면 아버지가 크게 발전한다.

□ 재(財)가 투합하면 아내가 바뀐다.

□ 재성(財星)이 길성(吉星)과 동주(同柱)하면 아내의 얼굴이 예쁘고, 재성(財星)이 흉성(凶星)과 동주(同柱)하면 밉다.

□ 여자가 일지(日支)에 재성(財星)이 있으면 부자 남편을 둔다.

■ 편재(偏財)가 희신(喜神)이면 좋은 일이 생긴다.

□ 남자는 현모양처와 결혼하고, 여자는 관성(官星)이 약하면 편재운(偏財運)에 결혼한다.

□ 사업이 확장되며 크게 발전하여 목적 이상의 재물을 얻는다.

□ 포상·승진·승급 등의 행운과 주식·경마·복권 등의 횡재가 따른다.

■ 편재(偏財)가 기신(忌神)이면 나쁜 일이 생긴다.

□ 돈문제로 복잡한 일이 생긴다.

□ 남자는 반드시 바람을 피우며, 삼각관계나 염문을 일으킨다.

□ 사기·손재 등 재물로 손해를 본다.

□ 편재(偏財)가 묘운(墓運)이 되면 아버지가 죽는다.

□ 실직이나 파직의 우려가 있고, 관재와 시비가 분분하다.
□ 신약(身弱)사주가 재운(財運)이 오면 돈에 대한 욕심이 강렬해
　지나 끝내는 손을 털고 물러선다.
□ 사업가는 부도를 내고, 직장인은 친구나 형제에게 돈을 뜯긴다.

6. 정재(正財)

　정재(正財)는 한마디로 헛점을 싫어하고 가식과 꾸밈을 모르며
순박하다. 그러나 고지식한 천성때문에 발전이 늦고, 사회에 어둡
고 판단력과 배짱이 없으니 목돈을 벌지 못한다. 그러나 꼼꼼하고
치밀해 빈틈이 없으니 실패하지 않으며 실언과 실수를 하지 않는
다. 이와 같은 성격 때문에 늘 타산적으로 흘러 이해득실은 번개같
이 계산하나, 재고를 거듭하다 끝내는 실기하는 경향이 많다. 은행
이나 기획 등 꼼꼼한 일에 종사하는 것이 좋다. 특히 숫자를 다루
는 일에 종사하는 것이 좋다.

□ 회사와 개인의 소득이 늘어나고, 채무자는 채권자로 변신한다.
□ 통솔력이 돋보이며 추앙을 받는다.
□ 남자는 천생배필을 맞이한다.
□ 기발한 경영으로 기획상품이 인기를 끈다.
□ 현금유통이 잘되며 재산이 늘어난다.
□ 거지팔자는 정재운(正財運)에서 죽는 경우도 있다.

- 1+1=2밖에 모를정도로 정직하며 고지식하다.

- 천간(天干)에 정재(正財)가 있고 지지(地支)에 비견(比肩)·겁재(劫財)가 있으면 겉과 속이 다르다.

- 정재(正財)가 3개 이상 있으면 결단력이 부족하다.

- 정재격(正財格)이 구성이 좋으면 사업가로 크게 발전한다.

- 남자가 편재(偏財)와 정재(正財)가 혼잡되면 여자문제가 많다.

- 정재(正財)가 형(刑)·충(沖)·공망(空亡)되면 재물이 없다.

- 정재격(正財格)은 반드시 일간(日干)이 강해야 발복한다.

- 정재격(正財格)이 일간(日干)이 약하면 평생 남에게 의지한다.

- 신약(身弱)사주가 재(財)가 왕성하면 비견(比肩)·겁재(劫財)·인수(印綬)가 있어야 발복한다.

- 신왕(身旺)사주가 재성(財星)이 약하면 식신(食神)·상관(傷官)이 있어야 발복한다.

- 신왕(身旺)사주가 재(財)가 왕성하면 부자가 된다.

- 남자가 신약(身弱)사주인데 재(財)가 약하면 여자문제로 말썽을 일으킨다.

- 남자가 일지(日支)에 정재(正財)가 있으면 아내덕이 있고 현처다.

- 종재격(從財格)은 신약(身弱)사주이어야 발복한다.

- 남자가 재(財)가 암장(暗藏)되어 있으면 첩을 둔다.

- 재(財)가 왕성한데 희신(喜神)이면 부부의 정이 좋다.

- 재성(財星)이 합(合)되면 아내덕으로 출세한다.

□ 정재(正財)가 절(絶)에 있으면 부부간에 생사이별하거나 불화가 많다.

□ 정재(正財)가 있어도 파(破)되면 도로무공이고, 조상의 유업을 지키지 못한다.

□ 재(財)가 지지(地支)에 있는데 제왕(帝旺) 자리에 또 있으면 명문대가의 딸을 아내로 맞이한다.

□ 정재(正財)가 있는데 관(官)이 있으면 남자는 중년에 개운하여 발달하고, 여자는 훌륭한 남편을 맞이한다.

□ 신약(身弱)사주가 정재격(正財格)을 이루면 빈천하다.

□ 재(財)가 왕성한데 인수(印綬)가 있으면 아내와 자식이 현명하며 발전한다.

□ 신약(身弱)사주가 재왕(財旺)하면 단명한다.

□ 양(陽)일생의 정재(正財)가 겁재(劫財)를 만나면 아내를 극(剋)하고, 음(陰)일생의 정재(正財)가 겁재(劫財)를 만나면 아버지를 극(剋)한다.

□ 천간(天干)에 있는 정재(正財)보다 지지(地支)에 있는 정재(正財)가 더 좋으나, 지지(地支)의 정재(正財)가 힘이 없으면 오히려 천간(天干)의 정재(正財)가 더 좋다.

□ 정재(正財)가 있어도 뿌리가 없으면 저축하기 어렵다.

□ 정재(正財)가 고(庫)에 있는데 충(沖)되면 길하다.

□ 남자가 간합(干合)으로 만들어진 오행(五行)이 재성(財星)이 되면 아내의 말에 순종한다.

□ 남자가 천간(天干)에서 재성(財星)이 일간(日干)과 합(合)되면 순종하는 아내를 둔다.

□ 천간(天干)에 있는 재(財)는 지지(地支)에 뿌리가 있어야 재(財)의 구실을 한다.

□ 정재(正財)는 남자에게 아내이나, 여자에게 남편으로 보는 경우도 있다.

□ 병정(丙丁)일생이 사오미(巳午未)월에 태어났는데 재(財)가 많으면 재물이 풍족하다.

□ 무기(戊己)일생이 인묘진(寅卯辰)월에 태어났는데 재(財)가 많으면 재산이 많다.

□ 재(財)가 암장(暗藏)되었는데 관(官)이 투출(透出)되면 명예가 크고, 부동산이 많다.

□ 정재(正財)가 파(破)되면 부모와 함께 살기 어렵다.

□ 정재격(正財格)이 정관(正官)·인수(印綬)가 있으면 반드시 부귀하다.

□ 정재(正財)가 있어도 관성(官星)의 힘이 강하면 빈털터리이다.

□ 정재격(正財格)이 정관(正官)이 없으나 비견(比肩)이나 겁재(劫財)가 1개만 있으면 길명이다.

□ 정재(正財)에 건록(建祿)이 앉으면 부귀를 함께 누린다.

□ 정재격(正財格)은 정관운(正官運)에서 크게 개운 발달한다.

□ 정재격(正財格)이 정재운(正財運)을 만나 인수(印綬)를 충(沖)하면 크게 흉하다.

□ 정재격(正財格) 사주가 인성운(印星運)이 되면 직업의 변동이 생긴다. -

□ 종재격(從財格)은 정재운(正財運)이 최대의 길운이 되어 크게 개운 발복한다.

□ 남자가 신약(身弱)사주인데 비견(比肩)과 정재(正財)가 합(合)되면 아내가 남편이 죽은 후 남편의 형제나 친구와 사통한다.

□ 정재(正財)와 인수(印綬)가 교집되면 어머니와 아내가 화목하지 못하다.

□ 년(年)과 월(月)에서 정재(正財)가 인수(印綬)를 극(剋)하면 부모 중 한 분을 잃는다.

□ 남자가 재성(財星)이 약한데 관살(官殺)이 많으면 아내에게 불평불만이 많다.

□ 여자가 재(財)가 많으면 자식복이 없다.

□ 정재(正財)가 살지(殺地)에 앉아 있으면 아내의 실수로 재난을 당한다.

□ 남자가 정재(正財)가 약한데 양인(羊刃)·겁재(劫財)가 강하면 아내를 잃는다.

□ 남자가 신약(身弱)사주인데 재(財)가 왕성하면 무능하여 여자가 살림을 책임진다.

□ 남자가 정재(正財)가 일지(日支)에 있지 않고 다른 곳에 있으면 아내가 외정을 갖는다.

□ 정재(正財)와 정관(正官)이 균형을 이루고 있으면 자식이 똑똑

하고, 여자는 남편복이 많다.

■ 정재(正財)가 희신(喜神)이면 좋은 일이 생긴다.
□ 당첨·합격·당선·취직·승진·승급 등이 따른다.
□ 결혼이 성사된다. 남자는 아내의 도움이 크고, 여자는 남편의
  덕이 크며 아기를 갖는다.
□ 친지나 친구의 도움으로 사업을 경영하고, 금전운이 좋아 돈으
  로 인한 실패가 없다.
□ 우연한 기회에 횡재하는 경우도 있다.

■ 정재(正財)가 기신(忌神)이면 나쁜 일이 생긴다.
□ 가까운 사람과 돈문제로 다툰다.
□ 자녀문제로 근심하고, 여자는 자녀의 성적이 떨어진다.
□ 정재(正財)가 기신(忌神)이면 어머니를 잃는다.
□ 여자는 남편에게 투정이 심해진다.
□ 학생은 공부를 싫어하고, 돈 씀씀이가 헤퍼진다.
□ 명예가 손상된다. 특히 남자는 아내로 인해 명에를 손상당한다.

7. 편관(偏官)

편관(偏官)은 권위의식이 강하며 군인이나 경찰에 몸을 담은 사
람이 많다. 반항적이며 급진적인 성격으로 과격한 행동을 서슴치
않는다. 용서할 줄 모르며 처벌을 해야 직성이 풀린다. 한마디로

무서운 사람이다. 게다가 권모술수에 능하며 과장·공갈·허풍·
위선 등이 있다. 기회를 잡았다 싶으면 앞뒤 가리지 않고 밀어부친
다. 성격이 급하며 쉽게 시작하고 쉽게 결론을 얻어야 흐뭇해한다.
만일 신왕(身旺)사주이며 편관(偏官)이 좋으면 크게 발달해 국가
와 민족에게 이름을 바쳐 신명을 다한다. 그러나 신약(身弱)하면
의타심이 있고, 뜻은 있으나 펴지를 못하여 불평불만을 품고 산다.

□ 이동·좌천·징계·파직·형벌 등이 따른다.

□ 막중한 책임을 맡게 되고, 일이 잘 풀리지 않는다.

□ 편관(偏官)이 용신(用神)이면 군인은 별을 달고, 회사 중역은
  사장이 된다.

□ 공연한 일로 시비와 구설이 많다.

□ 남의 일에 끼어들거나 공연히 나서는 것을 좋아한다.

□ 성격이 조급하며 편굴하고, 타협을 모르며 반항성격이 있다.

□ 화(火)일생이 재(財)가 편관(偏官)을 생(生)하면 성격이 난폭
  하며 반성할 줄을 모른다.

□ 편관(偏官)이 약한데 식신(食神)이 많으면 흉폭하다.

□ 편관(偏官)이 충(沖)되는데 합(合)되는 것이 없으면 난폭하다.
  심하면 자해·자상·자살하는 경우도 있다.

□ 편관(偏官)이 많은데 제살(制殺)하지 않으면 사기꾼이다.

□ 편관(偏官)이 양인(羊刃)을 만나면 위엄과 위풍이 당당하다.

□ 시상일위(時上一位) 편관격(偏官格)은 성격이 강직하나 세상

보는 눈이 단조롭고 어둡다.

□ 모험심과 의협심이 있고, 총명하며 결단력이 뛰어나다.

□ 신약(身弱)사주가 편관(偏官)이 강하면 도둑근성이 있다.

□ 편관(偏官)에 제살(制殺)하는 것이 약한데 인수(印綬)가 있으면 가난한 학자에 불과하다.

□ 시상일위(時上一位) 편관격(偏官格)은 귀격이다.

□ 편관격(偏官格)을 다스리려면 일간(日干)이 강해야 좋다.

□ 편관(偏官)을 형충파해(刑沖破害)하면 더욱더 난폭해진다.

□ 편관(偏官)은 무지한 깡패와 같이 심하게 다루면 더욱더 흉폭해지나, 잘 간합(干合)시키면 오히려 귀한 명이 된다.

□ 편관격(偏官格)이 충(沖)되었는데 괴강살(魁罡殺)이 있으면 무서운 사람이다.

□ 여자가 편관(偏官)이 강한데 형충(刑沖)이 있으면 남편과 자식을 극(剋)한다.

□ 편관격(偏官格)이 일간(日干)이 약하면 가난하며 단명한다.

□ 여자가 편관(偏官)이 장생(長生) 자리에 있으면 귀부인이다.

□ 편관(偏官)은 사람과 어울리는 것을 좋아한다.

□ 남자가 편관(偏官)이 식신(食神)을 만나면 자식이 똑똑하다.

□ 신왕(身旺)사주가 편관(偏官)이 약하면 게으르며 일이 거칠다.

□ 사주 전체가 편관(偏官)이면 특수한 사람이다.

□ 편관(偏官)이 양인(羊刃)을 만나면 장군과 같다.

□ 편관(偏官)이 정관운(正官運)을 만나면 죽는 경우가 있다.

□ 신왕(身旺) 편관격(偏官格)이 재성(財星)을 만나면 귀명이 되고, 신약(身弱) 편관격(偏官格)이 재성(財星)을 만나면 죽는다.

□ 시상(時上)에 강한 편관(偏官)이 있는데 다스릴 오행(五行)이 없으면 자식이 깡패와 같다. 그러나 식신(食神)이 있으면 오히려 자식이똑똑하다.

□ 여자가 편관격(偏官格)인데 편인(偏印)과 식신(食神)이 있으면 산액을 당한다.

□ 년상에 편관(偏官)이 있으면 빔천한 가문이다.

□ 월지(月支) 편관격(偏官格)은 충(沖)하여 흉하나, 시상(時上) 편관격(偏官格)은 충(沖)되어도 무방하다.

□ 종살격(從殺格)은 순리를 좋아하며 겸손하다.

□ 신약(身弱)사주가 살이 왕성한데 형충(刑沖)되면 고질병이 있고, 감옥에도 가보며 가난하다.

□ 일지(日支)에 편관(偏官)이 있으면 고집이 강하며 성질이 급하나 똑똑하다.

□ 편관(偏官)이 강하면 투쟁을 좋아하며 얼굴에 흉터가 있다.

□ 여자가 정편관(丁偏官)이 혼잡되면 바람둥이이다.

□ 일간(日干)이 강한데 뿌리가 없는 편관격(偏官格)은 재운(財運)이나 편관운(偏官運)에서 발달한다.

□ 편관(偏官)을 형충파해(刑沖破害)하면 재난이 많다.

□ 시상(時上)에 편관(偏官)이 있는데 일간(日干)이 강하면 자식 복이 있으나 약하면 자식 복이 없다.

□ 편관(偏官)이 왕성하면 형제와 인연이 없다.

□ 신약(身弱)사주가 편관(偏官)이 왕성하면 여자관계가 복잡하다.

□ 일지(日支)의 편관(偏官)이 충(沖)되면 아내가 변덕스러우며 수다장이이고, 부부싸움이 많다.

□ 년상이나 월상(月上)에 편관(偏官)이 있으면 형제와 불화한다.

□ 여자가 편관(偏官)이 많으면 남편복이 적다.

□ 여자가 관살(官殺)이 혼잡되면 외간남자와 사귐이 많다.

□ 신약(身弱)한데 관살(官殺)이 왕성하면 아내의 성품이 거칠다.

□ 여자가 정관(正官)이 없는데 편관(偏官)이 있고 식신(食神)이 태과하면 과부팔자이다.

□ 여자가 편관(偏官)이 많으면 차라리 혼자 사는 것이 좋다.

■ 편관(偏官)이 희신(喜神)이면 좋은 일이 생긴다.

□ 미혼여성은 결혼한다..

□ 여자는 남자의 도움을 받고 재기하고, 남자는 득남하며 자녀에게 경사가 있다.

□ 승진·승급 등 관운(官運)이 좋아지고, 실업자는 취직하며, 수험생은 합격하는 등 막혔든 일이 풀린다.

■ 편관(偏官)이 기신(忌神)이면 나쁜 일이 생긴다.

□ 싸움을 자주하며, 형제와 친구·동료간에 불화가 생긴다.

□ 여자는 남편에게 구타당하고, 남자는 속을 썩이는 자식이 있다.

□ 사기나 도박 등으로 관재구설이 따르고, 경찰서 등을 출입한다.

□ 좌천·승진 누락·재난·배신·강도·강탈·겁탈·수모·봉변 등이 따른다.
□ 여자는 남자와 결별하고 후회하고, 남자의 유혹에 빠져 망신을 당한다.
□ 사업의 부진으로 휴업이나 폐업에 이르기도 한다.
□ 마음이 흉폭해지고 도적질하고 싶은 마음이 생긴다.

8. 정관(正官)

근면·성실·정직이 정관(正官)의 자랑이자 자본이다. 항상 타의 모범이 되어 만인 앞에서 추앙을 받으며 칭송받는 것은 그렇게 처신을 해왔기 때문이다. 교만과 자만을 모르며 언제나 공정하고 공평하게 중간에서 조정을 하며 중용의 입장에서 공사를 분별한다. 그러나 이런 점들이 오히려 소심해지는 신약(身弱)사주도 있다. 좋은 기회인 줄 알면서도 덤벼들지를 못하고 어물거리다 말기도 한다. 그러나 대부분 정관운(正官運)을 만나면 승진이나 취직이 된다. 여자는 천생배필을 만나 결혼하는 길성(吉星)이다.

□ 승진·표창·포상의 명예가 있다.
□ 실업자는 취직하고, 경영인은 사업을 확장하며 발전한다.
□ 상급자로부터 재능을 인정받고 빛을 보기 시작한다.
□ 귀인을 만나며 어려운 문제가 성사되고, 여자는 결혼을 한다.

□ 목(木)이 정관(正官)이면 인격과 덕망이 높다.

□ 화(火)가 정관(正官)이면 성격이 급하며 불의를 참지 못한다.

□ 금(金)·토(土)가 정관(正官)이면 인품이 중후하며 정직하다.

□ 수(水)가 정관(正官)이면 인정이 많으며 대인관계가 좋다.

□ 정관격(正官格)이 조화를 잘 이루면 귀명이나, 파격(破格)을 이루면 우둔하며 반성할 줄 모른다.

□ 정관(正官)이 3개 이상 있으면 졸렬하며 무능하다.

□ 신약(身弱)사주가 정관격(正官格)을 이루면 결단력이 없다.

□ 일지(日支)에 정관(正官)이 있으면 총명하며 붙임성이 있다.

□ 정관격(正官格)사주에는 국회의원과 공무원이 많다.

□ 정관(正官)과 인수(印綬)가 조화를 잘 이루면 정치가·대학교수 등으로 진출하고, 정치에 관심이 많다.

□ 정관(正官)·인수(印綬)·식신(食神)이 길하게 작용하면 학자로 명성을 얻는다.

□ 여자가 정관(正官)이 많으면 화류계 팔자이다.

□ 정관격(正官格)이 파격(破格)되면 직장을 얻기 힘들고, 있어도 말단직에 불과하다.

□ 남자가 정편관(正偏官)이 없으면 자식이 없고, 정편관(正偏官)이 약하면 자식덕이 없다.

□ 남자는 편관(偏官)이 아들이고, 정관(正官)이 딸이다.

□ 시주(時柱)에 정관(正官)이 있고 신왕하면 자식이 유명하다.

□ 정관(正官)이 약한데 비견(比肩)·겁재(劫財)·양인(羊刃)이

있으면 가족이 많지 않거나 양자이다.

□ 정관(正官)이 약한데 상관(傷官)이 왕성하면 자식이 무능하거나 일찍 죽고, 손자가 아들노릇을 한다.

□ 여자가 일지(日支)에 정관(正官)이 있으면 남편이 훌륭하고, 다른 곳에 재(財)가 있으면 남편의 사랑이 더욱더 극진하다.

□ 여자가 정관(正官)이 형충파해(刑沖破害)되거나 공망(空亡)되면 남편 복이 없다.

□ 일지(日支)에 정관(正官)이 있어도 기신(忌神)에 해당하면 남편과 생사이별한다.

□ 여자가 정관(正官)이 많으면 상관(傷官)과 인성(印星)이 있어야 남편이 발달한다.

□ 여자가 정관(正官)이 왕성하면 남편에게 내조를 잘 한다.

□ 정관(正官)이 장생(長生)에 앉아 있으면 자식이 똑똑하다.

□ 정관(正官)이 재성(財星)을 만나면 대부호의 명이다.

□ 정관(正官)과 편관(偏官)이 공망(空亡)되면 직업을 구하기 어렵다.

□ 월시(月時)에 정관(正官)과 편관(偏官)이 혼잡되어 있으면 손버릇이 나쁘며 남의 것을 탐낸다.

□ 일주(日柱)와 정관(正官)이 합(合)되면 복록이 두텁다.

□ 일간(日干)이 약한데 관살(官殺)이 혼잡하면 빈천하다.

□ 정관격(正官格)이 식신(食神)이 많으면 흉한 명이다.

□ 신약(身弱)사주가 인성(印星)이 없고 관살(官殺)이 혼잡하면

평생 고생이 많다.

□ 정관(正官)이 많으면 상관(傷官)이 있어야 흉을 면할 수 있다.

□ 정관(正官)이 많으면 막힘이 많으며 심신이 불안하다.

□ 여자가 일지(日支)에 정관(正官)이 있는데 다른 것과 합(合)되면 남편이 바람둥이이고, 본인도 외정을 갖는다.

□ 여자가 관성(官星)이 많은데 합(合)이 많으면 이 남자 저 남자에게 정을 준다.

□ 일간(日干)이 약한데 정관격(正官格)이면 출세하기 어렵다.

□ 재성(財星)이 많은데 정관(正官)을 생(生)히면 게으르며 구설이 많다.

□ 신약(身弱)사주가 정관격(正官格)이면 인색하다.

□ 정관(正官) 자리에 건록(建祿)이 앉아 있으면 복이 많다.

□ 정관(正官)이 월지(月支)에 있으면 출세가 빠르다.

□ 정관(正官)이나 편관(偏官)을 충(沖)하면 고향을 일찍 떠난다.

□ 정관격(正官格)이 편관(偏官)을 만나면 의식주에 문제가 있다.

□ 정관격(正官格)이 상관운(傷官運)이 오면 남자는 실직하고, 여자는 남편과 이별한다.

□ 신약(身弱)사주가 정관격(正官格)이면 정관운(正官運)에서 건강이 나빠지며 죽는 경우도 있다.

□ 여자가 정관격(正官格)인데 편관운(偏官運)을 만나면 외정을 갖는다.

□ 여자가 관살(官殺)이 혼잡한데 재(財)와 합(合)되면 돈을 보고

재혼하는 경우도 있다.

■ 정관(正官)이 희신(喜神)이면 좋은 일이 생긴다.
□ 취직이 되고, 직장인은 당선·승진·포상·합격 등 명예로운
  일이 생긴다.
□ 자식의 경사가 있으며 가정이 화목해지고, 여자는 결혼한다.
□ 막힌 일이 풀리고, 관과 협조하는 일이 성사되며, 주위의 도움
  을 많이 받는다.
□ 성적이 올라가고, 송사 등에서 이긴다.

■ 정관(正官)이 기신(忌神)이면 나쁜 일이 생긴다.
□ 몸을 다치거나 질병에 걸리고, 관재구설이 따른다.
□ 자식문제로 곤욕을 치르게 된다.
□ 실직·좌천·감봉·승진누락 등이 따른다.
□ 여자는 남편과 다투거나 남자에게 배신이나 강간·겁탈 등을
  당한다.
□ 중상모략·소송·불합격 등이 따른다.
□ 형제간에 다툼이 생겨 의절하기도 한다.

9. 편인(偏印)

편인(偏印)은 결과가 없는 것이 특징이다. 시작은 분명하나 끝이
없고, 나서기도 잘하나 물러서기도 잘하고, 말은 잘하나 행동이 없

고, 급하게 서둘러 놓고 느리게 진행하고, 있다고 하다가 없다고 하는 것처럼 처음은 있으나 끝이 없다. 그러나 순간의 재치와 발상은 뛰어나 임기응변에 뛰어나고, 기회를 절대 놓치지 않는 찬스의 명수이다. 선천적으로 예능방면에 재능이 있어 예술가로 명성을 얻고, 평론·의사·이미용업 등에서 명성을 크게 얻는 경우가 많다. 또한 머리회전이 빨라 발명이나 특허·기획 등에서 히트를 친다. 만일 사주에서 편인(偏印)과 인수(印綬)가 혼잡하면 두 어머니를 모신다. 편인(偏印)은 좋은 일보다 나쁜 일에 끼어드는 것을 잘하는 성격이리 흉성(凶星)에 속한다.

□ 수입보다 지출이 많으나 인색하다.
□ 괴상망칙한 생각을 행동으로 옮기다 망신을 당한다.
□ 부부간에 불화가 많다.
□ 직장인은 좌천이나 승진에서 누락한다.
□ 신약(身弱)사주는 오히려 크게 발전한다.
□ 구설시비가 분분하고, 변태적인 욕구가 발동한다.
□ 유난히 눈치가 빠르며 임기응변에 능하나 결과가 없다.
□ 편인(偏印)이 많으면 얼굴이 추하다.
□ 어떤 때는 빠르고 어떤 때는 느려 종잡을 수 없는 성격이다.
□ 편인(偏印)이 간합(干合)을 잘 이루면 멋쟁이 신사숙녀이다.
□ 사람을 교묘하게 농락한다.
□ 편인(偏印)은 두 가지 이상의 직업을 갖는다.

□ 일지(日支)에 편인(偏印)이 있으면 결혼운이 나쁘다.

□ 일지(日支)에 편인(偏印)이 있는데 다른 곳에 또 있으면 배우자는 게으르며 부부싸움이 많다.

□ 편인(偏印)이 많으면 자식덕이 없고, 노후의 생활이 불안하다.

□ 여자가 양(陽)일생인데 편인(偏印)이 상관(傷官)과 간합(干合)하고, 음(陰)일생인데 편인(偏印)이 정재(正財)와 간합(干合)하면 남편 섬기는 일에는 빵점이다.

□ 여자가 편인(偏印)이 강한데 관성(官星)이 약하면 남편복이 약하다.

□ 편인(偏印)이 강하면 편친슬하에서 성장한다.

□ 여자가 편인(偏印)이 강하면 자식이 없거나 불효자를 둔다.

□ 신약(身弱)사주가 편인(偏印)이 강하면 배우자와 자식을 극(剋)한다.

□ 편인격(偏印格)이 정관(正官)이나 편관(偏官)을 만나면 성격이 흉폭하다.

□ 편인(偏印)이 간합(干合)되면 성격이 온후하다.

□ 목(木)일생이 편인(偏印)이 있으면 막힘과 부족함이 많다.

□ 수(水)일생이 편인(偏印)이 있으면 자기 꾀에 자기가 말려들어 화를 입는다.

□ 여자가 편인(偏印)이 식신(食神)을 극(剋)하면 자식덕이 없다.

□ 일주(日柱)에 편인(偏印)이 있는데 다른 곳에서 왕성하며 형충(刑沖)되면 음식으로 인한 질병을 얻는다.

□ 편인(偏印)이 많으면 고독하다.

□ 여자가 편인(偏印)이 많은데 식신(食神)을 극(剋)하면 산액이 따른다.

□ 편인(偏印)·양인(羊刃)·겁재(劫財)가 같이 있으면 겉으로는 호인이나 속으로는 음흉하다.

□ 편인(偏印)과 인수(印綬)가 겹쳐 있으면 권력남용을 잘 한다.

□ 천간(天干)에 병(丙)이 두 개 있는데 지지(地支)에 편인(偏印)·인수(印綬)가 3개 이상 있으면 흉운에 죽음을 면하기 어렵다.

□ 여자가 편인(偏印)·식신(食神)·상관(傷官)이 가깝게 있으면 재운(財運)에 자식을 낳고 자식의 경사가 있다.

□ 남자가 일주(日柱)와 시주(時柱)에 편관(偏官)과 양인(羊刃)이 있는데 편인(偏印)이 있으면 중년을 넘기지 못하고 아내와 자식과 이별한다.

□ 월지(月支)에 편인(偏印)이 있는데 다른 곳에 식신(食神)이 있으면 신체가 비대하다. 그러나 배우자는 홀쭉하다.

□ 편인격(偏印格)이 신왕(身旺)한데 재(財)와 관성(官星)이 있으면 복록이 두텁다.

□ 편인(偏印)이 많고 재성(財星)이 약하면 유행성 질병에 약하다.

□ 일지(日支)에 편인(偏印)이 있는데 천간(天干)에 식신(食神)이 있으면 대식가다.

□ 년월일시에 편인(偏印)이 많은데 식신운(食神運)을 만나면 죽

음에 이르기도 한다.

□ 편인격(偏印格)이 재성(財星)이 없으면 가난하다.

□ 편인격(偏印格)이 관살(官殺)이 있으면 평생 굴곡이 심하다.

■ 편인(偏印)이 희신(喜神)이 되면 좋은 일이 생긴다.

□ 집을 사거나 재산을 늘려 큰 집으로 이사한다.

□ 새로운 분야로 진출한다.

□ 학문·예술·기술 등 전문분야에서 이름을 크게 얻는다.

□ 다른 사람에게 큰 도움을 받는다.

□ 매사가 순조로우며 승승장구한다.

■ 편인(偏印)이 기신(忌神)이면 나쁜 일이 생긴다.

□ 미혼여성은 사기결혼을 당한다.

□ 여자는 유산이나 낙태 등이 따르고, 하복부나 유방의 질환을 얻
는다.

□ 직장인은 좌천·감봉·파면 등 불명예가 따르고, 수험생은 고
전한다.

□ 정신적으로 안정하지 못하며 방황한다.

□ 범죄조직에 가담하며, 도박·사기·협잡꾼 등에게 말려들어 봉
변을 당한다.

□ 관재구설·송사·시비 등이 분분하다.

□ 유동자산을 크게 잃는다.

□ 배신 등으로 싸움과 쟁투가 극심하다.

□ 남자는 여자문제로 불화가 극심하다.

10. 인수(印綬)

인수(印綬)는 생각이 깊으며 이해심이 많아 처벌보다는 용서를 먼저하고, 없는 자 편에 서서 대변하기를 즐기고, 깨끗하며 고결한 품위에 더러움이 있을까 항상 살피는 성격을 갖고 있다. 그러나 다만 자존심이 강하며 앞서기를 꺼리고, 재물보다는 명예를 중시하여 재물을 모으는 재주기 없으니 군자지도와 같은 스승의 명이다. 학문의 토론을 즐기며 책과 글쓰기를 좋아하니 서예나 문필가로 명성을 얻는 사람이 많다. 교단에서 명강의로 이름을 떨치는 사람 중에 인수(印綬)가 발달한 경우가 많다. 언제나 성현의 말씀을 곁들여 표현을 잘하고, 이해하기 쉽고 설득력 있게 상대를 감화시키니 웬만한 지식으로는 반론을 제기할 수 없다. 인수운(印綬運)이 되면 학생은 학구열이 발동해 스스로 공부하며 성적이 올라간다.

□ 공부하려는 마음이 발동하고, 성적이 오른다.
□ 새로운 아이디어로 인기를 독점한다.
□ 주위의 협조를 얻는다.
□ 명예가 사해를 진동하고 덕망이 높다.
□ 시험·선거·입찰운 등이 좋아 의외의 성과를 거둔다.
□ 오랜 숙원사업이 해결되고 큰 성과를 거둔다.

□ 생각이 깊으며 인자하고, 지혜와 모사를 겸비한다.

□ 인수(印綬)가 좋으면 신체가 풍만하다.

□ 인수(印綬)가 태강하면 재물에 인색하며 이기적이다.

□ 인수(印綬)가 형충(刑沖)되면 인격이 떨어진다.

□ 인수(印綬)가 묘(墓)에 있으면 종교에 관심이 많다.

□ 인수(印綬)가 많으면 다른 어머니에게 양육된다.

□ 인수(印綬)가 장생(長生)에 앉아 있으면 어머니가 인자하다.

□ 인수격(印綬格)인데 일지(日支)에 재성(財星)이 있으면 아내로 인하여 막히는 일이 많다.

□ 인수(印綬)가 공망(空亡)되면 부모가 무능하다.

□ 일시(日時)에 인수(印綬)가 있으면 자수성가한다.

□ 여자가 인수(印綬)가 많으면 자식과의 인연이 없다.

□ 인수(印綬)가 공망(空亡)되거나 형충(刑沖)되면 편친슬하에서 자란다.

□ 인수(印綬)가 많으면 불효자식을 둔다.

□ 인수격(印綬格)인데 편인(偏印)이 있으면 개운하기 어렵다.

□ 일간(日干)이 강하면 인수(印綬)가 약한 것이 좋고, 일간(日干)이 약하면 인수(印綬)가 강한 것이 좋다.

□ 인수(印綬)가 정관(正官)의 생조(生助)를 받으면 귀인이다.

□ 인수격(印綬格)이 파격(破格)되면 가정이 온전하기 어렵다.

□ 목(木)일생의 인수(印綬)는 수재를 당하기 쉽다.

□ 인수(印綬)가 묘(墓)에 앉아 있으면 단명한다.

□ 인수(印綬)가 극충(剋沖)을 당하지 않으면 평생 복록이 많다.

□ 인수(印綬)가 좋으면 음식솜씨가 일품이다.

□ 인수(印綬)가 약한데 식신(食神)이나 상관(傷官)이 많으면 빈천하다.

□ 인수(印綬)는 월지(月支)에 있는 것이 최상격이고, 시간(時干)에 있으면 그 다음으로 좋다.

□ 년주(年柱)에 인수(印綬)가 있으면 조상덕이 많고, 시주(時柱)에 있으면 자식복이 많다.

□ 인수격(印綬格)은 신약(身弱)해도 무빙하다.

□ 인수(印綬)가 충(沖)되면 재난이 많다.

□ 인수격(印綬格)이 재물에 욕심을 갖으면 재화가 발생한다.

□ 인수(印綬)가 형충파(刑沖破)되면 만사가 풀리지 않는다.

□ 갑(甲)일생 인수(印綬)는 의식이 풍족하다.

□ 을(乙)일생 인수(印綬)는 관록(冠祿)이 좋다.

□ 병(丙)일생 인수(印綬)는 수복을 겸비한다.

□ 정(丁)일생과 무(戊)일생 인수(印綬)는 위엄이 있다.

□ 기(己)일생 인수(印綬)는 복록이 많다.

□ 경(庚)일생 인수(印綬)는 명리가 좋다.

□ 신(辛)일생 인수(印綬)는 의식을 스스로 충족시킨다.

□ 임(壬)일생 인수(印綬)는 수복이 장구하다.

□ 계(癸)일생 인수(印綬)는 재물이 좋으며 총명하고 통솔력이 뛰어나다.

□ 인수(印綬)가 강한 정재(正財)를 만나면 만사가 허사이다.

□ 갑병무임(甲丙戊壬)일생이 인수격(印綬格)을 이루면 풍류를 즐기고, 을정기계(乙丁己癸)일생이 인수격(印綬格)을 이루면 인색하다.

□ 인수격(印綬格)이 약한데 관운(官運)을 만나면 크게 발달한다.

□ 인수격(印綬格)이 간합(干合)되면 흉하다.

□ 인수격(印綬格)이 편인운(偏印運)을 만나면 만사불성으로 대흉하다.

■ 인수(印綬)가 희신(喜神)이면 좋은 일이 생긴다.

□ 입시생은 시험에 합격하고 명예를 얻는다.

□ 부모나 스승의 도움을 받는다.

□ 공부를 좋아하고, 논문에 통과하여 학위를 받는다.

□ 질병에서 해방되고 건강을 회복한다.

□ 여자는 결혼하여 어머니가 된다.

□ 어려운 문제가 풀리며 성사된다.

■ 인수(印綬)가 기신(忌神)이면 나쁜 일이 생긴다.

□ 신왕(身旺)사주가 인수운(印綬運)이 오면 교만불손해지며 질시와 질타를 받는다.

□ 여자는 남편의 일에 막힘이 많고, 하복부 질환이 생긴다.

□ 남자는 어머니에게 우환이 따른다.

□ 문서관계로 송사와 주택문제가 생긴다.

ㅁ 여자는 파혼·사산·낙태·자식의 중병 등이 따른다.

■ 여자를 재(財)라고 하는 이유

지구가 바다 70%, 육지 30%로 구성되어 있듯이 사람의 몸도 수분이 70%, 육질이 30%로 구성되어 있다. 이렇게 우주와 인간은 태초부터 물과 매우 밀접한 관계를 맺고 있다. 인간이 만들어지는 과정만 보아도 정액이라는 물로 만들어졌고, 모태 안에서도 물 속을 유영하며 생육되는 것처럼, 인간의 문명도 바다와 인접한 곳으로부터 발달해 왔다. 이것은 인간 본래의 고향이 물인 것과 같이 인간 스스로 물 가까운 곳을 찾아 살기 때문이다. 이는 예나 지금이나 강이나 바다를 끼고 있는 곳에서 먼저 도시문명이 발달하고 있는 것이다.

이렇게 원시시대부터 인간은 바다 가까운 곳에 마을을 형성했고, 자연적 필요 요건으로는 요즘 말로 경제유통 질서의 필요성을 느끼게 되므로 물질 교환 수단용으로 화폐라는 돈의 발생이 여기서부터 시작되었다. 이때 돈이라는 가치의 대용품으로 조개껍질을 사용했다는 기록이 있어 이의 본원을 살펴보기로 하겠다.

한자의 원어는 상형문자이듯 돈이나 재산의 뜻으로 쓰이는 글자에는 대부분 조개패 변이 붙어 있다. 이것은 조개를 화폐로 사용해 왔다는 인간역사의 흔적이기도 하지만 여자의 자궁 모습이 조개와 같이 생겼다 하여 상징한 것이기도 하다. 이에 대한 구구한 설은 많지만 사실적 근거가 미흡하므로 다만 한자어에 조개패변이 붙어 있는 글자만 골라 필기해 두겠는데 이의 내용에는 모두 돈이나 물질의 뜻이 내포되어 있음을 참고하기 바란다.

동양철학에서도 여자를 재(財)라고 하는데, 이것은 대단히 깊은 뜻이 있다. 계집녀(女) 자의 모양은 양 다리 사이에 자궁이 있다는 뜻고, 자궁은 조개를 닮았다는 뜻이고, 조개는 곧 돈이라는 뜻이다.

4. 육신(六神)의 작용

육신(六神)은 년월일시에 따라 작용이 다르나 본성의 성격에는 변함이 없다.

1. 비견(比肩)

□ 년(年)에 비견(比肩)이 있으면 차남이다. 간혹 장남인 경우도 있으나 장남 구실을 하지 못하거나 분가한 집안의 태생이다.

□ 월(月)에 비견(比肩)이 있으면 형제가 생가를 지키고, 타주에 비견(比肩)이나 겁재(劫財)가 또 있으면 생가를 떠나 살거나 양자로 가는 경우가 많다. 또한 타주에 편인(偏印)과 인수(印綬)가 있으면 술을 많이 마신다.

□ 일(日)에 비견(比肩)이 있는데 일주(日柱)의 천간(天干)과 지지(地支)가 같으면 남자는 아내를 극(剋)하고 아내는 남편을 극(剋)하여 생사이별을 면하기 어렵다. 그러나 신약(身弱)사주이면 면할 수 있다.

□ 시(時)에 비견(比肩)이나 겁재(劫財)가 있는데 신왕(身旺)하면
서 타주에 정재(正財)나 편재(偏財)가 있으면 패재(敗財)라 하
여 말년에 손재가 따른다. 그러나 신약(身弱)사주이면 말년을
유복하게 보낸다.

2. 겁재(劫財)

□ 년(年)에 겁재(劫財)가 차남이다. 유산을 지키기 어려우며 선조
의 덕이 없고, 가난한 집에서 태어난 사람이 많다.

□ 월(月)에 겁재(劫財)가 있으면 비견(比肩)과 같다.

□ 신약(身弱)사주가 비견(比肩)·겁재(劫財)·양인(羊刃) 등이
있으면 대길하나, 신왕(身旺)사주가 일주(日柱)의 천간(天干)과
지지(地支)가 같으면 극부극처(剋夫剋妻)한다.

□ 시(時)에 겁재(劫財)가 있는데 타주에 겁재(劫財)가 또 있으면
남자는 여자를 극(剋)한다. 여자는 남편을 배신하며 질병과 산
액이 있고, 본인과 자식이 게으르다. 또한 생활에 변화가 많으
며 시비와 싸움을 잘하고, 고집이 강하다. 여자는 일지(日支)에
정재(正財)가 있는데 시주(時柱)에 겁재(劫財)·양인(羊刃)이
있으면 산액과 신체에 이상이 따른다.

3. 식신(食神)

□ 년(年)에 식신(食神)이 있으면 명문가 출신으로 조상이 부자였
다.

□ 월(月)에 식신(食神)이 있는데 신왕(身旺)사주이면 키가 크며 뚱뚱하고, 도량이 넓으며 낙천적이다. 그러나 사주에 편인(偏印)이 있으면 이와 반대이고, 식신(食神)이 형충(刑沖)하면 잔병이 많다.

□ 일(日)에 식신(食神)이 있으면 배우자가 뚱뚱하며 명랑하고, 이해심이 깊으며 의식주가 풍족하다. 그러나 편인(偏印)이 있으면 이와 반대이고, 형충(刑沖)되면 질병이 많고 단명한다.

□ 시(時)에 식신(食神)이 있는데 왕성하면 장수하며 효자를 둔다. 안으로 쌓아놓은 재산도 많고 벌어들이기도 잘 한다.

4. 상관(傷官)

□ 년(年)에 상관(傷官)이 있으면 부모가 온전하기 어렵다. 정관(正官)의 귀를 깨트린다 하여 조실부모하고, 유산을 파하거나 가출하는 경우가 많다.

□ 월(月)에 상관(傷官)이 있는데 타주에 상관(傷官)이 많으면 생활이 빈곤하다. 여기에 겁재(劫財)까지 있으면 가난한 집안의 태생이며 백숙부모와 형제가 온전하기 어렵다. 특히 부모와 웃어른에 대한 공경심이 없고, 얼굴과 이마 등에 흉터가 있고, 여자는 남편이 하는 일에 사사건건 간섭이 많아 부부간에 시비가 많다.

□ 일지(日支)에 상관(傷官)이 있는데 타주에 정재(正財)나 편재(偏財)가 있으면 남자는 얼굴이 잘 생겼으며 아름다운 아내를

두고, 부부가 모두 말솜씨가 좋으며 재주가 많다. 그러나 남자는 여자를 극(剋)하고 선부후빈(先富後貧)한다. 만일 비견(比肩)이나 겁재(劫財)가 많으면 자식이 늦게 결혼하거나 생사이별하기도 한다.

□ 시(時)에 상관(傷官)이 있으면 남자는 우매한 자식을 두고, 여자는 자식과 사이가 좋다. 그러나 양인(羊刃)과 같이 있으면 도둑질을 하는 자식을 두는 경우도 있다.

5. 편재(偏財)

□ 년(年)에 편재(偏財)가 있으면 상업에 종사하는 집안의 태생이고, 할아버지나 아버지가 양자로 왔다. 만일 사주에 비견(比肩)이나 겁재(劫財)가 없으면 부잣집 태생이나, 비견(比肩)이나 겁재(劫財)가 많으면 형제들과 재산싸움이 많다.

□ 월(月)에 편재(偏財)가 있으면 부잣집이나 상업에 종사하는 집안의 태생이다. 특히 월지(月支)에 있는 편재(偏財)는 재산으로 신왕(身旺)하면 부자가 된다. 그러나 신약(身弱)하면 인색하며 본처를 두고 첩을 더 사랑한다. 또한 타주에 비견(比肩)이나 겁재(劫財)가 있으면 형제간에 재산싸움을 벌인다.

□ 일지(日支)에 편재(偏財)가 있으면 명랑하며 쾌활한 배우자를 만난다. 그러나 남자는 애인이나 첩을 두기도 한다. 만일 정재(正財)와 편재(偏財)가 혼잡되면 작용이 더 강하다.

□ 시(時)에 편재(偏財)가 있으면 중년부터 부귀해지고, 역마(驛

馬)와 같이 있으면 고향을 떠나 부귀해진다. 이런 사주는 맞벌이를
하는 경우가 많다.

6. 정재(正財)

□ 년(年)에 정재(正財)가 있으면 부잣집 태생으로 부모덕이 크다.
  그러나 사주에 비견(比肩)이나 겁재(劫財)가 많으면 형제간에 재
  산싸움을 벌이고, 나중에는 집안이 기운다.

□ 월(月)에 정재(正財)가 있는데 신왕(身旺)하면서 식신(食神)과 상
  관(傷官)이 있으면 부잣집 태생이거나 부자가 된다. 그러나 신약
  (身弱)하면 아내로 인하여 화를 당하거나 재화가 많다.

□ 일지(日支)에 있는 정재(正財)는 자신의 본처이고, 타주에서 정
  재(正財)를 생(生)하면 부부금슬이 좋으며 부를 누린다.

□ 시(時)에 정재(正財)가 있으면 선빈후부(先貧後富)격으로 길하다.
  특히 신왕(身旺)하면서 건록(建祿)이 있으면 큰 부자가 된다.

7. 편관(偏官)

□ 년(年)에 편관(偏官)이 있으면 상업에 종사하는 집안이거나 가
  세가 기울 때 태어났거나 차남이다. 충극(沖剋)되면 고향을 떠
  나거나 양자로 간다.

□ 월지(月支)에 편관(偏官)이 있으면 생가에서 재력을 얻지 못한
  다. 타주에 정관(正官)이나 편관(偏官)이 많으면 형제가 없고,
  있어도 인연이 희박하여 외롭게 지낸다.

□ 일(日)에 편관(偏官)이 있으면 고집이 강하며 영리하고, 성격이
급하며 부부간에 불화가 심하다. 특히 충(沖)이 있으면 결혼한
후 잔병이 많고, 남녀 모두 변태적인 이성관계를 즐긴다. 그러
나 합(合)이 있으면 잔병은 면할 수 있다.

□ 남자가 시(時)에 편관(偏官)이 있는데 신왕(身旺)사주이면 말
년에 성공하거나 자식이 성공한다.

8. 정관(正官)

□ 년(年)에 정관(正官)이 있으면 혈통이 바른 명문가 출신이고,
사주에 재(財)가 있으면 부귀를 겸비한 집안이고, 상관(傷官)이
없으면 명예까지 상속받는다. 사주에 비견(比肩)이 있으면 차남
이다.

□ 월(月)에 정관(正官)이 있으면 편관(偏官)과 같다.

□ 일지(日支)에 정관(正官)이 있으면 혈통이 깨끗하며 인격이 높
은 배우자를 만난다. 그러나 형충(刑沖)되면 부부간의 갈등이
심하다.

□ 시(時)에 정관(正官)있는데 형충(刑沖)되지 않으면 중년부터
명성이 높아진다. 말년에는 인격적으로 추앙을 받으며 자식이
발전한다.

9. 편인(偏印)

□ 년(年)에 편인(偏印)이 있으면 조상의 유업을 계승하기 어렵고,

고향을 떠난다. 만일 편인(偏印)이 겹겹으로 있으면 가세가 기운 집안의 태생이고, 편부나 편모 슬하에서 살거나 양자로 가는 경우가 많다.

□ 월(月)에 편인(偏印)이 있는데 타주에 또 있으면 부모가 온전하지 못하거나 양자로 간다. 가난하며 자녀를 극(剋)하여 외롭게 살아간다.

□ 일(日)에 편인(偏印)이 있으면 배우자운이 나쁘고, 타주에 편인(偏印)이나 인수(印綬)가 있으면 복력이 작다. 그러나 신약(身弱)하면서 일간(日干)이 약하면 현명한 배우자를 만난다.

□ 시(時)에 편인(偏印)이 있는데 신왕(身旺)사주이면 말년운이 불길해 떠돌이 생활을 한다. 그러나 신약(身弱)사주이면 오히려 뜻밖의 일로 횡재하는 경우도 있고, 다른 사람에게 도움을 받기도 하고 봉사를 하기도 한다.

10. 인수(印綬)

□ 년(年)에 인수(印綬)가 있으면 부귀명문가 출신이다.

□ 월(月)에 인수(印綬)가 있는데 흉살(凶殺)이 없으면 지조와 소신이 굳다. 총명다재하며 말이 무겁고 덕망이 높다. 그러나 충파(沖破)되면 격이 떨어지며 실천력이 없다.

□ 음(陰)일생 남자가 일(日)에 인수(印綬)가 있으면 아내에게 귀속되어 사는 사람이 많고, 양(陽)일생 여자는 중년 이후에 남편과 생사이별하는 경우가 있다.

□ 시(時)에 인수(印綬)가 있으면 명예를 소중히 여기고 자식덕이
많다. 그러나 식신(食神)이 많으면 복록이 작고 단명한다.

5. 육신(六神)이 많으면

여기서 많다는 것은 3개 이상을 말한다.

1. 비견(比肩)·겁재(劫財)가 많으면

□ 비견(比肩)이나 겁재(劫財)가 많으면 어머니를 일찍 잃는다.

□ 비견(比肩)이나 겁재(劫財)가 많으면 형제가 많으며 매우 가난
하다.

□ 비견(比肩)이나 겁재(劫財)가 많으면 형제간에 싸움이 많으며,
남자는 상처하고 여자는 상부한다. 그러나 식신(食神)이나 상관
(傷官)이 있으면 아내덕이 있으며 부귀하고, 형제가 발전한다.

□ 년(年)에서 일지(日支)를 충(沖)하면 조업을 이어받지 못하고,
이어받아도 지키기 어렵다.

□ 일(日)에서 년(年)을 극파(剋破)하면 일찍 고향을 떠난다.

□ 년주(年柱)와 일주(日柱)가 같으면 전치살(轉轤殺)이라고 하는
데, 대운(大運)이나 세운(歲運)에서 만나면 사망하거나 재난이
많이 따른다.

2. 식신(食神)·상관(傷官)이 많으면

□ 식신(食神)이나 상관(傷官)이 많으면 신체가 허약하며 잔병이 많고, 심약하다.

□ 식신(食神)이나 상관(傷官)이 많으면 남자는 직업운이 나쁘고 자식이 발전하기 어렵다. 그러나 비견(比肩)이 있으면 면할 수 있고, 인수(印綬)가 있으면 생조(生助)하며 식신(食神)이나 상관(傷官)을 제거시켜 주기 때문에 직업운·자녀운이 좋다.

□ 인수(印綬)가 없으면 인수운(印綬運)에서 아들을 얻고, 크게 발복한다.

□ 신약(身弱)사주가 식신(食神)이나 상관(傷官)이 많은데 대운(大運)에서 관운(官運)을 만나면 횡사·자살·부부이별·파재·송사 등이 따른다.

□ 여자가 식상(食傷)이 많으면 남편을 버리고 재가한다.

3. 편재(偏財)·정재(正財)가 많으면

□ 재(財)가 많은데 비견(比肩) 없으면 비견운(比肩運)에서 크게 발달하며 자식을 얻는다.

□ 일간(日干)이 왕성하고 재(財)가 약한데 재운(財運)을 만나면 극처·자살·피살 등이 따른다.

□ 재(財)가 많으면 인수(印綬) 어머니를 해하므로 조실부모하고, 재(財)는 관(官)을 상생(相生)하여 오히려 나를 극(剋)하니 결혼한 후 재산을 파하는 경우가 많다.

□ 재다신약(財多身弱)이면 식신운(食神運)이나 상관(傷官運)에서
파산한다.

□ 재다(財多)사주가 비견(比肩)이 있으면 결혼한 후부터 크게 발
전한다.

4. 편관(偏官)·정관(正官)이 많으면

□ 관(官)이 많은데 식신(食神)이나 상관(傷官)이 있으면 일주(日
柱)가 약해지므로 직장을 잃거나 아내를 극(剋)한다. 그러나 일
주(日柱)가 약하지 않으면 식상운(食傷運)에서 대부대귀하고,
인수운(印綬運)에서 이름을 크게 떨친다.

□ 관(官)이 많으면 신체불구가 되기 쉽고, 사망하는 경우도 있다.

□ 관(官)이 많은데 식상(食傷)을 만나면 송사·쟁투·실직·축첩
등이 따른다.

□ 정관(正官)이 조화를 잘 이루면 명예가 크고, 편관(偏官)이 조
화를 잘 이루면 대부귀를 누린다.

□ 편관(偏官)은 아들, 정관(正官)은 딸에 해당한다. 정관(正官)이
많으면 딸이 많다고 하나 정관(正官)이나 편관(偏官)이 많으면
오히려 자식을 두지 못하는 경우가 있다.

5. 편인(偏印)·인수(印綬)가 많으면

□ 편인(偏印)이나 인수(印綬)가 많으면 계모나 서모가 있고, 이
복형제도 있다.

- 일주(日柱)가 약한데 인수(印綬)와 식신(食神)이나 상관(傷官)이 있으면 대부대귀하고, 식신운(食神運)이나 상관운(傷官運)을 만나면 자식을 얻거나 가운이 발전한다.

- 인수(印綬)나 편인(偏印)이 많으면 자식을 두기 어렵다.

- 인수(印綬)나 편인(偏印)이 많은데 식신(食神)이나 상관(傷官)과 재(財)가 있으면 횡액을 면하기 어렵고, 재(財)가 없는데 대운(大運)에서 재운(財運)을 만나면 재화가 크며 자식에게 화가 따른다. 그러나 편인(偏印)이나 인수(印綬)가 약한데 관(官)이 있으면 자식이 발전한다.

- 편인(偏印)이나 인수(印綬)가 많은데 대운(大運)에서 재운(財運)을 만나면 비명횡사하는 경우가 있다.

8장. 십이운성론(十二運星論)

1. 십이운성(十二運星)의 성격과 작용

십이운성(十二運星)이란 사람이 태어나 죽을 때까지의 과정을 이치로 설명한 것이다. 어머니의 뱃속에 임신되는 것을 포(胞)라 하고, 낳은 것을 태(胎)라 하고, 양육되는 것을 양(養)이라 하고, 성장해서 활동하는 것을 장생(長生)이라 하고, 늙거나 병들어 죽으면 장사를 지내 묘(墓)로 들어간다. 이러한 순환과정을 자연계의 생(生)·장(長)·멸(滅)에 따른 것이다.

우주를 크게 나누어 태양을 양(陽), 지구를 음(陰)이라 하고, 다른 항성들을 포함해서 말할 때는 태양과 지구를 양(陽)이라 하고, 달과 다른 항성을 음(陰)이라 한다. 따라서 태양은 양중양(陽中陽)의 태양(太陽)이라 하고, 지구는 양중음(陽中陰)의 소양(少陽)이라 하고, 항성은 음중음(陰中陰)의 태음(太陰)이라 하고, 달은 음중양

(陰中陽)의 소음(少陰)이라 한다. 이들은 자신의 위치에서 음양(陰陽)을 이루며 우주운동을 한다.

이때 십이운성(十二運星)이란 태양과 지구의 위성인 다른 항성들이 일정한 궤도를 자공전하는 과정에서 발생하는 자기와, 인간의 오행(五行) 정기(正氣)에 미치는 영향으로 인간의 생로병사를 측정하는 방법이다. 불교에서는 이것을 12인연법이라고도 한다.

하루는 지구가 24시간 동안 1회 자전하여 만들어지고, 한 달은 달이 지구를 29일 12시간 44분 동안 1회전 하여 만들어지고, 12달은 지구가 태양을 1회전 하여 만들어진다. 이들의 이와 같은 운동은 지구가 생기면서부터 시작되어 오늘에 이르렀고, 지구의 생명이 다하는 날까지 계속될 것이다.

천체에서 이렇게 변함없는 운동을 하고 있으니 지구에서도 매년 매월 매일 매초가 같아야 하나 그렇지 않다. 왜냐하면 지구가 우주의 궤도를 일정한 방향과 경사를 유지하면서 돌고 있는 운행 코스와 태양과 달과 기타 항성들이 돌고 있는 운행코스가 다르기 때문이다. 올해의 20일이 내년의 20일이 되지 않고, 오늘의 일진(日辰)이 내년 같은 날의 일진(日辰)이 되지 않는다. 다만 동서남북이라는 일정한 우주의 좌표는 변함이 없어 기후와 관계 있는 춘하추동의 변화에는 아무 영향을 주지 않는다. 이때 우주에서는 음양(陰陽)을 이루고 있는 태양계의 무리가 질서있게 사상(四象)을 만들면서 우주운동을 하고 있기 때문에 지구에서 살고 있는 인간도 질서있게 사상(四象)운동을 한다.

인간은 오행(五行)의 기(氣)를 받고 태어나기 때문에 타고난 체질이 있게 마련이다. 이 체질은 우주의 사상(四象)과 같아 사상(四象)체질로 분류하는 것은 당연하다. 따라서 사람이 쇠하거나 병이 들면 사상(四象)체질에 따라 치료해야 하는 것은 자연의 이치이다.

그러면 앞에서 말한대로 음(陰)의 항성들 위에는 양(陽)의 태양이 있으니, 태양은 음(陰)의 항성들의 웃어른에 해당하고, 양(陽)의 본성은 음(陰)을 좋아하기 때문에 음(陰)을 감싸주는 성격이 있다. 양(陽)은 남자와 어른을 말하고, 음(陰)은 여자와 아기를 말한다. 따라시 이른은 아기를 보살피며 시랑히고, 남지는 어자를 보살피며 사랑한다. 또한 남녀가 성행위를 할 때도 남자는 위에 있고 여자는 아래에 있는 것이고, 사람이 물에 빠져 죽을 때도 남자는 누운 상태이고, 여자는 엎드려 있는 상태가 되는 것이다. 이러한 이치는 모두 음양(陰陽)의 원리를 그대로 따르고 있기 때문에 인간을 소우주라 하는 것이다.

십이운성(十二運星) 조견표

日干 十二 運星	甲日	乙日	丙戊日	丁己日	庚日	辛日	壬日	癸日
絶, 胞	申	酉	亥	子	寅	卯	巳	午
胎	酉	申	子	亥	卯	寅	午	巳
養	戌	未	丑	戌	辰	丑	未	辰
長生	亥	午	寅	酉	巳	子	申	卯
沐浴	子	巳	卯	申	午	亥	酉	寅
冠帶	丑	辰	辰	未	未	戌	戌	丑
建祿臨官	寅	卯	巳	午	申	酉	亥	子
帝旺	卯	寅	午	巳	酉	申	子	亥
衰	辰	丑	未	辰	戌	未	丑	戌
病	巳	子	申	卯	亥	午	寅	酉
死	午	亥	酉	寅	子	巳	卯	申
墓, 庫, 葬	未	戌	戌	丑	丑	辰	辰	未

사주에 십이운성(十二運星) 붙이는 법은 아래와 같은 사주기록표에 십이운성(十二運星) 조견표를 보고 일간(日干)을 중심으로 해서 각 지지(地支)에 있는 글자를 찾아 빈칸에 써넣는다.

	年柱	月柱	日柱	時柱
天干	戊	乙	庚	丙
地支	戌	丑	子	子
天干	偏印	正財		偏官
地支	偏印	印綬	傷官	傷官
十二運星	衰	墓	死	死

□ 일간(日干) 경(庚)을 중심으로 위에 있는 십이운성(十二運星) 조견표를 본다. 년지(年支)의 술(戌)을 보면 쇠(衰)라고 되어 있으니 년지(年支) 밑에 쇠(衰)를 써넣는다.

□ 일간(日干) 경(庚)을 중심으로 월지(月支)의 축(丑)을 보면 묘(墓)라고 되어 있으니 월지(月支) 밑에 묘(墓)를 써넣는다.

□ 일간(日干) 경(庚)을 중심으로 일지(日支)의 자(子)를 보면 사(死)라고 되어 있으니 사(死)를 써넣는다.

□ 일간(日干) 경(庚)을 중심으로 시지(時支)의 자(子)를 보면 역시 사(死)라고 되어 있으니 사(死)를 써넣으면 사주의 구성이 완성된다.

2 운명에서의 작용

1. 포(胞)

포(胞)는 아직 형체가 없는 상태를 말하며 절(絶)이라고도 한다. 정적인 상태로 외부의 충동이 있어야만 움직이는 성격이 있다. 인정에 약하고, 여자는 남자의 유혹에 약해 정조를 잃기 쉽고, 인정에 못이겨 결혼하는 경우가 많다.

- 년(年)에 포(胞)가 있으면 부모와 일찍 이별하고, 양자이거나 서계(庶系)인 경우가 많다.
- 월(月)에 포(胞)가 있으면 대인관계가 원만하지 못하여 사회생활을 하는데 고립되기 쉽다.
- 일(日)에 포(胞)가 있으면 변화를 좋아한다. 쉽게 동요하며 갑자기 주위를 놀라게 하고, 새로운 것을 즐기는 성격 때문에 이혼하는 경우가 많다. 여자는 결혼 전에 정조를 잃기 쉽다. 특히 갑신(甲申)일생의 여자는 남편궁이 불리하니 늦게 결혼하는 것이 좋다. 갑신(甲申)일이나 신묘(辛卯)일생은 남녀 모두 춤과 노래를 좋아한다.
- 시(時)에 포(胞)가 있으면 자손으로 인한 근심이 많다.

■ 육신(六神)과의 관계
- 관(官)이 절(絶)이 되면 남자는 자식덕이 없고, 여자는 남편덕

이 없다.

□ 관(官)이 절(絶)이 되면 남자는 직업운이 약하다.

□ 식신(食神)이 절(絶)이 되면 여자는 자식덕이 없고 출산에 문제가 있다.

□ 식신(食神)이 절(絶)이 되면 바쁘기는 하나 의식주가 곤란하다.

□ 비견(比肩)이나 겁재(劫財)가 절(絶)이 되면 형제덕이 없다.

□ 재(財)가 절(絶)이 되면 남자는 아내로 인하여 고민이 많다.

□ 재(財)가 절(絶)이 되면 재물복이 약하다.

□ 인(印)이 절(絶)이 되면 어머니와의 인연이 약하다.

□ 인(印)이 절(絶)이 되면 공부에 취미가 없고 학업운이 나쁘다.

□ 인(印)이 절(絶)이 되면 문서분실이 따른다.

2. 태(胎)

태(胎)는 어머니의 뱃속에 수태된 상태를 말한다. 주체성이 약하며 의타심이 많아 남의 도움을 받으려는 경향이 있고, 색정문제가 따른다.

□ 년(年)에 태(胎)가 있으면 선대에는 발달한 가문이다.

□ 월(月)에 태(胎)가 있으면 부모대에 변동이 많았고 고독하다.

□ 일(日)에 태(胎)가 있으면 어릴 때 병약하여 죽을 고비를 넘기지만 중장년기부터는 건강해지고, 직업을 자주 바꾼다. 특히 병

자(丙子)일생이나 기해(己亥)일생 여자는 남편이 하는 일에 막힘이 많고, 부부가 불화하여 별거하거나 두세 번 배우자가 바뀌는 경우도 있다.

□ 시(時)에 태(胎)가 있으면 부모에게 물려받은 재산을 아들이 계승하기 어렵다.

■ 육신(六神)과의 관계

□ 비견(比肩)이나 겁재(劫財)가 태(胎)가 되면 형제·친구·근친 가족의 도움으로 발전의 기틀을 세운다.

□ 식신(食神)이 태(胎)가 되면 여자는 임신하며 자식으로 인한 경사가 따른다.

□ 식신(食神)이 태(胎)가 되면 의식주가 윤택하다.

□ 재(財)가 태(胎)가 되면 재산이 늘어간다.

□ 재(財)가 태(胎)가 되면 아내에게 경사가 따른다.

□ 관(官)이 태(胎)가 되면 직업운이 좋다.

□ 인(印)이 태(胎)가 되면 학문이 발전한다.

3. 양(養)

양(養)은 아직 모태에서 태어나지 않은 상태를 말한다. 투쟁을 모르는 성격으로 조용하며 착실하고 안정적이다. 낙천적이며 나서는 것을 꺼려하고, 두려움과 겁이 많으며 과단성과 패기가 부족하다.

□ 년(年)에 양(養)이 있으면 부친이 양자이거나 자신이 양자가 되기 쉽다. 그렇지 않으면 다른 부모를 모신다.

□ 월(月)에 양(養)이 있으면 주색잡기로 가산을 탕진하기 쉽다.

□ 일(日)에 양(養)이 있으면 어릴 때 다른 사람 밑에서 양육된다. 색을 좋아하며 사교에도 능하다.

□ 시(時)에 양(養)이 있으면 만년에 자식의 효도를 받는다.

■ 육신(六神)과의 관계

□ 비견(比肩)이나 겁재(劫財)가 양(養)이 되면 형제가 온순하다.

□ 식신(食神)이 양(養)이 되면 의식주가 좋다.

□ 상관(傷官)이 양(養)이 되면 할머니 밑에서 자란다.

□ 관(官)이 양(養)이 되면 직업운이 좋다.

□ 편인(偏印)이 양(養)이 되면 계모와 이복형제가 있다.

□ 재(財)가 양(養)이 되면 재물운이 좋다.

4. 장생(長生)

장생(長生)은 모태에서 태어난 상태를 말한다. 영특하며 의욕이 왕성하고 진취적인 기상으로 두령격이다. 대인관계가 좋고 만사를 솔선수범하여 주위의 총애를 받는다.

□ 년(年)에 장생(長生)이 있으면 선대가 발달했으며 중흥을 이룩

했다.

□ 월(月)에 장생(長生)이 있으면 부모대에 영화로움이 있었고, 형제 또한 창성발달한다. 인덕이 많으며 윗사람을 잘 모신다.

□ 일(日)에 장생(長生)이 있으면 부부가 화합하며 아내덕이 있고, 장자가 아니더라도 부모의 혜택이 크다. 언행이 일치하며 온화하다. 여자는 자식이 현명하며 일생이 편안하다. 그러나 무인(戊寅)일이나 정유(丁酉)일생은 남녀 모두 복록이 작다. 특히 병인(丙寅)일이나 임신(壬申)일생 여자는 박학수재이나 남편덕이 없다.

□ 시(時)에 장생(長生)이 있으면 자손이 영달하여 가문을 빛내고, 만년을 영화롭게 지낸다.

■ 육신(六神)과의 관계

□ 식신(食神)이 장생(長生)이 되면 의식주가 풍족하다.

□ 재(財)가 장생(長生)이 되면 큰 부자로 살아간다.

□ 관(官)이 장생(長生)이 되면 직위가 높고 직업운이 대길하다.

□ 관(官)이 장생(長生)이 되면 남자는 자식이 현출하고, 여자는 남편덕이 크다.

□ 편인(偏印)이 장생(長生)이 되면 예술가로 명성을 떨친다.

□ 인수(印綬)가 장생(長生)이 되면 문필가로 명성을 떨친다.

5. 목욕(沐浴)

목욕(沐浴)은 아기가 태어나 목욕을 시키는 상태를 말한다. 지나치 정도로 아름다운 것을 좋아하며 유행을 따르고, 이성문제로 번민이 많고, 현실에만 도취되어 저축보다 낭비를 잘한다.

□ 년(年)에 목욕(沐浴)이 있으면 좋은 집안이었으나 선대에 주색으로 재산을 탕진하며 파가했다. 인수(印綬)가 목욕(沐浴)이 되면 어미니가 풍류인이고, 여지 시주에 정관(正官)이나 편관(偏官)이 목욕(沐浴)이 되면 기생이나 첩이 되어 바람둥이 남편을 남편을 만난다.

□ 월(月)에 목욕(沐浴)이 있으면 이복형제가 있거나 장자를 잃고, 가정환경이 나쁘며 배우자가 바뀐다.

□ 일(日)에 목욕(沐浴)이 있으면 부모의 재산을 계승하기 어렵고, 일찍 어머니를 잃거나 형제와 친척간에 원만하지 못하다. 사치나 색정으로 인한 풍파가 많고, 객지를 떠돌아다니는 팔자다. 그러나 을사(乙巳)일생은 군자의 덕으로 세인의 존경을 받으나, 만일 부자가 되면 불구가 되기 싶다. 갑자(甲子)일이나 신해(辛亥)일생은 고집이 강하며 부부간에 이별한다. 특히 여자는 일(日)과 월(月)에 목욕(沐浴)이 있으면 남편에 대한 불만으로 이혼하기 쉽고, 남자는 양자를 들이기 쉽다.

□ 시(時)에 목욕(沐浴)이 있으면 자손과 이별하거나 아내궁에 변

화가 있어 제2의 가정을 꾸미기도 한다.

■ 육신(六神)과의 관계

□ 비견(比肩)이나 겁재(劫財)가 목욕(沐浴)이 되면 주색잡기를
  좋아하는 형제가 있다.

□ 식신(食神)이나 상관(傷官)이 목욕(沐浴)이 되면 예술계에서
  이름을 얻고, 여자는 화류계 팔자다.

□ 관(官)이 목욕(沐浴)이 되면 직업운이 나쁘다.

□ 관(官)이 목욕(沐浴)이 되면 명예가 없다.

□ 관(官)이 목욕(沐浴)이 되면 남자는 바람피우는 자식이 있고,
  여자는 바람둥이 남편을 둔다.

□ 재(財)가 목욕(沐浴)이 되면 지출이 많다.

□ 인수(印綬)가 목욕(沐浴)이 되면 어머니가 방탕하다.

6. 관대(冠帶)

관대(冠帶)는 성장하여 의관을 차려입은 상태를 말한다. 진취적이
며 독립독행하려는 의욕이 강하고, 인내심이 강하며 부정과 불의
를 보면 대항하는 성격이 있다.

□ 년(年)에 관대(冠帶)가 있으면 명문대가 출신으로 유복하게 자
  라고, 유산을 받아 일찍 출세한다. 그러나 늙어서 재혼하는 경

우가 있다.

□ 월(月)에 관대(冠帶)가 있으면 부모·형제가 발전하고, 사회적 기반이 튼튼하며 명진사해한다. 개성과 고집이 강하고, 명예와 출세를 위해서는 수단과 방법을 가리지 않는다.

□ 일(日)에 관대(冠帶)가 있으면 용모가 단정하며 머리가 좋고 의리에 밝다. 빨리 발전하나 좋은 부부의 인연을 만나기 어렵고, 용기는 있으나 지모가 부족해 모사가 서투르며, 직업과 주거의 변동이 많다. 임술(壬戌)일이나 계축(癸丑)일생 여자는 남편이 흉사할 수 있으나 나이 많은 사람과 결혼하면 면한다.

□ 시(時)에 관대(冠帶)가 있으면 자손이 크게 발전한다.

■ 육신(六神)과의 관계

□ 식신(食神)이 관대(冠帶)가 되면 남자는 직업운이 좋고, 여자는 자식이 현출하다.

□ 상관(傷官)이 관대(冠帶)가 되면 총명하다.

□ 상관(傷官)이 관대(冠帶)가 되면 남자는 직업운이 나쁘고, 여자는 남편의 일에 애로가 많으며 이혼하는 경우도 있다.

□ 관(官)이 관대(冠帶)가 되면 직업운이 좋다.

□ 재(財)가 관대(冠帶)가 되면 재물운이 좋다.

□ 재(財)가 관대(冠帶)가 되면 아내의 고집이 강하고, 아내에게 가권을 빼앗긴다.

□ 편인(偏印)이 관대(冠帶)가 되면 예술계에서 발달하고, 여자는

자식으로 인한 근심이 있다.

□ 편인(偏印)이 관대(冠帶)가 되면 사기를 당한다.

7. 건록(建祿)

건록(建祿)은 성장하여 직장을 갖고 녹을 받는 상태를 말한다. 공명정대하며 부정과 불의를 용납하지 않고, 인격과 품위를 지키며 책임을 다하고, 상하의 질서를 엄격히 구분하는 성격이 있다.

□ 년(年)에 건록(建祿)이 있으면 선대가 번창하고 아버지가 자수성가한 사람이다.

□ 월(月)에 건록(建祿)이 있으면 자존심과 고집이 강하며 자수성가 한다. 여자는 맞벌이를 하거나 맹열파의 여걸이다.

□ 일(日)에 건록(建祿)이 있으면 의리가 강하며 건실하고, 머리가 좋지만 지나치게 과신하여 기회를 놓치기도 한다. 간섭받기를 싫어하며 고독하기도 하며 내성적이다. 강한 독립심과 건전한 사상으로 성공하나 애정관계는 원만하지 못하다. 초년에 고생하면 중년 이후에 발복하고, 초년에 유복하면 중년 이후에 고생하는 경우도 있다. 갑인(甲寅)일이나 경신(庚申)일이나 을묘(乙卯)일생 여자는 재혼하거나 독수공방한다.

□ 시(時)에 건록(建祿)이 있으면 자손이 부귀영화를 누리며 빨리 발복한다.

■ 육신(六神)과의 관계

□ 비견(比肩)이나 겁재(劫財)가 건록(建祿)이 되면 형제가 발전한다.

□ 식신(食神)이 건록(建祿)이 되면 의식주가 풍족하다.

□ 식신(食神)이 건록(建祿)이 되면 직업운이 좋다.

□ 재(財)가 건록(建祿)이 되면 재물이 풍족하다.

□ 재(財)가 건록(建祿)이 되면 남자는 아내덕으로 재물을 모은다.

□ 관(官)이 건록(建祿)이 되면 남자는 자식이 현출하고, 여자는 남편덕이 크다.

□ 관(官)이 건록(建祿)이 되면 직장에서 장의 자리에 앉는다.

8. 제왕(帝旺)

제왕(帝旺)은 성숙하여 최고의 경지에 이른 상태를 말한다. 정신력이 강하고, 정의에는 물불을 가리지 않으며 헌신하는 성격이 있다. 그러나 독선과 아집으로 다른 사람과 불화하며 무시하는 경향이 있다.

□ 년(年)에 제왕(帝旺)이 있으면 명문가 출신으로 자비심이 많다.

□ 월(月)에 제왕(帝旺)이 있으면 장남인 경우도 적다. 장남이더라도 일찍 생가를 떠나고, 어머니와 인연이 박하다. 고집과 독립심이 강하며 수단이 좋아 우두머리 노릇을 한다.

□ 일(日)에 제왕(帝旺)이 있으면 유아독존격이다. 자존심이 강하여 어렵다는 말을 쉽게 하지 않고, 자유분망한 생활을 즐긴다. 만약 외부의 간섭이 있으면 철저히 배격하여 적이 되는 경우도 있다. 그러나 인정과 동정심이 많아 세인들에게 존경과 사랑을 받기도 한다. 남녀 모두 부모를 떠나 타향에서 성공하나 가정이 고독하며 배우자운이 바뀌기 쉽다. 특히 병오(丙午)일이나 정사(丁巳)일이나 무오(戊午)일이나 임자(壬子)일이나 계해(癸亥)일생 여자는 결혼에 한 번 실패하면 재혼하기 어렵다. 만일 사주에 제왕(帝旺)이 2개 있으면 배우자에게 해롭고, 반드시 큰 피해를 당한다.

□ 시(時)에 제왕(帝旺)이 있으면 자손이 가문을 빛내고, 말년에 사회적인 활동으로 명망이 높아진다.

■ 육신(六神)과의 관계

□ 비견(比肩)이나 겁재(劫財)가 제왕(帝旺)에 해당하면 상해를 당한다.

□ 식신(食神)이 제왕(帝旺)이 되면 의식주업이나 의료업으로 성공한다.

□ 상관(傷官)이 제왕(帝旺)이 되면 자해하거나 상해를 입힌다.

□ 재(財)가 제왕(帝旺)이 되면 재물을 극에 달할 때까지 모으지만 이후부터 지출할 일이 생긴다.

□ 관(官)이 제왕(帝旺)이 되면 권세욕이 강하다.

9. 쇠(衰)

쇠(衰)는 점점 노쇠해 가는 상태를 말한다. 모험을 싫어하며 내실을 기하려하고, 평화를 좋아한다.

- 년(年)에 쇠(衰)가 있으면 가운이 기울 때 태어난 사람이다. 가정에는 성실하나 사회적으로는 두각을 나타내기 어렵다.
- 월(月)에 쇠(衰)가 있으면 부모대에 재산을 잃었고, 남의 일이나 보증문세로 파산하기 쉽다.
- 일(日)에 쇠(衰)가 있으면 보증문제로 손재를 당한다. 여자는 현모양처이며 생각이 깊어 실수하는 일이 없다고 하나 남모르는 고생이 많고, 갑진(甲辰)일이나 을축(乙丑)일이나 경술(庚戌)일이나 신미(辛未)일생은 부부가 해로하기 어렵다.
- 시(時)에 쇠(衰)가 있으면 자식덕이 약하며 자식으로 인한 근심이 많고, 노년에는 고독하거나 고생이 많다.

■ 육신(六神)과의 관계
- 비견(比肩)이나 겁재(劫財)가 쇠(衰)가 되면 형제의 힘이 약하며 형제덕이 없다.
- 식신(食神)이 쇠(衰)가 되면 지능이 낮다.
- 재(財)가 쇠(衰)가 되면 재물을 모으기 어렵다.
- 관(官)이 쇠(衰)가 되면 직업운이 나쁘다.

□ 관(官)이 쇠(衰)가 되면 남자는 자식이 어리석고, 가문이 영화
  롭지 못하다.

10. 병(病)

병(病)은 늙어서 병에 걸린 상태를 말한다. 조용한 것을 좋아하
고, 어려운 일이 생기면 당황하며 좌절하기 쉽다. 어릴 때는 몸이
약하고, 경쟁과 쟁투를 싫어한다.

□ 년(年)에 병(病)이 있으면 가난한 집안 태생이며 어릴 때 건강
  이 좋지 않은 사람이다.
□ 월(月)에 병(病)이 있으면 매우 가난한 집안의 태생으로 청장
  년기에도 병약한 사람이다. 겉으로는 태연하나 속으로는 근심
  걱정이 많고, 비관도 잘하며 결단력과 실천력이 부족하다.
□ 일(日)에 병(病)이 있으면 태어날 때부터 병약한 체질로 중병
  을 앓는다. 무신(戊申)일이나 병신(丙申)일이나 임인(壬寅)일생
  은 진취성은 있으나 지속성이 없다. 여자는 온순하나 중년에 남
  편과 이별하거나 가운이 기울어 곤궁하거나 남편에게 버림을
  받아 불행하게 된다. 특히 무신(戊申)일이나 계유(癸酉)일생은
  더 심하다.
□ 시(時)에 병(病)이 있으면 자손에게 잔병이 많다.

■ 육친과의 관계

□ 비견(比肩)이나 겁재(劫財)가 병(病)이 되면 형제가 병약하다

□ 식신(食神)이 병(病)이 되면 식도나 소화기관에 질병이 있다.

□ 재(財)가 병(病)이 되면 아내에게 질병이 있다.

□ 재(財)가 병(病)이이면 재산을 모으기 어렵다.

□ 관(官)이 병(病)이 되면 직업운이 나쁘고, 내세울만한 직업을 갖기 어렵다.

□ 관(官)이 병(病)이 되면 자식에게 질병이 있고, 여자는 남편에게 질병이 있다.

□ 인수(印綬)가 병(病)이 되면 어머니가 병약하거나 부모 중 한쪽에 문제가 있다.

□ 인수(印綬)가 병(病)이 되면 학업운이 나쁘다.

11. 사(死)

사(死)는 수명이 다하여 죽은 상태를 말한다. 고요하며 정직하고 순종적이다. 효자효부가 많은 것이 특징이다.

□ 년(年)에 사(死)가 있으면 빈천한 집안의 태생이다.

□ 월(月)에 사(死)가 있으면 부모 형제와의 인연이 박하며 고독하다.

□ 일(日)에 사(死)가 있으면 어릴 때 큰병으로 고생하거나 부모

와 이별하고, 아내가 병약하거나 생사이별하기 쉽다. 만약 사(死)가 비견(比肩)이나 겁재(劫財)에 있으면 독자이기 쉽고, 아들만 낳거나 딸만 낳는다. 부모가 생존중에는 유산을 받기 어렵다. 특히 을해(乙亥)일이나 경자(庚子)일생 여자는 남편과 이별하거나 좋은 자식을 두기 어렵다.

☐ 시(時)에 사(死)가 있으면 자식과 인연이 박하다.

■ 육신(六神)과의 관계

☐ 비견(比肩)이나 겁재(劫財)가 사(死)가 되면 형제가 발전하기 어렵다.

☐ 식신(食神)이 사(死)가 되면 의식주가 곤란하다.

☐ 재(財)가 사(死)가 되면 재물운이 나쁘다.

☐ 관(官)이 사(死)가 되면 직업으로 명리를 얻기 어렵고, 자식이 늦게 발달한다.

☐ 관(官)이 사(死)가 되면 여자는 남편과 이혼하거나 사별한다.

☐ 인(印)이 사(死)가 되면 어머니와 인연이 약하다.

12. 묘(墓)

묘(墓)는 사람이 죽어서 묘에 들어가는 상태를 말한다. 침착하며 낭비와 허례허식을 모른다.

□ 년(年)에 묘(墓)가 있으면 장남이 아니더라도 선조의 묘를 돌보며 봉사한다.

□ 월(月)에 묘(墓)가 있으면 부모·형제와 인연이 박하고, 다른 사람 때문에 지출이 많다. 만약 충(沖)되면 부잣집에서 태어나 재물을 모으고, 장차남을 불문하고 선조의 묘를 돌본다. 운은 늦게 열리는 명이다.

□ 일(日)에 묘(墓)가 있으면 부모·형제와 인연이 박하고, 고향을 일찍 떠나 곤고한 생활을 하며 주거의 변동이 많다. 소박하며 나름대로의 칠칙이 있다. 낭비하지 않는 사람으로 물질보다 정신적으로 즐기며 만족을 느낀다. 만약 부잣집에서 태어났으면 중년 이후부터 쇠하고, 가난한 집에서 태어났으면 중년 이후부터 발복한다. 특히 기축(己丑)일생 여자는 말솜씨가 없으며 낯가림이 많고, 정축(丁丑)일이나 임진(壬辰)일생 여자는 남편으로 인하여 근심이 많다.

□ 시(時)에 묘(墓)가 있으면 자손이 병약하여 근심걱정이 많다.

■ 육신(六神)과의 관계

□ 비견(比肩)이나 겁재(劫財)가 묘(墓)가 되면 형제와 사별하거나 형제가 감옥에 들어간다.

□ 비견(比肩)이나 겁재(劫財)가 묘(墓)가 되면 형제가 모여 조용하게 살기도 한다.

□ 식신(食神)이 묘(墓)가 되면 재산을 모을 줄은 아나 쓸 줄은

모른다.

□ 상관(傷官)이 묘(墓)가 되면 학문이나 예술로 명성을 얻으나
극에 달하면 죽음에 이르기도 한다.

□ 인수(印綬)가 묘(墓)가 되면 윗사람의 도움으로 크게 발달한다.

9장. 운명판단론

1. 가족의 길흉

1. 아버지의 길흉

□ 편재(偏財)가 아버지에 해당한다.

□ 비견(比肩)이나 겁재(劫財)가 많은데 편재(偏財)가 사(死)・절
(絶)・묘(墓)의 자리에 있으면 아버지와 일찍 사별하거나 아버
지가 무능하거나 질병으로 고생한다.

□ 월지(月支)에 편재(偏財)가 있는데 양인(羊刃)이 있으면 아버
지와 사별한다.

□ 편재(偏財)의 뿌리가 튼튼하며 식신(食神)이나 상관(傷官)이
있으면 아버지가 활동적이며 유능하고 명망이 높다.

□ 편재(偏財)가 많으면 아버지가 두 분인 경우도 있다.

□ 편재(偏財)가 묘(墓)에 앉아 있거나 충파(沖破)되면 아버지를 먼저 잃고, 인수(印綬)가 묘(墓)에 앉아 있거나 충파(沖破)되면 어머니를 먼저 잃는다.

□ 양(陽)의 지(支)가 3개 이상이면 아버지를 먼저 잃고, 음(陰)의 지(支)가 3개 이상이면 어머니를 먼저 잃는다.

□ 시(時)가 양(陽)이면 아버지를 먼저 잃고, 시(時)가 음(陰)이면 어머니를 먼저 잃는다.

□ 년월(年月)의 천간(天干)이 시간과 극(剋)하면 아버지를 먼저 잃고, 년월(年月)의 지지(地支)가 시지(時支)와 극(剋)하면 어머니를 먼저 잃는다.

□ 양(陽)의 지(支)가 2개이고 음(陰)의 지가 1개이면 아버지를 먼저 잃고, 음(陰)의 지(支)가 2개이고 양(陽)의 지(支)가 1개이면 어머니를 먼저 잃는다.

2. 어머니의 길흉

□ 인수(印綬)가 어머니에 해당한다.

□ 정재(正財)가 많으면 어머니가 재혼한다.

□ 인수(印綬)가 정재(正財)와 충(沖)하면 고부갈등이 심하다.

□ 정편재(正偏財)가 많아 인수(印綬)를 극(剋)하면 어머니와 생사이별하거나 인연이 박하다.

□ 편재(偏財)가 사(死)·절(絶)·묘(墓)에 있고 인수(印綬)가 극

충(尅沖)하면 어머니가 아버지를 괴롭히거나 남편과 사별하고 재혼한다.

□ 인수(印綬)가 사(死)·절(絶)·묘(墓)·쇠(衰)에 있는데 양인(羊刃)이 되면 어머니가 현명하지 못하다.

□ 인수(印綬)가 장생(長生)이 되면 어머니가 인자하며 정숙하고 장수한다.

□ 편재(偏財)와 편인(偏印)이 있는데 인수(印綬)가 없으면 어머니와 생사이별하거나 어머니가 재혼한다.

□ 일주(日柱)에 편관(偏官)과 양인(羊刃)이 같이 있으면 어머니가 없다.

□ 재(財)가 많으면 어머니가 재혼하거나 재혼하여 온 사람이다.

3. 형제의 길흉

□ 비견(比肩)이나 겁재(劫財)가 형제에 해당한다.

□ 비견(比肩)이나 겁재(劫財)가 역마(驛馬)에 있으면 형제와 멀리 떨어져 산다.

□ 비견(比肩)이나 겁재(劫財)가 년월(年月)에 있으면 형이 있고, 일시(日時)에 있으면 동생이 있다.

□ 대운(大運)이나 세운(歲運)에서 비견(比肩)이나 겁재(劫財)와 형충파(刑沖破)되면 형제나 친구와 다툰다.

□ 비견(比肩)이나 겁재(劫財)가 양인(羊刃)이 되면 형제가 타향

에서 객사한다.

□ 정관(正官)이나 편관(偏官)이 많으면 형제가 적고 외롭다.

4. 아내의 길흉

□ 정재(正財)가 아내에 해당한다.

□ 비견(比肩)이나 겁재(劫財)가 많으면 아내를 잃는다.

□ 신약(身弱)사주에 재(財)가 왕성한데 비견(比肩)이나 겁재(劫財)가 없으면 아내를 잃는다.

□ 재(財)가 약한데 겁재(劫財)와 양인(羊刃)과 식상(食傷)이 있는데 편인운(偏印運)을 만나면 식신(食神)이나 상관(傷官)을 극(剋)하여 아내가 흥사한다.

□ 편인운(偏印運)을 만났는데 여자가 남자보다 똑똑하지 못하면 아내의 흉사를 면한다.

□ 재(財)가 왕성한데 관(官)이 약하고 비견(比肩)이나 겁재(劫財)가 있으면 아내가 미인이나 남편을 극(剋)한다.

□ 재(財)가 약하고 관(官)이 왕성한데 인수(印綬)가 있고 식신(食神)이나 상관(傷官)이 없으면 아내가 잔병이 많고 허약하다.

□ 관(官)이 약하고 인수(印綬)가 있는데 식상(食傷)이 있으면 아내의 용모는 보잘 것 없으나 남편을 극(剋)하지는 않는다.

□ 관(官)이 약하고 재(財)가 있는데 식상(食傷)이 있으면 아내가 현명하며 남편을 극(剋)하지 않는다.

□ 인수(印綬)와 재(財)가 왕성하면 아내는 아름답고 아내로 인하여 부자가 된다.

□ 신약(身弱)사주가 재(財)가 인수(印綬)를 극(剋)하면 아내는 악독하며 아내로 인하여 화를 많이 당한다.

□ 일지(日支)의 재(財)가 다른 것과 합(合)을 해서 기신(忌神)이 되면 아내가 외간 남자와 사통한다.

□ 신약(身弱)사주가 일지(日支)에 재(財)가 있으면 부부싸움을 많이 한다.

□ 신왕(身旺)사주가 일지(日支)에서 다른 것과 합(合)을 하여 재(財)를 만들면 아내로 인하여 큰 부자가 된다.

□ 일지(日支)의 재(財)가 용신(用神)이면 아내가 빼어난 미인이고, 아내로 인하여 큰 재물을 모은다.

□ 정재(正財)는 본처이고, 편재(偏財)는 첩이다.

□ 생일(生日)의 천간지지(天干地支)가 같아지는 비견(比肩)년운을 만나면 아내가 그해에 사통한다.

□ 재(財)가 쇠(衰)·절(絶)·사(死)·묘(墓)에 있으면 아내가 질병이 많고, 어리석거나 늙어서 재혼한다.

□ 재(財)가 도화살(挑花殺)인데 비견(比肩)과 합(合)이 되면 시동생과 정을 맺거나 외간 남자와 사통한다.

□ 월지(月支)에 있는 편재(偏財)를 타주가 생조(生助)하는데 정재(正財)가 약하면 본처는 꼼짝 못하고 첩이 득세한다.

□ 월지(月支)의 정재(正財)를 타주가 생조(生助)하는데 편재(偏

財)가 약하면 본처가 득세하여 첩꼴을 보지 못한다.

- 신약재왕(身弱財旺)하면 아내가 남편을 극(剋)한다.

- 신왕재왕(身旺財旺)하면 아내덕이 크며 부부의 정이 좋다.

- 갑인(甲寅)·병오(丙午)·임자(壬子)·신해(辛亥)일생은 처가 살이나 데릴사위가 많고, 아내의 권한이 강한 경우가 많다.

- 진(辰)과 술(戌)이 재(財)가 되면 아내가 음란하다.

- 자오묘유(子午卯酉)가 많은데 형충(刑沖)이 합(合)이 되면 천한 여자를 아내로 맞이한다.

- 관(官)이 많으며 합(合)과 충(沖)이 많은데 일시(日時)에 역마(驛馬)나 목욕(沐浴)이 있으면 아내가 음탕하며 창녀와 같다.

- 여자가 편관(偏官)이 암합(暗合)하면 음란하며 외간 남자와 정을 통한다.

- 신왕(身旺)사주가 관(官)이 약한데 양인(羊刃)이 겹쳐 있으면 독한 여자다.

- 편인(偏印)이 왕성하면 낙태를 자주하며 고민이 많다.

- 일간(日干)이 수(水)인데 수(水)가 많으면 색정이 강하다.

- 사주에 수(水)와 토(土)가 많으면 음란한 여자에 속한다.

- 신약(身弱)사주가 편관(偏官)이 많으면 강간을 당하거나 결혼 전에 정조를 잃는 수가 많다.

- 편관(偏官)·겁살(劫殺)·망신살(亡身殺)이 있으면 정조를 잃는다.

- 관살(官殺)이 혼잡되었는데 합(合)이 많으면 정조관념이 희박

하다.

□ 관(官)이 없거나 너무 왕성하면 결혼을 늦게 한다.

□ 식신(食神)이나 상관(傷官)이 왕성하면 여자는 화류계로 나가는 경우가 많다.

□ 정재(正財)가 희신(喜神)이면 아내가 예쁘다.

□ 일지(日支)가 정재(正財)나 편재(偏財)이면 아내가 내조를 잘한다.

□ 정재(正財)를 겁재(劫財)가 극(剋)하더라도 식신(食神)이나 상관(傷官)이 있으면 아내가 현출하다.

□ 재(財)가 약한데 겁재(劫財)와 양인(羊刃)이 있으면 식신(食神)이나 상관(傷官)이 있어도 아내가 횡사한다.

□ 양인(羊刃)이 많으면 배우자의 인연이 바뀐다.

□ 재(財)가 많은데 합(合)이 많으면 정이 헤프며 여기저기서 색정을 탐한다.

□ 겁재(劫財)도 있는데 재(財)가 왕성하면 처첩이 사리사욕에 어둡다.

□ 일지(日支)에 화개(華蓋)가 있으면 아내가 부정하거나 남편을 극(剋)한다.

□ 일지(日支) 역마(驛馬)에 재(財)가 있으면 아내가 게으르며 연약하다.

□ 재(財)가 목욕(沐浴)에 있으면 아내가 색욕이 강하며 외정을 갖는다.

▫ 신약(身弱)사주가 재(財)가 왕성하면 틀림없이 공처가다.

▫ 비견(比肩)이나 겁재(劫財)가 합(合)하거나 지장간(支藏干)에서 암합(暗合)하면 의처증이 있다.

▫ 년주(年柱)와 일주(日柱)가 같으면 부부간에 극(剋)하여 한쪽이 단명하나 동갑이면 면할 수 있다.

▫ 일지(日支)가 희신(喜神)이면 남편에게 극진한 사랑을 받는다.

▫ 정관(正官)이 약해도 재(財)가 있으면 남편이 출세한다.

▫ 일지(日支)에 정관(正官)이 있으면 용모가 반듯하고 심성이 바른 남편을 만난다.

▫ 일지(日支)에 상관(傷官)이 있으면 대흉하고, 타주에 또 상관(傷官)이 있으면 틀림없이 과부가 된다.

▫ 관(官)이 형충파해(刑沖破害)되면 남편을 극(剋)하며 남편덕이 없다.

▫ 일주(日柱)가 왕성한데 비견(比肩)이나 겁재(劫財)가 약하면 남편의 사랑을 받지 못한다.

5. 남편의 길흉

정관(正官)이나 편관(偏官)을 남편으로 본다. 만일 정편관(正偏官)이 없으면 무관사주라 하여 평생 남편이 없다고 한다. 그러나 다음과 같은 육신(六神)이 용신(用神)이면 이것으로 남편으로 삼기도 한다.

- 일주(日柱)가 강하고 재(財)가 있는데 식신(食神)이나 상관(傷官)이 왕성하면 재(財)를 남편으로 본다.

- 인수(印綬)가 많고 재(財)가 있는데 관(官)과 식신(食神)이나 상관(傷官)이 없으면 재(財)를 남편으로 삼는다.

- 비견(比肩)이나 겁재(劫財)가 있는데 인수(印綬)가 없으면 식신(食神)이나 상관(傷官)을 남편으로 삼는다.

- 재(財)는 없는데 비견(比肩)이나 겁재(劫財)가 왕성하면 식신(食神)이나 상관(傷官)을 남편으로 삼는다.

- 관(官)이 약힌데 상관(傷官)이나 인수(印綬)가 있으면 재(財)를 남편으로 삼는다.

- 일주(日柱)가 약한데 상관(傷官)이 왕성하면 인수(印綬)를 남편으로 삼는다.

- 비견(比肩)이나 겁재(劫財)가 많은데 관(官)과 인수(印綬)가 없으면 식신(食神)이나 상관(傷官)을 남편으로 삼는다.

- 관(官)이 왕성하며 인수(印綬)가 있는데 비견(比肩)이나 겁재(劫財)가 없으면 인수(印綬)를 남편으로 삼는다.

- 정관(正官)은 본남편이고, 편관(偏官)은 간부에 해당한다.

- 정관(正官)이 없으면 편관(偏官)을 본남편으로 본다.

- 관(官)·인(印)·재(財)가 있으면 부잣집 태생이며 훌륭한 남편을 만난다.

- 정관(正官)이나 편관(偏官)이 혼잡되면 극부하거나 재혼한다. 이때 하나라도 제살(制殺)시키면 길하다.

□ 재(財)·관(官)이 왕성하면 귀한 사람을 남편으로 맞이한다. 만
일 인수(印綬)와 식신(食神)이 있으면 명예가 더욱더 높아져
고관대작의 명이 된다.

□ 인수(印綬)가 너무 왕성하면 자식을 두기 어렵다.

□ 재관(財官)이 매우 왕성하면 외간 남자와 사통하고, 재(財)가
매우 왕성하면 남편이 염문이 많으며 첩을 두는 경우도 있다.

□ 상관(傷官)이 많으면 남편을 극(剋)하며 재혼하고, 잔병과 곤욕
스러운 일이 많다.

□ 여자가 신왕(身旺)하면 남편을 속이고, 신약(身弱)하면 남편과
시어머니를 잘 받든다.

□ 상관(傷官)과 고진살이나 과숙살이 있는데 일(日)과 시(時)에
공망(空亡)이 있으면 간부를 두거나 첩이 되거나 3~4번 까지
결혼한다.

□ 갑인(甲寅)·병오(丙午)·신해(辛亥)·임자(壬子)일생은 고관
살(官殺)이 되어 남편이 없는 경우가 많고, 있어도 힘이 되지
못한다.

□ 상관(傷官)이 재(財)와 암합(暗合)하고 있으면 남편을 내집으
로 데리고 와서 산다.

□ 여자가 너무 신약(身弱)해도 무능하며 남편의 구박을 면하기
어렵다.

□ 정관(正官)이 약하고 편관(偏官)이 왕성하면 외로운 명이고 편
관(偏官)이 약하고 정관(正官)이 왕성하면 귀부인 행세를 한다.

□ 관(官)이 약하며 재(財)가 없는데 인수(印綬)가 강하면 남편의 말을 거역하며 속이는 성격이 있다.

□ 관(官)이 약하며 재(財)가 없는데 비견(比肩)이나 겁재(劫財)가 강해도 남편을 속이는 성격이 있다.

□ 일주(日柱)와 인수(印綬)가 약한데 관(官)만 왕성하면 남편을 극(剋)한다.

□ 일주(日柱)가 강하고 상관(傷官)이 왕하며 관(官)이 약한데 재(財)가 없으면 남편을 극(剋)한다.

□ 관(官)과 재(財)가 없는데 인수(印綬)와 비견(比肩)이나 겁재(劫財)만 왕성해도 남편을 극(剋)한다.

□ 관(官)이 약하고 식신(食神)과 인수(印綬)가 많은데 정재운(正財運)이나 편재운(正偏財運)을 만나면 남편을 잃는다.

□ 여자가 상관(傷官)과 도화(挑花)가 같이 있으면 기생팔자다.

□ 인신사해(寅申巳亥)가 모두 있으면 음란하다.

□ 자오묘유(子午卯酉)가 모두 있으면 간부와 눈이 맞아 가출한다.

□ 진술축미(辰戌丑未)가 모두 있으면 부부싸움을 많이 한다.

6. 자녀의 길흉

□ 일주(日柱)가 왕성한데 인수(印綬)가 있고 상관(傷官)이 약하며 재(財)가 국(局)을 이루면 부자 자식을 두며 자식복이 많다.

□ 일주(日柱)와 상관(傷官)이 왕성하면 재(財)와 인수(印綬)가

없어도 자식을 많이 두며 자녀가 길하다.

□ 일주(日柱)가 왕성하며 식신(食神)이나 상관(傷官)이 없는데 관성(官星)이 국(局)을 이루면 자식을 많이 두며 자식이 현명하다.

□ 일주(日柱)가 왕성하며 재(財)가 있고 식신(食神)이나 상관(傷官)과 관(官)이 없어도 자식이 많으며 현명하다.

□ 일주(日柱)가 왕성하고 인수(印綬)가 많은데 재(財)가 없으면 자식을 두기 어렵다.

□ 일주(日柱)가 왕성하고 상관(傷官)이 많은데 인수(印綬)가 없으면 자식을 두기 어렵다.

□ 일주(日柱)가 왕성하며 비견(比肩)이 많고 인수(印綬)가 있고 관(官)이 없으면 자식이 많지 않다.

□ 일주(日柱)가 약한데 관(官)이 많으면 자식이 없다.

□ 일주(日柱)와 인수(印綬)가 약한데 상관(傷官)이 많으면 자식이 없다.

□ 일주(日柱)가 약하고 재(財)가 없어도 식신(食神)이나 상관(傷官)이 있으면 자식을 둘 수 있다.

□ 일주(日柱)가 약하고 관(官)이 없어도 재(財)와 상관(傷官), 겁재(劫財)가 있으면 자식을 둘 수 있다.

□ 일주(日柱)가 약하고 재(財)가 없어도 관(官)이 왕성하고 인수(印綬)가 있으면 자식을 둘 수 있다.

□ 남자가 관성(官星)이 왕성하면 자식이 똑똑하며 발전한다.

□ 관성(官星)이 생왕(生旺)하면 자식을 일찍 둔다.

□ 관성(官星)이 약한데 상관(傷官)이 왕성하면 불효자를 둔다.

□ 시주(時柱)에 임자(壬子)나 을유(乙酉)가 있으면 사생아다.

□ 정관(正官)이나 편관(偏官)이 혼잡되었는데 재(財)가 없으면 사생아다.

□ 종아격(從兒格)은 자식이 없는 경우가 많다.

□ 관성(官星)이 없는데 식신(食神)이나 상관(傷官)이 왕성하면 불효자식이다.

□ 시지(時支)가 일지(日支)를 충(沖)하면 불효자식을 두고, 일지(日支)가 시지(時支)를 충(沖)하면 부자지간에 싸움이 많다.

□ 여자가 양(陽)의 간지(干支)가 많으면 아들이 많고, 음(陰)의 간지(干支)가 많으면 딸이 많다. 그러나 모두 양(陽)이면 아들만 낳고, 모두 음(陰)이면 딸만 낳는다.

□ 자식궁이 형충(刑沖)이나 공망(空亡)되면 그 자식 때문에 근심하는 일이 많다.

2. 사주팔자에 타고난 자녀의 수

앞에서 설명한 것처럼 사주의 구성이 나빠 자식을 두지 못하는 경우가 있다. 그러나 요즘은 출산을 마음대로 조절할 수 있으니 맞지 않으나 주어진 자식은 몇이나 되는지 참고로 보기 바란다.

1. 아들의 수

시지(時支)의 십이운성(十二運星)으로 알아본다.

- 포(胞) : 1명
- 태(胎) : 1명
- 양(養) : 3명 중 1명을 잃는다.
- 장생(長生) : 5명 이상이거나 많다.
- 목욕(沐浴) : 2명
- 관대(冠帶) : 3명
- 건록(建祿) : 3명
- 제왕(帝旺) : 5명 이상이거나 많다.
- 쇠(衰) : 2명
- 병(病) : 1명
- 사(死) : 1명
- 묘(墓) : 있어도 없는 것과 같다.

2. 딸의 수

- 1운 : 3~4명이 있으나 2명만 낳으면 귀명이 되고, 4명을 모두 낳으면 속을 썩이는 자식이 있다.
- 2운 : 3명 중 1명은 잃는다.
- 3운 : 2~3명 중 1명은 잃는다.
- 4운 : 3명 중 2명은 살고, 1명은 구실을 못한다. 범·말·개띠생 자녀는 잔병이 많다.

■	亥卯未年生	寅午戌年生	巳酉丑年生	申子辰年生
1운	8	11	2	5
2운	7	10	1	4
3운	6	9	12	3
4운	5	8	11	2
5운	4	7	10	1
6운	3	6	9	12
7운	2	5	8	11
8운	1	4	7	10
9운	12	3	6	9
10운	11	2	5	8
11운	10	1	4	7
12운	9	12	3	6

출생년의 띠와 출생월의 만나는 점이 딸의 수다.
예를 들어 해묘미(亥卯未)생 중 8월생은 1운에 해당한다.

□ 5운 : 4~5명이다.

□ 6운 : 딸·아들·딸 순서로 음양(陰陽)을 번갈아가며 낳는다.

□ 7운 : 2~3명이다.

□ 8운 : 2명

□ 9운 : 7~8명이나 1명만 살아남는다.

□ 10운 : 3~4명이다.

□ 11운 : 4~5명이다.

□ 12운 : 2~3명이다.

3. 쌍둥이 사주

사주를 감정할 때 명식에 따라 감정결과를 설명해도 맞지 않는다고 하는 손님이 있다. 이때 쌍둥이냐고 물어보면 그렇다고 한다. 그러면 먼저 작성된 사주의 천간(天干)마다 간합(干合)시켜 간합(干合)되는 오행(五行)을 사주의 천간(天干)으로 삼고, 지지(地支)는 지지(地支)대로 간합(干合)시켜 사주를 새로 만들어야 한다. 왜냐하면 쌍둥이는 모태에서 대칭을 이루며 자라다가 먼저 나오면 형이고 뒤에 나오면 동생이 된다. 이들은 태중에서 서로 합(合)을 해서 살았으니 합사주를 만들어 보아야 하기 때문이다.

사(巳)는 여자 쌍둥이이고, 해(亥)는 남자 쌍둥이이다. 사주에 사(巳)나 해(亥)가 나란히 있으면 쌍둥이로 태어나는 경우가 많다.

예1) 乙亥年 辛巳月 戊申日 戊午時

이것을 간합(干合)시켜 합사주로 만들면 다음과 같다.
□ 년간(年干) 을(乙)은 경(庚)과 간합(干合)되어 년간(年干)은 경(庚)이 된다.
□ 년지(年支) 해(亥)는 인(寅)과 간합(干合)되어 년지(年支)는 인(寅)이 된다.
□ 월간(月干) 신(辛)은 병(丙)과 간합(干合)되어 월간(月干)은 병(丙)이 된다.

□ 월지(月支) 사(巳)는 신(申)과 간합(干合)되어 월지(月支)는 신
(申)이 된다.

□ 일간(日干) 무(戊)는 계(癸)와 간합(干合)되어 일간(日干)은 계
(癸)가 된다.

□ 일지(日支) 신(申)은 사(巳)와 간합(干合)되어 일지(日支)는 사
(巳)가 된다.

□ 시간(時干) 무(戊)는 계(癸)와 간합(干合)되어 시간(時干)은 계
(癸)가 된다.

□ 시지(時支) 오(午)는 미(未)의 간합(干合)되어 시지(時支)는 미
(未)가 된다.

	본래 사주	간합시킨 사주
年柱	乙亥	庚寅
月柱	辛巳	丙申
日柱	戊申	癸巳
時柱	戊午	癸未

예2) 壬午年 壬寅月 丁巳日 戊申時

이것을 간합(干合)시켜 합사주로 만들면 다음과 같다.

□ 년간(年干) 임(壬)은 정(丁)과 간합(干合)되어 년간(年干)은 정
(丁)이 된다.

□ 년지(年支) 오(午)는 미(未)와 간합(干合)되어 년지(年支)는 미

(未)가 된다.

- 월간(月干) 임(壬)은 정(丁)과 간합(干合)되어 월간(月干)은 정
  (丁)이 된다.
- 월지(月支) 인(寅)은 해(亥)와 간합(干合)되어 월지(月支)는 해
  (亥)가 된다.
- 일간(日干) 정(丁)은 임(壬)과 간합(干合)되어 일간(日干)은 임
  (壬)이 된다.
- 일지(日支) 사(巳)는 신(申)과 간합(干合)되어 일지(日支)는 신
  (申)이 된다.
- 시간(時干) 무(戊)는 계(癸)와 간합(干合)되어 일지(日支)는 계
  (癸)가 된다.
- 시지(時支) 신(申)은 사(巳)와 간합(干合)되어 시지(時支)는 사
  (巳)가 된다.

	본래 사주	간합시킨 사주
年柱	壬午	丁未
月柱	壬寅	丁亥
日柱	丁巳	壬申
時柱	戊申	癸巳

예3) 癸卯年 丙辰月 己亥日 己巳時

이것을 간합(干合)시켜 합사주로 만들면 다음과 같다.

- 년간(年干) 계(癸)는 무(戊)와 간합(干合)되어 년간(年干)은 무
  (戊)가 된다.

- 년지(年支) 묘(卯)는 술(戌)과 간합(干合)되어 년지(年支)는 술
  (戌)이 된다.

- 월간(月干) 병(丙)은 신(辛)과 간합(干合)되어 월간(月干)은 신
  (辛)이 된다.

- 월지(月支) 진(辰)은 유(酉)와 간합(干合)되어 월지(月支)는 유
  (酉)가 된다.

- 일간(日干) 기(己)는 갑(甲)과 간합(干合)되어 일간(日干)은 갑
  (甲)이 된다.

- 일지(日支) 해(亥)는 인(寅)과 간합(干合)되어 일지(日支)는 인
  (寅)이 된다.

- 시간(時干) 기(己)는 갑(甲)과 간합(干合)되어 시간(時干)은 갑
  (甲)이 된다.

- 시지(時支) 사(巳)는 신(申)과 간합(干合)되어 시지(時支)는 신
  (申)이 된다.

	본래 사주	간합시킨 사주
年柱	癸卯	戊戌
月柱	丙辰	辛酉
日柱	己亥	甲寅
時柱	己巳	甲申

4. 자식을 두지 못하는 여자 사주

□ 재관태왕무자(財官太旺無子) : 사주에 재관(財官)이 너무 왕성해도 자식이 없다.

□ 만국식상무자(滿局食傷無子) : 사주에 식신(食神)이나 상관(傷官)이 국(局)을 이루거나 식상(食傷)이 많으면 자식이 없다.

□ 인수첩첩무자(印綬疊疊無子) : 사주에 인수(印綬)가 많아도 자식이 없다.

□ 금한수냉무자(金寒水冷無子) : 사주에 금(金)이 차고 물이 얼면 자식이 없다.

□ 화염조토무자(火炎燥土無子) : 사주에서 화(火)가 너무 뜨겁고 토(土)가 메말라도 자식이 없다.

□ 토금습체무자(土金濕滯無子) : 사주에서 토(土)가 너무 습하고 금(金)이 너무 힘이 빠져도 자식이 없다.

□ 수다목부무자(水多木浮無子) : 사주에서 수(水)가 너무 많아도 목(木)이 뜨니 자식이 없다.

□ 식상태강즉절(食傷太强則折) : 식신(食神)이나 상관(傷官)이 너무 강해도 자식이 끊어진다.

□ 식상심약무자(食傷甚弱無子) : 사주에서 식신(食神)이나 상관(傷官)이 너무 약해도 자식이 없다.

□ 사주에 상관(傷官)이 많으면 반드시 첫 아이를 잃는다.

□ 일지(日支)나 시주(時柱)에 식신(食神)이나 상관(傷官)이 있는

데 형충(刑沖)되거나 공망(空亡)되면 자식이 없다.

口 신(辛)일 해(亥)시생과 사(巳)일 경(庚)시생은 자손이 끊어지기 쉽다.

5. 자식을 두지 못하는 남자 사주

口 사주에 정편관(正偏官)이 없는데 식신(食神)이나 상관(傷官)이 형충(刑沖)이나 공망(空亡)되면 자식이 없다.

口 사주 친긴(天干)에 식신(食神)이나 상관(傷官)이 있는데 사주 전체에 식신(食神)이나 상관(傷官)이 많아 지나치게 강하면 자식이 없다.

口 일주(日柱)가 생왕(生旺)하면 자식이 많으나, 일주(日柱)가 너무 약하면 자식이 없다.

口 사주에 상관(傷官)이 많으면 반드시 첫 아이를 잃는다.

3. 빈부귀천과 사망

1. 장수 사주

口 사주에 형충파해(刑沖破害)가 없고, 일간(日干)을 중심으로 상생(相生) 상조하면서 사주를 한 바퀴 돌면 장수한다.

□ 신왕(身旺)사주는 장수한다.

□ 기신(忌神)을 제거하는 것이 있으면 장수한다.

□ 대운(大運)에서 충파(沖破)를 당하지 않으면 장수한다.

□ 흉신(凶神)을 합(合)으로 제살(制殺)시키면 장수한다.

□ 1월생이 해(亥)일에 태어나면 장수한다.

□ 2월생이 술(戌)일에 태어나면 장수한다.

□ 3월생이 유(酉)일에 태어나면 장수한다.

□ 4월생이 신(申)일에 태어나면 장수한다.

□ 5월생이 미(未)일에 태어나면 장수한다.

□ 6월생이 오(午)일에 태어나면 장수한다.

□ 7월생이 사(巳)일에 태어나면 장수한다.

□ 8월생이 진(辰)일에 태어나면 장수한다.

□ 9월생이 묘(卯)일에 태어나면 장수한다.

□ 10월생이 인(寅)일에 태어나면 장수한다.

□ 11월생이 축(丑)일에 태어나면 장수한다.

□ 12월생이 자(子)일에 태어나면 장수한다.

2. 부귀 사주

□ 재관인식(財官印食)이 상하지 않고 구비되면 귀한 명이다.

□ 관(官)이 깨끗하면 귀한 명이다.

□ 신약(身弱)해도 인수(印綬)가 잘 생조(生助)하면 귀한 명이다.

□ 신왕(身旺)사주가 식신(食神)·상관(傷官)이 재(財)를 생조(生助)해주면 부귀한 명이다.

□ 재(財)가 왕성하며 청결하면 재운(財運)에서 부자의 명이다.

□ 신왕(身旺)사주가 재(財)는 없으나 식신(食神)이나 상관(傷官)이 있으면 재운(財運)에서 부자가 된다.

□ 종재격(從財格)이 구성이 좋으면 큰 부자가 된다.

□ 신왕(身旺)·재왕(財旺)사주가 식신(食神)이나 상관(傷官)이 없어도 재(財)의 뿌리만 있으면 부자가 된다.

□ 제(財)가 왕성한 신야(身弱)사주라도 신왕운(身旺運)을 만나며 대부의 명이다.

□ 갑(甲)일생이 사주에 갑인(甲寅)·병오(丙午)·임술(壬戌)이 있으면 부자가 된다.

□ 을(乙)일생이 사주에 계축(癸丑)·계미(癸未)가 있으면 부자가 된다.

□ 병(丙)일생이 월주(月柱)나 시주(時柱)에 갑신(甲申)이 있으면 부자가 된다.

□ 정(丁)일생이 사주에 을사(乙巳)·을유(乙酉)가 있으면 부자가 된다.

□ 무(戊)일생이 사주에 병자(丙子)·병진(丙辰),·병신(丙申)이 있으면 부자가 된다.

□ 기(己)일생이 사주에 정해(丁亥)가 있으면 부자가 된다.

□ 경(庚)일생이 사주에 무인(戊寅)·무진(戊辰)이 있으면 부자가

된다.

□ 신(辛)일생이 사주에 기묘(己卯)·기해(己亥)가 있으면 부자가
된다.

□ 임(壬)일생이 사주에 경오(庚午)·경술(庚戌)이 있으면 부자가
된다.

□ 계(癸)일생이 사주에 신사(辛巳)·신미(辛未)가 있으면 부자가
된다.

□ 신왕(身旺)사주가 재(財)가 투출(透出)되지 않고 암장(暗藏)되
어 있으면 소문나지 않은 알부자로 지독한 노랭이다.

3. 빈천 사주

□ 재(財)가 다른 주로부터 극(剋)을 많이 받으면 가난하다.

□ 신약(身弱)한데 재(財)가 약하고 관(官)이 왕성하면 가난하다.

□ 비견(比肩)이나 겁재(劫財)가 많은데 재(財)가 약하면 거지팔
자다.

□ 신약(身弱)사주가 재(財)가 너무 많으면 선부후빈(先富後貧)한
명이다.

□ 신왕(身旺)사주가 인성(印星)이 왕성하면 식신(食神)이나 상관
(傷官)을 파(破)하니 가난하다.

□ 신왕(身旺)사주가 인성(印星)이 왕성해도 식신(食神)이나 상관
(傷官)이 약하면 천한 명이다.

□ 신약(身弱)사주가 관(官)이 왕성한데 식신(食神)이나 상관(傷官)이 약하면 천한 명이다.

□ 신왕(身旺)한데 관(官)이 약하고 재(財)가 없으면 천한 명이다.

□ 신약(身弱)사주가 관(官)이 너무 왕성하면 천한 명이다.

□ 신약(身弱)사주가 관살(官殺)이 매우 혼잡하면 천한 명이다.

□ 사주에 상관(傷官)이 많은데 재(財)가 없으면 빈천한 명이다.

□ 사주에 비견(比肩)이나 겁재(劫財)가 많은데 식신(食神)이나 상관(傷官)이 없거나 약하면 빈천하다.

□ 사주에 관성(官星)이 많은데 재(財)가 없으면 빈천하다.

□ 사주에 인성(印星)이 많은데 재(財)가 없으면 빈천하다.

□ 일주(日柱)가 왕성하며 관(官)이 약한데 관(官)이 일주(日柱)와 합(合)되어 다른 것으로 변하면 빈천하다.

4. 흉악 · 단명 사주

□ 일간(日干)이 약하면 단명한다.

□ 사주에 형충파해(刑沖破害)가 많으면 흉하다.

□ 초 · 중년에 대운(大運)과 상충(相沖) · 상극(相剋) · 상파(相破)가 많으면 단명한다.

□ 인수(印綬)가 많으면 단명한다. 차라리 인수(印綬)로 종하면 면할 수 있다.

□ 관살(官殺)이 일간(日干)을 심하게 충파(沖破)하면 단명한다.

□ 역마(驛馬)와 양인(羊刃)이 같이 있는데 구성이 나쁘면 객사하거나 흉사한다.

□ 사주에 괴강살이 너무 많으면 흉사한다.

□ 월지(月支)에 편관(偏官)이 있는데 충(沖)되면 비명횡사한다.

□ 사주에 양인(羊刃)이 중첩되면 흉사한다.

□ 편관(偏官)이 중첩되었는데 목욕(沐浴)·도화(桃花)·양인(羊刃)이 있으면 색정사건으로 비명횡사한다.

□ 신약(身弱)사주가 편관(偏官)이 많은데 인수(印綬)나 식신(食神)이 없으면 시비·살생·재난·질병 등이 많이 따른다.

□ 인성(印星)이 없는데 식신(食神)이나 상관(傷官)이 많으면 말로 인한 구설과 시비가 많고, 호색으로 인하여 문제가 많다.

□ 겁재(劫財)가 많은데 관(官)이 없으면 무례하며 이기적이다.

□ 도화살(桃花殺)과 양인살(陽刃殺)이 같이 있으면 색정으로 흉사한다.

□ 정편관(正偏官)이 혼잡되었는데 강한 재운(財運)을 만나면 흉사한다.

□ 1·7월생이 사(巳)일이나 해(亥)일에 태어나면 단명한다.

□ 2·8월생이 진(辰)일이나 술(戌)일에 태어나면 단명한다.

□ 3·9월생이 묘(卯)일이나 유(酉)일에 태어나면 단명한다.

□ 4·10월생이 인(寅)일이나 신(申)일에 태어나면 단명한다.

□ 5·11월생이 축(丑)일이나 미(未)일에 태어나면 단명한다.

□ 6·12월생이 자(子)일이나 오(午)일에 태어나면 단명한다.

□ 1·2·3월생이 진유술(辰酉戌)시에 태어나면 단명한다.

□ 4·5·6월생이 자축묘(子丑卯)시에 태어나면 단명한다.

□ 7·8·9월생이 인오미(寅午未)시에 태어나면 단명한다.

□ 10·11·12월생이 사신해(巳申亥)시에 태어나면 단명한다.

4. 사망 시기

인간의 오복 가운데 으뜸은 수(壽)이고, 그 다음은 복(福)이라고
했다. 아무리 철철 넘치게 복과 권을 누린다 해도 수명이 허락하는
범위 내에서 가능한 것이다.

□ 사주에 공망(空亡)이 3개 이상 있는데 대운(大運)이나 세운(歲
運)에서 또 공망(空亡)을 만나면 위험하다.

□ 일주(日柱)와 대운(大運)의 간지(干支)가 같은데 형충(刑沖)되
면 위험하다.

□ 목(木)일생이 수(水)가 왕성한데 대운(大運)이나 세운(歲運)에
서 수왕(水旺)한 운을 만나면 물에 빠져 죽는다.

□ 신약(身弱)한 목(木)일생이 금(金)이 왕성한데 대운(大運)이나
세운(歲運)에서 금왕한 운을 만나면 위험하다.

□ 수(水)일생이 강한 상관운(傷官運)을 만나면 뜻밖의 재난으로
크게 상하거나 죽는다.

□ 금(金)일생이 대운(大運)과 세운(歲運)에서 강한 편인운(偏印

運)과 상관운(傷官運)을 거듭 만나면 위험하다.

□ 신약(身弱)사주가 강한 편관운(偏官運)을 만나면 죽는다.

□ 사주에 양인(羊刃)이 4개 있으면 정재운(正財運)에서 죽는다.

□ 월일에 사(死)와 절(絶)이 있어 약한데 시(時)가 왕성한 운성을 갖고 있으면 35세를 넘기기 어렵다.

□ 월일은 생왕(生旺)하나 십이운성(十二運星)이 사(死)나 절(絶)이 되면 45세를 넘기기 어렵다.

□ 식신격(食神格)은 편인운(偏印運)이 위험하다.

□ 상관격(傷官格)은 인수운(印綬運)이 위험하다.

□ 편재격(偏財格)은 비겁운(比劫運)이 위험하다.

□ 정재격(正財格)은 겁재운(劫財運)이 위험하다.

□ 편관격(偏官格)은 식신운(食神運)이 위험하다.

□ 정관격(正官格)은 상관운(傷官運)이 위험하다.

□ 편인격(偏印格)은 편재운(偏財運)이 위험하다.

□ 인수격(印綬格)은 정재운(正財運)이 위험하다.

□ 종강격(從强格)·종재격(從財格)·종관살격(從官殺格)·종아격(從兒格)·가종격(假從格)과 같이 종강(從强)으로 흐른 사주는 일간(日干)이 강해지는 운이 위험하다.

□ 일덕일(日德日)과 일귀일(日貴日)에 태어난 사람은 대운(大運)이나 세운(歲運)에서 강력한 충운을 만나면 위험하다.

사망하는 시기는 대운(大運)의 지지(地支)를 보고 예측한다. 예를 들어 흉한 대운(大運)이면 흉운의 대운(大運)을 기준으로 본다. 만일 인대운(寅大運)이 흉운이면 인대운(寅大運) 중 병년에서 사망하거나, 인(寅)·사(巳)·신(申)월에 사망하거나, 인(寅)·사(巳)·신(申)일에 사망하거나, 인(寅)·사(巳)·신(申)시에 사망한다.

사망 년월일시 측정표

	사망 연도(天干)	사망 년월일시(地支)
子	癸	辰子
丑	丙癸	子寅辰巳申
寅	丙	寅巳申
卯	乙	卯辰
辰	乙丙戊	寅卯
巳	丙戊	寅
午	戊	丑午未
未	戊庚	丑午未亥
申	庚	亥
酉	辛	丑
戌	辛壬	丑申
亥	壬	申

5. 이런 것도 팔자소관이다

■ 머리 좋은 사주

□ 일지(日支)나 시지(時支)에 술(戌)이나 해(亥)가 있는데 천을 귀인(天乙貴人)이 되면 머리가 좋다.

■농사꾼 사주

□ 사주에 토(土)가 생왕(生旺)하면 대농팔자이고, 토(土)가 많은 데 심하게 설기(洩氣)되면 소농팔자다.

■장사꾼 사주

□ 사주에 재(財)가 많은데 역마(驛馬)에 해당하고 충(沖)되면 외화를 벌어들인다.

■사법관 사주

□ 사주에 인사신(寅巳申) 삼형(三刑)을 갖추면 사법관 사주다.
□ 편관(偏官)이 생왕(生旺)한데 양인(羊刃)이 길신(吉神)이면 사법관 사주다.

■공무원 사주

□ 정관(正官)이 생왕(生旺)한데 길성(吉星)이 있으면 공무원 사주다.

■예술가 사주

□ 사주에 화개살(華蓋殺)이 많으면 예술가 사주다.

□ 인수(印綬)가 생왕(生旺)하고 극충(剋沖)을 받지 않으면 이름 난 예술가이고, 인수(印綬)가 생왕(生旺)하나 극충(剋沖)을 받 으면 이름없는 예술가다.

□ 사주에 을(乙)이 3개 있으면 예술가 사주다.

■승려 사주

□ 일주(日柱)나 월주(月柱)에 화개(華蓋)가 있는데 생왕(生旺)하 면 승려 사주다.

□ 인수(印綬)가 고진살(孤辰殺)이나 과숙살(寡宿殺)에 해당하면 승려 사주다.

□ 인수(印綬)가 화개살(華蓋殺)에 해당하는데 공망(空亡)되면 승 려 사주다.

□ 인수(印綬)가 화개(華蓋)와 절(絶)에 해당하면 승려 사주다.

□ 사주에 화개살(華蓋殺)이 많으면 승려 사주다.

■ 맹인 사주

□ 1·2·3월생이 유(酉)일 유(酉)시에 태어나면 맹인 사주다.

□ 4·5·6월생이 진(辰)일 진(辰)시에 태어나면 맹인 사주다.

□ 7·8·9월생이 미(未)일 미(未)시에 태어나면 맹인 사주다.

□ 10·11·12월생이 무(戊)일 무(戊)시에 태어나면 맹인사주다.

■농아 사주(농아가 아니면 귓병이 많다.)

□ 해묘미(亥卯未)년생이 자(子)시에 태어나면 농아 사주다.

□ 인오술(寅午戌)년생이 묘(卯)시에 태어나면 농아 사주다.

□ 사유축(巳酉丑)년생이 오(午)시에 태어나면 농아 사주다.

□ 신자진(申子辰)년생이 유(酉)시에 태어나면 농아 사주다.

■ 불구 사주(신체불구가 아니면 수족에 이상이 있다.)

□ 을사(乙巳)일이나 을사(乙巳)시에 태어나면 불구 사주다.

□ 을미(乙未)일이나 을미(乙未)시에 태어나면 불구 사주다.

□ 기사(己巳)일이나 기사(己巳)시에 태어나면 불구 사주다.

□ 사주에 자유미술(子酉未戌)이나 묘오축진(卯午丑辰)이 모두 있
　 으면 수족을 절단하는 일이 생긴다.

■백일을 살지 못하는 사주

□ 1·2·3·4월생이 진술축미(辰戌丑未)일이나 진술축미(辰戌丑
　 未)시에 태어나면 출생 후 백 일을 넘기기 어렵다.

□ 5·6·7·8월생이 자오묘유(子午卯酉)일이나 자오묘유(子午卯
　 酉)시에 태어나면 출생 후 백 일을 넘기기 어렵다.

□ 9·10·11·12월생이 인신사해(寅申巳亥)일이나 인신사해(寅申
　 巳亥)시에 태어나면 출생 후 백 일을 넘기기 어렵다.

■ 식모·마담 사주

□ 시주(時柱) 천간(天干)에 상관(傷官)이 있는데 관(官)이 약하

면 식모나 마담의 사주다.

ㅁ 사주에 수(水)가 많은데 관(官)이 없으면 식모나 마담 사주다.

ㅁ 관(官)이 혼잡되었는데 제살(制殺)시켜 주는 것이 없으면 식모
나 마담의 사주다.

■자연유산이나 낙태수술을 잘하는 사주

ㅁ 병(丙)일이나 정(丁)일생이 식신(食神)이나 상관(傷官)이 많은
데 형충(刑沖)되면 자궁외 임신을 잘한다.

ㅁ 식신(食神)이나 상관(傷官)이 많으나 일지(日支)가 형충(刑沖)
되면 자궁외 임신을 잘한다.

■맹장염이 있는 사주

ㅁ 병(丙)일이나 정(丁)일생 금(金)이 약한데 화(火)가 많으면 맹
장염이 따른다.

ㅁ 경(庚)일이나 신(辛)일생이 재(財)나 관(官)이 많으면 맹장염
이 따른다.

■정신질환에 걸리는 사주

ㅁ 기(己)일생이 신약(身弱)에 해당하며 귀문관살(鬼門官殺)이 있
으면 정신병이 따른다.

ㅁ 일주(日柱)가 목(木)이나 화(火)인데 귀문관살(鬼門官殺)이 있
으면 정신병이 따른다. 자유(子酉)·축오(丑午)·인미(寅未)·
묘신(卯申)·진해(辰亥)·사술(巳戌)에 해당하면 귀문관살(鬼

門官殺)이 된다.

■ 안과질환이 있는 사주

□ 사주에 을기계(乙己癸)가 있으면 수족을 상하거나 안과질환이
따른다.

□ 사주에 갑을병(甲乙丙)이 있으면 눈에 이상이 있다.

□ 사주에 갑(甲)이 3개 있거나 신(辛)이 3개 있으면 안과질환·
감옥살이·도축업 등이 따른다.

□ 사주에 갑을경(甲乙庚)이 있으면 실명하기 쉽다.

■ 음독자살하는 사주

□ 무자(戊子)나 무인(戊寅)일생이 인사신(寅巳申) 삼형(三刑)있
으면 음독자살을 기도한다.

□ 일지(日支)가 축인오(丑寅午)인데 양인(羊刃)에 해당하면 음독
자살을 기도한다.

■ 조상을 돌보지 않는 사주

□ 일간(日干)이 년간(年干)을 극(剋)하거나 일지(日支)가 년지
(年支)를 극(剋)하면 조상을 돌보지 않는다.

□ 년주(年柱)와 일지(日支)가 형충(刑沖)되며 공망(空亡)되면 조
상을 돌보지 않는다.

■ 어머니가 재취로 들어온 사주

□ 월지(月支)가 인(寅)이나 도화살(挑花殺)이거나 망신살(亡身殺)에 해당하면 어머니가 재취로 들어온 사람이다.

□ 인수(印綬)가 관(官)과 합(合)되었는데 일지(日支)와 합(合)되면 어머니가 재취로 들어온 사람이다.

■ 색정을 탐하는 사주

□ 남자가 재(財)가 약하면 색정을 탐한다.

□ 재(財)가 혼잡되었는데 도화(挑花)나 목욕(沐浴)이 있으면 색정을 탐한다.

□ 신왕(身旺)사주가 재(財)와 합(合)되면 색정을 탐한다.

□ 일지(日支)와 타주의 재(財)가 합(合)되면 색정을 탐한다.

■ 어린여자를 좋아하는 사주

□ 자오묘유(子午卯酉) 중에서 하나가 재(財)에 해당하면 어린여자를 좋아한다.

□ 시주(時柱)에 도화살(挑花殺)이 있으면 어린여자를 좋아한다.

□ 인수(印綬)와 재(財)가 형살(刑殺)에 해당하면 어린여자를 좋아한다.

□ 토(土)일생이 신왕(身旺)하면 어린여자를 좋아한다.

■남자가 몰래 첩과 자식을 두는 사주

□ 남자가 일주(日柱)의 재(財)와 타주의 재(財)가 합(合)되면 첩

을 둔다.

□ 남자가 일지(日支)나 시상(時上)에 도화(挑花)가 있으면 첩을
둔다.

□ 남자가 일지(日支)의 지장간(支藏干)에 암장(暗藏)된 관(官)이
있는데 타주의 장간(藏干)과 암합(暗合)하면 첩을 얻어 자식을
낳고 숨겨둔다.

□ 남자가 천간지지(天干地支)에 투출(透出)한 관(官)이 있는데
일지(日支)의 지장간(支藏干) 속에 암장(暗藏)된 관(官)이 또
있으면 첩을 얻어 자식을 낳고 숨겨둔다.

□ 여자가 관(官)이 설기(洩氣)되어 약한데 식신(食神)이나 상관
(傷官)이 많으면 남자가 첩을 얻어 자식을 낳고 숨겨둔다.

□ 천간(天干)과 지지(地支)의 관(官)이 일주(日柱)와 합(合)되면
이복자식이 있는 경우가 있다.

□ 천간(天干)과 지지(地支)의 관(官)은 떳떳한 자식이고, 암합(暗
合)된 관(官)은 비밀스런 자식이다.

□ 남자가 토(土)일생이며 지지(地支)에 합(合)이 있으면서 화국
(火局)을 이루면 첩을 둔다.

■국제결혼하는 사주

□ 남자가 재(財)가 역마(驛馬)에 있는데 일주(日柱)와 합(合)되
면 국제결혼한다.

□ 여자가 관(官)이 역마(驛馬)에 있는데 일주(日柱)와 합(合)되

면 국제결혼한다.

■혼혈아를 낳는 사주

□ 남자가 관(官)이 역마(驛馬)에 해당하는데 왕성하면 혼혈자식
  을 둔다.

□ 여자가 식신(食神)이나 상관(傷官)이 있는데 왕성하면 혼혈자
  식을 둔다. 특히 지지(地支)에 있으면 작용이 더욱더 강하다.

■총각이 자식낳는 사주

□ 일지(日支) 재(財)와 타주의 관(官)이 합(合)되면 총각이 자식
  을 낳는다.

□ 일지(日支) 관(官)이 타주의 재(財)와 합(合)되면 총각이 자식
  을 낳는다.

■처녀가 임신하는 사주

□ 일지(日支)의 식신(食神)이나 상관(傷官)이 타주의 관(官)과
  삼합(三合)되면 처녀가 임신한다.

□ 일지(日支)의 관(官)이 타주의 식신(食神)이나 상관(傷官)과
  삼합(三合)되면 처녀가 임신한다. 삼합(三合)은 삼위일체(본
  인·배우자·자식)의 원리와 같기 때문이다.

■실외에서 자식낳는 사주

□ 여자가 일주(日柱)와 시주(時柱)가 합(合)되면 역마(驛馬)일이

나 역마(驛馬)시에 집 밖에서 출산하는 경우가 많다.

■ 부부궁이 불길한 일주(日柱)

- □ 일주(日柱)가 갑인(甲寅)·을묘(乙卯)·을미(乙未)·병오(丙午)·무진(戊辰)·무술(戊戌)·기축(己丑)·경신(庚申)·신유(辛酉)이면 부부궁이 불길하다.
- □ 사주에 갑을병정(乙丙丁)이 나란히 있으면 남자는 자식과 처를 극(剋)하고, 여자는 남편을 극(剋)한다.

■ 고부간에 갈등이 있는 사주

- □ 여자가 재(財)가 많은데 인수(印綬)가 적으면 며느리가 시어머니를 못살게 볶는다.
- □ 여자가 재(財)가 적은데 인수(印綬)가 많으면 시어머니가 며느리를 못살게 볶는다.
- □ 여자가 재(財)와 인수(印綬)가 충(沖)하거나 원진(元辰)이면 며느리와 시어머니가 만나기만 하면 싸운다.

■ 임신하면 남편을 미워하는 사주

- □ 식신(食神)과 편관(偏官)이 있거나 상관(傷官)과 정관(正官)이 있는데 재(財)가 없으면 임신하면 남편을 미워한다.

■ 남편덕 없는 사주

- □ 관(官)이 공망(空亡)되거나 묘(墓)에 해당하면 남편덕이 없다.
- □ 괴강(魁罡)일에 태어난 사람은 남편덕이 없다.

■ 남편이 애주가인 사주

□ 화(火)일생이 수(水)가 있는데 재(財)가 형(刑)되면 남편이 술
  을 좋아한다.

■ 남편이 도박을 좋아하는 사주

□ 비견(比肩)이나 겁재(劫財)가 많은데 식신(食神)이나 상관(傷
  官)이 없으면 남편이 도박을 좋아한다.

□ 인성(印星)이 많은데 재(財)가 없으면 남편이 도박을 좋아한다.

■ 남편과 시어머니에게 구박과 폭력을 당하는 사주

□ 신약(身弱)사주가 편관(偏官)이 생왕(生旺)하면 남편과 시어머
  니에게 구박과 폭력을 당한다.

□ 인수(印綬)가 없어 신약(身弱)한데 재(財)가 있고 편관(偏官)
  이 왕성하면 남편과 시어머니에게 구박과 폭력을 당한다.

■ 남편과 생이별하는 사주

□ 일간(日干)이 무(戊)나 기(己)인데 월지(月支)가 사오미(巳午
  未)이면 남편과 생이별한다.

□ 일간(日干)이 경신임계(庚辛壬癸)인데 월지(月支)가 신유술(申
  酉戌)이나 해자축(亥子丑)이면 남편과 생이별한다.

■남편이 악사하는 사주

□ 여자가 관(官)이 약한데 형충(刑沖)되고 식신(食神)이나 상관

(傷官)이 있으면 남편이 악사를 당한다.

□ 여자가 관성(官星)이 백호대살(白虎大殺)에 해당하는데 형충(刑沖)되면 남편이 악사를 당한다. 백호대살(白虎大殺)은 일주가 갑진(甲辰)·을미(乙未)·병술(丙戌)·정축(丁丑)·무진(戊辰)·임술(壬戌)·계축(癸丑)이면 해당한다.

■남편이 익사하는 사주

□ 여자가 관성(官星)이 약한데 수(水)가 많으면 남편이 익사한다.

■ 여자가 가권을 쥐는 사주

□ 신약(身弱)사주가 재(財)가 왕성하면 여자가 가권을 잡는다.

■ 아내덕으로 출세하는 사주

□ 재(財)가 희신(喜神)에 해당하면 아내덕으로 출세한다.

□ 재(財)와 건록(建祿)과 도화살(挑花殺)이 같으면 아내덕으로 출세한다.

■악처를 만나는 사주

□ 년주(年柱)나 월주(月柱)에 재(財)나 편관(偏官)이 2개 이상있으면 악처를 만난다.

□ 시주(時柱) 천간(天干)에 편관(偏官)이 있으면 악처를 만난다.

■아내가 악사하는 사주

□ 일주(日柱)나 시상(時上)에 축오(丑午) 탕화살(湯火殺)이 있는
데 축오(丑午)가 재(財)에 해당하면 아내가 악사한다.

□ 재(財)가 백호대살(白虎大殺)에 해당하면 아내가 악사한다.

■장모를 모시는 사주

□ 일주(日柱)가 식신(食神)이나 상관(傷官)에 해당하는데 재(財)
와 합(合)되면 장모를 모시고 산다.

□ 일주(日柱)가 재(財)에 해당하는데 식신(食神)이나 상관(傷官)
과 합(合)되면 장모를 모시고 산다.

□ 일주(日柱)나 시주(時柱)에 인수(印綬)가 있는데 도화(挑花)에
해당하면 장모를 모시고 산다.

□ 일주(日柱)와 식신(食神)이 합(合)되면 장모를 모시고 산다.

■ 공처가 사주

□ 남자의 사주에 재(財)가 많으면 공처가 사주다.

□ 정재(正財)가 편재(偏財)보다 왕성하면 공처가 사주다.

■ 처가를 돕는 사주

□ 일주(日柱)나 시주(時柱)에 인수(印綬)와 도화(挑花)가 같이
있으면 처가를 돕는다.

□ 재(財)가 식신(食神)이나 상관(傷官)과 합(合)되면 처가를 돕
는다.

■ 처가가 망하는 사주
□ 재(財)가 약한데 식신(食神)이나 상관(傷官)을 돕는 것이 없으
  면 처가가 망한다.

■ 아내가 가출하는 사주
□ 재(財)가 역마(驛馬)에 해당하는데 형충(刑沖)되면 아내가 가
  출한다.
□ 비견(比肩)이나 겁재(劫財)와 재(財)가 암합(暗合)되면 아내가
  가출한다.

■ 부부싸움을 많이 하는 사주
□ 남자가 일지(日支)가 형충(刑沖)되면 아내와 싸움을 많이 한다.
□ 남자가 일지(日支)에 원진살(元辰殺)이 있으면 아내와 싸움을
  많이 한다.

■ 아내가 뚱뚱한 사주
□ 관(官)이 왕성하면 아내가 뚱뚱하다.
□ 식신(食神)이나 상관(傷官)이 왕성하면 아내가 뚱뚱하다.

■ 아내가 날씬한 사주
□ 관(官)이 약하거나 없으면 아내가 날씬하다.
□ 재(財)가 약하면 아내가 날씬하다.

■ 아내가 물건을 잘 깨트리는 사주

□ 인수(印綬)가 형충(刑沖)되면 아내가 물건을 잘 깨트린다.

■ 강도나 강간을 당하는 때

□ 편재(偏財)가 기신(忌神)인데 편재운(偏財運)을 만날 때 강도
  나 강간을 당한다.

□ 편관(偏官)이 기신(忌神)인데 편관운(偏官運)을 만날 때 강도
  나 강간을 당한다.

□ 일주(日柱)의 간지(干支)를 극(剋)할 때 강도나 강간을 당한다.

■ 사기를 당하거나 부도가 나는 때

□ 사주에 비견(比肩)이나 겁재(劫財)가 많은데 또 비견(比肩)이
  나 겁재운(劫財運)을 만날 때 사기를 당하거나 부도가 난다.

□ 편재(偏財)가 기신(忌神)인데 편재운(偏財運)을 만날 때 사기
  를 당하거나 부도가 난다.

□ 재(財)를 충파(沖破)하는 운을 만날 때 사기를 당하거나 부도
  가 난다.

■ 객사하기 쉬운 때

□ 사주에 조객살·상문살이 있고 역마(驛馬)와 관(官)이 있는데
  관운(官運)이 되면서 관(官)과 합(合)되면 객사하기 쉽다.

■ 기타

- 일지(日支)나 시지(時支)에 축해(丑亥)·묘유(卯酉)·사미(巳未)·신진(申辰)·인술(寅戌)이 있으면 특이한 병에 걸린다.

- 겁살(劫殺)이 2개 이상 있으면 도둑놈이다.

- 사주에 형살(刑殺)이 있으면 감옥살이를 한다.

- 사주에 자오묘유(子午卯酉)가 모두 있으면 주색과 풍류를 좋아한다.

- 사주에 진술축미(辰戌丑未)가 모두 있으면 화를 잘낸다.

- 남자는 천라(天羅 : 戌)를 꺼리고, 여자는 지망(地網 : 辰)을 꺼린다. 남자는 아내를 극(剋)하고, 여자는 남편을 극(剋)하며 자식을 극(剋)한다. 만일 천라(天羅)와 지망(地網)이 모두 있으면 나쁜 일이 많고, 감옥살이를 한다.

- 사주에 귀문관살(鬼門官殺)이 있으면 동성동본간에 결혼하거나 변태성욕자거나 불감증이 따른다.

- 사주에 화개(華蓋)가 있으면 색욕이 강하다.

- 여자가 혈인살(血刃殺)이 있으면 자궁출혈이 있다.

- 경진(庚辰)일 경진(庚辰)시생은 매우 총명하다.

- 기해(己亥)일생은 자기가 마음 먹은대로 이성교제를 한다.

- 신사(辛巳)일생은 공갈, 협박, 강압, 위협 등 공포분위기를 조성하며 여자와 강제로 교제한다.

- 계사(癸巳)일생은 여자를 본의 아니게 사랑하게 되거나 어물어물하는 사이에 결혼까지 이른다.

□ 정해(丁亥)일생은 천성이 간드러지며 요염하다.

□ 을사(乙巳) · 정사(丁巳) · 정해(丁亥) · 신사(辛巳) · 계사(癸巳)
일생의 남자는 의처증이 있고 여자는 간부와 도망간다.

□ 임계(壬癸)일생이나 또는 병신(丙申) · 무자(戊子) · 임술(壬
戌) · 경술(庚戌)일생의 남자는 연상의 여자와 결혼하고 여자는
연하나 나이가 많은 사람을 만난다. 특히 경술(庚戌)일생 여자
는 자좌관고(自坐官庫)라 해서 강하게 작용한다.

□ 갑인(甲寅) · 을묘(乙卯) · 병오(丙午) · 정사(丁巳) · 무진(戊
辰) · 기미(己未), 경신(庚申) · 신유(辛酉) · 임자(壬子)일생은
남자는 첩을 얻고 여자는 소실을 본다. 이를 간여지동(干與支
同)이라 하는데, 타주에 비견(比肩)이나 겁재(劫財)가 많으면
작용력이 더욱 강하여 생사이별하는 경우도 많다.

6. 내객에게 가장 많이 받는 질문

1. 아버지의 운은 어떤가

□ 년간(年干)이나 월간(月干)을 충(沖)하는 해는 아버지의 운이
좋지 않다.

□ 재(財)가 충(沖)되거나 사(死) · 절(絶) · 묘(墓)가 되는 해는 아
버지의 운이 좋지 않다.

□ 재(財)가 약한데 비견(比肩)이나 겁재(劫財)가 되는 해는 아버
지의 운이 좋지 않다.

2. 어머니의 운은 어떤가

□ 인수(印綬)가 형충(刑沖)되는 해는 어머니에게 질병과 수술이 따른다.

□ 년지(年支)나 월지(月支)가 형충(刑沖)되는 해는 어머니의 운이 나쁘다.

□ 인수(印綬)가 강한데 또 인성운(印星運)이 되는 해는 어머니운이 좋지 않다.

□ 인수(印綬)가 사(死)·절(絶)·묘(墓)가 되는 해는 어머니가 위독하다.

3. 남편의 운은 어떤가

□ 여자가 편관(偏官)이 약한데 식신(食神)년을 만나면 남편이 위험하다.

□ 여자가 정관(正官)이 약한데 상관(傷官)년을 만나면 남편이 위험하다.

□ 남편에 해당하는 정관(正官)이 사(死)·절(絶)·묘(墓)가 되는 해는 남편이 위험하다.

□ 일지(日支)가 형충(刑沖)이 되는 해는 남편의 운이 좋지 않다.

4. 아내의 운은 어떤가

□ 일지(日支)가 형충(刑沖)되는 해는 아내로 인한 근심과 걱정이 있다.

□ 신왕(身旺)사주가 비견(比肩)이나 겁재(劫財)년이 되면 아내에게 질환과 사망이 따르기도 한다.

□ 행운(行運)의 년운(年運)과 재(財)가 합(合)하면 아내가 외정을 갖는다.

□ 재약(財弱)사주가 관운(官運)을 만나면 아내의 운이 나쁘다.

□ 관약(官弱)사주가 재운(財運)을 만나면 아내덕으로 출세한다.

□ 재약(財弱)사주가 재운(財運)을 만나면 아내덕으로 재물을 얻는다.

5. 자녀의 운은 어떤가

□ 남자가 관(官)이 사(死)·절(絶)·묘운(墓運)에 해당하면 자녀의 운이 나쁘다.

□ 남자가 관(官)이 약한데 재운(財運)을 만나면 자녀의 운이 나쁘다.

□ 남자가 관(官)이 왕성한데 또 관운(官運)을 만나면 자녀의 운이 나쁘다.

□ 여자가 편인(偏印)·인수운(印綬運)을 만나면 자녀의 운이 나쁘다.

□ 여자가 식신(食神)이나 상관(傷官)이 약한데 재운(財運)을 만나면 자녀의 운이 나쁘다.

□ 여자가 식신(食神)이나 상관(傷官)이 사(死)·절(絶)·묘운(墓運)에 해당하면 자녀의 운이 나쁘다.

□ 남녀 모두 시지(時支)를 형충(刑沖)하면 자녀의 운이 나쁘다.

6. 형제의 운은 어떤가

□ 비견(比肩)이나 겁재(劫財)가 사(死)·절(絶)·묘운(墓運)이 되면 형제의 운이 나쁘다.

□ 신왕(身旺)사주가 비견(比肩)·겁재운(劫財運)에서 파(破)하면 형제의 운이 나쁘나 신약(身弱)사주는 대길하다.

7. 시험이나 승진운은 어떤가

□ 인수(印綬)년·정관(正官)년·정재(正財)년·희신운(喜神運)을 만나면 합격한다.

8. 결혼은 언제하는가

□ 남자는 일지(日支)나 재(財)와 합(合)되는 해에 결혼한다.

□ 남자는 관(官)이 일주(日柱)와 합(合)되는 해에 결혼한다.

□ 남자는 재운(財運)·식신(食神)·상관(傷官)년에 결혼한다.

□ 남자는 재성(財星)·관성(官星)·식신(食神)·상관(傷官)년이 형충(刑沖)되면 결혼날짜를 잡아놓고도 파혼하는 경우가 많다.

□ 남자는 일지(日支)와 형충(刑沖)되는 해가 오면 불길하다.

□ 남자가 관운(官運)을 만나 일주(日柱)와 합(合)되는 해에 결혼 하면 말썽이 많다.

□ 여자는 식신(食神)·정관(正官)·상관(傷官)년에 결혼한다.

□ 여자는 월지(月支)를 충(沖)하는 해에 결혼한다.

□ 여자는 재운(財運)·인수운(印綬運)에 결혼한다.

□ 여자는 관(官)과 비견(比肩)이나 겁재(劫財)가 합(合)되는 해
에 결혼한다.

□ 여자가 식신(食神)이나 상관운(傷官運)을 만나면 결혼하고 득
남한다.

□ 여자가 을(乙)일생이고 경오(庚午)이거나 병(丙)일생이고 신
(辛)년을 만나면 강제로 결혼한다.

9. 이사는 언제하는가

□ 일지(日支)나 월지(月支)를 충(沖)하는 해가 좋다.

□ 일간(日干)이나 월간(月干)을 충(沖)하는 해가 좋다.

□ 일(日) 천간(天干)은 인수운(印綬運)이 되고, 일지(日支)는 합
(合)되는 해에 이사하는 것이 좋다.

□ 년지(年支)와 일지(日支)가 합(合)될 때 이사하는 것이 좋다.

10. 해외는 언제 가는가

□ 일지(日支)나 시지(時支)에 역마(驛馬)가 되면 해외에 나간다.

□ 일주(日柱)는 합(合)되고 월주(月柱)는 충(沖)되는 해에 해외
에 나간다.

□ 인수(印綬)가 일주(日柱)와 합(合)되는 해에 해외에 나간다.

□ 역마(驛馬)가 일주(日柱)와 합(合)되는 해에 해외에 나간다.

11. 매매는 언제되는가

- 인수(印綬)년에 매매가 성사된다. 단 길성(吉星)이어야 한다.
- 인수(印綬)가 형충(刑沖)되는 해는 계약에 문제가 생기거나 시비가 많다.
- 역마(驛馬)가 충(沖)되는 해는 매매에 시비가 많고, 물건을 분실하거나 도난당한다.

12. 사기·도난·분실수가 있는가

- 편관(偏官)·겁재(劫財)·상관(傷官)년에 물건을 매매하면 사기를 당한다.
- 인수(印綬)가 형충(刑沖)되는 해에 물건을 매매하면 사기를 당한다.

13. 관재구설이나 송사가 발생하는가

- 관살(官殺)이 혼잡되는 해는 관재구설이나 송사가 따른다.
- 관(官)이 태과한데 또 관운(官運)이 오면 관재구설이나 송사가 따른다.
- 상관운(傷官運)이 정관(正官)을 극(剋)하는 해가 되면 관재구설이나 송사가 따른다.
- 일지(日支)가 삼형(三刑)이 되는 해는 관재구설이나 송사가 따른다.
- 일주(日柱)와 천충지충(天沖地沖)이 되는 해는 관재구설이나

송사가 따른다.

□ 비견(比肩)이나 겁재(劫財)년에는 관재구설이나 송사가 따른다.

14. 돈은 언제 버는가

□ 신왕(身旺)사주가 재운(財運)을 만나면 돈을 번다.

□ 식신(食神)·상관격(傷官格)이 재운(財運)을 만나면 돈을 번다.

□ 신약(身弱)사주가 재(財)가 왕성하거나 신강(身强)해지면 크게
  발달한다.

15. 임신은 언제 하는가

□ 인수(印綬)·식신(食神)·상관(傷官)년에 임신한다.

□ 관성(官星)이 합(合)되는 해에 임신한다.

□ 인수(印綬)·식신(食神)·상관(傷官)이 형충(刑沖)되는 해에
  임신한다.

□ 사주가 삼합(三合)이나 방합(合)되는 해에 임신한다.

16. 망신수가 있는가

□ 남자는 재살(財殺)이 혼잡되는 해에 이성문제로 망신을 당한다.

□ 여자는 관살(官殺) 혼잡 되는 해에 이성문제로 망신을 당한다.

□ 남녀 모두 상관(傷官)년에 망신을 당한다.

17. 교통사고나 몸을 상하는 일이 있는가

- 일주(日柱)가 충(沖)되는 해에 교통사고나 부상을 당한다.
- 일주(日柱)가 역마(驛馬)인데 형충(刑沖)되면 교통사고나 부상을 당한다.
- 관살(官殺)이 혼잡되는 해에 부상을 당한다.

10장. 신살론(神殺論)

1. 귀성(貴星)

1. 천을귀인(天乙貴人)

 사주명리학(四柱命理學)에서 제일로 치는 것이 천을귀인(天乙貴人)이므로 특별히 원리를 설명하니 참고하기 바란다. 여러 번 설명하여 독자들도 이해하고 있겠지만 동양철학의 본원은 우주의 원리에서 비롯된 별자리 즉 태양계를 중심으로 한 위성과의 관계에서 지구에 나타나는 변화와 인간에게 미치는 영향을 학문으로 간추린 것이다. 천을(天乙)이라는 용어는 별다른 뜻이 있는 것이 아니라 정재(正財)나 편재(偏財)와 같은 명칭에 불과하다. 그러나 천을(天乙)은 인간이 마음대로 조작하는 것이 아니라 우주에서 일어나고 있는 위성과 태양과 지구와의 관계에서 생겼다.

그러면 전편의 천체운행도에서 보는 것과 같이 달은 지구를 중심으로 하고, 지구는 태양을 중심으로 자공전운동을 한다. 이 3무리(달·지구·태양)는 한 덩어리가 되어 우주의 중심역할을 하고 있는 자방 즉 북쪽에 있는 북극성을 중심의 축으로 삼고 공전운동을 한다. 이때 달은 지구의 주위를 29. 5일 동안 돌면서 1달을 만들고, 달은 지구와 상호인력관계를 유지하면서 밀물과 썰물을 만들고, 지구는 태양의 주위를 365. 2422일 돌면서 4계절과 1년도 만든다. 이렇게 이들 3형제는 맏형격인 태양을 중심으로 사이좋게 지낸다.

이뿐 아니라 머나먼 미로를 찾아 우주여행을 한다. 이때 중형격인 지구는 생물과 무생물까지도 함께 여행한다. 우리가 우주여행을 하면서도 느끼지 못하는 것은 지구라는 비행선이 너무나도 완벽하게 만들어져 있어 수십억 년 동안 항로를 이탈해 본 사실도 없고, 그렇다고 고장나 본 사실도 없으며 또 여행중 중간기착지에 내려 재급유를 해본 사실도 전혀 없었기에 우리들은 지금 우주 여행을 하고 있으면서도 전혀 이를 느끼지를 못하고 있는 것이다. 그러나 여행중 우주선의 기체가 흔들린다든가 항로를 이탈한다면 큰일이 겠지만 신의 작품은 매우 완벽해 염려하지 않아도 된다.

앞에서 태양계 3형제가 우주의 미로를 찾아 여행하고 있다고 했으나 우주비행선이 가고 있는 항로는 북극성을 반환점으로 돌고 있다. 이때 막내격인 달은 둘째형인 지구를 돌고 둘째형은 또 큰형인 태양을 도는 것과 같이, 이들 3형제는 아버지와 같은 북극성을 한 바퀴 돌아와야만 1살을 먹는다. 이것은 지구가 태양을 한 바퀴 돌아오면 지구에서는 일 년이 발생하나 우주에서는 이들 태양계의 3무리가 북극성을 한 바퀴 돌아오면 우주의 일 년이 된다는 말이다. 우주의 일 년을 지구의 년으로 따지면 120년이 된다.

그러므로 인간도 120세를 살아야 천수를 다하는데 그렇지 못하고 70~80년 살다가 죽는 것은 섭생을 잘못하기 때문이라고 본다. 독자들은 태양계가 북극성을 한바퀴 돌아오는 120년과 사람의 수명이 무슨 관계가 있느냐고 할 것이다. 그것은 우주의 일년과 지구의 일년의 개념과 내용이 같기 때문이다. 지구의 일년이라는 4계절의 변화가 모두 끝나면 일생을 마치는 것과, 우주의 일년이 일생을 마치는 것은 같기 때문에 인간의 수명은 120년이 된다는 것이다.

그러면 지금까지의 설명으로 태양계의 운동을 이해했을 것으로 믿고 천을(天乙)이 발생한 동기를 설명하기로 한다. 태양계가 북극성을 축으로 삼아 우주운동을 하는 동안 태양계는 북두칠성의 보좌를 받고 운행한다. 특히 북두칠성의 7개의 별 중에서도 다섯 번째에 있는 집옥성이라는 별이 태양계가 우주여행을 할 때 우주항로를 이탈하지 못하게 질서를 잡아주는 역할을 한다. 그뿐 아니라 인간의 운명에도 최고의 기쁨을 선사한다.

그러므로 천을(天乙)이라는 북두칠성의 길성(吉星)에서 빛을 발사하는 파장이 마주칠 때, 즉 북두칠성과 북극성이 대각을 이루면서 서로의 빛이 상호교환되는 과정을 천을(天乙)이라고 한다. 그 별빛이 상호교환하고 있을 때 인간이 태어나면 천을귀인(天乙貴人)이라 해서 평생 그들 길성(吉星)의 영향을 받으며 산다고 한다.

이렇게 길성(吉星)의 영향을 받고 태어나면 작용은 자력과 같아 악과 흉을 멸살시키고, 만사를 길한 쪽으로만 작용시킨다고 해서 천을귀인(天乙貴人)이라고 하는 것이다.

 그리고 천을(天乙)은 두 가지로 나눈다. 하나는 지구가 태양과 가까운 거리에 있을 때 양(陽)전자가 발생하고, 하나는 태양과 먼거리에 있을 때는 음(陰)전자가 발생한다. 양(陽)전자를 양귀인(陽貴人), 음(陰)전자를 음귀인(陰貴人)이라 한다. 천을귀인(天乙貴人)이 성립되는 조건은 천간(天干)이 합(合)을 이룰 때 지지(地支)는 천간(天干)의 뒤에서 일어난다고 해서 천간(天干) 뒤의 것이 영향력이 가장 큰 양기의 천을귀인(天乙貴人)이고, 음귀(陰貴)의 천을귀인(天乙貴人)은 작용력이 약하다. 이것을 도표로 정리하면 다음과 같다.

日干	甲	乙	丙	丁	戊	己	庚	辛	壬	癸
陽貴	未	申	酉	亥	丑	子	丑	寅	卯	巳
陰貴	丑	子	亥	酉	未	申	未	午	巳	卯

천간합(天干合)과 양귀(陽貴)

天干貴人	子	丑	寅	卯	巳
天干合	甲+己	乙+庚	丙+辛	丁+壬	戊+癸
天干貴人	未	申	酉	亥	丑
天干合	己+甲	庚+乙	辛+丙	壬+丁	癸+戊

　□ 천간(天干)의 뒤에 있는 것이 양귀천을귀인(陽貴天乙貴人)이다.

천간합(天干合)과 음귀(陰貴)

天干貴人	未	申	午	巳	卯
天干合	甲+己	乙+庚	丙+辛	丁+壬	戊+癸
天干貴人	丑	子	亥	酉	未
天干合	己+甲	庚+乙	辛+丙	壬+丁	癸+戊

ㅁ 천간(天干)의 뒤에 있는 것이 음귀천을귀인(陽貴天乙貴人)이다.

■ 천을귀인(天乙貴人)을 종합하면 다음과 같다.

갑무경(甲戊庚) : 축미(丑未)

을기사(乙己) : 자신(子申)

병정(丙丁) : 해유(亥酉)

임계(壬癸) : 사묘(巳卯)

신(辛) : 인오(寅午)

ㅁ 천을귀인(天乙貴人)은 출생일 즉 일귀일(日貴日)에 있는 것을
  최상으로 보고, 다음은 월주(月柱)와 시주(時柱)에 있는 것을
  길성(吉星)으로 본다.

ㅁ 천을귀인(天乙貴人)을 양귀(陽貴)와 음귀(陰貴)로 나누는 것은
  일년을 상반기와 후반기로 나누는 것과 같다. 양귀(陽貴)는 상
  반기로 인(寅 : 1월)월~미(未 : 6월)월까지 이고, 음귀(陰貴)는
  하반기로 신(申 : 7월)월~축(丑 : 2월)월까지로 본다. 동지(冬
  至) 후에는 양귀(陽貴)를 쓰고, 하지(夏至) 후에는 음귀(陰貴)
  를 쓴다.

□ 양귀인(陽貴人)은 1월 ~6월 사이에 태어난 사람에게 영향력이 크고, 음귀인(陰貴人)은 7월~12월 사이에 태어난 사람에게 영향력이 크다. 그러나 반대의 출생자는 영향력과 효능이 약하다.

□ 천을귀인(天乙貴人)은 합(合)을 좋아하므로 사주에 천을귀인(天乙貴人)이 있는데 합(合)되면 명진사해하며 승승장구한다.

□ 천을귀인(天乙貴人)이 정관(正官)·인수(印綬)·역마(驛馬)·장생(長生)·제왕(帝旺)·건록(建祿)에 해당하며 합(合)되면 평생 복록이 넘친다. 그러나 천을귀인(天乙貴人)이 형충파해(刑沖破害)·사묘절(死墓絶)·공망(空亡)이 되면 효능이 없다.

□ 천을귀인(天乙貴人)이 식신(食神)에 해당하며 합(合)을 이루면 귀합귀식(貴合貴食)이 되어 뜻대로 직업을 갖는다.

□ 천을귀인(天乙貴人)이 월일(月日)에 있으면 매우 귀한 사람이고, 일시(日時)에 복력이 더욱더 배가한다.

□ 사주에 천을귀인(天乙貴人)이 있으면 인격이 뛰어나며 총명다재하고 지혜롭다.

□ 천을귀인(天乙貴人)이 괴강(魁罡)과 같이 있으면 사리가 분명하고, 호탕한 남아의 기상이 있어 세인들에게 존경받는다.

□ 천을귀인(天乙貴人)이 건록(建祿)과 같이 있으면 문장력이 뛰어나며 정직 성실하고 온후한 학자의 기풍을 지닌다.

□ 행운(行運)에서 천을귀인(天乙貴人)을 만나면 크게 발전한다.

□ 천을귀인(天乙貴人)을 타고나면 평생 흉사를 만나지 않고, 만나더라도 지극히 경미하다.

□ 천을귀인(天乙貴人)이 있는데 건록(建祿)과 제왕(帝旺)이 같이 있으면 평생 복록이 많으며 관운(官運)도 좋다. 그러나 공망(空亡)되면 길함이 줄고, 사(死)·절(絶)과 같이 있으면 복이 없다.

□ 천을귀인(天乙貴人)을 형충파해(刑沖破害)하면 부모가 흉하다.

□ 천을귀인(天乙貴人)과 합(合)되거나 길성(吉星)이 있으면 출세가 빠르며 사회적으로 발전해 신망이 높고, 평생 형벌문제가 생기지 않는다.

□ 천을귀인(天乙貴人)이 괴강(魁罡)과 같이 있으면 사리에 밝고 세인의 존경을 빈으며 성격이 쾌활하다.

□ 천을귀인(天乙貴人)과 건록(建祿)이 있는데 역마(驛馬)가 충(沖)되면 명성이 높다.

2. 태극귀인(太極貴人)

태극(太極)은 처음이라는 뜻으로 과명성(科名星)이라고도 한다. 선천적으로 복록과 주위의 도움이 많아 일생 고난을 모르고 산다는 귀성(貴星)이다. 일간(日干)을 중심으로 년지(年支)에 태극(太極)이 있어야 효능이 크다.

日干	甲乙	丙丁	戊己	庚辛	壬癸
太極貴人	子午	卯酉	辰戌丑未	寅亥	巳申

3. 천관귀인(天官貴人)

천관귀인(天官貴人)은 지지(地支)에 있는 관성(官星)의 자리에 천을귀인(天乙貴人)이 되는 것을 말한다. 여기에 관(官)자를 붙여 천관귀인(天官貴人)이라 한 것이다. 사주의 격이 청순하며 재관인(財官印)의 생조(生助)를 받으면 고위직에 오른다.

日干	甲	乙	丙	丁	戊	己	庚	辛	壬	癸
天官貴人	未	辰	巳	酉	戌	卯	亥	申	寅	午

4. 복성귀인(福星貴人)

복성귀인(福星貴人)은 수복부귀를 나타내는 귀성(貴星)으로 일지(日支)에 있는 것이 가장 좋다. 평생 의식이 풍족하며 사람들에게 존대를 받는다.

日干	甲	乙	丙	丁	戊	己	庚	辛	壬	癸
福星貴人	寅	丑	子	酉	申	未	午	巳	辰	卯

5. 천주귀인(天廚貴人)

천주귀인(天廚貴人)이 정관(正官)이나 인수(印綬)에 있으면 관직으로 출세하고, 의식주를 주관하는 일을 맡으면 대부대귀한다.

日干	甲	乙	丙	丁	戊	己	庚	辛	壬	癸
天廚貴人	巳	午	巳	午	申	酉	亥	子	寅	卯

6. 천복귀인(天福貴人)

천복귀인(天福貴人)은 정관(正官) 자리에 건록(建祿)이 있는 것을 말한다. 평생 만인의 우두머리가 되어 추앙을 받고, 자립성가하며 자손에게까지 복록이 두텁다.

日干	甲	乙	丙	丁	戊	己	庚	辛	壬	癸
天福貴人	酉	申	子	亥	卯	寅	午	巳	丑未	辰戌

7. 천록귀인(天祿貴人)

천록귀인(天祿貴人)은 복록을 주관하는 길성(吉星)으로 년월일시 어느 곳이든 건록(建祿)이 있는 것을 말한다.

日干	甲	乙	丙	丁	戊	己	庚	辛	壬	癸
天祿貴人	寅	卯	巳	午	巳	午	申	酉	亥	子

8. 문창귀인(文昌貴人)

문창귀인(文昌貴人)은 흉성(凶星)을 길성(吉星)으로 만든다. 양(陽)일생은 십이운성(十二運星)으로 병(病)이 되고, 음(陰)일생은 장생(長生)이 되면 성립한다. 예술이나 학문에 뛰어나며 연구·발명·창조 등에서 크게 발전한다. 문창성(文昌星)이 합(合)되거나 형충(刑沖)되면 가난한 선비에 불과하고, 공망(空亡)과 합(合)되지 않으면 공부와 글을 좋아하고, 총명하며 재주가 뛰어난다.

日干	甲	乙	丙	丁	戊	己	庚	辛	壬	癸
文昌貴人	巳	午	申	酉	申	酉	亥	子	寅	卯

9. 학당귀인(學堂貴人)

학당귀인(學堂貴人)은 일간(日干)에서 장생(長生)이 되는 곳을

말한다. 학당(學堂)은 학문을 뜻하는 말로 선생, 학자 또는 문장력
이 뛰어난 특성을 살리면 논설가로 명망을 얻는다.

日干	甲	乙	丙	丁	戊	己	庚	辛	壬	癸
學堂貴人	亥	午	寅	酉	寅	酉	巳	子	申	卯

10. 관귀학관(官貴學館)

관귀학관(官貴學館)은 관성(官星)의 장생(長生)을 말한다. 관운
(官運)이 좋아 남보다 먼저 승진하거나 스카웃되는 등 관직에서의
길성(吉星)이다.

日干	甲	乙	丙	丁	戊	己	庚	辛	壬	癸
官貴學館	巳	巳	申	申	亥	亥	寅	寅	申	申

11. 건록(建祿)

건록(建祿)은 정록(正祿)이라고도 한다. 관록(冠祿)과 의식이 풍
부하며 사회적으로 크게 발전하는 길성(吉星)으로, 장수하며 건강
하고 복록이 많다.

日干	甲	乙	丙	丁	戊	己	庚	辛	壬	癸
建祿	寅	卯	巳	午	巳	午	申	酉	亥	子

□ 건록(建祿)이 있으면 공무원이나 샐러리맨이 되는 경우가 많다.
□ 건록(建祿)이 일지(日支)에 있으면 성공부귀하고, 평생 부족함
　없이 산다.

□ 건록(建祿)이 시주(時柱)에 있으면 노력 이상의 결과가 있다.

□ 건록(建祿)이 충(沖)되면 직업·이사·결혼·여행 등의 변동이 있다.

□ 건록(建祿)이 되는 해에는 취직이나 승진 등 좋은 일이 생긴다.

12. 암록(暗祿)

암록(暗祿)은 건록(建祿)과 합(合)되는 짝을 말한다. 건록(建祿)이 드러나 있는 길성(吉星)이라면 암록(暗祿)은 숨어 있는 길성(吉星)으로 보아도 좋다. 따라서 사주에 암록(暗祿)이 있으면 어려움에 처해도 보이지 않는 도움으로 위기를 넘긴다.

日干	甲	乙	丙	丁	戊	己	庚	辛	壬	癸
暗祿	亥	戌	申	未	申	未	巳	辰	寅	丑

13. 교록(交祿)

교록성(交祿星)이 있으면 사교술이 능수능란하고, 매매운이 좋아 이득이 많다. 그러나 여자는 이별수가 있다.

年	甲申	庚寅	丙子	癸己	戊子	癸己	辛卯	乙酉	壬午	丁亥
交祿	庚寅	甲申	癸己	丙子	癸己	丙子	乙酉	辛卯	丁亥	壬午

14. 금여(金與)

금여(金與)는 금으로 만든 수레라는 뜻이며, 좋은 배우자를 만나 행복하게 산다는 귀성이다. 남녀 모두 얼굴이 잘 생기며 복록이 두텁고, 성격과 인품이 온유하며, 재주도 뛰어나 많은 사람에게 부러움의 대상이 된다. 특히 시주(時柱)에 있으면 평생 근친과 이웃에게 많은 도움을 받고, 덕이 많아 평안한 생활을 누린다.

日干	甲	乙	丙	丁	戊	己	庚	辛	壬	癸
金輿	辰	巳	未	申	未	申	戌	亥	丑	寅

15. 월덕(月德)

월덕(月德)은 삼합(三合)의 가운데 있는 지지(地支)의 양간(陽干)을 말한다. 전생에서 좋은 일을 했거나 조상의 공덕으로 하늘에서 내려준 은총이라는 길성(吉星)이다. 사주에 월덕(月德)이 있으면 평생 관운(官運)이 좋고, 흉한 것이 경사로 변한다. 특히 시주(時柱)에 있으면 자손에게 큰 경사가 따른다.

月支	寅	卯	辰	巳	午	未	申	酉	戌	亥	子	丑
月德	丙	甲	壬	庚	丙	甲	壬	庚	丙	甲	壬	庚

16. 복덕수기(福德秀氣)

사주에 복덕수기(福德秀氣)가 있으면 인물이 빼어나고 수복이 넘친다. 여자가 을(乙)이 3개 있거나 사유축(巳酉丑)으로 삼합(三合)되면 성립한다.

17. 천상삼기(天上三奇)

삼기(三奇)는 삼귀(三貴)라고도 하는데, 각 기(奇)에는 천을귀인

(天乙貴人)이 있어 삼귀(三貴)를 이룬다. 사주에 삼귀(三貴)가 있으면 기이한 것을 좋아하며 큰 것을 꿈꾼다. 비상한 재능을 겸비한 사람으로 부귀영화를 누린다. 삼귀(三貴)를 얻은 사람 중에 국가와 민족을 위한 대범한 직업관과 명성이 있는 사람이 많다. 그러나 삼귀(三貴)의 구성은 일간(日干)을 포함해야 된다.

天上三奇	地下三奇	人文三奇
甲戊庚	乙丙丁	辛壬癸

18. 천사(天赦)

천사일(天赦日)은 길성(吉星)으로 천혁일(天赫日)이라고도 한다. 이 날 태어난 사람은 평생 큰 재난이나 질병이 없고, 화가 있어도 복으로 변한다. 혼인으로도 대길한 날이다. 사(赦)는 죄가 있어도 용서를 받는다는 뜻이다.

月 支	寅卯辰月	巳午未月	申酉戌月	亥子丑月
天赦	戊寅日	甲午日	戊申日	甲子日

19. 황은대사(皇恩大赦)

황은대사(皇恩大赦)는 죄를 지어도 면제되어 풀려나고, 흉작용이 약화되며 뜻밖의 도움을 받는다는 길성이다. 월주(月柱)를 기준으로 일지(日支)나 시지(時支)에 있으면 효과가 크다.

月支	寅	卯	辰	巳	午	未	申	酉	戌	亥	子	丑
皇恩	戌	丑	寅	巳	酉	卯	子	午	亥	辰	申	未

20. 천의(天醫)

천의(天醫)는 활인(活人)이라고도 하며, 사람이 병들고 상하면 치료해주는 것을 말한다. 의류계·종교계·역학계에서 이름을 떨치는 경우가 많다.

月支	寅	卯	辰	巳	午	未	申	酉	戌	亥	子	丑
天醫	丑	寅	卯	辰	巳	午	未	申	酉	戌	亥	子

21. 육수(六秀)

육수(六秀)는 외모와 재주가 뛰어나다는 길성이다.

	丙	丁	戊	己	戊	己
六秀	午	未	子	丑	午	未

22. 진신(進神)

사주에 진신(進神)이 있으면 강한 고집으로 성공한다. 그러나 형충(刑沖)이나 공망(空亡)되면 작용하지 않는다.

月支	寅卯辰月	巳午未月	申酉戌月	亥子丑月
進神	甲子日	甲午日	己卯日	己酉日

2. 그외 신살(神殺)

자평(子平)이전에는 년주(年柱)를 중심으로 하는 사주학이었으나,

그후에는 일간(日干)을 중심으로 하는 체계가 성립되었다. 그러나 아직까지도 신살(神殺)에 대해서는 년(年)을 주동해 보는 경우가 많다. 필자의 소견으로는 역시 사주학은 일주(日柱)의 철학이므로 일간(日干)을 중심으로 신살(神殺)을 보는 것이 합당하다고 생각한다. 신살(神殺)의 종류는 대단히 많으나 명칭만 다를 뿐 내용은 비슷하므로 몇 가지만 설명하니 이해하기 바란다.

1. 원진살(元辰殺)

 원진살(元辰殺)은 특별한 이유없이 서로 미워한다는 살이다. 충(沖)되어 다투면 기분이 상해 말하기 싫고 미워하는 것과 같이, 충(沖)의 다음 자리가 원진(元辰)이다.

子未	丑午	寅酉	卯申	辰亥	巳戌

▫ 원진살(元辰殺)이 합(合)되면 작용이 약해진다.

▫ 사주에 원진살(元辰殺)이 있으면 부부가 해로하기 어렵다.

▫ 원진운(元辰運)에는 방해받는 일이 생기며 건강이 나빠진다.

▫ 사주에 원진살(元辰殺)이 있으면 여자는 사통할 마음이 생기며 무례한 행동을 한다.

▫ 여자가 원진살(元辰殺)이 있으면 음성이 크며 성격이 횡폭하다.

▫ 사주에 원진살(元辰殺)이 있으면 남녀 모두 얼굴이 예쁘지 않다. 입이 크고 코가 낮으며, 눈이 매섭고 어깨가 불쑥 올라가 있는 사람이 많다.

□ 신약(身弱)사주가 원진살(元辰殺)이 있으면 음식 욕심이 있고, 부끄러움을 모르며 천한 짓을 한다.

□ 신왕(身旺)사주가 원진살(元辰殺)이 있으면 도량은 넓으나 사리분별 능력이 부족하다.

2. 혈인살(血刃殺)

혈인살(血刃殺)은 교통사고나 부상으로 큰 수술을 하거나, 건강이 좋지 않아 수술을 하게 된다.

月支	寅	卯	辰	巳	午	未	申	酉	戌	亥	子	丑
血刃	丑	未	寅	申	卯	酉	辰	戌	巳	亥	午	子

3. 백호대살(白虎大殺)

백호대살(白虎大殺) 피를 본다는 살로 흉살(凶殺) 중의 흉살(凶殺)이며, 영향력이 대단하다.

甲辰	乙未	丙戌	丁丑	戊辰	壬戌	癸丑

□ 백호대살(白虎大殺)이 편재(偏財)에 해당하면 부친이나 아내에게 흉사가 따른다.

□ 갑진(甲辰)일이나 을미(乙未)일생이 백호대살(白虎大殺)이 있으면 아버지가 객사하거나 흉사할 염려가 많다.

□ 여자가 백호대살(白虎大殺)이 관성(官星)에 해당하면 남편이 흉사 하거나 객사할 염려가 있다.

□ 여자가 백호대살(白虎大殺)이 식신(食神)이나 상관(傷官)에 해
당하면 자식이 위험하다.

□ 남자가 백호대살(白虎大殺)이 관성(官星)에 해당하면 자식이
위험하다.

4. 귀문관살(鬼門官殺)

귀문관살(鬼門官殺)은 정신이상이나 신경쇠약 등에 걸린다는 살
로, 흉살(凶殺) 중의 흉살(凶殺)이다.

日支	寅	卯	辰	巳	午	未	申	酉	戌	亥	子	丑
鬼門	未	申	亥	戌	丑	寅	卯	子	巳	辰	酉	午

□ 귀문관살(鬼門官)이 일주(日柱)와 시주(時柱)에 있으면 부부가
변태성 질환으로 발작하기 쉽다. 남자는 의처증이 있고 여자는
의부증이 있다.

□ 여자가 남편에 해당하는 관(官)이 귀문관살(鬼門官殺)이면 남
편이 변태성욕자다.

5. 조객살(弔客殺)

조객살(弔客殺)은 집안에 우환이 있거나 재수가 없다는 살이다.

年支	子	丑	寅	卯	辰	巳	午	未	申	酉	戌	亥
弔客	戌	亥	子	丑	寅	卯	辰	巳	午	未	申	酉

6. 상문살(喪門殺)

상문살(喪門殺은 상을 당하거나 우환이 있고, 재수가 없다는 흉살
(凶殺)이다.

年支	子	丑	寅	卯	辰	巳	午	未	辛	酉	戌	亥
喪門	寅	卯	辰	巳	午	未	申	酉	戌	亥	子	丑

7. 단명살(短命殺)

단명살(短命殺)은 수명이 짧은 살이다.

月支	寅	卯	辰	巳	午	未	申	酉	戌	亥	子	丑
短命	巳	子	丑	寅	卯	辰	亥	戌	酉	申	未	午

8. 과살(戈殺) : 戊戌

과살(戈殺)은 몸에 중상을 입는다는 살이다. 특히 일주(日柱)와
시주(時柱)에 있는 것을 꺼리며 몸에 큰 흉터가 있다.

9. 양인살(陽刃殺)

양인살(陽刃殺)은 형벌을 맡은 살로 곤욕과 장애가 많다. 특히 양
일간(陽日干)이면 작용이 더욱더 강하다.

日主	甲	乙	丙	丁	戊	己	庚	辛	壬	癸
陽刃	卯	辰	午	未	午	未	酉	戌	子	丑

□ 사주에 양인살(陽刃殺)이 있으면 신약(身弱)사주는 길하나 신

왕(身旺)사주는 흉하다.

- 사주에 양인살(陽刃殺)이 있으면 사주의 격(格)이 좋으면 문무백관을 거느리나, 신약(身弱)하면서 하격이면 눈썹이 거칠며 수염이 뻣뻣하고 광대뼈가 튀어나오는 등 못생겼다.

- 병오(丙午) · 무오(戊午) · 임자(壬子)일생이 사주에 양인살(陽刃殺)이 있으면 남편이나 아내를 극(剋)한다.

- 년월일시에 모두 양인(陽刃)이 있으면 대부대귀하다.

- 양인(陽刃)이 공망(空亡)되면 엉뚱한 일을 잘 일으키고, 잘난 척하다 다른 사람과 척을 지기도 한다.

- 사주에 양인(陽刃)이 많이 있으면 부부간에 숨기는 일이 많다.

- 양인(陽刃)이 목욕(沐浴)과 같이 있으면 칼로 다치기도 한다.

10. 고신(孤身) · 과숙살(寡宿殺)

 고신(孤身) · 과숙살(寡宿殺)은 부부가 이별한다는 살로 부부운이 불길하다. 남자에게 고신(孤身)이 있으면 아내가 상하고, 여자가 과숙(寡宿) 있으면 과부가 된다. 만일 과숙(寡宿)이 화개살(華蓋殺)과 같이 있으면 독신주의이거나 혼자 사는 경우가 많고, 승려나 예술가 등으로 나간다.

年支	子	丑	寅	卯	辰	巳	午	未	申	酉	戌	亥
孤辰	寅	寅	巳	巳	巳	申	申	申	亥	亥	亥	寅
寡宿	戌	戌	丑	丑	丑	辰	辰	辰	未	未	未	戌

11. 괴강살(魁罡殺)

괴강살(魁罡殺)은 모든 길흉을 극단으로 가게 만드는 강렬한 살이다. 재앙·극빈·살상을 만들기도 하나 매우 총명하며 똑똑하고, 충신열사·군인·대부대귀를 만들기도 한다.

庚辰日	庚戌日	壬辰日	壬戌日	戊戌日

□ 여자가 사주에 괴강살(魁罡殺)이 있으면 고집이 세며 남자를 극(剋)하여 혼자 사는 경우가 많다.

□ 남자가 사주에 괴강살(魁罡殺)이 있으면 성격이 결백하며 이론가이기도 하다.

□ 경술(庚戌)이나 경진(庚辰)일생이 괴강살(魁罡殺)이 있는데 관성(官星)이 없으면 빈곤하다.

□ 무술(戊戌)이나 임진(壬辰)일생이 괴강살(魁罡殺)이 있는데 재성(財星)이 있으면 매우 가난하다.

12. 도화살(挑花殺)

도화살(挑花殺)은 함지(喊地) 또는 패신살(敗身殺)이라고도 한다. 사주에 이 살이 있으면 남녀 모두 색을 좋아하며 음란하여 주색으로 패가망신하는 경우가 많다. 사주에서 도화살(挑花殺)이 정관(正官)과 같이 있으면 복록이 많으나, 편관(偏官)과 같이 있으면 복록이 적다. 그러나 공망(空亡)되면 오히려 정의로우며 길하다.

年日支	申子辰	巳酉丑	寅午戌	亥卯未
桃花殺	酉	午	卯	子

13. 태백살(太白殺)

태백살(太白殺)은 암금적살(暗金的殺)이라고도 하며, 혼인이나 개업에는 반드시 피하는 대표적인 날이다. 만사불성한 날로 패재·파손·파괴의 뜻을 지닌다.

生年·歲年	해당일
寅申巳亥生이나 每年	酉日을 피한다.
子午卯酉生이나 每年	巳日을 피한다.
辰戌丑未生이나 每年	丑日을 피한다.

- 태백살(太白殺)이 있는데 사(死)나 절(絶)이 있으면 인격이 천하며 독하고, 말은 잘하나 간교하다.
- 태백살(太白殺)이 있는데 양인(陽刃)이나 백호(白虎)가 있으면 살상을 일으킨다.
- 태백살(太白殺)이 있는데 사주의 격식이 좋으면 인격이 높고 위엄이 있어 세인들에게 존대를 받는다.

14. 평두살(平頭殺)

평두살(平頭殺)이 양인(陽刃)과 동주(同柱)하면 살생이나 자해가 따른다(출생일이나 시가 될 때).

	甲	甲	丙	丙	丙
平頭殺	子	寅	寅	辰	戌

15. 오귀살(五鬼殺)

오귀살(五鬼殺)은 독수공방을 한다는 살이다.

木日生	火日生	金日生
子丑	卯辰	丑午

16. 음양살(陰陽殺)

남자가 병자(丙子)일에 태어났는데 음양살(陰陽殺)이 있으면 미녀와 결혼하고, 여자가 무오(戊午)일에 태어났는데 음양살(陰陽殺)이 있으면 미남과 결혼한다. 평생 미남미녀와 접촉이 많다. 그러나 함지살(喊地殺)이나 원진살(元辰殺)과 같이 있으면 음란하다.

남 자	여 자
丙午	戊午

17. 음착양착살(陰錯陽錯殺)

음착양착살(陰錯陽錯殺)은 처가나 외가의 가세를 말해준다. 음착양착살(陰錯陽錯殺)이 일(日)에 있으면 외가가 망하고, 시(時)에 있으면 처가가 망한다. 일주(日柱)가 양(陽)이면 양착(陰錯)이라 하고, 음(陰)이면 음착(陽錯)이라 한다.

陽錯日	丙子	丙午	戊寅	戊申	壬辰	壬戌
陽錯日	丁丑	丁未	辛卯	辛酉	癸巳	癸亥

18. 신음살(呻吟殺)

신음살(呻吟殺)은 고란살(□)이라고도 하며 여자에게만 해당한다. 여자가 사주에 신음살(呻吟殺)이 있으면 남편과 애정이 멀어지고, 남편이 무능해 자신이 생계를 유지한다. 기유(己酉)일이나 신해(辛亥)일생 여자가 신음살(呻吟殺)이 있으면 첫아이를 낳은 후 애정을 아기에게만 쏟아 부부간의 정이 멀어진다.

	甲	乙	丙	丁	戊	戊	己	辛
	寅	巳	午	巳	午	甲	酉	亥

19. 곡각살(曲脚殺)

곡각살(曲脚殺)은 수족에 문제가 생기는 살로, 을사(乙巳)·을축(乙丑)·기사·기축(己丑)일생이 형충(刑沖)되면 해당한다.

乙	乙	己	己
巳	丑	巳	丑

20. 단교관살(斷橋關殺)

단교관살(斷橋關殺)은 다리에서 떨어지거나 여러 사고로 손발을 크게 다친다는 살이다. 월지(月支)에 인(寅)이 있는데 일지(日支)에 인(寅)이 있으면 성립한다. 만일 이 살이 편관(偏官)에 해당하면 신체불구·수족절단·소아마비 등이 따른다.

月支	寅	卯	辰	巳	午	未	申	酉	戌	亥	子	丑
斷橋	寅	卯	申	丑	戌	酉	辰	巳	午	未	亥	子

21. 낙정관살(落井關殺)

낙정관살(落井關殺)은 우물에 빠져 몸을 상한다는 살이다. 요즘에는 해수욕장 등으로 본다. 남의 모사에 말려들어 함정에 빠지기 쉬우니 조심해야 한다. 일주(日柱)에 을(乙)이나 경(庚)이 있고 일지(日支)나 시지(時支)에 자(子)가 있으면 해당한다.

日干	甲	乙	丙	丁	戊	己	庚	辛	壬	癸
落井關殺	巳	子	申	戌	卯	巳	子	申	戌	卯

22. 현침살(懸針殺)

현침살(懸針殺)은 모습이나 성격이 바늘처럼 뾰족하며 예리하며 잔인하다고 해서 붙여진 이름이다. 사주에 이 살이 있으면 의료계나 종교계로 나가면 길하다.

甲	甲	辛	辛
午	申	卯	未

23. 안맹살(眼盲殺)

안맹살(眼盲殺)은 안과질환이 많거나 안구에 이상이 생긴다.

月	1·2·3	4·5·6	7·8·9	10·11·12
日	丑	申	未	寅

24. 매아살(埋兒殺)

매아살(埋兒殺)은 죽은 아기 귀신이 붙어 만사무공이 되어 헛고생만 한다는 살이다.

日	寅申巳亥	子午卯酉
埋兒殺	申	卯

25. 야체살(夜啼殺)

야체살(夜啼殺)은 갓난아기 때 낮에 자고 밤에 잠을 자지 않고 울어대는 살로, 밤과 낮을 혼동하는 살이다.

月	1·2·3	4·5·6	7·8·9	10·11·12
日	午	酉	子	卯

26. 심수살(深水殺)

심수살(深水殺)은 깊은 물에 빠진다는 살이다. 이 살이 있으면 배를 타는 것을 삼가해야 한다.

月	1·2·3	4·5·6	7·8·9	10·11·12
時	寅申	未	酉	丑

27. 강성살(剛星殺)

강성살(剛星殺)이 있으면 말보다 주먹이 앞선다. 그러나 합(合)이나 공망(空亡)되면 작용하지 않는다.

	庚	壬	壬
剛星殺	辰	辰	戌

28. 농아살(聾兒殺)

농아살(聾兒殺)은 귀가 나쁘거나 귀머거리 된다는 살이다.

生年	寅午戌	亥卯未	申子辰	巳酉丑
生時	卯	子	酉	午

29. 불구살(不俱殺)

불구살은 몸에 흠이 생긴다는 살이다. 만일 이 살이 형충(刑沖)이나 공망(空亡)되면 작용하지 않는다.

日	乙巳	乙未	己巳
時	乙巳	乙未	己巳

30. 권설살(卷舌殺)

권설살(卷舌殺)은 재산에 풍파가 많으며 근심이 많은 살이다.

生年	子	丑	寅	卯	辰	巳	午	未	申	酉	戌	亥
生日	酉	戌	亥	子	丑	寅	卯	辰	巳	午	未	申

31. 화상살(畵象殺)

화상살(畵象殺)은 잘 놀란다는 살이다. 인신사해(寅申巳亥)일생이 또 인신사해(寅申巳亥)가 있거나, 자오묘유(子午卯酉)일생이 또 자오묘유(子午卯酉)가 있거나, 진술축미(辰戌丑未)일생이 또 진술축미(辰戌丑未)가 있으면 해당한다. 4글자 중에서 3글자만 있어도 성립한다.

日	寅申巳亥	子午卯酉	辰戌丑未
時	寅申巳亥	子午卯酉	辰戌丑未

32. 고허살(孤虛殺)

고허살(孤虛殺)은 평생 허황된 꿈만 꾸며 허송세월하는 살이다. 사주 어디든 1개만 있어도 성립된다.

生日	甲子乙丑	甲戌乙亥	甲申乙酉	甲午乙未	甲辰乙巳	甲寅乙卯
孤虛	辰巳	寅卯	子丑	戌亥	申酉	午未

33. 천랑살(天狼殺)

천랑살(天狼殺)은 벼락을 맞는다는 살이다.

生日	甲	乙	丙	丁	戊	己	庚	辛	壬	癸
生月	9	12	9	12	6	11	6	6	6	6

34. 삼재(三才)

지금까지 설명한 것과 같이 많은 살(神殺)이 있지만 가장 욕을 많이 먹는 것이 삼재(三才)일 것이다. 일이 풀리지 않아도, 도둑을 맞아도, 부부싸움을 해도, 몸이 아파도 모두 삼재탓을 한다. 심지어 사람이 죽어도 삼재때문이라고 몰아부친다. 이렇게 삼재를 나쁜 것으로만 알고 있으나 복삼재(福三才)도 있다. 삼재(三才)는 12년에 한 번 들어오는데, 3년동안 머문 후 돌아간다.

삼재(三才) : ①화재 ②수재 ③풍재
팔난(八亂) : ①부모의 병환으로 인한 근심 ②본인과 아내와 자식의 질병으로 인한 근심 ③형제의 근심·손재의 근심 ⑤도적의 근심 ⑥여난남난의 근심 ⑦쟁투와 시비의 근심 ⑧관재구설의 근심

□ 첫 해는 입삼재(入三才)라 하며 반드시 징조가 보인다. 평온하던 가정에 우환이 생기거나 가족에게 살상이 따른다.
□ 2년째는 재삼재(再三才)나 묵은 삼재(三才)라 한다. 사(巳)건건 시비가 생기며 만사가 이루어지지 않는다.
□ 3년째는 출삼재(出三才)라 한다. 더위나 추위도 극에 달하면 더욱더 극성을 부리듯이 이때가 되면 삼재(三才)도 악을 쓴다. 심하면 화재·비명횡사·도난·송사·손재·부부간의 생사이별 등 이 따른다. 그래서 들어오는 삼재(三才)보다 나가는 삼재(三才)가 더 무섭다고 하는 것이다.

삼재(三才)는 년지(年支)가 삼합(三合)되면 성립하고, 십이운성(十二運星)으로는 병사묘(病巳墓)에 해당한다. 이것은 만물이 성장을 멈춘다는 뜻으로 퇴보와 정지라는 의미를 갖는다.

□ 인묘진(寅卯辰)월은 봄이며 목(木)이 왕성한 계절이다.
□ 사오미(巳午未)월은 여름이며 화(火)가 왕성한 계절이다.
□ 신유술(申酉戌)월은 가을이며 금(金)이 왕성한 계절이다.
□ 해자축(亥子丑)월은 겨울이며 수(水)가 왕성한 계절이다.

이렇게 왕성한 계절이라도 극에 달하면 쇠한다. 이때 왕성한 계절의 년운(年運)을 지지삼합(地支三合)에서 병사묘(病巳墓)가 되면 이 해가 삼재(三才)년이 된다. 다시 말하면 삼재(三才)에 해당하면 지지삼합(地支三合)생이라는 뜻이다. 이것을 도표로 나타내면 다음과 같다.

歲年	寅卯辰	巳午未	申酉戌	亥子丑
日柱	申子辰	亥卯未	寅午戌	巳酉丑

□ 신자진(申子辰)의 삼합(三合)은 수(水)이다. 수(水)의 병사묘(病死墓)는 인묘진(寅卯辰)이므로 신자진(申子辰)년생은 인묘진(寅卯辰)년에 삼재(三才)가 들어온다.
□ 해묘미(亥卯未)의 삼합(三合)은 목(木)이다. 목(木)의 병사묘(病死墓)는 사오미(巳午未)이므로 해묘미(亥卯未)년생은 사오

미(巳午未)년에 삼재(三才)가 들어온다.

ㅁ 인오술(寅午戌)의 삼합(三合)은 화(火)이다. 화(火)의 병사묘(病死墓)는 신유술(申酉戌)이므로 인오술(寅午戌)년생은 신유술(申酉戌)년에 삼재(三才)가 들어온다.

ㅁ 사유축(巳酉丑)의 삼합(三合)은 금(金)이다. 금(金)의 병사묘(病死墓)는 해자축(亥子丑)이므로 사유축(巳酉丑)년생은 해자축(亥子丑)년에 삼재(三才)가 들어온다.

■ 악삼재(惡三才)

사맹생(四孟生) : 인신사해(寅申巳亥)년생이 인신사해(寅申巳亥)년에 삼재(三才)에 들면 흉작용이 더욱 강하다.

사정생(四正生) : 자오묘유(子午卯酉)년생이 자오묘유(子午卯酉)년에 삼재(三才)에 들면 흉작용이 더욱 강하다.

사고생(四庫生) : 진술축미(辰戌丑未)년생이 진술축미(辰戌丑未)년에 삼재(三才)에 들면 흉작용이 더욱 강하다.

□ 복삼재(福三才)

위의 악삼재(惡三才)년을 제외하고 대운(大運)에서 길신(吉神)년을 만나면 복삼재(福三才)라 한다. 의외로 재산이 늘며 관운(官運)이 좋다.

3. 십이신살(十二神殺)

신살(神殺) 중에서도 가장 많이 활용하는 것은 십이신살(十二神殺)이다. 이것은 우주의 법도인 생장멸(生長滅)에 따라 만들어진 것이니 많이 활용하기 바란다. 혹자는 신살(神殺) 무용론을 주장하며 경솔하게 다루기도 하나 필자의 경험으로는 신살(神殺)은 유용하다고 생각한다.

십이신살(十二神殺)은 출생년에서 출생일의 지지(地支)를 찾아본다. 예를들어 해(亥)년생이 신(辛)일에 출생했다면 출생년 해(亥)에서 신(申)을 보면 겁살(劫殺)에 해당한다. 그러나 위와 같은 방법을 주동해 사주의 각 지지(地支)에 있는 지지를 대조해 신살(神殺)을 붙이기도 하는데, 같은 겁살(劫殺)이라도 월일시에 따라 작용이 다르다는 것을 참고하기 바란다.

겁살(劫殺)·재살(災殺)·천살(天殺)·년살(年殺)·월살(月殺)·망신(亡身)·반안(攀鞍)·역마(驛馬)·육해(六害)가 년지(年支)에 있으면 작용력이 없어 보지도 않는다. 그러나 지살(地殺)·장성(將星)·화개(華蓋)는 년주(年柱)에 있는 것을 본다. 그리고 십이신살(十二神殺)은 십이운성(十二運星)으로도 분류하고, 육신(六神)으로도 분류한다.

십이신살(十二神殺) 조견표

■	巳酉丑	亥卯未	申子辰	寅午戌	十二運星	六神
劫殺	寅	申	巳	亥	胞	偏官
災殺	卯	酉	午	子	胎	偏官
天殺	辰	戌	未	丑	養	
地殺	巳	亥	申	寅	長生	偏印
年殺	午	子	酉	卯	沐浴	印綬
月殺	未	丑	戌	辰	冠帶	
亡身	申	寅	亥	巳	建祿	劫財
將星	酉	卯	子	午	帝旺	比肩
攀鞍	戌	辰	丑	未	衰	傷官
驛馬	亥	巳	寅	申	病	偏財
六害	子	午	卯	酉	死	
華蓋	丑	未	辰	戌	卯	

■	巳酉丑	亥卯未	申子辰	寅午戌	성립조건
劫殺	寅	申	巳	亥	三合 끝에 있는 글자의 다음 글자
災殺	卯	酉	午	子	三合 가운데 글자와 충하는 것
天殺	辰	戌	未	丑	三合 첫 글자의 바로 앞에 있는 글자
地殺	巳	亥	申	寅	삽합의 첫 글자
年殺	午	子	酉	卯	三合 첫 글자의 바로 다음 글자
月殺	未	丑	戌	辰	三合의 끝 글자와 충하는 것
亡身	申	寅	亥	巳	三合 가운데 글자의 바로 앞 글자
將星	酉	卯	子	午	三合 가운데 글자
攀鞍	戌	辰	丑	未	三合 가운데 글자의 바로 다음 글자
驛馬	亥	巳	寅	申	三合 첫 글자와 충하는 것
六害	子	午	卯	酉	三合 끝 글자의 바로 앞 글자
華蓋	丑	未	辰	戌	三合의 끝 글자

예1)

年 을해(乙亥) → 해(亥)는 지살(地殺)에 해당하나 보지 않는다.

月 신사(辛巳) → 사(巳)는 역마(驛馬)에 해당한다.

日 무신(戊申) → 신(申)은 겁살(劫殺)에 해당한다.

時 무오(戊午) → 오(午)는 육해살(六害殺)에 해당한다.

예2)

年 정유(丁酉) → 유(酉)는 장성(將星)에 해당한다.

月 기미(己未) → 미(未)는 월살(月殺)에 해당한다.

日 무자(戊子) → 자(子)는 육해살(六害殺)에 해당한다.

時 정축(丁丑) → 축(丑)은 화개살(華蓋殺)에 해당한다.

■ 십이신살(十二神殺)의 성립요건과 암기법

지지(地支)에 있는 십이신살(十二神殺)을 쉽게 알아내는 방법이
다. 이 방법을 설명하기 전에 도표에서 보는 것처럼 신살(神殺)은
삼합(三合)의 원리와 사맹(四孟)·사정(四正)·사고(四庫)의 원리
가 배합되어 합리적으로 만들어졌다는 것을 이해해주기 바란다.

앞에 있는 도표의 십이신살(十二神殺)은 순서별로 기록한 것이다.
예를 들어 일지(日支)가 신(申)이나 자(子)나 진(辰)이라면 사(巳)
에서부터 지지(地支)의 순서에 따라 겁살(劫殺)·재살(災殺)·천
살(天殺)·지살(地殺)의 순으로 붙여나간다. 이때 사주에 사(巳)가
있거나 겁살(劫殺) 미(未)가 있거나 천살(天殺) 술(戌)이 있거나

월살(月殺) 인(寅)이 있으면 역마살(驛馬殺)로 본다. 십이신살(十二神殺)의 맨처음 기준이 되는 것은 겁살(劫殺)이라는 것을 익히고, 십이신살(十二神殺)의 순서를 암기하면 이해가 빠를 것이다.

- □ 신자진(申子辰)은 사(巳)에서 겁살(劫殺)이 시작된다.
- □ 해묘미(亥卯未)는 신(申)에서 겁살(劫殺)이 시작된다.
- □ 인오술(寅午戌)은 해(亥)에서 겁살(劫殺)이 시작된다.
- □ 사유축(巳酉丑)은 인(寅)에서 겁살(劫殺)이 시작된다.

■ 신살(神殺)과 신살(神殺)의 상충(相沖)관계

도표에서 보는 것과 같이 대칭관계에 있는 지지(地支) 즉 신살(神殺)과 신살(神殺)은 서로 상충(相沖)하는 관계가 되어 흉극작용 또한 강하다.

- □ 겁살(劫殺) ↔ 망신살(亡身殺)
- □ 재살(災殺) ↔ 장성살(將星殺)
- □ 천살(天殺) ↔ 반안살(攀鞍殺)
- □ 년살(年殺) ↔ 육해살(六害殺)
- □ 지살(地殺) ↔ 역마살(驛馬殺)
- □ 월살(月殺) ↔ 화개살(華蓋殺)

1. 겁살(劫殺)

겁살(劫殺)은 겁탈당한다는 살로 의지력이 약하여 곤경과 재난에 대항하기 어렵다. 특히 여자는 망신을 조심해야 한다. 겁살(劫殺)은 살 중에서도 우두머리로 작용력 또한 강하다.

□ 사주의 관성(官星)에 겁살(劫殺)이 있으면 행정관은 수상과 같고, 군인은 병권을 잡는 대권을 맡는다.

□ 겁살(劫殺)이 길하게 작용하면 총명하며 재주가 뛰어나고 대부대귀하다. 그러나 흉하게 작용하면 비명횡사하는 경우도 있다.

□ 겁살(劫殺)은 육신(六神)으로 따지면 편관(偏官)에 해당한다. 사주의 구성이 좋으면 용맹과 무용을 자랑하는 권세가로 출세하고, 총명하며 민첩하므로 만사에 적극적이면 크게 성공한다.

□ 겁살(劫殺)이 있는데 사주의 구성이 나쁘면 독기가 있고 혹독무도 잔인하며, 고집이 세며 무뚝뚝하고 잔정이 없다.

□ 겁살(劫殺)이 있는데 공망(空亡)과 원진(元辰)이 겹쳐 있으면 도심이 발동하기 쉽고, 칼로 인한 자해나 교통사고 등을 조심해야 한다.

□ 겁살(劫殺)이 있는데 사주의 격이 좋으면 권세를 잡을 수 있으나 격이 나쁘면 질병과 곤액이 많다.

□ 겁살(劫殺)이 있는데 사주의 격이 좋으면 인품이 뛰어나며 총명다재하고, 격이 나쁘면 인상이 무뚝뚝하며 독기가 있고 고집이 강하다.

□ 년(年)에 겁살(劫殺)이 있으면 라이벌이 생기며 시비와 구설이
많고 하는 일마다 장애가 따른다.

□ 겁살(劫殺)과 원진살(元辰殺)이나 공망(空亡)이 겹치면 도심이
발동하고, 사주에 겁살(劫殺)이 금(金)이나 화(火)에 해당하면
교통사고를 조심해야 한다.

□ 월(月)에 겁살(劫殺)이 있으면 성격이 불같고 행동이 맹호와
같아 무섭게 밀어붙이는 성격이 있다. 일찍 고향을 떠나 곤고한
생활을 하나 늦게는 반드시 자수성가한다.

□ 일(日)에 겁살(劫殺)이 있으면 유친덕과 인덕이 없고 파란곡절
이 많다. 그러나 겁살(劫殺)이 합(合)되며 격식이 좋으면 대부
대귀한다.

□ 시(時)에 있는 겁살(劫殺)은 영웅살이라고 해서 존귀하게 본다.
그러나 아내나 자식을 극(剋)한다.

2. 재살(災殺)

 재살(災殺)은 백호살(白虎殺) 또는 수옥살(囚獄殺)이라고도 하고,
장군과 장군의 싸움과 같이 치열하게 다투는 것을 말한다. 구속·
납치·강금·송사·교통사고 등 형액이 많으나 사법기관이나 권
력기관에 있으면 이름이 높다.

□ 월(月)에 재살(災殺)이 있으면 노상횡액이 있어 교통사고나 강
탈이 따른다.

□ 일(日)에 재살(災殺)이 있으면 잔병이 많으며 부부궁이 불길하
고 자손과의 인연이 희박하다.

□ 시(時)에 재살(災殺)이 있으면 풍파가 많으며 구설이 분분하고
마음이 상하는 일이 많다.

3. 천살(天殺)

천살(天殺)은 글자 그대로 하늘에서 내리는 벌이라는 뜻으로 천
재지변의 피해를 본다.

□ 월(月)에 천살(天殺)이 있으면 항상 건강이 좋지 않고, 예고없
는 일이 많이 발생한다.

□ 일(日)에 천살(天殺)이 있으면 조실부모하거나 일찍 고향을 떠
나 고생을 하다 말년에 부유해진다.

□ 시(時)에 천살(天殺)이 있으면 재산은 넉넉하나 자손의 근심이
없다.

4. 지살(地殺)

지살(地殺)은 이사·직업변동 등의 변화가 따른다.

□ 월(月)에 지살(地殺)이 있으면 양자이거나 어머니가 소생한 사
람이다.

□ 일(日)에 지살(地殺)이 있으면 부부궁이 부실하며 이사를 자주

한다.

□ 시(時)에 지살(地殺)이 있으면 시력이 나쁘며 돌아다니는 것을
  좋아한다. 사주의 격이 좋으면 노상에서 횡재하기도 한다.

5. 년살(年殺)

  년살(年殺)은 함지살(喊地殺)이라고도 하며, 도화살(挑花殺)과 같
이 미색을 탐한다. 특히 여자에게 있으면 음란하나 인기있는 직업
에 종사하면 이름을 크게 떨친다.

□ 년살(年殺)이 있는데 사주의 격식이 좋으면 용모가 뛰어나다.
□ 년살(年殺)이 있으면 성질이 급하며 질투가 많고 말이 헤프다.
□ 년살(年殺)이 원진살(元辰殺)과 합(合)되면 도박을 즐긴다.
□ 년살(年殺)이 있으면 색정에 강하며 끼가 많고 변태적인 성욕
  을 즐긴다.
□ 년살(年殺)이 생왕(生旺)하면 부끄러움을 모를 정도로 염치가
  없고, 돌아다니기를 좋아한다.
□ 월(月)에 년살(年殺)이 있으면 육친덕과 인덕이 없다.
□ 일(日)에 년살(年殺)이 있으면 주색을 밝히고, 부부궁이 나빠
  생사이별을 면하기 어렵다.
□ 시(時)에 년살(年殺)이 있으면 주색과 풍류를 즐긴다.

6. 월살(月殺)

월살(月殺)은 고갈살(枯渴殺)이라고도 하는데 만물이 고갈되어 싹이 트지 못한다는 살이다 옛날부터 이 날은 씨앗을 파종하지 않고 동물을 교미시키지 않으며 병아리를 부화시키지 않았다. 만일 계란을 넣어주면 고른다고 한다. 인간도 마찬가지로 남녀가 교접하면 임신이 잘 되지 않는다. 설사 임신이 되어 출산하더라도 아이가 허약하여 잔병이 많다.

- □ 사주에 월살(月殺)이 있으면 신체불구·소아마비·교통사고 등을 특별히 조심해야 한다.
- □ 월(月)에 월살(月殺)이 있으면 부모를 일찍 잃거나 타향살이를 한다.
- □ 일(日)에 월살(月殺)이 있으면 간계통 질환이 많고 허약하며 박력이 없다.
- □ 시(時)에 월살(月殺)이 있으면 풍파가 많으며 자손의 근심이 없다.

7. 망신(亡身)

망신(亡身)은 관부살(官符殺)이라고도 하며, 비밀이나 비행이 탄로나 망신을 당한다는 살이다. 사주에 이 살이 있으면 비밀스러운 이성관계와 주색과 풍류를 즐기고, 성질이 급하며 경거망동하고 중상모략 잘한다.

□ 망신(亡身)이 있는데 재관(財官)이 길작용을 하면 부귀한 명이
된다.

□ 망신(亡身)이 생왕(生旺)한데 길성(吉星)과 동주(同柱)하면 큰
소리를 잘 치며 농담도 잘하고, 권모술수와 계산에 빠르다.

□ 망신(亡身)이 흉살(凶殺)과 동주(同柱)하면 게으르며 거짓말을
잘하고, 송사를 잘 일으킨다.

□ 망신(亡身)이 천간(天干)과 합(合)되면 군인으로 출세한다.

□ 망신(亡身)이 합(合)되면 주색으로 패가한다.

□ 망신(亡身)이 1개 있으면 비밀이 많고, 2개 있으면 부부산에 이
별하고, 3개 있으면 불치병에 걸린다.

□ 망신(亡身)이 장생(長生)과 동주(同柱)하면 크게 출세한다.

□ 망신(亡身)이 왕성한데 일간(日干)이 약하면 풍류를 즐긴다.

□ 망신(亡身)이 흉신(凶神)으로 작용하면 주색과 풍류를 좋아하
고, 다리부상을 당하기도 한다.

□ 망신(亡身)이 재(財)에 해당하면 여자문제로 관형을 당하거나
이성문제로 말못할 사정이 있어 고민한다.

□ 망신(亡身)이 길성(吉星)으로 작용하면 성격이 준엄하며 싸움
에서 지는 일이 없다.

□ 월(月)에 망신(亡身)이 있는데 삼형(三刑)이 있으면 감옥살이
를 하게 된다.

□ 일(日)에 망신(亡身)이 있으면 일찍 결혼하면 실패하나 늦게
결혼하면 면할 수 있다.

□ 시(時)에 망신(亡身)이 있으면 자립으로 성공하나 첩을 두거나 여자로 인하여 망신을 당한다.

8. 장성(將星)

장성(將星)은 문무를 겸비한 직업으로 출세하고, 관운(官運)이 대길하다.

□ 장성(將星)이 편관(偏官)과 같이 있으면 무관이나 법관으로 나간다.
□ 장성(將星)이 재성(財星)과 같이 있으면 국가재정을 맡는 직업에 종사한다.
□ 장성(將星)이 양인(羊刃)과 동주(同柱)하면 생사여탈권을 쥔다.
□ 장성(將星)관성(官星)과 동주(同柱)하면 고관에 오른다.
□ 장성(將星)과 재성(財星)이 동주(同柱)하면 재정관리의 총수가 된다.
□ 장성(將星)이 일지(日支)에 있으면 소신이 뚜렷하며 겁이 없다.
□ 장성(將星)이 망신(亡身)과 동주(同柱)하면 국가의 동량이다.
□ 월(月)에 장성(將星)이 있으면 사법관으로 진출하면 생사여탈권을 잡는다.
□ 일(日)에 장성(將星)이 있으면 아내덕이 크며 부귀영달한다.
□ 시(時)에 장성(將星)이 있으면 문무를 겸비한 재상과 같이 고귀한 인품을 지키며 여생을 보낸다.

9. 반안(攀鞍)

반안(攀鞍)은 말의 안장을 말하며 무관을 뜻한다.

□ 월(月)에 반안(攀鞍)이 있으면 인품이 중후하며 존대를 받는다.

□ 일(日)에서 반안(攀鞍)이 천을귀인(天乙貴人)과 동주(同柱)하
면 일찍 출세한다.

□ 시(時)에 반안(攀鞍)이 있으면 부와 명예를 모두 거머쥔다.

10. 역마(驛馬)

역마(驛馬殺)는 평생 분주다사하게 돌아다닌다는 살이다. 사주에
역마(驛馬)가 있으면 활동력이 뛰어나 사방팔방 돌아다니기를 좋
아하고, 임기응변의 재주가 뛰어나다. 그러나 역마(驛馬)가 합(合)
되면 발전이 늦다.

□ 역마(驛馬)는 십이운성(十二運星)으로는 병(病)에 해당한다.

□ 역마(驛馬)가 길성(吉星)으로 작용하면 임기응변술이 뛰어나며
재물 융통력이 출중하다. 특히 역마(驛馬)가 재성(財星)에 해당
하면 돈을 빨리 벌며 모은다.

□ 역마(驛馬)가 흉신(凶神)으로 작용하면 평생 안정을 기하기 어
렵다. 이사를 자주하며 직장을 자주 바꾸고, 소득없이 바쁘기만
하다.

□ 역마(驛馬殺)가 재성(財星)과 같이 있으면 외화를 벌어들이거

나 일찍부터 재산을 모은다.

□ 역마(驛馬) 인신사해(寅申巳亥) 중 인사(寅巳)는 비행기, 신(申)은 자동차, 해(亥)는 배에 비유한다.

□ 역마(驛馬)가 공망(空亡)되면 병든 말과 같아 잔병이 많다. 유년에는 토하는 병이 있고, 노년에는 허리가 아파 고생한다.

□ 역마(驛馬)가 길성(吉星)에 해당하면 비약적으로 발전해 만사가 순조롭고, 건록(建祿)과 충(沖)하면 이름을 사방에 떨친다.

□ 역마(驛馬)가 흉성에 해당하면 평생 풍파가 많으며 분망하다.

□ 역마(驛馬)가 합(合)되면 다른 사람에 비하여 발전이 늦다.

□ 일지(日支)에 역마(驛馬)가 있으면서 흉성(凶星)이면 더욱더 바쁘고 만사가 성사되지 않는다.

□ 역마(驛馬)가 많으면 주거 변동이 많고, 평생 고생이 많다.

□ 역마(驛馬)와 정재(正財)가 같이 있으면 현명한 아내를 만난다.

□ 월(月)에 역마(驛馬)가 있으면 군자의 상과 같다.

□ 일(日)에 역마(驛馬)가 있으면 풍류와 돌아다니는 것을 좋아하고, 이성문제로 염문을 풍기(己)도 한다.

□ 시(時)에 역마(驛馬)가 있으면 정신적인 안정을 기하기 어렵고, 어색한 행동을 하기도 한다.

11. 육해(六害)

육해(六害)는 글자의 뜻대로 해(害)의 작용이 강하다.

□ 월(月)에 육해(六害)가 있으면 성격이 급하며 독하고 강한 말
  투로 사람을 억압시킨다.

□ 일(日)에 육해(六害)가 있으면 재력이 떨어지며 막히는 일이
  많다.

□ 시(時)에 육해(六害)가 있으면 소득없이 분주다사하나 말년에
  는 생활의 여유를 찾는다.

12. 화개(華蓋)

화개(華蓋)는 만물을 추수해 창고에 보관한 것과 같다. 사주에 화
개살(華蓋殺)이 있으면 총명하며 지혜가 많고 문장력이 뛰어나다.

□ 화개(華蓋)가 인수(印綬)와 같이 있으면 큰 학자가 되고, 대개
  예술계에서 발전한다.

□ 여자가 화개(華蓋)가 있으면 지혜가 뛰어나나 쉽게 색정에 빠
지는 것이 흠이다.

□ 사주에 화개(華蓋)가 있으면 예술과 문장에 뛰어나다.

□ 사주에 화개(華蓋)가 있으면 승려팔자이다.

□ 사주에 화개(華蓋)가 있으면 양자나 서자인 경우가 많다.

□ 화개(華蓋)가 공망(空亡)되면 자식을 두기 어렵고, 종교계로 들
  어가는 경우가 많다.

□ 화개(華蓋)가 있으면 여자는 외모가 아름다우나 색정이 강하여
  염문을 뿌린다.

□ 화개(華蓋)가 생조(生助)받으면 지혜가 뛰어나고, 예술이나 학
  문으로 이름을 크게 날린다.

□ 월(月)에 화개(華蓋)가 있으면 형제간에 불화하고, 풍파가 많으
  며 일찍 고향을 떠난다.

□ 일(日)에 화개(華蓋)가 있으면 팔방미인이다.

□ 시(時)에 화개(華蓋)가 있으면 문학·문필·예술가 등으로 명
  성을 날린다.

11장. 사주통변술

1. 천수(天壽)와 사망 시기 아는 법

출생년과 출생시 그리고 십이운성(十二運星)으로 본다. 만일 돼지 띠가 신(申)시에 태어났으면 장생(長生)에 해당한다. 뒤의 해설란 에서 장생(長生)을 보면 천수는 86세이고, 음식을 잘못먹어 급체로 5일만에 죽는 것으로 본다.

■ 장생(長生)

일생기하(一生幾何) 86수(八十六壽) 5일체병(五日滯病) 귀명황천 (歸命黃泉) : 한명은 86세요, 체병에 걸려 5일만에 죽으리라.

■ 목욕(沐浴)

일생기하(一生幾何) 75수(七十五壽) 2·3·4월(二三四月) 심장질 환(心臟疾患) : 일생의 한명은 75세요 2·3·4월경에 심장질환으

천수(天壽) 조견표

十二運星 ＼ 生年 ／ 生時	亥卯未	寅午戌	巳酉丑	申子辰
長生	申	亥	寅	巳
沐浴	酉	子	卯	午
建祿	戌	丑	辰	未
冠帶	亥	寅	巳	申
帝旺	子	卯	午	酉
衰	丑	辰	未	戌
病	寅	巳	申	亥
死	卯	午	酉	子
墓	辰	未	戌	丑
胞	巳	申	亥	寅
胎	午	酉	子	卯
養	未	戌	丑	辰

로 죽으리라.

■ 대건(帶健)

일생기하(一生畿何) 75수(七十五壽) 냉염질병(冷炎疾病) 황천거신
(黃泉去神) : 일생의 한명은 75세요, 냉병을 얻어 죽으리라.

■ 관대(冠帶)

일생기하(一生畿何) 69수(六十九壽) 풍질득병(風疾得病) 3일후거
(三日後去) : 일생의 한명은 69세요, 중풍에 걸린 후 3일만에 죽으
리라.

■ 제왕(帝旺)

일생기하(一生畿何) 76수(七十六壽) 해소병사(咳疏病死) 득병5일
(得病五日) : 일생의 한명은 76세요, 해소병에 걸린지 5일만에 죽
으리라.

■ 쇠(衰)

일생기하(一生畿何) 67수(六十七壽) 염체3일(炎滯三日) 황천별세
(黃泉別世) : 일생의 한명은 67세요, 술먹은 것이 체하여 3일만에
죽으리라.

■ 병(病)

일생기하(一生畿何) 70수(七十壽) 중풍5일(中風五日) 애통망극(哀

通罔極) : 일생의 한명은 70세요, 중풍들어 5일만에 죽으리라.

■ 사(死)

일생기하(一生畿何) 68수(六十八壽) 염증3일(廉症三日) 황천망극
(黃泉罔極) : 일생의 한명은 68세요, 염증을 일으킨지 3일만에 죽
으리라.

■ 묘(墓)

일생기하(一生畿何) 76수(七十六壽) 냉질득병(冷疾得病) 3일후사
(三日後死) : 일생의 한명은 76세요, 냉병을 얻은지 3일만에 죽으
리라.

■ 포(胞)

일생기하(一生畿何) 73수(七十三壽) 화기다고(火氣多苦) 사망애통
(死亡哀通) : 일생의 한명은 73세요, 몸에 열이 많아 고생하다 죽
으리라.

■ 태(胎)

일생기하(一生畿何) 77수(七十七壽) 냉체풍증(冷滯風症) 정월황천
(正月黃泉) : 일생의 한명은 77세요, 냉하여 체하거나 중풍으로 정
월에 죽으리라.

■ 양(養)

일생기하(一生畿何) 80수(八十壽) 2월염증(二月炎症) 신입황천(身

入黃泉) : 일생의 한명은 80세요, 2월에 염증을 일으켜 죽으리라.

2. 전생 아는 법

불교에서 말하는 윤회환생설로 인도환생을 말한다. 인간의 생은 3
생으로 나누어 태어나기 이전을 전생이라 하고, 태어난 후를 현생
이라 하며, 죽어서 영혼이 사는 것을 후생이라고 한다. 이것을 삼
생연분이라고 한다. 현생에서의 삼생연분은 부모와의 인연, 부부와
의 인연, 자녀와의 인연을 말한다.

예를 들어 토끼띠가 4월에 태어났으면 전생은 봉황이다. 봉황은
쥐에서 변한 것이고, 봉황이 환생해 나를 출생시킨 것으로 본다.

■ 봉황

□ 서변봉학(鼠變鳳鶴) 총명정직(聰明正直) : 쥐가 변해 봉황새가
되었으니 총명하며 정직하다.

□ 운행우시(雲行雨施) 만물발생(萬物發生) : 비를 뿌려주며 구름
은 가니 만물이 생기를 찾는 것과 같다.

□ 모사도처(謀事到處) 귀인지로(貴人指路) : 하는 일마다 곳곳에
서 도와주는 사람이 많다.

□ 배암향명(背暗向明) 불입시비(不入是非) : 어둠을 멀리하며 밝
은 곳만 찾아가니 시비가 없다.

전생조견표

생月 전생 \ 띠	쥐	소	호랑이	토끼	용	뱀	말	양	원숭이	닭	개	돼지
봉황	1	2	3	4	5	6	7	8	9	10	11	12
사자	2	3	4	5	6	7	8	9	10	11	12	1
금닭	3	4	5	6	7	8	9	10	11	12	1	2
꿩 (장끼)	4	5	6	7	8	9	10	11	12	1	2	3
제비	5	6	7	8	9	10	11	12	1	2	3	4
고니 (기러기)	6	7	8	9	10	11	12	1	2	3	4	5
사슴	7	8	9	10	11	12	1	2	3	4	5	6
공작	8	9	10	11	12	1	2	3	4	5	6	7
비둘기	9	10	11	12	1	2	3	4	5	6	7	8
주작	10	11	12	1	2	3	4	5	6	7	8	9
학	11	12	1	2	3	4	5	6	7	8	9	10
앵무새	12	1	2	3	4	5	6	7	8	9	10	11

□ 길성조명(吉星照明) 필유난경(必有蘭慶) : 운명에도 길성이 비
  쳐 경사로움만 있다.

□ 말운봉왕(末運逢旺) 재로형통(財路亨通) : 말년에도 재운을 만
  나 부족한 것 없이 살리라.

■ 사자

□ 우변사자(牛變獅子) 필유위권(必有威權) : 소가 변하여 사자가
  되었으니 반드시 권세가 당당하겠다.

□ 위사뇌정(威似雷穽) 불구소절(不拘小節) : 그 위엄이 뇌성병력
  과 같겠다.

□ 성수고집(性守固執) 간유구설(間有口舌) : 그 고집이 강해 간
  간히 구설이 있겠다.

□ 안궁무덕(雁宮無德) 일견화액(一見火厄) : 아내덕이 없고 한번
  쯤 화재를 만나겠다.

□ 권농위업(勸農爲業) 자수성가(自手成家) : 농사로 직업을 삼으
  면 자수성가한다.

□ 좌간봉란(坐看逢蘭) 지지결실(枝枝結實) : 자손자리를 살펴보
  니 가지가지마다 자식이다.

■ 금닭

□ 호변금계(虎變金鷄) 선인후길(先因後吉) : 호랑이가 변해 금닭
  이 되었으니 처음에는 곤고하나 나중에는 길하리라.

□ 일호백약(一呼百若) 도처다복(到處多福) : 크게 소리쳐 부르면

백성들이 모두 대답하는 듯 복이 많으리라.

- 형인범살(荊因犯殺) 일고장분(一叩長盆) : 아내에게 살이 있으니 아내를 잃거나 탄식할 일이 있겠다.
- 육친무덕(六親無德) 간유횡재(間有橫財) : 혈육의 덕은 없지만 횡재하는 수가 있겠다.
- 생래소기(生來所忌) 일견화액(一見火厄) : 일생에 주의할 것은 불이니라.
- 정운사회(井云巳回) 만수회춘(萬樹回春) : 40세가 되면 만물이 다시 봄을 맞는 것과 같겠다.

■ 꿩(장끼)

- 면변노치(免變老稚) 총명재족(聰明才足) : 토끼가 변하여 장끼가 된 것과 같으니 총명하며 재주가 있겠다.
- 영풍이지(迎風移地) 범사여의(凡事如意) : 이곳저곳 옮겨다니며 살게 되지만 모든 것은 뜻과 같다.
- 약비이모(若非二母) 무후봉사(無後奉祀) : 만약 두 어머니가 아니면 자손없는 제사를 지낼 것이다.
- 재록유다(才祿唯多) 간다치패(間多致敗) : 비록 재주와 녹은 많으나 종종 실패수가 있다.
- 약무신흠(若無身欽) 일경중병(一經重病) : 만약 몸에 흉터가 없으면 중병을 한 번 치를 것이다.
- 명사년회(命巳年回) 고목생화(枯木生花) : 50이 되면 고목에

꽃이 피는 격이로다.

■ 제비

ㅁ 용변위연(龍變爲燕) 광활만인(廣活萬人) : 용이 변해 제비가 되었으니 많은 사람을 접촉하리라.

ㅁ 성정유급(性情維急) 이호타인(以好他人) : 성질은 급하나 다른 사람을 매우 좋아한다.

ㅁ 재예출중(才藝出衆) 도처귀인(到處貴人) : 재주가 뛰어나 곳곳에서 대접을 받겠다.

ㅁ 약비중병(若非重病) 수족유흠(手足有欽) : 중병에 걸리지 않으면 수족에 흉터가 있겠다.

ㅁ 안궁무덕(雁宮無德) 일신고독(一身孤獨) : 아내덕이 없으니 일신이 고독하겠다.

ㅁ 난궁불길(蘭宮不吉) 헌성두성(獻誠斗星) : 자손궁도 불길하니 북두칠성께 기도하라.

■ 고니

ㅁ 사변위혹(蛇變爲■) 식소사견(食少事見) : 뱀이 변하여 기러기가 되었으니 먹을 것은 적고 일만 바쁘겠다.

ㅁ 심성유급(心性惟急) 불혐타인(不嫌他人) : 성질은 급하나 남을 원망하지 않는 사람이다.

ㅁ 약비관록(若非官祿) 허도세월(虛度歲月) : 관록을 얻지 못하면 허송세월하리라.

□ 형인범살9莿因犯殺) 일고장분(一叩長盆) : 아내에게 살이 있으
니 탄식하리라.

□ 고토불리(古土不利) 이향위길(離鄕爲吉) : 고향땅은 이롭지 못
하니 떠나면 길하리라.

□ 열세풍상(閱歲風霜) 헌후발왕(獻後發旺) : 풍파가 너무 많으니
기도를 드리면 발복하리라.

■ 사슴

□ 마변위록(馬變爲鹿) 동서분주(東西奔走) : 말이 변하여 사슴이
되었으니 분주하게 돌아다니며 살겠다.

□ 도처다우(到處多友) 변화무궁(變化無窮) : 곳곳에 친구가 많고
그 변화가 무궁하리라.

□ 조자난양(무子難養) 칠성유공(七星有功) : 큰 아들은 키우기
어려우니 북두칠성에게 기도하면 공이 있겠다.

□ 여차지중(如此之中) 무후봉사(無後奉祀) : 이러구 저러구 하는
사이에 자손없는 제사를 맞겠다.

□ 생래소기(生來所忌) 수화신지(水火愼之) : 일생에 한 번쯤은
물과 불을 살펴야 되겠다.

□ 자수성가(自手成家) 식록유여(食祿有餘) : 자수성가하여 식록
은 걱정하지 않으리라.

■ 공작

□ 양변공작(羊變孔雀) 심선수덕(心善修德) : 양이 변하여 공작이

되었으니 마음이 착하고 덕이 있겠다.

□ 조업하귀(祖業何歸) 자수성가(自手成家) : 조상이 남겨준 재산
은 간곳 없고 자수성가 뿐이다.

□ 형인범살(荊因犯殺) 불면고분(不免叩盆) : 아내에게 살이 있으
니 상처를 면하기 어렵겠다.

□ 고기불리(古其不離) 영풍이타(迎風離他) : 옛터 고향은 이롭지
못하니 타향에서 살라.

□ 귀인유조(貴人有助) 식록자락(食祿自樂) : 귀인의 도움을 받아
식록은 풍족하겠다.

□ 명운사회(命運已回) 사면길운(四面吉運) : 50세부터는 더욱더
길하게 되리라.

■ 비둘기

□ 원화위구(猿化爲鳩) 심직지상(心直之狀) : 원숭이가 변하여 비
둘기가 되었으니 마음은 곧겠다.

□ 천지무덕(天地無德) 적수성가(赤手成家) : 세상천지에 덕이 없
으니 빈손으로 가정을 이루겠다.

□ 고토불리(古土不利) 이향위길(離鄉爲吉) : 고향땅은 이롭지 못
하니 타향에서 살라.

□ 평생소기(平生所忌) 화재신지(火災愼之) : 일생에 주의할 것은
화재를 살필 것이다.

□ 지남지북(之南之北) 식소사번(食少事煩) : 남쪽이나 북쪽 어디

로 가든 먹을 것은 적고 일만 많으리라.

□ 초분다곤(初分多困) 후분태평(後分泰坪) : 초년에는 고생이 많
으나 말년에는 태평하리라.

■ 주작

□ 계변주작(鷄變朱雀) 일신다번(一身多煩) : 닭이 변하여 주작이
되었으니 일신이 바쁘겠다.

□ 출외다시(出外多猜) 간유구설(間有口舌) : 밖으로 나가면 의심
을 많이 받아 구설이 많겠다.

□ 육친무덕(六親無德) 이거타향(離居他鄕) : 육친의 덕이 없으니
타향에 나가 살아라.

□ 권농위업(勸農爲業) 이보부산(以保富産) : 농사로 직업을 삼으
면 부자가 되리라.

□ 생래소기(生來所忌) 수화신지(水火愼之) : 일생에 주의할 것은
물과 불이다.

□ 정후오륙(井後五六) 귀인래조(貴人來助) : 사십 오육세가 되면
귀인을 만나 도움을 받으리라.

■ 청학

□ 구변위학(狗變爲鶴) 일신자한(一身自閑) : 개가 변하여 학이
되었으니 일신이 한가롭겠다.

□ 소소귀업(小小貴業) 재록소족(財祿燒足) : 작은 것을 귀하게
알고 업으로 삼겠다.

□ 지동지서(之東之西) 잠시풍상(暫視風箱) : 동쪽이나 서쪽 어디
  를 가든 풍상이 많으리라.

□ 이거타향(離居他鄉) 필유쾌락(必有快樂) : 고향을 떠나 타향으
  로 가면 반드시 기쁨이 있으리라.

□ 난궁유덕.(蘭宮有德) 우유종세(優遊終世) : 아내덕이 있으니 한
  세상 풍류하며 살겠다.

□ 운회수년(運回离 年) 유곡회춘(幽谷回春) : 50세부터는 골짜기
  에 봄이 찾아온 듯 하리라.

■ 앵무새

□ 저변앵무(猪變鸚鵡) 성직청백(性直淸白) : 돼지가 변하여 앵무
  새가 되었으니 성질이 곧고 깨끗하겠다.

□ 운뇌건곤(雲雷乾坤) 겸유고재(兼有高才) : 천지에 구름이 봉우
  리를 이루고 있는 듯이 높은 재주를 겸하리라.

□ 재록유여(財祿有餘) 갱무풍파(更無風波) : 재록이 풍족하며 풍
  파도 없겠다.

□ 재왕생관(財旺生官) 필유관록(必有官祿) : 재가 왕성하여 관을
  생하니 반드시 관록을 얻겠다.

□ 재록쌍미(財祿雙美) 안향만록(安享晩祿) : 재와 녹이 아름다우
  니 늦도록 편안한 생활을 하겠다.

□ 언순행독(言順行篤) 만사득의(萬事得意) : 말과 행동도 바르고
  만사가 뜻대로 되리라.

3. 상대방 뜻을 아는 법

1. 동작으로 아는 법

이 법을 격물법(格物法)이라고도 한다. 인생을 상담하는 직업이나 수사기관 등에서도 참고할 수 있고, 친구나 이웃간에도 흥미삼아 할 수 있다. 예를 들어 이웃 아주머니가 찾아와 말을 못하고 머뭇거리면서 배 쪽에 있는 치마끈이나 앞자락을 만지작거리면 돈을 빌려 달라고 온 것이나 말을 못하고 있는 것이다. 이때 상냥한 웃음을 띄우며 얼마나 필요하냐고 묻는다면 고마움은 둘째치고 깜짝 놀랄 것이다. 신들린 사람인가? 독심술을 쓰는 사람인가?하며, 앞으로 이 사람한테는 거짓말도 할 수 없고 돈을 빌리더라도 떼먹지 못하겠구나 할 것이다. 다음 내용을 보고 그때 그때 상황에 따라 응용해 보기 바란다. 상대를 대면했을 때 첫동작이 가장 중요하기는 하나 같은 부분을 계속 만진다면 그쪽에 해당하는 것으로 본다.

□ 귀를 만지면 애정문제이다.

□ 눈을 만지면 자손의 문제이거나 명예에 관계되는 일이다.

□ 입을 만지면 실직했거나, 구직을 원하거나, 사업의 종류를 알고 싶거나, 먹는 것과 관계 있다.

□ 코를 만지면 부동산 매매관계이다.

□ 눈썹을 만지면 반드시 형제나 집안문제이다.

□ 볼을 만지면 애정문제가 복잡하거나 이별문제이다.

□ 이마를 만지면 부모와 재산문제, 계약이나 관공서와 관계있는 일이다.

□ 목을 만지면 부모와의 재산문제나 계약 등과 관계 있는 일이다.

□ 손을 만지면 분실·도난·사기·손재 등에 관한 일이다.

□ 발을 움직이면 해외여행·택일·사람을 만나는 일이다.

□ 배를 만지면 부동산 매입이나 돈을 얻으려는 일이다.

□ 수염을 만지면 도난이나 사기 등에 관계 있는 일이다.

□ 등을 긁으면 대권이나 중책에 관한 일이다.

□ 다리를 만지면 도피·도주·은밀한 일이다.

□ 생식기를 만지면 비밀스런 남녀문제이다.

2. 날짜와 시간으로 아는 법

이 법은 대인관계에서 활용하거나 인생상담업 등에서도 활용할 수 있다. 우리는 살면서 친구나 동료가 예고없이 찾아오거나 전화로 만나자고 하는 경우가 있다. 이때 약속을 하고는 무엇때문에 만나자고 하는지 궁금할 때가 있다. 용건이 뭐냐고 물으면 십중팔구는 만나서 얘기하자고 한다. 이렇게 되면 더욱더 궁금해진다. 이때 이 법을 응용해 보자.

예를 들어 친구가 전화한 날이 축(丑)일 10시라면 사(巳)시가 된다. 이 친구는 자신의 신상에 관한 문제나 질병으로 인한 수술이나 공연한 시비에 말려들어 조언을 들으려고 하는 것으로 볼 수 있다.

子日(쥐날)

시간	시간과 살	발생하는 문제
亥子	亥(亡身)	가정불화, 손재, 도난, 송사, 이성문제
丑辰		남자, 결혼, 관재구설, 협상문제
寅卯	寅(驛馬)	송사, 자녀, 질병, 이전, 직업문제
巳	巳(劫殺)	여자, 분실, 도난, 금전문제
午	午(沖殺)	여자, 금전, 신상문제
未戌	未(元辰)	남자, 재수, 모욕, 질병문제
申酉	酉 (破, 桃花, 魁門)	질병, 송사, 문서계약, 변동문제

丑日(소날)

시간	시간과 살	발생하는 문제
亥子	亥(驛馬)	주거변동, 쟁투, 금전문제
丑辰		질병, 손재, 가정문제
寅卯	寅(劫殺)	질병, 송사, 분실, 도난, 남자문제
巳 午	午(元辰, 桃花)	구설, 질병, 문서, 계약문제
未戌	未(沖殺)	주거, 재산, 관재구설
申酉	申(亡身)	자녀, 결혼, 이혼, 가출, 재산문제

寅日(호랑이날)

시간	시간과 살	발생하는 문제
亥子	亥(劫殺)	도난, 분실, 대인관계, 자녀문제
丑辰		여자, 금전, 가출, 주거, 자녀문제
寅卯	寅(驛馬) 卯(桃花)	가정불화, 신상, 여자, 금전문제
巳午	巳(亡身)	송사, 채무, 문서, 구설, 시비
未戌	戌(華蓋)	남녀관계, 동업, 금전, 재수
申		주거, 직장, 해외, 송사, 사전, 사고
酉	酉(元辰)	질병, 남자, 관재구설, 송사

卯日(토끼날)

시간	시간과 살	발생하는 문제
亥子	子(桃花)	금전, 시비, 질병, 가정문제
丑辰		여자, 부동산, 금전문제
寅卯	寅(亡身) 卯(沖殺)	근친과 불화, 금전, 망신
巳午	巳(驛馬)	주거변동, 질병, 남녀시비, 문서문제
未戌	未(華蓋)	동업, 결혼, 이성문제, 구설
申酉	申(元辰, 亡身)	가출, 분실, 남자, 의심

<h2 align="center">辰日(용날)</h2>

시간	시간과 살	발생하는 문제
亥子	亥(元辰)	여자, 금전, 채권, 채무, 질병문제
丑辰	辰(華蓋)	이혼, 별거, 금전, 손재, 송사문제
寅卯	寅(驛馬)	남자, 주거변동, 질병, 가출문제
巳午	巳(劫殺)	가정문제, 소송, 분실, 도난, 사기문제
未戌	戌(沖殺)	해외, 결혼, 연인, 주거, 불화
申酉	酉(桃花)	자녀, 동업, 가출, 남녀관계, 결혼문제

<h2 align="center">巳日(뱀날)</h2>

시간	시간과 살	발생하는 문제
亥子	亥(驛馬)	남자, 구설, 신상문제
丑辰	辰(華蓋)	결혼, 사업, 자녀, 남녀문제
寅卯	寅(劫殺)	가정문제, 분실, 관재구설, 질병
巳午	午(桃花)	망신, 사업, 남녀문제, 불화
未戌	戌(元辰, 華蓋)	가출, 자손, 질병문제
申酉	申(亡身)	여자, 재수, 결혼, 질병

午日(말날)

시간	시간과 살	발생하는 문제
亥子	子(沖殺) 亥(劫殺)	주거변동, 도난, 질병, 남자문제
丑辰	丑(元辰)	부부 또는 연인관계, 부동산, 질병
寅卯	卯(桃花)	인사관계, 가정문제, 연인관계
巳午	巳(亡身)	망신, 남녀문제, 사업문제
未戌		결혼, 합의, 동업, 송사, 금전문제
申酉	申(驛馬)	금전, 주거변동, 가출, 남녀문제

未日(양날)

시간	시간과 살	발생하는 문제
亥子	子(元辰, 桃花)	결혼, 질병, 가출, 송사문제
丑辰	丑(沖殺)	여자, 송사, 상업, 인권문제
寅卯		남자문제, 질병, 관재
巳午	巳(驛馬)	사업, 금전, 애인, 가정, 신상문제
未戌		인권, 망신, 손재, 도난문제
申酉	申(劫殺)	도난, 질병, 사업, 동업문제

申日(원숭이날)

시간	시간과 살	발생하는 문제
亥子		망신, 애인, 자녀문제
丑辰	辰(華蓋)	가정, 부동산, 금전문제
寅卯	寅(驛馬, 沖殺)	신상, 질병, 관재, 불화문제
巳午	巳(劫殺)	남자, 신상, 질병문제
未戌		가정, 주거문제
申酉	酉(桃花)	사업, 애정, 금전문제

酉日(닭날)

시간	시간과 살	발생하는 문제
亥子	亥(驛馬) 子(魁門)	질병, 자녀, 부동산문제
丑辰	丑(華蓋)	부동산, 사업, 가정문제
寅卯	寅(元辰) 卯(沖殺)	가정불화, 여자, 손재문제
巳午	午(桃花)	남편, 애정, 질병문제
未戌		부동산, 주거, 자녀, 신상문제
申酉	申(亡身)	가정불화, 인권, 사업문제

戌日(개날)

시간	시간과 살	발생하는 문제
亥子	亥(劫殺)	금전, 여자문제
丑辰	辰(沖殺)	인권, 가정불화, 근친자 불화문제
寅卯	卯(桃花)	남자, 애정, 사업문제
巳午	巳(亡身)	질병, 사업, 남녀문제
未戌	戌(華蓋)	금전, 가정불화, 사업관계
申酉	申(亡身)	자녀, 주거변동, 사업관계

亥日(돼지날)

시간	시간과 살	발생하는 문제
亥子		금전, 남녀문제
丑辰	子(桃花)	남자, 질병, 신상문제
寅卯	寅(亡身)	청탁, 도난, 질병문제
巳午	巳(沖殺)	주거변동, 여자, 애정문제
未戌		남자, 질병, 관재구설문제
申酉	申(劫殺)	망신, 질병, 신상문제

3. 앉는 방향으로 아는 법

이 법은 계절을 중심으로 감지한다. 손님이 찾아와 방이나 마루에 앉을 때 그가 앉는 방위로 감지하는 것이다.

- 봄에 찾아온 사람이 서쪽에 있으면 재물이나 송사문제이다.
- 여름에 찾아온 사람이 동쪽에 있으면 계약이나 부모문제이다.
- 가을에 찾아온 사람이 남쪽에 있으면 싸움이나 질병문제이다.
- 겨울에 찾아온 사람이 북쪽에 있으면 자녀나 아랫사람의 문제이다.

5. 보지 않고도 얼굴 아는 법

인간은 대체적으로 사주의 오행(五行) 성격에 따라 용모를 타고 나기 때문에 큰 오차는 없을 것이다.

1. 인체분류 및 감정

- 인간은 내부와 외부기관에 배속되어 있는 천간(天干)과 지지(地支)가 사주의 조직에 분포되어 있는 많고 적음의 수로 감정한다.예를 들어 사주에 무토(戊土)가 3개 있으면 많은 것이니 위장이 나쁘고, 외부적으로는 겨드랑이에 해당하니 어깨결림이 있을 것이다.
- 인체를 좌우로 등분하여 오른쪽은 년주(年柱)와 월주(月柱)를

<table>
<tr><th>외과기관</th><th>좌 측</th><th>우 측</th><th>내과기관</th></tr>
</table>

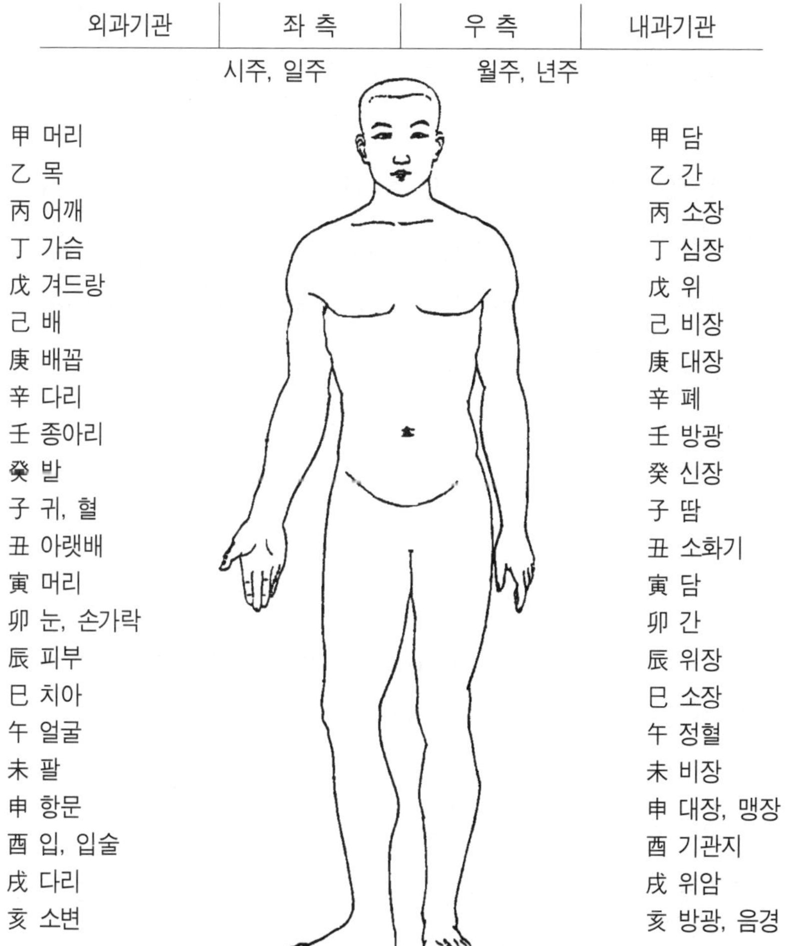

말하고, 왼쪽은 일주(日柱)와 시주(時柱)를 말한다.

□ 지지(地支)에 있는 신(申)이 양인(羊刃)에 해당하면 항문병으로 치질이나 탈항증 또는 맹장수술로 본다.

□ 시간(時干)에 신(辛)이 있으면 시주(時柱)는 왼쪽이니 왼쪽다리를 수술하는 것으로 본다.

□ 월주(月柱)에 양인(羊刃殺)이 되는 갑(甲)이 편재(偏財)에 해당하면 아버지가 머리를 다치거나 수술하는 것으로 본다.

 사람을 보지 않고도 사주구성도를 자세히 살핀 후 감정하면 90% 이상 적중하니 넓게 활용하기 바란다. 그리고 그림과 같이 좌우측의 신체가 사주의 년월일시로 나누어져 있어 신체에서 이상이 있는 부분을 지적하기 쉬울 것이다.

2 미남미녀 사주

□ 갑(甲)일 7(申)월이나 8(酉)월생이면 미남미녀다.

□ 을(乙)일 7(申)월생이나 8(酉)월생이면 미남미녀다.

□ 경(庚)일 4(巳)월생이나 5(午)월생이면 미남미녀다.

□ 신(辛)일 4(巳)월생이나 5(午)월생이면 미남미녀다.

□ 사주에 인수(印綬)가 2~3개 있으면 미남미녀다.

□ 사주에 정관(正官)·정재(正財)·식신(食神)·인수(印綬)가 모두 있으면 미남미녀다.

□ 사주에 자오묘유(子午卯酉) 도화살(挑花殺)이 있으면 미남미녀다.

■ 얼굴이 예쁜 이유

□ 갑을(甲乙)일은 목(木)이고 신유(申酉)월은 금(金)이니 금극목

(金剋木)한다. 나무를 칼로 곱게 다듬어 아름다운 가구를 만드는
이치와 같기 때문이다.

□ 경신(庚辛)일은 금(金)이고 사오(巳午)월은 화(火)이니 화극금
(火剋金)한다. 불로 무쇠를 연금시켜 아름다운 물건을 만드는
이치와 같기 때문이다.

3. 일간과 외모

■ 갑을(甲乙)일생 : 목(木)

□ 갑을(甲乙)일생이 신왕(身旺)사주이면 체격이 우람하며 얼굴은
청백색이고 입은 약간 뾰족하며 머리카락이 곱다.

□ 갑을(甲乙)일생이 신약(身弱)사주이면 키가 후리후리하나 깡마
르고 머리카락은 흑갈색이다.

□ 갑을(甲乙)일생이 토(土)가 많으면 얼굴이 황갈색이다.

□ 갑을(甲乙)일생이 금(金)이 많으면 얼굴이 백색이다.

□ 갑을(甲乙)일생이 화(火)가 많으면 얼굴이 붉다.

□ 갑을(甲乙)일생이 수(水)가 많으면 얼굴이 검다.

□ 갑을(甲乙)일생이 일지(日支)에 십이운성(十二運星)의 절(絶)
이나 사(死)가 있으면 목이 쭉빠져 길고, 목젖이 툭튀어 나왔으
며, 눈썹이 거칠다.

□ 목(木)일생은 대개 키가 후리후리하게 크고 잘생긴다. 그러나
신약(身弱)사주가 격이 좋지 않으면 키가 작고 허약하며 못생

긴 편에 속한다.

■ 병정(丙丁)일생 : 화(火)

- 병정(丙丁)일생은 양미간이 좁고, 코는 크며 넓고, 귀가 크며, 얼굴이 붉은 편이다.
- 병정(丙丁)일생이 신왕(身旺)이면 상체는 좁고 하체는 넓다.
- 병정(丙丁)일생이 신약(身弱)사주이면 얼굴에 점이 많고 신체가 깡마른 편이다.

■ 무기(戊己)일생 : 토(土)

- 무기(戊己)일생은 얼굴이 황갈색이고, 목소리는 탁하고, 눈이 예쁘고, 눈썹은 많지 않고, 코는 크고, 입은 약간 모가 난듯하고, 허리가 둥글며 크다.
- 무기(戊己)일생이 신왕(身旺)사주이면 신체가 비대하다.
- 무기(戊己)일생이 신약(身弱)사주이면 얼굴이 검고, 체격은 작으며 깡마른 편이다.

■ 경신(庚辛)일생 : 금(金)

- 경신(庚辛)일생은 얼굴은 약간 붉은 편이고, 목소리는 찌릉찌릉하며 발음이 정확하고, 눈은 약간 들어가 쏙박혔고, 눈썹은 짙고 거칠다.
- 경신(庚辛)일생이 신왕(身旺)사주이면 신체가 풍만하다.
- 경신(庚辛)일생이 신약(身弱)사주이면 신체가 작고 추하다.

■ 임계(壬癸)일생 : 수(水)

□ 임계(壬癸)일생은 피부가 희며 곱다.

□ 임계(壬癸)일생이 신왕(身旺)사주이면 머리숱이 많으며 곱슬머
리이나 대머리가 된다.

□ 임계(壬癸)일생이 신약(身弱)사주이면 얼굴이 검다.

4. 육신(六神)과 외모

일주(日柱)를 기준으로 본다.

□ 비견(比肩) : 겉으로는 강해 보이나 속은 여리고, 키가 크며 눈
빛이 강하다. 특히 여자는 남자처럼 행동한다.

□ 겁재(劫財) : 비견(比肩)과 비슷하나 못생긴 편으로 인상이 험
악하며 우락부락하다.

□ 식신(食神) : 키가 크며 뚱뚱하다. 키가 작으면서 뚱뚱한 사람
도 많다.

□ 상관(傷官) : 날씬하게 몸매가 쭉빠졌으며 잘생긴 사람이 많고,
음악을 좋아한다.

□ 편재(偏財) : 위압감을 주는 인상으로 잘생긴 편은 아니나 사
교적이며 활동적이다.

□ 정재(正財) : 체격이 야무지며 성격도 빈틈이 없다.

□ 편관(偏官) : 키가 작고 단단하며 무관의 상이고, 독기와 살기
가 등등하다.

□ 정관(正官) : 네모난 듯 둥근 얼굴에 균형이 잡혀 있다. 인상이
　　　　　　　　편안하며 용모가 단정하다. 정직하며 성실하다.
□ 편인(偏印) : 키가 작으며 깡마르고 허약하여 균형을 잃은 듯
　　　　　　　　한 모습이다. 성격은 괴팍하며 까다롭다.
□ 인수(印綬) : 학자풍의 용모로 단정하고, 점잖은 신사숙녀다.

5. 육신(六神)과 음성

일주(日柱)를 기준으로 본다.

□ 비견(比肩) : 탁한 듯하면서 강하며 자신있는 목소리로 사람을
　　　　　　　　제압한다.
□ 겁재(劫財) : 허풍을 떨며 거짓말을 잘하고 욕설도 많이 한다.
□ 식신(食神) : 목소리가 부드럽고 상냥하며 조심스럽게 말한다.
　　　　　　　　상대방의 기분에 맞춰 말하기도 한다.
□ 상관(傷官) : 목소리가 매끄럽고 유창하나, 비꼬기를 잘하며 냉
　　　　　　　　소적으로도 말한다. 상대방의 말을 잘 꺾는다.
□ 편재(偏財) : 목소리가 명쾌하나 함부로 말하며 농담도 잘한다.
□ 정재(正財) : 목소리에 힘이 있고 실질적인 말만 한다. 꾸밈이
　　　　　　　　없고 소박하다.
□ 편관(偏官) : 목소리가 터지며 소리가 크고 높다.
□ 정관(正官) : 조심스럽게 정직하며 책임있는 말을 한다. 격식을
　　　　　　　　갖춘 사람이다.

□ 편인(偏印) : 비현실적이며 공상적이고 고상한 말만 골라한다.
　　　　　　　 이치적이며 멋있는 말만 골라한다.
□ 인수(印綬) : 깊이 생각하며 신중하게 점잖은 말만 골라한다.

6. 보지 않고도 장부와 질병 아는 법

옛부터 1침 2뜸 3약 4수술 5푸닥거리라는 말이 전해오고 있다. 병을 고치기 위해서는 모든 방법을 동원해서 고쳐야 한다는 말이다. 지금부터는 목화토금수(木火土金水) 오행(五行)이 각 장부에 어떻게 배속됨과 일간(日干)을 중심으로 오행(五行)이 많고 적을 때 어떤 질병이 발생하는가에 대해 설명하니 많이 참고하기 바란다.

1. 오행(五行)별 장부와 질병

■ 갑(甲) · 인(寅) : 담

□ 사주에 갑목(甲木)이나 인목(寅木)이 많으면 담석증 · 담낭염 · 좌골신경통 · 관절염 · 빈혈 · 후두통　등이 따르고, 발목 등을 잘 삔다.
□ 사주에 갑목(甲木)이나 인목(寅木)이 적으면 담석 · 담낭 · 신경통 · 관절염 · 편두통 · 황달 · 현기증 등이 따른다.

五行	陰陽	干支	기관
木	陽	甲·寅	담
	陰	乙·卯	간
火	陽	丙·午	소장, 삼초
	陰	丁·巳	심장, 심포
土	陽	戊·辰戌	위장
	陰	己·丑未	비장
金	陽	庚·申	대장
	陰	辛·酉	폐장
水	陽	壬·子	방광
	陰	癸·亥	신장

■ 을(乙)·묘(卯) : 간

□ 사주에 을목(乙木)이나 묘목(卯木)이 많으면 전두통·간염·간경화·근육통·신경과민·불면증·위산과다·동맥경화·기미·죽은깨·안충혈 등이 따르고, 얼굴색이 창백하며 입이 삐뚤어지기도 한다.

□ 사주에 을목(乙木)이나 묘목(卯木)이 적으면 정신질환·간질·근육경련·전신 또는 반신불수·전신무력증·요통·생리불순·백내장·색맹·야맹 등 각종 안과질환에 잘 걸린다.

■ 병(丙)·오(午) : 소장·삼초

□ 사주에 병화(丙火)와 오화(午火)가 많으면 인후·편도선·류마치스·신경쇠약·생리불순·생리통·소장계 질환 등이 따르고,

몸이 퉁퉁 붓는 증세도 있다.

ㅁ 사주에 병화(丙火)와 오화(午火)가 적으면 생리불순·생리통·
인후·편도선·어깨결림 등이 따르고, 목덜미가 뻐근하다.

■ 정(丁)·사(巳) : 심장·심포

ㅁ 사주에 정화(丁火)와 사화(巳火)가 많으면 호흡기·동맥경화·
협심증·고혈압·저혈압·심장판막·변비·설사 등이 따르고,
열이 많으며 갈증을 잘 느낀다.

ㄴ 사주에 정화(丁火)와 사화(巳火)가 적으면 야뇨증·오줌소태·
저혈압·동상·난시·난청·귀울림·몽정·경기·요통·하지
무력증이 따르고, 가슴이 뛰며 두근거리고 잡스러운 꿈이 많다.

■ 무(戊)·진술(辰戌) : 위장

ㅁ 사주에 무토(戊土)나 진술토(辰戌土)가 많으면 위하수·위궤
양·위무력증·위암·급체·변비·치통·잇몸질환 등이 있다.

ㅁ 사주에 무토(戊土)나 진술토(辰戌土)가 적으면 소화불량·위경
련·복통·위염·변비 등이 따르고, 피부가 거칠다.

■ 기(己)·미축(未丑) : 비장

ㅁ 사주에 기토(己土)나 미축토(未丑土)가 많으면 관절염·췌장
염·피부병·위경련·맹장염·복냉증 등이 따르고, 잠이 많다.

ㅁ 사주에 기토(己土)나 미축토(未丑土)가 적으면 위산과다·식욕
부진·변비·설사·경기·신경질환·불면증 등이 따르고, 살이

잘 찌며 잘 빠진다.

■ 경(庚)·신(申) : 내장

□ 사주에 경금(庚金)이나 신금(申金)이 많으면 무릎관절염·치통·불면증·전두통·신경과민·불면증·감기·코막힘 등이 많다.

□ 사주에 경금(庚金)이나 신금(申金)이 적으면 혈변·하혈·이질·설사·치질 등이 따른다.

■ 신(辛)·유(酉) : 폐장

□ 사주에 신금(辛金)이나 유금(酉金)이 많으면 천식·인후·축농증·요통·비후염 등이 따른다.

□ 사주에 신금(辛金)이나 유금(酉金)이 적으면 편두통·인후·신경과민·갑상선·폐결핵·피부병 등이 있고, 얼굴이 창백하다.

■ 임(壬)·자(子) : 방광

□ 사주에 임수(壬水)나 자수(子水)가 많으면 임질·매독·관절염·좌골신경통·요도염·방광염·안구충혈 등이 따른다.

□ 사주에 임수(壬水)나 자수(子水)가 적게 있으면 생식기질환·냉대하·고환염·치질·야뇨증·자궁내막염·오줌소태 등이 따른다.

■ 계(癸)·해(亥) : 신장

□ 사주에 계수(癸水)나 해수(亥水)가 많으면 냉대하·하혈·고환염·귀울림·딸꾹질·신장결석·신장염·결핵·오줌소태·불임증 등이 따른다.

□ 사주에 계수(癸水)나 해수(亥水)가 적으면 요통·신경통·두통·골수염·골막염·치통·반신 또는 전신불수·정력감퇴·생리불순·생리통 등이 따른다.

2. 천간오행(天干五行)의 상극(相剋)과 질병

■ 갑(甲)·을(乙)일생이 금(金)이 많으면

겁이 많으며 잘 놀래고, 머리가 어지러우며 눈이 어둡고, 간과 담에 질병이 있으며 피를 토하고, 천식이 있으며 입이 돌아가기도 한다. 모발이 빠지며 눈에 질병이 많고, 피부가 거칠며 손과 발에 상처도 많이 생긴다. 특히 여자는 기혈이 고르지 못하며 낙태가 많고, 어린아이는 급체를 잘하며 밤에 경기를 잘하거나 잠을 자지않고 심하게 우는 경우가 많다.

■ 병(丙)·정(丁)일생이 수(水)가 많으면

심장이 나빠 입을 벌리며 숨을 몰아쉬고, 가슴이 답답하며 가슴을 치며 소리를 지른다. 피부병이 잘 걸리며 시력이 나쁘다. 어린이는 손님마마나 홍역에 약하다. 여자는 생리불순이나 생리통이 심하며 색이 검붉거나 흐린 경우도 있다.

■ 무(戊)·기(己)일생이 목(木)이 많으면

헛배가 불러 음식을 먹기도 싫고 맛을 모르며, 조금만 과식해도 설사가 나고 토하는 경우가 많다. 피부가 거칠며 트기를 잘하고, 어린아이는 설사가 끊일 날이 없으며 깡마른다. 얼굴이나 입 또는 하복부 아래에 흉터가 생긴다.

■ 경(庚)·신(辛)일생이 화(火)가 많으면

폐와 대장계통에 질병이 있어 해소·가래·기침이 많다. 또한 위장계통에도 질병이 있고, 치질과 하혈이 있다. 헛소리도 잘하며 손에 든 물건도 찾는 증세가 있다. 코끝은 주독걸린 것처럼 빨갛고, 피부가 거칠며 비듬이 생긴다. 특히 머리에는 비듬이 많고, 종기나 부스럼이 생기면 잘 낫지 않는다.

■ 임(壬)·계(癸)일생이 토(土)가 많으면

밤에 식은 땀을 잘 흘리며 이성관계를 맺는 꿈을 잘꾼다. 정기가 부족해지면서 귀울림이 심해지고, 아랫배가 아프며 요통도 일어난다. 또한 비뇨계통의 질환이 많다. 남자는 조루와 낭습이 있고, 여자는 불임증과 습관성 유산을 한다. 만일 어린아이가 밤에 오줌을 잘싸거나 다른 아이가 오줌을 싸면 여기에 속하는 체질이다.

3. 일지(日支)로 본 질병

□ 자(子) : 아랫배가 붓고 자주 아프며 요통이 있다.

□ 축(丑) : 위무력증이나 위에 복통이 있다.

□ 인(寅) : 어깨·허리·무릎·팔다리 등이 쑤시는 병이 있다.

□ 묘(卯) : 손이 저리며 시리고 가려움증도 있다.

□ 진(辰) : 등과 가슴이 결리며 뻐근하다.

□ 사(巳) : 얼굴색이 창백하며 동공의 초점이 맑지 않다.

□ 오(午) : 심장이 두근거리며 잘 놀라고 혈압이 있다.

□ 미(未) : 비장이 나쁘며 가슴이 답답하고 우울증이 있다.

□ 신(申) : 가래·기침·해소·천식 등이 많고, 요통·관절염이
있다.

□ 유(酉) : 간과 폐가 나쁘며 각혈이나 골절이 많다.

□ 술(戌) : 등과 어깨가 결리고 장이 나쁘다.

□ 해(亥) : 신장·방광이 나쁘고, 생리불순·요도 등이 있다.

4. 일간(日干)으로 본 신체의 부상

□ 목(木) : 뱀에 물리거나 다리 위에서 떨어져 부상을 당한다.

□ 화(火) : 수술을 하거나 화상을 당하고 독충에 물린다.

□ 토(土) : 담장이 무너지거나 산사태로 부상당하고, 돌뿌리에 채
이거나 뱀에 물린다.

□ 금(金) : 칼이나 연장같은 쇠붙이에 부상을 당한다.

□ 수(水) : 술에 취해 다치거나 물에 빠진다.

5. 방위와 질병

□ 동쪽 : 사주에 을목(乙木)이나 묘목(卯木)이 많은데 동쪽으로
  대문을 내거나 동쪽으로 머리를 두고 자면 간이 더욱더 나빠진
  다. 그러나 적게 있는 사람은 좋다.

□ 동남쪽 : 사주에 갑목(甲木)이나 인목(寅木)이 많은데 동남쪽
  으로 대문을 내거나 동남쪽으로 머리를 두고 자면 담이 더욱더
  나빠진다. 그러나 적게 있는 사람은 좋다.

□ 동북쪽 : 사주에 기토(己土)나 축미토(丑未土)가 많은데 동북
  쪽으로 대문을 내거나 동북쪽으로 머리를 두고 자면 비장이 더
  욱더 나빠진다. 그러나 적게 있는 사람은 좋다.

□ 서쪽 : 사주에 신금(辛金)이나 유금(酉金)이 많은데 서쪽으로
  대문을 내거나 서쪽으로 머리를 두고 자면 폐장이 더욱더 나빠
  진다. 그러나 적게 있는 사람은 좋다.

□ 서북쪽 : 사주에 경금(庚金)이나 신금(申金)이 많은데 서북쪽
  으로 대문을 내거나 서북쪽으로 머리를 두고 자면 대장이 더욱
  더 나빠진다. 그러나 적게 있는 사람은 좋다.

□ 서남쪽 : 사주에 기토(己土)나 축미토(丑未土)가 많은데 서남
  쪽으로 대문을 내거나 서남쪽으로 머리를 두고 자면 비장이 더
  욱더 나빠진다. 그러나 적게 있는 사람은 좋다.

□ 남쪽 : 사주에 정화(丁火)나 사화(巳火)가 많은데 남쪽으로 대
  문을 내거나 남쪽으로 머리를 두고 자면 심장이 더욱더 나빠진

다. 그러나 적게 있는 사람은 좋다.

□ 북쪽 : 임계자해수(壬癸子亥水)가 많은데 북쪽으로 대문을 내
거나 북쪽으로 머리를 두고 자면 방광과 신장이 더욱더 나빠진
다. 그러나 적게 있는 사람은 좋다.

6. 계절과 질병

□ 봄 : 사주에 목(木)이나 화(火)가 많으면 담·간·소장·심장
계통의 질환이 더욱더 악화된다. 그러나 목(木)이나 화(火)가
약하면 오히려 좋다.

□ 여름 : 사주에 화(火)나 토(土)토가 많으면 소장·심장·위
장·비장계통의 질환이 더욱더 악화된다. 그러나 화(火)나 토
(土)가 약하면 오히려 좋다.

□ 가을 : 사주에 금(金)이나 수(水)가 많으면 대장·폐장·방
광·신장계통의 질환이 더욱더 악화된다. 그러나 금(金)이나 수
(水)가 약하면 오히려 좋다.

□ 겨울 : 사주에 수(水)나 목(木)이 많으면 방광·신장·담·간
계통 질환이 더욱더 악화된다. 그러나 수(水)나 목(木)이 약하
면 오히려 좋다.

6. 자식 수와 천수 아는 법

돼지띠가 신(申)시생이면 부고(富庫)가 된다.

■ 부고(富庫)

□ 의식풍족(衣食豊足) 지란무향(芝蘭無香) : 의식은 풍족하나 난
  초에 향기가 없구나.

□ 칠성유공(七星有功) 이자종효(二子終孝) : 칠성께 기도하면 두
  아들 종신하리라.

□ 일일기하(一日幾何) 양정가기(兩井可欺) : 수명은 80이라.

	亥卯未	寅午戌	巳酉丑	申子辰
富庫	申	亥	寅	巳
積庫	酉	子	卯	午
攀庫	戌	丑	辰	未
虛庫	亥	寅	巳	申
貴庫	子	卯	午	酉
正庫	丑	辰	未	戌
莫庫	寅	巳	申	亥
査庫	卯	午	酉	子
滿庫	辰	未	戌	丑
空庫	巳	申	亥	寅
合庫	午	酉	子	卯
天庫	未	戌	丑	辰

□ 오일체병(五日滯病) 귀명우천(歸命于天) : 체한 병에 걸려 5일
만에 죽으리라.

□ 약유축묘(若有丑卯) 육십삼년(六十三年) : 사주에 축(丑)이나
묘(卯)가 있으면 63세가 천수다.

■ 적고(積庫)

□ 상운암조(祥雲暗照) 사면길운(四面吉運) : 상서로운 구름이 사
방에 비추니 길한 운명이다.

□ 도래만년(到來晚年) 불이도주(不夷陶朱) : 만년이 되면 도주를
부러워하지 않겠다.

□ 사오지중(四五之中) 삼지최장(三枝最長) : 4~5형제 중에 셋째
가 제일 길하다.

□ 일일기하(一日幾何) 희유가오(希有加五) : 수명은 75세이다.

□ 주중유축(柱中酉丑) 육십오년(六十五年) : 사주에 유(酉)나 축
(丑)이 있으면 65세가 한명이다.

■ 반고(攀庫)

□ 병기복역(兵騎伏驛) 백락안재(伯樂安在) : 병마가 역 마다 지
키고 있으니 백성이 편안하겠다.

□ 초중곤란(初中困難) 후분태평(後分太平) : 초년과 중년에는 어
려우나 말년에는 태평하리라.

□ 기과여하(其果如何) 이자종효(二子終孝) : 자식은 두 아들이
종신하겠다.

□ 일일기하(一日幾何) 칠십오년(七十五年) : 수명은 75세다.

□ 황천귀로(黃泉歸路) 냉염지질(冷炎之疾) : 냉병으로 고생하다 죽으리라.

■ 허고(虛庫)

□ 진심갈력(盡心竭力) 허고논실(虛庫論實) : 있는 힘을 다해야 빈 창고를 채우리라.

□ 종효언지(終孝言之) 이실토향(二實吐香) : 수명은 69세이다.

□ 삼일병중(三日病中) 귀우황천(歸于黃泉) : 3일간 앓다가 죽으리라.

□ 인간별세(人間別世) 풍염지증(風廉之症) : 풍증으로 죽으리라.

■ 귀고(貴庫)

□ 택지이향(宅地離鄕) 의록금금(衣祿錦錦) : 고향을 떠나 살게 되고 의식은 넉넉하리라.

□ 이자지중(二子之中) 일자종효(一子終孝) : 두 아들 중에 한 자식만 종신하겠다.

□ 인간백년(人間百年) 가기칠십(可期七十) : 인간 백년에 가히 70을 기약하리라.

□ 득병오일(得病五日) 동음지일(冬陰之日) : 병을 얻은지 5일 후 겨울 어느 흐린 날에

□ 해해지증(咳咳之症) 운망예하(運亡譽何) : 해소병으로 죽는다.

■ 정고(正庫)

▫ 우순풍조.(雨順風調) 길경도문(吉慶到門) : 비바람이 순조로운
듯 집안에 경사가 가득찼다.

▫ 정전보수(庭前寶樹) 이지장춘(二枝長春) : 집안에 보배로운 두
아들이 있겠다.

▫ 수즉기하(壽則幾何) 육십칠년(六十七年) : 수명은 67세이다.

▫ 주체지병(酒滯之病) 삼일득병(三日得病) : 술먹고 체해 3일을
앓다가

▫ 빈칭기일(半晴期日) 별세지천(別世之天) : 맑은 날에 죽으리라.

■ 막고(莫庫)

▫ 만득보재(晚得寶財) 귀토성산(貴土成山) : 늦도록 재물을 산과
같이 이루겠다.

▫ 불전여음(佛前餘蔭) 이자종효(二子終孝) : 부처님의 음덕으로
두 아들이 종신하리라.

▫ 수궁왈하(壽宮曰何) 성수여삼(聖壽餘三) : 수명은 70세요.

▫ 중풍오일(中風五日) 귀천불기(歸天不期) : 중풍든지 5일만에
하늘로 가겠다.

▫ 음우지제(蔭雨之除) 애통망극(哀痛罔極) : 흐리고 비가 오는
날에 죽으리라.

■ 사고(四庫)

▫ 차인평생(此人平生) 초년다패(初年多敗) : 초년에는 실패를 하

겠다.

- 중후점통(中後漸通) 천금복래(千金福來) : 중년 이후부터 점점 복록이 있으리라.
- 기자육칠(其子六七) 오지장춘(五枝長春) : 자식은 6~7명이지만 5형제가 종신하리라.
- 일일기하(一日畿何) 순팔지명(順八之命) : 수명은 68세이다.
- 삼일염증(三日炎症) 영결황천(永訣黃泉) : 3일 앓다가 죽는다.

■ 만고(滿庫)

- 상운암조(祥雲暗照) 금옥만당(金玉滿堂) : 상서로운 구름이 비추니 금과 옥이 집안에 가득하겠다.
- 형궁범살(荊宮犯殺) 일견고분(一見叩盆) : 아내궁에 살이 있으니 사별수가 있겠다.
- 칠성유공(七星有功) 일자종신(一子終身) : 칠성께 기도하면 자식 하나는 종신하리라.
- 일일기하(一日畿何) 칠십육년(七十六年) : 수명은 76세이다.
- 삼일득병(三日得病) 냉체지증(冷滯之症) : 병을 얻은지 3일만에 체병으로 죽으리라.

■ 공고(空庫)

- 차인범사(此人凡事) 실소허다(實小虛多) : 이 사람은 하는 일마다 밖으로는 화려하나 실속이 없구나.
- 초운평평(初運平平) 후분곤란(後分困亂) : 초년에는 평탄하나

말년에는 곤란하겠다.

- □ 삼사지중(三四之中) 이지장춘(二枝長春) : 아들 3, 4형제 중 두 아들이 종신하리라.
- □ 일일기하(一日幾何) 성수지년(聖壽之年) : 수명은 73세이다.
- □ 다년화체(多年火滯) 이일별세(二日別世) : 오랜 화병이 있으나 2일만에 죽으리라.

■ 합고(合庫)

- □ 이선활인(以善活人) 필유여경(必有餘慶) : 착함을 베풀었으니 경사가 있으리라.
- □ 정전보수(庭前寶樹) 삼지결실(三枝結實) : 자식은 3형제가 종신하리라.
- □ 기수여하(其壽如何) 칠십칠년(七十七年) : 수명은 77세이다.
- □ 냉질풍증(冷疾風症) 일월귀중(日月歸衆) : 냉한풍증으로 한달만에 죽으리라.
- □ 갑을기년(甲乙其年) 반음반청(半陰半晴) : 갑년이나 을년에 반은 흐리고 반은 맑은 날 죽으리라.

■ 천고(天庫)

- □ 차인평생(此人平生) 중후성가(中後成家) : 중년 이후부터 성가하리라.
- □ 헌성불전(獻誠佛前) 이자종효(二子終孝) : 불전에 지성을 드리면 두 아들이 종신하리라.

□ 일일기하(一日幾何) 팔십기년(八十其年) : 수명은 80이다.

□ 이월염증(二月炎症) 신입황천(身入黃泉) : 염증이 있은지 두 달만에 죽는다.

□ 불한불열(不寒不熱) 반양지일(半陽之日) : 춥지도 더웁지도 않은 때 죽으리라.

7. 정력과 회춘

1. 연령별 섹스의 기준

주자십회훈(朱子十悔訓)에 색불근신노후회(色不謹愼老後悔)라는 말이 있다. 이것은 호색을 삼가하지 않으면 늙어서 후회한다는 말이다. 각양각색의 내객들 중에는 성문제로 찾아오는 사람도 많다. 정력은 인간의 기력을 말하고, 남자의 생식기 발달상태와 여자의 성욕강도를 말한다. 그러면 먼저 신체기관을 부위별로 나누어본다.

□ 근력 : 어깨의 힘

□ 완력 : 팔의 힘

□ 복력 : 배의 힘

□ 요력 : 허리의 힘

□ 정력 : 생식기의 힘

□ 경력 : 종아리의 힘

사람이 모든 부위가 고르게 발달해 모두 힘이 좋다면 천하장사라 하겠지만 그렇지 못하다. 어떤 사람은 팔힘이 강하거나 어떤 사람은 허리힘이나 어깨힘이 강한 것과 같이 신체 중 유난히 발달한 부분이 있는 것이다. 우람한 체구를 자랑하며 모래판 위에 우뚝 버티고 있는 씨름선수라도 어딘가 약점이 있어 공격당하면 패하기도 한다. 이처럼 보기에 건장하여 강할 것 같지만 사실과는 전혀 다를 수도 있다.

타고난 정력대왕으로는 정미(丁未)일이나 무오(戊午)일에 태어난 사람을 손꼽는다. 그리니 특별한 예가 되겠지만 선천적으로 정력이 약한 사람도 있다. 그리고 금일간(金日干)이 토(土)가 많거나 화일간(火日干)이 조토(燥土)가 많으면 정력이 약하다고 한다. 그러나 이와 같은 사람이 많은 것은 아니다. 그러므로 이날 이외에 태어난 모든 사람과 사주에서의 특별한 경우를 제외하고는 모두 그만그만한 정력으로 부부생활을 하고 있다. 성적욕구를 느끼지 못하는 것도 병이지만 지나치게 탐하는 것은 더 큰 병이다.

이것은 죽음을 재촉하는 용트림과도 같다. 빨리 죽고 싶으면 마음대로 하라고 … 인간이라는 미물의 존재는 대단한 것 같지만 결코 그렇지 못하다. 태양빛 하나에만 의존하고 사는 연약한 인충에 불과하다. 이런 인충에게 힘이 있으면 얼마나 있겠는가. 인간이 하루를 살기 위해서는 남자는 3,000칼로리, 여자는 2,400칼로리를 절대적으로 축적하고 있어야 한다. 이것은 최소한의 기본열량이다.

이와 같은 기본열량을 갖추고 이 열량의 범위 내에서만 활동할 수 있다면 좋으련만 이것만이 아니고, 남녀간의 성생활이라는 방사를 치루어야 하기 때문이다. 1회 성교하는데 남자는 1,000칼로리 여자는 800칼로리 정도가 소모된다는 놀라운 사실을 기억해주기 바란다.

예를 들어 하루에 2회 정도는 치루어야 직성이 풀리는 사람이라면 남자는 2,000칼로리, 여자는 1,600칼로리가 소모되고 3회라면 남자는 3,000칼로리, 여자는 2,400칼로리가 소모되어야 하는데, 만약 이에 대한 칼로리를 보충해주지 못한다면 어떻게 되겠는가. 그 이후의 모습에 대해 상상해 보라. 그들은 분명코 피골이 상접하도록, 삐쩍 말라 붙은 몰골에 눈은 초점을 잃고 다리는 비비꼬여 비실거리며 살아야 될 때, 그 어찌 무병장수 하리라고 말해 줄 수 있겠는가. 그러므로 우주에서는 이들의 생명을 보호라도 해주기 위한 듯 음양(陰陽)이 결합되는 성교의 횟수를 연령별로 정해주었다고 일러준다.

전편에서도 말했지만 음양(陰陽)의 기는 여자 14세와 남자 16세부터 생리작용이 있게 되어 여자 49세, 남자 64세가 되면 생리작용이 쇠하게 되는데 양기 발동의 강약은 연령에 비례하면서 강약의 리듬이 있게 되어 있다. 이것은 우주의 이치요, 인간정력의 한계라. 더이상을 요구한다든가 바램을 갖는다는 것은 절대 무리로 알고 황금덩어리보다 더 값진 건강 지키기에 유념해주기 바라면서 다음의 연령별 기준표를 보고 자신의 상태를 점검해 보기 바란다.

나이별 섹스 기준표(남녀 동일)

나이	산출공식	회수
20~29세	2×9=18	10일에 8회 가능
30~39세	3×9=27	20일에 7회 가능
40~49세	4×9=36	30일에 6회 가능
50~59세	5×9=45	40일에 5회 가능
60~69세	6×9=54	50일에 4회 가능
70~79세	7×9=63	60일에 3회 가능
80~99세	8×9=72	70일에 2회 가능
90~99세	9×9=81	80일에 1회 가능

여기서 9를 연령에 대입시킨 것은 9는 양수(陽數)로써 만물의 생기를 돋아주는 태양과 같다. 태양도 기울면 넘어가고 만월도 차면 일그러지듯 9라는 수도 노양(老陽)의 수가 되어 더이상의 수를 생산하지 못하는 만수이다. 그러므로 9는 더이상의 수를 낳지 못해 다시 0이 되고 0은 1이 되며 1은 다시 2라는 젊은 수를 낳는 이치와 같이 낮은 수 (연령)·즉 젊어서는 섹스의 횟수가 많지만 수(연령)가 높아질수록 섹스의 횟수가 적어지고 있다. 이것은 연령에 알맞도록 비례한 자연의 원리에서 비롯된 횟수이므로 이보다 과하면 에너지의 소모가 많아 천수를 다하지 못한다.

그러면 섹스의 횟수를 말했으니 남녀의 생식기에 대해 좀 설명하기로 하겠다. 오늘날 순정과 순결이라는 철옹성이 마침내 무너지면서 심각한 사회적 문제로까지 등장되고 있다. 여기에 대한 커다란 이유 중의 하나로는 우선 유교사상이 서구사상에 밀리면서부터 비롯되었다고 할 수 있는데 문교정책도 때를 같이 해 학교교육을 통한 성교육을 시켰드라면 오늘날과 같이 사회나 가정의 커다란 문제로까지는 염려하지 않아도 되었을 것을 문교정책이 개방화되는 사회의 물결을 따라주지 못했기에 오늘날과 같은 결과를 초래하고 만 것이라고 지적하지 않을 수 없다.

그러므로 아직도 남녀 성기관의 구조적 기능조차 이해하지 못하고 다만 신비롭게만 생각하는 호기심 때문에 성범죄가 발생하고 또 부부간의 생체리듬을 맞추지 못해 일어나는 가정 파멸 등을 지적하지 않을 수 없다. 이런 불행의 요인은 대부분 이곳으로부터 비롯된 것이므로 이는 신비가 아닌 신체의 구조적 기능에 불과하다는 것을 조금이나마 알게 하고자 이 글을 쓴다.

2. 남자의 생식기

남자의 생식기에서 가장 중요한 것은 고환이다. 이것은 우리의 순수한 말로 불알이라고도 하는데 사실은 정자를 생산해내는 공장이다. 이 공장에서는 하루에 보통 2억개라는 정자를 만들어내는 일과 호르몬이라는 컬컬한 분비물을 만들어 보관하는 창고의 역할도 담당하고 있으니 그의 맡은바 임무는 막중하지 않을 수 없다.

그러면 고환에서는 어떻게 제품을 생산하고 또 생산된 제품을 어떻게 보관하고 있는가에 대해 알아보자. 먼저 정자와 호르몬을 생산하기 위해서는 우선 온도와 관계되는 조건이 맞아야 된다. 만약 조건이 맞지 않으면 불량상품이 생산되고 작업능률이 떨어져 제품 생산에 막대한 지장을 받게 되는데 이것은 남자의 양기(陽氣)부족을 말하는 것이다. 하지만 고환의 기능은 참으로 신비스럽기도 하다. 그러므로 남자들은 고환의 고마움을 알고 더불어 관리도 다른 곳에 비해 특별히 잘 해주기를 당부드린다.

왜냐하면 그의 모습은 보잘 것 없게 생긴 것도 같지만 계란과 같이 약간 길죽한 모습도 했으며 한편으로는 동양미인과 같이 갸름한 모습도 있으니 그렇게 못생긴 편도 이니머 그의 무게는 약 10g 정도에 불과해 그렇게 무겁지도 않으니 나무랄 데가 없다. 그러나 억지로 미운 곳을 찾는다면 대부분의 남자들은 오른쪽보다 왼쪽의 불알이 약간 아래로 처져 있다는 것이 흠이라면 흠이겠는데, 이것은 제품생산과는 전혀 무관하므로 걱정을 하지 않아도 된다. 다만 형님 동생과 같은 서열의 차이 뿐이기 때문이다. 그런데 이들 형제는 참으로 사이도 좋거니와 눈치 빠르기로는 쪽제비 이상이다.

정자를 만들어내기 위한 최적온도는 체온보다 약 3~4도가량 낮아야 되는데 용하게도 이들 형제는 날씨가 조금만 더워도 인체로부터 스스로 떨어져 축 늘어져 있고 또 내몸이 좀 아파 열만 있어도 보살펴줄 생각은 않고 자기들 형제끼리만 뚝 떨어져 모른체 하고 있다. 그러나 체온이 내리고 날씨가 추워지면 언제 내가 그랬드냐는 식으로 바짝 달라붙는 재롱도 부리고 있으니 도대체 이놈들을 얄밉다고 꾸짖을 수도 없고, 그렇다고 떼버릴 것도 못되니 어떻게 할 도리가 없는 놈들이다. 하지만 그것들을 밉다고마는 하지 말라. 그들 형제는 당신의 정자생산활동에 지장을 주지 않도록 알맞은 온도를 유지하기 위한 비상수단의 발동이었기로 이를 어찌 얄밉다고 책망할 수 있으랴. 오직 당신만을 위해, 그늘지고 습한 곳에 외롭게 숨어 살면서 헌신만 해주고 있는데 오히려 고마울 따름이지….

이때 생산된 제품을 무한정 보관하고 있을 수만은 없어 원료를 출하시켜 또 다른 제품을 만들어 내어야 하는데 이것은 수요와 공급을 원활히 해 시장경제를 활성화 시키는 시장경제의 원리와도 같다고 하겠다. 여기서 제품이 출하될 때의 과정을 살펴보자.

밤알만하게 생긴 전립선의 요도를 통해 출하하게 되는데 출하명령을 받은 정자들은 신명난 듯 펄펄넘치는 힘을 자랑하며 2억마리가 뒤엉켜 서로 먼저 나가려고 용트림하는 과정을 우리는 절정에 다다른 흥분상태라고 한다. 이때 남근은 탱탱하게 부풀어 있다. 참는 것도 한계가 있다. 전립선은 팽만하도록 충혈되어 있고 더이상을 견디지 못하고 마침내 소방수의 손에서 물줄기를 뿜어내듯 음경이라는 호스를 통해 호르몬이라는 물을 쏟아 붙기 시작한다. 이때 젊은 20대의 경우 그의 속사거리는 무려 25~30cm 이상이나 되고 0.8초의 간격으로 속사의 강약을 자율적으로 조절하며 물줄기를 내뿜게 되는데 이를 남자의 사정(射精)이라고 한다.

3. 여자의 생식기

필자는 지금 천지우주론을 설명하면서 남녀의 생식기를 말한다. 이해를 돕기 위해 인체의 혈(穴)을 먼저 알아보도록 한다.

인체에는 정수리의 백회(百會)에서 엄지발가락 끝의 대돈혈(大敦穴)에 이르기까지 모두 365개의 혈(穴)이 있는데, 혈(穴) 중의 혈(穴)은 여자의 질구가 으뜸이요 명당혈이다. 이곳은 자궁으로 들어가는 첫 관문이며, 천지생성의 근원이 되는 매우 중요한 곳이다.

곡신불사(谷神不死)라. 계곡의 신은 죽지 않는다는 노자의 말씀처럼, 이곳은 만물을 생성하는 곳으로 죽어서는 안될 곳이다. 이곳이 죽으면 만물을 생성하지 못하므로 우주의 생명은 끝나는 것과 같기 때문이다.

그렇다면 이곳 질구(姪口)를 찾아들어가 보자. 여성의 성기는 음핵 양옆으로 음순이 돋아나 있는데 이곳을 양 날개가 감싸고 있다. 이 음순을 풍수지리학에서는 좌청룡·우백호라 할 만큼 완전한 모습을 갖추었다. 음순도 더 안쪽으로는 소음순이 있고, 밖으로는 두툼한 대음순이 있다. 이를 내백호·외백호라 붙일만 하다. 이토록 정교하게 만들어진 여체의 음핵을 만들기 위하여 산천신명(山川神明)은 온갖 정성을 다했다. 우뚝 솟아오른 머리부터 풍만한 유방을 만들더니, 기름지고 두툼한 복부를 거쳐, 삼각주 평야에 이르러 불두덩이에 음모를 심어놓고, 용의 대가리가 입수(入首)하도록 드리밀게 만들어 놓은 천하의 명당터가 바로 이곳이다.

여자의 생식기는 남자보다는 좀 복잡하게 조직되어 있다. 여자에게는 질의 안쪽을 가로 막고 있는 엷은 막이 있는데 이를 하이멘이라고도 하며 우리 말로는 처녀막이라는 유명한 이름이 붙혀져 있기도 하다. 왜 유명하다는 말을 애써 강조하느냐 하면 한때 우리나라에서 처녀막의 유무만을 갖고 처녀성의 순결여부를 논하든 때도 있어, 숱한 일화를 남기고간 근세의 역사도 있었기에 한 말이다. 참으로 어처구니 없는 무지의 때였다고 기억된다. 물론 성의학의 발달이 늦은 탓도 있겠지만 결코 그것만이 이유의 전부는 아니었을 것이다.

 전문가의 말에 의하면 처녀막이란 처음 출생할 때부터 전혀 없는 사람도 있고, 있어도 있는지 없는지 분간하기 어려운 사람도 있으며 또한 처녀막이 너무 신축성있게 발달해 부부생활을 하고 아기를 출산시켜도 처녀막이 상하지 않고 그대로 간직되어 있는 사람도 있다고 한다. 이런 사람은 그의 막이 너무나도 단단하고 두꺼워 남자의 음경삽입이 될 때 심한 통증을 호소하고 있는 사람도 간혹 있는데 이는 간단한 제거수술로써 원만한 성생활을 할 수 있게 된다고 한다.

 또한 질 주위를 두터운 입술모양으로 감싸고 있는 것이 대음순이고 소음순은 대음순 안쪽에 있는 작은 입술 모양의 것이 소음순이다. 소음순은 성적 흥분을 매우 민감하게 느끼고 있는 곳인데 비해 대음순은 대단히 멍청한 곳이기도 하다. 그러면 이와 같은 조직을 모두 감싸고 있는 것이 질인데 질의 조직은 아주 연하고 부드러운 근육만 떼어내 골라서 특별하게 만든 것 같기도 하지만 이곳의 근육은 신축성이 좋은 탄력도 갖고 있다.

그의 모양은 길죽한 타원형의 모습에 기다란 통로를 갖고 있으며 그 통로의 길이는 보통 10~13㎝나 되고 평상시에는 안쪽에 있는 소음순의 안문도 잠그고 밖에 있는 대음순의 겉문도 잠가버려 어느 누구도 감히 얼씬조차 할 수 없게 만들어졌는데 이때 문을 지켜주는 문지기도 없고 멀리서 망을 보아 주는 파수꾼도 물론 없다. 다만 혼자서 지키고 망을 보다가 자기가 필요하면 문을 열고 필요치 않으면 문을 닫아버리는 자동개폐문을 갖고 있어 혼자서 활용하고 있을 뿐이지만 문제의 허점은 여기에도 있다. 이토록 철저한 이중문을 만들어 걸어 잠그고 있기에 공간이란 전혀 찾아볼 수 없는 것같지만 손가락 하나만 삽입해도 문이 쉽게 열리는 약점 아닌 약점도 갖고 있기 때문이다. 이것은 아무리 힘이 세고 강한 사람이라 하더라도 그에게도 약한 곳이 있는 것처럼 이곳을 아무리 잠가 놓고 튼튼하게 쌓은 철옹성이라 해도 그의 자동개폐문은 쉽게 열리기 때문이다.

그러면 문을 열고 들어가보자. 문을 열고 썩 들어가면 질입구에서 약 5㎝ 정도의 위에 음핵이라는 빨간 앵두모습을 하고 있는 예쁜 것이 있다. 이것을 알고 보면 사실은 작은 모세혈관으로 뭉쳐진 응혈에 불과하며 이것을 자극하므로써 성적흥분만을 제공하는 단순 기관에 불과한 것이다. 그러나 이곳을 중심으로 모든 성신경이 이곳에 모여 있고 또 모여 있으므로 성신경이 발달해 있어 이곳을 건드리면 성적흥분을 쉽게 느끼는 이유도 여기에 있는 것이다.

흥분이 고조되면 그의 크기도 발기되어 약 3~5cm 정도로 커지기까지 하는데 전문가의 말에 의하면 성교를 할 때 흥분을 느끼게 되는 것은 남자의 음경삽입운동이 진행될 때 소음순과 연결된 음핵을 남자의 생식기가 자극하면서부터 소음순은 뒤로 밀리고 음핵만 튀어올라 자극을 받기 때문이라고 한다. 어쨌든 음핵은 성적으로 흥분을 시켜주고 쾌감을 있게 하는 핵이라고만 이해해주기 바란다. 더불어 남성으로부터 생식기 삽입운동이 진행될 때 가장 먼저 나타나는 현상이 질에서 나오는 분비물이라고 하겠다. 이때 분비물의 많고 적음은 체질에 관계되는 것이라고 하지만 어쨌든 분비물이 적으면 마찰부분에 윤활유가 적어 기계가 마모되고 기계에서 소리가 나는 것과 같이 남녀는 심한 통증을 느끼게 된다.

의학적으로 분비물이 솟아나오는 샘은 질안쪽에 있는 양쪽의 점막으로부터 나오는 것이라고 하지만 동양철학으로 사주를 감정해보면 분비물의 과다는 알 수 있다. 여자의 사주에서 수(水)일에 태어난 사람이 지지방국(地支方局)에 수가 많으면 분비물이 많고 또 땀이 많으며 월경의 색도 검은 빛을 띄고 있다고 감정한다. 그러나 반대로 화(火)가 많고 수(水)가 적으면 분비물이 적고 성교할 때 통증을 느끼게 되며 또한 월경도 고르지 못한가 하면 생리때마다 생리통이 심하다는 것을 알 수 있다.

어디 그것뿐인가. 남녀공히 신약(身弱)사주에 을유(乙酉)일이나 신묘(辛卯)일에 태어난 사람은 음경부위, 즉 불두덩이에 털이 많지 않거나 심하면 전혀 없는 사람도 있다. 특히 을유(乙酉)일생은 을목(乙木)이 약하고 유금(酉金)이 강할 때와 신묘(辛卯)일생은 신금(辛金)이 강하고 묘목(卯木)이 약할 때인데 이것은 금극목(金剋木)의 이치로 쇠가 나무를 베고 자르는 원리와 같아 음모의 털을 면도칼로 면도질 하는 것과 같기 때문이다. 그러므로 이 사람은 선천적으로 음모의 근이 약해 무모가 된 것 뿐이지 병적인 것은 아니라고 이해해주기 바란다. 또한 여자는 자궁이라는 특수한 구조적 기능을 갖고 있어 이곳에는 질병도 많아 부인병이라는 악명도 알고보면 이곳으로부터 발생되고 있다. 그러면 이에 대해 잠시 알아보자.

여자는 본래 음(陰)의 인간이므로 위로는 월광(月光)이라는 달빛과 아래로는 땅이라는 음(陰) 지기의 영향을 받아 신체조직과 아주 밀접한 관계를 맺고 있는데 이들의 음기(陰氣)가 넘쳐도 못쓰고 부족해도 못쓴다. 부족해도 못쓴다는 것은 양기(陽氣)와 음기(陰氣)가 조화를 이루는 가운데 건강이 유지되기 때문이다.

그러나 음기(陰氣)가 태과하고 양기(陽氣)가 부족할 때 나타나는 증상으로는 혈기가 없어 얼굴색이 창백하고 전신이 나른하며 어디가 아픈지도 모르게 자주 몸이 아프고 짜증이 나며 심하면 기미가 끼고 비만증이 되는 경우도 있으며 노처녀는 등이 굽어지는 듯 양쪽 어깨가 활처럼 휘어지는 현상이 나타나게 된다.

이와 같은 현상으로는 집에서 기르고 있는 닭만 보더라도 그렇다. 암탉이 오래도록 수탉을 보지 못하면 사람이 옆으로 지나가도 피하지를 않고 꼭꼭꼭꼭하며 괴상한 소리를 내면서 살며시 다리를 꼬부리고 앉아주는데 이것은 수탉을 만나고 싶어하는 동물본능의 행위라고 하겠지만 사실은 양기가 부족한 암탉이 양기 부족을 느끼고 이를 보충하기 위한 동작의 표현이다. 이와 같은 원리로 보아 노처녀에게 히스테리가 많은 것도 이해하지 않으면 안된다.

왜냐하면 이미 혼인시기를 지나 음기가 넘치도록 충만하니 어찌 양기의 부족을 느끼지 않을 수 있겠으며 부족을 느낄 때 나타나는 현상이 히스테리이기 때문인데 어찌 양기가 그립지 않으랴. 다만 암탉과 여자라는 명칭만 다를 뿐 음(陰)의 동물에 대한 생리는 곧 자연의 생리와 같기에 이런 현상이 나타나게 되는 것이다.

이것만도 아니다. 도시에서 사는 여자와 농촌에서 사는 여자를 비유해 볼 때 농촌에서 사는 여자보다 도시에서 사는 여자의 건강이 더욱더 나쁘고 부인병도 훨씬 많다. 물론 혹자는 공기 좋고 물 맑은 농촌에서 매일매일 일하는 운동을 하기 때문이라고도 하겠지만, 천만에 말씀이다.

도시의 여자는 지기가 올라오는 요처를 모두 아스팔트나, 세멘트로 포장해 버렸기에 토기(土氣)를 받을 수 없어 냉이 심하고 월경 불순이 심하지 않나 사료된다. 그러면 냉이나, 대하나, 월경의 본질은 무엇인가 그것은 모두 수액으로된 물에 불과하다. 이것의 과다는 곧 질병을 말한다. 사주에서도 물이 태과한 사람은 토극수(土剋水)의 원리를 적용해 흐르는 물을 토(土)로 막아주게 하고자 토(土)로 용신(用神)을 삼고 그 사람의 운명일대기를 말해주는 것이며 또, 토(土)에 관계되는 직업을 갖으면 성공하는 것과 같으니 수에 대한 질병에는 토(土)가 약이라는 말이다. 그러면 농촌의 생활 모습을 살펴보자.

농촌에서는 아스팔트의 열사 대신 지열과 호흡하며 살아야 되고 또한 밭에 나가 김을 맬 때의 자세는 쪼그리고 앉는 습관을 갖고 있는데, 이때 신체의 내장기관과 직접 호흡할 수 있도록 소통시킬 수 있는 가장 가까운 구멍이 여자의 자궁과 항문이라는 것을 알 수 있다. 특히 항문은 단순한 배설기관에 지나지 않는데 비해 자궁은 흡입과 배설이라는 양자운동을 겸하고 있는 곳이다. 양기를 빨아들여 음기를 조화시키고 조건이 알맞으면 이속에서 씨앗도 생성해 생육도 시키고 출산도 시키지만, 조건이 맞지 않으면 월경으로 배설도 시켜준다.

이렇게 자궁은 땅과 가장 가까운 곳에 있도록 토기(土氣)를 실컷 받아 드리게 하고도 생체내에서 음양(陰陽)의 기를 조화시켜 주게 하기도 한다. 그러나 물이 많으면 토극수(土剋水)로써 억제시켜 주고 있기에 감히 부인병이라는 악질이 찾아와 악명을 떨칠 수 있겠는가. 고로 우리 나라의 농촌에서 일하는 모습을 유심히 관찰해보라. 남자는 들에 나가 일할 때 대부분 일어서거나 앉아 일하는 밭일을 전담하고 있는데 밭일 중에서도 특히 김매기만은 여자의 전매특허인양 전담을 하고 있다.

이것은 어느 누구의 시킴도 아니고. 남편의 명령도 아니다. 오직 예부터 그렇게 하도록 자연적으로 내려온 습관이며 풍속으로 되어

버린 하나의 생활철학일 뿐이다. 여기에는 불만도 없고 불평도 없다. 다만 밭을 가꾸는 일은 아낙네가 해야 될 일이라고만 알고 있을 뿐이다. 어쩌다 일손이 바빠 김매기를 못해 밭에 풀이 무성하노라면 아낙네의 입에서는 자연스럽게도 동네사람 보기에 부끄러워 못견디겠다는 말이 나오도록 이렇게까지 몸에 배어 생활화 되어 있으니 이 얼마나 감격스럽고 아름다운 모습인가. 그러면 이렇게 되도록까지의 이전에는 누구로부터의 발상이었던가.

그것은 물론 우리 자랑스러운 선조들의 지혜로부터 얻어진 것이다. 서양의 조상들은 이토록 심오한 음양(陰陽)의 원리가 있는지도 모른채 다만 일하기에 편리한 것만을 추구했기에 오늘날처럼 그들은 논일이나 밭일을 할 때 일어서서 하고 또 농기계도 일어서서 하도록 발달했지만 우리의 조상들은 일찍이 농경문화가 시작되면서부터 음양(陰陽)의 원리를 응용해 남자는 논일을 하게하고 여자는 밭일을 맡게한 그 놀라운 지혜에 감히 머리숙여 경배하지 않을 수 없다.

그러면 지금까지 남녀의 생체기능 즉 생식기의 구조적 기능에 대해 비전문가로써 일반적 상식으로만 알고 기술하였으니 이중에는 잘못된 표현이나 잘못 알고 있는 부분이 있더라도 양해해주시기를 바란다. 다만 필자의 뜻은 이렇게 모든 인체의 기능은 자기 스스로 자기를 보호할 수 있도록 자기의 능력에 따라 기능을 발휘하고 있다는 사실을 말해주기 위해서였다.

그러므로 젊은 부부들이나 장년층, 노년층을 불문하고 성의 불만족에 대한 푸념과 탈선행위는 오직 건전하지 못한 정신상태에서 비롯된 것이라고 지적해 두는 바이다. 특히 신혼부부가 신혼여행 중 파탄이 생겨 돌아오자 마자 헤어지는 웃지 못할 풍경을 가끔 목격한다. 물론 외형적으로는 성격차이라고 하지만 알고 보면 그렇지도 않다. 처녀의 순결성을 잃었으니, 처녀막이 있으니, 없느니, 남자로써의 성기능이 약해 발기를 못하느니… 등등 대부분 이런 문제에서 비롯된 것들이니 참으로 어처구니 없는 일이다.

남녀 성생활의 요건중 제일의 요건은 정신관계다. 성신경은 너무나도 예민해 정신적으로 고민, 불안, 초조, 과로의 증세가 있으면 남자는 발기의 작용이 약하거나, 또는 전혀 발기가 되지 않는 경우도 있다. 여자도 흥분을 느끼기 이전에 짜증이 먼저 나므로 질구에서 통증을 느기고 불감증까지 나타나 전혀 흥분과 쾌감을 느끼지 못한다.

그러므로 남편과 아내는 먼저 성교행위를 시작하기 전에 기분좋은 말로써 상대를 위로하고 칭찬하며, 격려해줄 때 보이지 않는 양기는 인체의 각기관을 힘있게 자극하면서 기를 발산시키게 되는데 이때의 기는 상당히 높은 고압의 전류와 같다고 하겠다. 그러므로 남자의 기가 부족해 조루현상이 나타난다든가 또는 발기상태가 부진하다고 판단될 때 여자측에서는 이를 보고 불만족을 표시한다면 그것은 절대 엄금이다.

차라리 남편에게 중형을 가하는 사형선고와 같다고 말해주고 싶다. 이런 불만족감의 표현이 날로 더해진다고 가상해보라. 남편은 먼저 성교를 시작하기도 전에 발기무력증이라는 진단을 스스로 내리게 되고 이에 대한 공포로부터 벗어나지 못해주눅이 들어 있는데 어찌 원하는 대로의 힘있는 발기현상이 나타나겠는가.

인간은 오직 정신력 하나만으로 사는 동물이다. 정신상태가 건전치 못하고 병들어 있으면 신체도 건강치 못해 병든 사람과 같다고 하겠지만 정신상태가 건전하고 긍정적인 사고를 갖고 만사를 처리하는 사람은 그에게 낙천적인 기가 충만해 모든 것에 자신을 갖게 되고 힘에 넘치는 부부생활을 보장받으리라고 자신있게 말한다.

8. 득신(得神)과 용치수(龍治水) 아는 법

만세력(萬歲曆)이나 민역(民曆)에 팔일득신(八日得神)이니 오룡치수(五龍治水)니 하는 말이 있다. 아무리 영농이 과학으로까지 발달한 시대가 되었다해도, 옛부터 절기를 기준으로 농사일을 해온 선인들의 놀라운 지혜가 현대과학에 밀려 사라질까 두려워 옛농사법을 기록하겠다.

옛날에는 지금처럼 일년의 강우량과 일조량을 미리 예보해 풍년과 흉년에 대한 대비책을 강구할 수 있는 과학이 발달한 때도 아니었지만 선인들은 오직 정월달의 일진(日辰)만 보고도 금년에는 비가 많고 적음을 미리 알았고, 벼꽃 피는 기간의 길고 짧음을 알았고, 지금도 새해가 되면 농촌의 노인들은 올해는 용이 적어 흉년이 들겠으니 봇물관리를 잘해야 되고, 득신(得神)이 짧아 못자리를 일찍 하지 않으면 패농한다고 젊은이들에게 일러두는 말을 들을 수 있다. 그러면 도대체 어떤 근거로 일년 농사의 풍흉을 알 수 있었나에 대해 알아보도록 한다.

1. 득신(得辛)

득신(得辛)은 곡식의 성숙기간의 장단을 말한다. 예를 들어 벼의 개화기간이 너무 길어도 풍해와 충해를 많이 받고, 너무 짧아도 일소량이 적어 제대로 결실하지 못하여 흉년이 된다. 이것은 만세력에 나와 있는 정월의 일진(日辰)을 보고 당해의 천기를 예언한 것인데, 정월 초하루의 일진(日辰)부터 따져 맨 처음 신(辛)일이 되는 일진(日辰)까지를 센 날짜이다.

예를 들어 초하루부터 따져 5일째에 신(辛)일이 닿으면 5일 득신(得辛)이라 하고, 8일째에 신(辛)일이 닿으면 8일 득신(得神)이라고 한다. 신(辛)은 금(金)이고, 금(金)은 곡식의 결실과 내용물을 단단하게 하는 뜻을 내포하고 있음을 앞에서 설명한 바 있다.

■ 옛 농사법의 용어 풀이

□ 8일 째에 신(辛)일이 들면 8일 득신(得辛)이라 한다.

□ 5일 째에 신(辛)일이 들면 5일 득신(得辛)이라 한다.

□ 5일 째에 진(辰)일이 들면 5룡치수(五龍治水)라 한다.

□ 7일 째에 진(辰)일이 들면 칠룡치수(七龍治水)라 한다.

□ 3일 째에 축(丑)일이 들면 삼우경전(三牛耕田)이라 한다.

□ 2일 째에 축(丑)일이 들면 이우경전(二牛耕田)이라 한다.

□ 4일 째에 오(午)일이 들면 사마타부(四馬陀負)라 한다.

□ 7일 째에 오(午)일이 들면 칠마타부(七馬陀負)라 한다.

2. 용(龍)

득신(得神)과 같이 정월 초하루에서 다져 첫 진(辰)일이 되는 날까지를 말한다. 예를 들어 5일째가 진(辰)일이면 오룡이나 오룡치수(五龍治水)라 하고, 8일째가 진(辰)일면 팔용이라 한다. 용(龍)이 8개나 되니 비가 많이 내린다고 보고, 용(龍)이 적으면 가뭄이 심하다고 본다. 진(辰)은 토(土)이나 진(辰) 중에 계수(癸水)가 들어 있기 때문에 매우 습한 토(土)로 풀이한다.

3. 경전(耕田)

정월 초하루부터 따져 첫 축(丑)일이 되는 날로, 소가 밭을 간다는 뜻이다. 초하루에서 첫 축(丑)일까지가 멀면 멀수록 소가 게으름을 펴 흉년이 들고, 가까우면 가까울수록 소가 부지런히 일하므로 풍년이 든다는 뜻이다.

4. 타부(陀負)

정월 초하루날부터 따져 첫 오(午)일이 되는 날로, 말의 등에 짐을 짊어진다는 뜻이다. 오(午)일이 되는 날이 멀면 멀수록 말 등에

신는 짐이 적어 흉년이 되고, 짧으면 짧을수록 말 등에 짐을 자주
실린다는 뜻으로 풍년을 예고한다.

1990년(庚午年)의 천기로 본 예언

日	1	2	3	4	5	6	7	8	9	10	11	12
日辰	壬辰	癸巳	甲午	乙未	丙申	丁酉	戊戌	己亥	庚子	辛丑	壬寅	癸卯

- 십일득신(十日得辛) : 정월 초하루부터 10일째에 신(辛)일이
  든 것을 말한다.
- 일용치수(一龍治水) : 초하루부터 진(辰)일이 든 것을 말한다.
- 십우경전(十牛耕田) : 초하루부터 10일째에 축(丑)일이 든 것
  을 말한다.
- 삼마타부(三馬陀負) : 초하루부터 3일째에 오(午)일이 든 것을
  말한다.

지금까지의 설명한 것을 참고해서 1990년의 정월 만세력으로 경
오(庚午)년의 농사 운기를 알아본다.

- 용(龍)이 적으니(1개) 심한 가뭄이 예상된다. 세운(歲運)도 경
  오(庚午)이니 지지(地支) 오화(午火)가 천간(天干) 경금(庚金)
  을 화극금(火剋金)하여 경금(庚金)이 금생수(金生水)하기 어렵
  다. 이것은 천간(天干) 즉 하늘에서 비를 만들기 어려워 가뭄을
  말하는 것이고, 지지(地支) 역시 오(午)의 지장간(支藏干) 속에

병기정(丙己丁)의 병정화(丙丁火) 2개와 조토(燥土)에 속하는 기토(己土)가 1개 들어 있다. 이것은 땅의 열기와 메마름으로 풀이되어 1990년은 강우량이 적어 흉년이었다는 것을 예견할 수 있다.

▢ 득신(得神)이 10개나 되므로 벼의 개화기간이 늦고 길어져 병충해의 침해기간이 길어지니 충해로 인한 흉년까지 겹친다. 이에 대한 대비책으로 농촌에서는 저수관리를 철저하게 하고, 병충해 예방을 철저하게 해야 한다. 일찍 못자리와 모내기를 하지 않으면 피해가 클 것이다.

9. 손이 있고 없는 날 아는 법

우리 조상들은 날짜의 길흉을 매우 중요시 했다. 이것은 지금도 민간풍속으로 전해져 도시에서도 이사를 하거나 집을 수리할 때 좋은 날을 고른다. 이것을 손없는 날이라고 한다. 잃을 손이나 덜 손의 뜻으로 손실·손해·손재를 보지 않는 날이라는 뜻으로 악신과 악귀가 동하지 않는 날로 길일이라고 생각하는 것이다. 손 없는 날은 아흐레와 열흘을 말한다. 이 날은 사방을 돌아다니던 악신이 하늘로 올라가는 날이므로 손이 없는 날이지만 손있는 날은 악신이 하늘로 올라가는 것이 아니고 오늘은 이쪽 내일은 저쪽으로 옮겨다니며 사람이 하는 일마다 쫓아다니며 훼방을 부린다는 날로 흉일을 뜻한다. 그러면 손 있는 날을 알아보자.

▢ 하루와 이틀은 동쪽에 손이 있다.

□ 하루와 이틀은 동쪽에 손이 있다.

□ 사흘과 나흘은 남쪽에 손이 있다.

□ 닷새와 엿새는 서쪽에 손이 있다.

□ 이레와 여드레는 북쪽에 손이 있다.

□ 아흐레와 열흘은 손이 없는 날이다.

따라서 위와 같이 2일씩 머물다 는 악신의 이동방향은 동 → 남 → 서 → 북쪽으로 돌아가는데 한달로 묶어 요약하면 다음과 같다.

□ 동쪽에 손 있는 날 : 1 · 2 · 11 · 12 · 21 · 22

□ 남쪽에 손 있는 날 : 3 · 4 · 13 · 14 · 23 · 24

□ 서쪽에 손 있는 날 : 5 · 6 · 15 · 16 · 25 · 26

□ 북쪽에 손 있는 날 : 7 · 8 · 17 · 18 · 27 · 28

□ 손 없는 날 　 : 9 · 10 · 19 · 20 · 29 · 30

10. 주당(周堂) 보는 법

사람들은 누구나 가정의 평안과 행복을 추구하며 살아간다. 이사를 하거나 집을 고치는 일부터 시작해서 사람을 들이고 나가는 날이나 장사지내는 날까지도 길일을 택한다. 이것을 미신으로만 생각하지 말고 생활철학으로 삼아 옛선인들의 지혜로움을 다시 한번 생각해보기 바란다.

주당(周堂)이란 도시에서는 사라진 말이지만 시골에서는 아직도 들을 수 있다. 쉽게 말해 혼인할 때 꺼리는 악신이며, 4가지로 나눈다.

- □ 취가주당(娶嫁周堂) : 혼인일의 길흉을 본다.
- □ 우귀주당(于歸周堂) : 새색시가 신행이나 원행할 때 본다.
- □ 이안주당(移安周堂) : 이사날을 정할 때 본다.
- □ 안장주당(安葬周堂) : 장례일을 정할 때 본다.

이와 같이 일상생활과 직접적인 관계에서 가급적이면 흉일을 피하고 기왕이면 좋은 날을 택해 가정의 번영과 행복을 바라는 뜻으로 만들어진 것이다. 그러나 이와 같은 방법을 가려내는데도 보통으로 만들어진 것이 아니다. 가정의 주택을 중심으로한 주위 즉 팔방위에도 각종 사악한 신이 배정되어 있으므로 이를 피하자는 뜻이 내포되어 있는데 다음 도표에서 보는것과 같이 주당(周堂)도 모형이 주택의 구조와 같고 또 구궁의 모형으로 만들어진 것도 특징이다.

1. 취가주당도(娶嫁周堂圖)

- □ 가정의 주택구조와 같다.
- □ 북쪽에 안방이 자리잡는다.

$$北$$

翁 할아버지방 (시아버지방)	第 안방	竈 부뚜막 (찬장)
堂 대청마루		婦 지어미방 (아내방)
姑 할머니방 (시어머니방)	夫 지아비방 (남편방)	廚 부엌

西 ← (왼쪽) 東 → (오른쪽) 小月(東쪽 위쪽 화살표)

$$南$$ 大月

□ 남쪽에는 안방과 마주한 곳에 남편의 방을 잡는다.

□ 서쪽에는 대청마루를 끼고 서북쪽에는 시아버지 방이 있고, 남서쪽에는 시어머니 방을 잡는다.

□ 안주인인 아내의 방은 동쪽에 자리잡고, 좌우에는 부엌과 찬장을 놓는다.

■ 혼인일의 길흉을 가리는 법(당사자 기준)

□ 먼저 혼인하는 달이 큰 달인지 작은 달인지를 가린다.

□ 혼인하는 달이 큰 달이면 미(未)에서부터 초하루를 따져 시계방향으로 혼인날까지를 세어 부(夫), 부(婦), 옹(翁), 고(姑)와 같이 사람을 상징하는 곳에 날짜가 해당되면 흉일이 되고 그 외는 길일로 본다.

□ 혼인하는 달이 작은 달이면 미(未)에서부터 초하루를 따져 시계반대방향으로 혼인날까지를 세어 위와 같이 사람을 상징하는 곳에 닿으면 흉일로 보고 그 외는 길일로 본다.

□ 만일 흉일에 해당하는 부(夫), 부(婦), 옹(翁), 고(姑)라 하더라도 이곳에 해당하는 사람이 사망했으면 길일로 본다.

예를 들어 1989년 10월 18일이 혼인날이라면 10월은 작은 달에 해당하므로 부(婦)에서 시작한다. 부(婦)부터 조(竈), 제(弟), 옹(翁), 당(堂), 고(姑), 부(夫), 주(廚)로 돌려가며 1일 부(婦)부터 18일까지 세어보면 조(竈)에 닿는다. 이곳은 사람을 상징한 곳이 아니므로 길일이다.

예를 들어 1989년 6월 10일이 혼인날이라면 6월은 큰 달이므로 부(夫)에서 시작하여 10일까지 세면 고(姑)에 닿는다. 이곳은 사람을 상징하는 곳이므로 흉일이다. 그러나 만약 할머니나 시어머니가 사망했으면 길일로 본다. 이미 혼인한 사람도 자신의 혼인날을 위와같은 방법으로 짚어보아 길일에 닿으면 좋고, 흉일에 닿으면 장애가 많다고 본다.

2. 우귀주당도(于歸周堂圖)

■ 신행일이나 원행일을 가리는 법(당사자 기준)

□ 큰 달이면 조(竈)부터 해당하는 날까지를 시계방향으로 세어

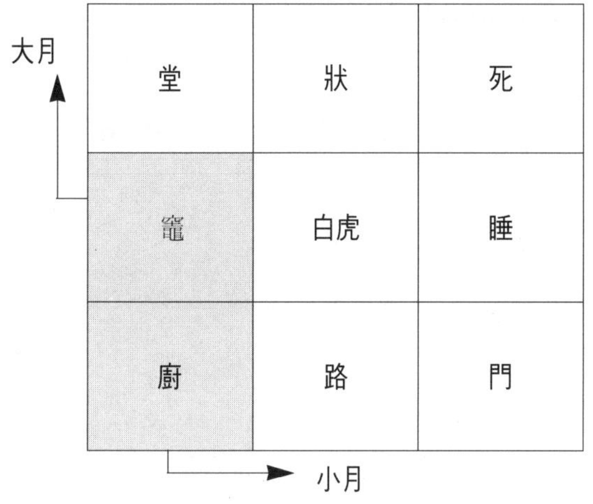

사(死), 수(睡), 주(廚), 조(竈)에 닿으면 길하고 그 외는 흉일로
본다.

□ 작은 달이면 주(廚)부터 해당하는 날까지를 시계 반대방향으로
세어 사(死), 수(睡), 주(廚), 조(竈)에 닿으면 길하고 그 외는
흉일로 본다.

예를 들어1989년 4월 5일에 해외로 나가길 원하면 4월은 큰 달이
므로 조(竈)에서 5일까지 세면 수(睡)에 해당하므로 길일이다.

예를 들어 1989년 5월 3일에 신행을 간다면 5월은 작은 달이므로
주(廚)에서부터 3일까지 세면 문(門)에 해당하므로 흉일이 된다.

3. 이안주당도(移安周堂圖)

	大月	小月
安	利	天
災害		凶害
師	富	殺

■ 이사날을 가리는 법

▫ 큰 달이면 안(安)부터 해당하는 날까지를 시계방향으로 세어 천(天), 이(利), 안(安), 사(師), 부(富)에 닿으면 길하고 그 외는 흉일로 본다.

▫ 작은 달이면 천(天)부터 해당하는 날까지를 시계반대방향으로 세어 천(天), 이(利), 안(安), 사(師), 부(富)에 닿으면 길일이고, 그 외는 흉일로 본다.

4. 안장주당도(安葬周堂圖)

■ 장례일 가리는 법(주소기준)

▫ 큰 달이면 객객부터 시작해 해당하는 날까지 시계방향으로 세고, 사(死)나 죽은 사람에 닿으면 길일이고, 그외는 흉일이다.

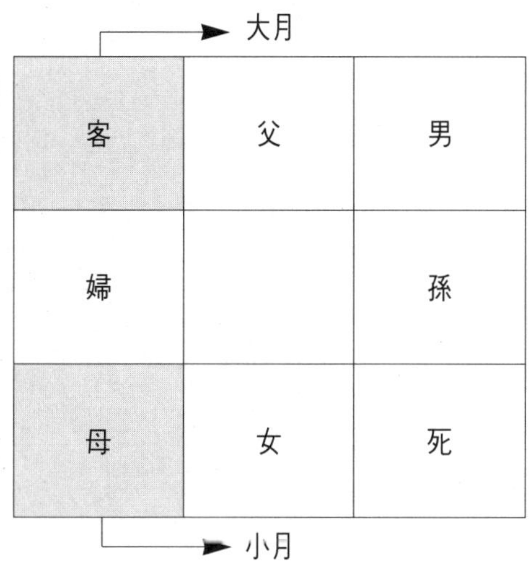

□ 작은 달이면 모(母)부터 시작해 해당하는 날까지를 시계 반대
   방향으로 세어 사나 사망한 사람에 닿으면 길일이나 그 외는
   흉일이다.

  예를 들어 1989년 7월 3일이 장례일이라면 7월은 작은 달이므로
모(母)에서부터 3일까지를 세어보면 사(死)에 닿아 장례에 좋은
날이다. 그러나 만약 4일이라면 손에 해당하여 나쁘나 아랫사람이
나 손자가 사망했다면 길일로 본다.

지금까지 설명한 취가주당(娶嫁周堂), 우귀주당(于歸周堂), 이안주
당(移安周堂), 안장주당(安葬周堂)을 날짜별과 월의 대소별로 구분
해 도표로 묶으면 다음과 같다.

사주당(四周堂) 조견표

날짜 \ 행사 \ 大小月	大月				小月			
	결혼	여행	이사	장례	결혼	여행	이사	장례
1, 9, 17, 25	夫	竈	安	客	婦	廚	天	母
2, 10, 18, 26	姑	堂	利	父	竈	路	利	女
3, 11, 19, 27	堂	狀	天	男	弟	門	安	死
4, 12, 20, 28	翁	死	凶害	孫	翁	睡	災害	孫
5, 13, 21, 29	弟	睡	殺	孔	堂	死	師	男
6, 14, 22, 30	竈	門	富	女	姑	狀	富	父
7, 15, 23	婦	路	師	夫	夫	堂	殺	客
8, 16, 24	廚	廚	災害	婦	廚	竈	凶害	婦

12. 가빈이를 아시나요

2000년이 저물어갈 무렵 아홉 살짜리 초등학교 2년생이 대통령 할아버지한테 보낸 편지가 세인들의 가슴을 안타깝게 했다. 신문 기사를 그대로 옮기면 다음과 같다.

2000년 12월 25일 월요일

가빈이의 희망찬 성탄.

엄마 암치료비 도둑맞은 초등생에 온정 답지.

대통령 금일봉·시민 성금 전달.

"어른들 은혜 갚을게요."

도둑이 훔쳐간 말기암 어머니의 치료비 197만원을 돌려 받게 해 달라는 애절한 사연의 편지를 김대중 대통령에게 보냈던 김가빈(8세·부산 연일초등 2년) 양의 새천년 크리스마스는 「절망 속에서 희망을 되찾은 날」로 기억하게 됐다. 온 국민의 가슴을 울린 가빈 양 가족의 딱한 사연이 알려지면서 23일 김대중 대통령을 비롯하여 안상영 부산시장, 설동빈 부산시교육감, 이병곤 부산경찰청장 등 각계 인사와 시민들의 온정이 답지했다.

김 대통령은 이날 어머니의 치료비를 도둑맞은 가빈 양에게 부산시 정무부시장을 통해 도둑맞은 돈에 해당하는 규일봉과 위로서신을 전달했다. 김 대통령은 위로서신에서 "아버지도 안 계시고 어머니마저 병환으로 누워 있는 가빈 양의 가정에 그렇게 몹쓸 일이 생기다니, 얼마나 막막했으면 편지를 했겠느냐"면서 "가빈이의 갸륵한 정성이 마음에 와 닿는다"고 했다. 김 대통령은 이어 "세상에는 어머니의 병원비를 훔쳐간 나쁜 사람도 있지만 가빈 양처럼 어머니를 걱정하는 착한 마음씨를 가진 어린이, 가빈 양의 어머니를 위해 한푼 두푼 모아준 오빠 친구들 같은 착한 사람들도 있다"면서, "세상을 사랑하는 따뜻한 마음과 용기를 잃지 않고 살아간다면 어머니의 병이 나아서 가빈 양이 활짝 웃을 수 있는 날이 빨리 올 것"이라고 격려했다.

부산시장도 이날 정무부시장을 통해 백만원을 전달한 것을 비롯해 설동빈 부산시교육감 1백만원, 이병곤 부산경찰청장 50만원, 부산동부교육청 1백만원, 연제구청 2백61만 9천원, 연산경찰서 2백7만

4천원 등 각계의 온정이 답지했다.

또 가빈 양과 오빠 보석(13세·부산 연천중 1년) 군의 학교에도 성금을 보내고 싶다는 전화가 하루종일 빗발쳤다. 가빈 양은 "오빠 친구들이 모아준 돈을 도둑맞고 엄마가 밤새도록 우는 모습을 보다 대통령 할아버지께 편지를 썼다"면서, "크리스마스에 이렇게 많은 선물을 주신 어른들의 은혜를 꼭 갚겠다"고 다짐했다.

한편 가빈 양은 아버지가 보증을 잘못 서서 생긴 빚과 유방암을 앓는 어머니의 치료비를 고민하다 지난달 30일 자살하고, 어머니의 치료비로 오빠의 학교 교직원과 친구들이 모아준 성금을 지난 15일 낮 도둑맞은 뒤 애를 태우다 김 대통령에게 돈을 되찾게 해 달라는 편지를 보냈었다.

그후 필자는 가빈이의 큰아버지를 만날 기회가 있어, 양해를 얻어 그들 일가의 사주를 공개감정하기로 했다. 아무쪼록 독자들께서도 이들의 삶에 아낌없는 격려와 용기를 주었으면 하는 마음에서 이 글을 썼다.

■ 망자가 된 가빈이 아빠

時 日 月 年
甲 甲 己 庚　　乾
戌 寅 丑 子　　命

65 55 45 35 25 15 5

丙 乙 甲 癸 壬 辛 庚　　　大

申 未 午 巳 辰 卯 寅　　　運

　12월 갑목(甲木)이 기토(己土)가 투간(透干)되어 정재격(正財格)을 만들어 놓고, 년상(年上)의 경금(庚金)이 축토(丑土)에 뿌리해 기세좋게 우뚝 솟은 것이 한 눈에 보인다. 그런데 여기서 먼저 살펴보아야 할 것은 기세좋게 보이는 경금(庚金)이다. 12월 갑목(甲木)이 우람해 마땅히 경금(庚金)으로 용관(用官)하여 재목을 만들어야 할 사주인가 하는 것이다.

　일간(日干) 갑목(甲木)은 지지(地支)에 인목(寅木)을 놓아 전록(專祿)이 되고, 자축(子丑)이라는 수토(水土)가 있어 뿌리가 단단한 것 같아도 명조에 화(火)가 없어 조후부실(調候不失)이 분명하니 경금(庚金)을 쓸 수가 없다. 여기서 경금(庚金)은 악신(惡神)이다. 축토(丑土)라는 자양지토(慈養之土)에 뿌리한 경금(庚金)은 자수(子水) 위에 앉아 죽어라 하고 냉수(冷水)를 생(生)하니 악신(惡神) 중의 악신(惡神)이다.

　경금(庚金)이 금생수(金生水)하는 것을 보면 경금(庚金) 나는 죽어도 좋으니 무조건 구실좋게 살인상생(殺印相生)만 하는 것과 같다. 부목(浮木)을 만들겠다는 뜻인지, 아니면 모자멸자(母慈滅子)를 만들겠다는 뜻인지, 작심한 듯 냉수(冷水)만 생(生)하고 있으니 이것이 문제다.

여기에 일간(日干) 갑목(甲木)은 시키면 시키는대로, 주면 주는대로만 하겠다고 꼼짝않고 서 있으니 이것 역시 문제다. 냉수(冷水)라도 좋을 때는 받고, 싫으면 거부해야 옳거늘 갑목(甲木)은 어찌해 갑기합(甲己合)과 자축합(子丑合)으로 묶여만 있단 말인가. 다합불기(多合不起)라. 사주에 합(合)이 많으면 사람좋단 말을 들어도 자기발전을 도모하지 못하는 법이다. 그러므로 운명에서는 충(沖)을 두려워하면 안 된다. 충(沖)이 있어야 발전하며 새로운 세계와도 만나, 안목을 넓히며 눈을 뜨는 법인데도 사람들은 충(沖)을 두려워하니 답답할 따름이다.

이 사람이 그렇다. 일간(日干)은 갑기합(甲己合)이 되고, 지지(地支)는 자축합(子丑合)과 인술(寅戌)로 오화(午火)를 협공시켜 다합(多合)을 이룬데다, 축인(丑寅)이 동궁(同宮)까지 하니 바늘 하나 들어갈 틈조차 없다.

■ 망자의 사주는 무엇을 원했나.

이 사주는 춥다. 절기로는 이양지월(二陽之月)이요, 대한(大寒)을 지나 이틀 후 출생이라 입춘(立春)이 진기(進氣)하고 있으니, 누구는 한절(寒節) 갑목(甲木)이 아니라고 항변한다. 또한 인중병화(寅中丙火)와 술중정화(戌中丁火)까지 들먹이며 조후부실(調候不失)이 아니라고 거품까지 물어가며 싸울 듯이 달려든다. 물론 이론으로는 맞는 말이다. 하지만 이 사주를 좀더 살펴보자.

12월은 아직 엄동절이니 병정화(丙丁火)는 우선 갑목(甲木)을 조후(調候)시킨 후, 재관인(財官印)을 살피는 것이 감명의 순리이다. 어쩌자고 12월 사주에 병정화(丙丁火)의 투간(透干) 여부를 살펴 보지도 않고 괴변만 늘어놓는단 말인가. 더운 사주와 추운 사주는 우선 조후(調候)가 먼저라는 것쯤은 기본 상식이다. 특히 오미(午未)월생의 여름 사주는 임계수(壬癸水)가 우선이고, 자축(子丑)월생의 겨울 사주는 병정화(丙丁火)가 우선이라는 것쯤은 알고, 남의 소중한 운명을 감정하기 바란다.

본명은 지금까지 요약힌데로 한 점의 병정화(丙丁火)가 투간(透干)하지 못하고 오히려 술토(戌土)에 화(火)를 입묘(入墓)시켜 놓았다. 이것을 보면 12월 나무가 얼마나 추웠기에 술토(戌土) 화롯불을 끼고 인술(寅戌)로 합(合)되어 있겠는가. 이런 사주는 호주가(好酒家)요 두주불사(斗酒不辭)하는 사람이다. 더구나 갑기합(甲己合)까지 되어 목(木)이 썩어가는 형상이니, 이 사람은 필경 인사불성이 되도록 술을 마실 것이다. 이것은 본능적으로 추위를 이기기 위한 방법이기 때문이다. 그러므로 본명의 용신(用神)은 인중병화(寅中丙火)다.

그들 형제는 우애가 깊고 다정다감하다. 갑술갑인(甲戌甲寅)이 협공된 오화(午火)를 사이에 두고, 12월 강 추위에 화롯불을 쬐는 형상이니 이보다 더 다정할 수 있겠는가. 년월(年月)의 대지는 부모 자리인데 자축(子丑)되어 은백절(銀白節)인 양 산야는 눈과 얼음으로 뒤덮였고, 먹을 것이라고는 얼음 축토재(丑土財) 뿐이다. 이것을 얼음과자로 알고 먹으면 탕화재(湯火財)가 되어 죽을 것이다.

 먹을 것이라고는 오직 시간(時干) 갑목(甲木) 밑에 있는 술토재(戌土財)뿐이다. 이를 보고 설상가상이라 하던가. 년월(年月)마저 공망(空亡)되어 의지할 곳 없는 갑인(甲寅)이 자축공망(子丑空亡)이 되어 기신(忌神)이 되었으니 인수(印綬)와 재처(財妻)가 공망(空亡)이라는 말이다.

 본래 년월(年月)이 공망(空亡)되면 조상의 업이 없고, 있어도 지키지 못하며 의지할 곳 없는 낭인이라 했다. 그래서 그는 공망(空亡)된 축토(丑土) 밥을 못 먹고 시지(時支) 술토(戌土) 밥을 먹으며 40평생을 살았다. 술토(戌土)는 인오술(寅午戌)의 화개(華蓋)다. 화개(華蓋)는 천문이요 승도요 재(財)이니 절밥이다. 그는 분명 명조로 보아 절밥을 먹으며 살아왔을 것이다.

■ 그의 형은 승려이다.

 자축공망(子丑空亡)된 부모 밑에서 두 그루 갑목(甲木)이 출생했다. 풀 한 포기 나올 수 없는 두꺼운 얼음을 뚫고 두 갑목(甲木)이 철없이 태어났으니, 천애의 고아처럼 조실부모했다. 을씬년스럽게 차갑고 황량한 12월 벌판에 내팽개쳐진 두 갑목(甲木)은 서로를 부둥켜 안고 모질게 살지 않으면 안될 운명으로 태어났다. 추위에 견디다 못한 형은 동자승으로 들어가 일러깍기가 되었고, 동생은 형 밑에서 공부하며 장가들어 남매까지 둔 것이 이 집의 전부다.

■ 부산 금정구 부곡동 삼불사(三佛寺)

넉넉하지 못한 동네의 작은 절에서 추위와 번뇌에 시달리는 중생과 구천을 떠도는 영혼을 달래며 목탁을 쳐주는 형님에게 청천벽력같은 비보가 들려왔다. 경진(庚辰)년 9월! 그렇게도 의지하던 동생이 제초제를 마시고 자살했다는 것이다. 하늘이 무너지고 땅이 꺼지는 듯 했다. 망연자실!

동생의 사주에 축인오(丑寅午) 탕화살(湯火殺)이라는 것이 있다. 음독살이라고 한다. 아무리 그렇기로 처자식이 있는 가장이 어떻게 그럴 수 있느냐며 필자를 찾아온 것이다. 그러면 망자인 동생의 사주를 다시 살펴보기로 하자.

甲甲己庚　乾
戌寅丑子　命

앞에서도 잠시 설명했지만 이 사주는 오화(午火)가 협공되어 인오술(寅午戌) 삼합(三合)이 되었다. 그런데 경진(庚辰)년 세운(歲運)이 삼합(三合)된 것을 시샘하듯, 시상(時上) 갑술(甲戌)을 경진(庚辰) 세년(歲年)이 천충지충(天沖地沖)해 버린다. 갑목(甲木)의 목숨은 경금(庚金) 칠살(七殺)의 단칼에 날아가 버리고, 술토(戌土)까지 충(沖)으로 깨지니 가삼합(假三合)이 전파되었고, 대운(大運)까지도 삼형운(三刑運)에 머물고 있으니, 어찌 목숨을 부지할 수 있겠는가.

누구든지 세운(歲運)이 무섭다. 세운(歲運)은 속발(速發)이요 대운(大運)은 원발(遠發)이라. 특히 기신(忌神) 칠살(七殺)은 저승사자와 같아 인정을 베풀지 않는다. 저승사자 같은 칠살(七殺)을 막으려면 식신(食神)으로 제살(制殺)해야 하는데 본명에는 식신(食神) 화(火)가 투간(透干)하지 못해 단명사주로 태어난 것이다.

식신(食神)은 수성(壽星)이다. 그래서 사람의 수명을 알려면 식신(食神)의 유무를 보고 판단한다. 또한 식신(食神)은 할머니에 해당하는데, 할머니가 장수하면 본인도 장수한다. 이것만 보아도 사주학은 인자론이라는 것을 알 수 있다. 부디 망자께서는 이승에서 못다한 삶을 저승에서나마 연화대에 앉아 형복 누리기를 축원한다.

■ 김가빈 양

時 日 月 年
甲 壬 甲 壬　　坤
辰 子 辰 申　　命

임자양인(壬子羊刃) 물이 신자진수국(申子辰水局)을 놓아 그 물줄기가 장연하구나. 년지(年支) 신금(申金)에서 발원한 물줄기가 대하를 이루더니 끝이 보이지 않는다. 곤륜산에서 발원한 물이 황하를 이룬 것과 무엇이 다르랴. 이는 분명 윤하(潤下)다. 비록 지금은 코흘리개지만 장대한 기상은 태종대의 넘실거리는 검푸른 바다를 보며 호연지기를 키우고 있으니 누가 감히 이를 알아볼소냐! 물건이다. 그것도 대물이다.

임자양인수(壬子羊刃水) 옆에 양 갑목(甲木) 식신(食神)을 거느린 자태를 보면 필경 아랫사람이요, 임자양인수(壬子羊刃水)에 수국(水局)을 놓고 형충파해(刑沖破害)가 없는 것을 보니 법인(法人)이요 공인(公人)이 분명하다. 그런가 하면 재관(財官)이 없는 것으로 보아 식신유기승재관격(食神有氣勝財官格)이 분명하다. 이런 사주가 하나 만들어지려면 3대의 조업이 선행해야 한다고 했다. 이렇게 이만한 사주가 이 집안에서 나왔단 말인가. 아무튼 집안의 경사요 사회의 공기요 공복으로 동량감이다. 비록 경진(庚辰)년에 경금(庚金)이 쳐들어와 갑목(甲木) 식신(食神)을 벌목하여 수족을 잘라버린 것 같아도 너를 종강(從强)시키려고 하는 하늘의 천명이요 천작으로 알고 운명에 굴복해라. 대인의 명은 결코 순탄하지 않은 법이다. 시련과 각고라는 쓰디쓴 약으로 단련시켜야 비로소 자신을 이기는 법이다. 연약한 화초는 온실에서만 살지만 거목장송은 풍한서습 속에서 모질고 거칠게 커야 큰 나무가 되는 것처럼 말이다. 다만 감정을 쉽게 노출하지 말고, 검푸른 물처럼 도도하게만 살아다오. 다왕수(多旺水)가 분노하면 노도처럼 사납고 거칠어져 세상 사람들을 놀라게 하는 법이다. 그러나 너는 본래 사주의 격국(格局)이 윤하(潤下)되어 지혜롭고 너그러워 분노하는 일은 없을 것이다.

時 日 月 年
乙 甲 乙 丁　　乾
丑 戌 巳 卯　　命

　4월 갑목(甲木)이 목(木)의 병기(病氣)에 태어나 신약(身弱)하기 이를 데 없고, 축중계수(丑中癸水)가 있다 하나 금기(金氣)가 태왕하여 생목(生木)하기는 어렵게 되었다. 다만 년지(年支) 묘목(卯木)에 뿌리해 살아 있다지만 양 을목(乙木)이 등라격갑(藤蘿擊甲)해 휘어감고 있으니 활목과 활엽이 되어 동량목이 되기는 틀렸다.
　그러나 월상(月上) 을목(乙木)은 년지(年支) 묘목(卯木)에 건록(建祿)을 놓고 뿌리되어 활착했는가 하면, 년상(年上)에 정화(丁火)까지 있어 강한 금기(金氣)를 다스리고 있으니, 갑목(甲木)의 동생 을목(乙木)은 스스로 목화통명(木火通明)하여 꽃피고 열매를 맺었다. 갑목(甲木) 동생은 머리가 영특하여 공부도 잘할 것이다. 갑목(甲木)은 을목(乙木)을 시샘하지마라. 어차피 너는 을목(乙木)이 살아가는데 갑목(甲木)을 버팀목 삼아 휘어감고 올라가 살 수 있도록 만들어졌다. 그렇다고 부모를 원망할 것도 아니다. 애시당초 네 사주에 축중계수(丑中癸水)가 엄마가 된다지만 축술삼형(丑戌三刑) 속의 엄마이니 온전하지 못하고, 애비 역시 술토(戌土)다. 축술삼형(丑戌三刑) 속의 애비가 되어 무덕하기 이를 데 없다. 이를 사술원신(巳戌元嗔)이라고도 하는데, 네 사주에 있으니 어찌 애비를 원망하겠느냐.

그런가 하면 사주에 정재(正財)는 축(丑) 큰아버지나 작은아버지요, 편재(偏財)는 술(戌) 아버지라고 하는데, 너는 아버지 자리가 공망(空亡)을 맞았으니 아버지가 없는 것과 같다. 그런데 마침 술토(戌土) 아버지는 공망(空亡)이 되고, 이것 역시 화개(華蓋)다. 화개(華蓋)가 공망(空亡)을 맞으면 승도사주라 했다. 아버지 대신 큰아버지께서 승려가 된 것도 운명이다. 너 역시 술토(戌土) 속의 신금(辛金) 정관(正官), 즉 히는 일이 승려와 다를 바 없겠다. 이래도 운명을 거부하겠느냐.

사람이 사는 방법은 천인천색이다. 정치·경제·사회·문화·예술·종교 등 다양한 직업 속에서 나름대로 꿈꾸며 열심히 공부하고 일하는 것처럼, 너도 종교와 무관하지 않으니 관심을 갖기 바란다. 세상을 달관하는 경지에 이르면 도인이라 한다. 경제로 성공하면 경제도인이요, 정치로 성공하면 정치도인이요, 과학자로 성공하면 과학도인이 되는 것처럼, 어느 분야에서든 최선을 다하면 최고의 선이요 도인이다.

■ 가빈 엄마

時 日 月 年

庚 丙 甲 癸　　坤

寅 午 子 卯　　命

약변강격(弱變强格) 사주다. 자수(子水) 정관(正官)이 년상(年上)
계수(癸水)로 투간(透干)되어 정관격(正官格)을 놓은 것까지는 좋
았으나, 년지(年支) 묘목(卯木)이 자수(子水)와 수목응결(水木凝
結)되어 남편이 무능한 것이 흠이다. 또한 자수(子水)는 생식기관
이 되면서 묘(卯)가 있어 형(刑)을 만들었다. 이는 자궁암이나 물
혹이라는 진단을 받을 것이고, 수술을 하지 않으면 안 된다. 더구
나 사주에 토(土) 식신(食神)이 없다. 식신(食神)은 수성(壽星)으
로 수명의 장단을 논한다고 앞에서 설명했다. 그래서 본명은 장수
할 사주는 아니나 신강(身强)해진 것을 다행스럽게 생각하며 여기
에 기대를 걸어본다.

그런가 하면 식신(食神)은 유방에도 해당하는데, 이 사람은 식신
(食神)이 하나도 없으니 평생 유방암 같은 질병을 신경쓰지 않으
면 안 된다. 남녀를 불문하고 누구나 만병의 근원은 습하고 냉한
것이 원인이 된다. 특히 여자가 사주가 냉하고 습하면 문제가 많
다. 이때는 토(土)로 제습(制濕)하며 따뜻하게 해주어야 한다. 그
런데 이 사주는 병오(丙午)에 태어났는데 인(寅)이 있으니 뜨겁기
만 하지, 자수(子水)의 찬 기운이 너무 강하여 화수미제(火水未濟)
가 되고 말았다.

이렇게 되면 아랫목은 뜨겁고 윗목은 냉골이 되어 입김이 얼어
붙고, 숭늉그릇이 꽁꽁 얼어버리는 방에서 사는 것과 같으니 어찌
건강할 수 있겠는가. 시간(時干)에 있는 경금(庚金) 재(財)는 인목
(寅木) 절지(絶地)에 앉아 있고, 인오(寅午) 화국(火局) 위에 있어

철철 녹아버렸으니 재(財)라고 할 수가 없다. 재(財)는 식신생재 (食神生財)해야 뿌리가 있어 넉넉하고, 넉넉한 재(財)는 재생관(財 生官)하여 비겁(比劫)까지 막아줄 때 부귀가 장구한 법이다.

  마침 경진(庚辰)년은 편재(偏財)년이다. 경금(庚金)이 달고 들어 온 진토(辰土)는 인묘진(寅卯辰) 목국(木局)으로 돌변해 수기(水 氣) 관성(官星)을 합거(合去)시키며 입묘(入墓) 되었으니 이를 부 성입묘(夫星入墓) 또는 격장지(格葬地)라고 한다. 격(格)이 장지 (葬地)에 들면 하나는 잃어야 한다. 공교롭게도 본명은 남편을 입 묘(入墓)시키고 본인은 살았으니 다행인지 불행인지 어찌 되었든 시(時)에 인목(寅木)이 생왕(生旺)하여 목화통명(木火通明)된 자 식 하나를 두게 되었으니 이것으로 위안을 삼기 바란다. 만고불변 한 것 가운데 하나가 모자의 정이다. 그의 자식은 효심이 지극하고 만인이 우러러 칭송이 자자할 것이다. 이놈으로 남편삼고 위안삼 아라. 그대의 건승과 택내평강하시기를 늘 기원한다.

■ 정담 스님

  時 日 月 年
  丙 甲 己 壬   乾
  寅 申 酉 辰   命

벽오동잎이 누렇게 물들어 한잎 두잎 뚝뚝 떨어지는 팔월! 십오

야가 막 지난 17일. 아직도 만월인데 법당의 첫 인경소리에 맞춰 불쑥 내가 태어났다. 일년 가운데 8월 한가위가 가장 맑고 밝은 달 이다. 나는 분명 8월 갑목(甲木) 노송처럼 태어났다.

 이런 사주는 머리가 뛰어나게 명석하며 연구심이 많고 사려가 깊 다. 그러나 갑목(甲木)이 목화통명(木火通明)으로 진격(眞格)이 되 려면 우선 신왕(身旺)해야 한다. 그러나 이 사주는 금기(金氣)가 태왕하여 병화(丙火) 식신(食神)을 쓰는 것 뿐이지 진격(眞格)은 아니다.

 살거선(殺去先) 식거후(食去後)해야 되는 이유는 진유합금(辰酉 合金), 신유(申酉) 금국(金局)을 놓아 금기(金氣) 태왕하니 병화 (丙火)로 용신을 삼지 않을 수 없고, 년간(年干)의 임수(壬水)가 신금(申金)에 뿌리를 깊이 내리고 있으니, 8월에 한기가 심하여 병 화(丙火)로 조후(調候)를 삼지 않을 수 없다.

 또한 본명에서 기물의 원흉은 월상(月上) 기토(己土)다. 본래 8월 기토(己土)는 허토(虛土)라 윤토(潤土)가 되지 못하는데, 일간(日 干) 갑목(甲木)을 갑기합(甲己合)으로 묶어놓고, 금(金)을 생(生) 하여 임수(壬水)까지 왕수(旺水)로 만들어 놓았다. 아무튼 년월(年 月)의 임기진유(壬己辰酉)는 모두 갑목(甲木)의 기신(忌神)이 되 어 부모 형제가 무덕하다.

 기토재(己土財) 아내도 악신(惡神)이요, 신유관(申酉官) 자식도 악신(惡神)이다. 사람은 재관(財官)이 좋아야 부귀한 명이 된다. 그러나 이것이 마음대로 되는가. 그래도 본명은 다행히 인(寅)시에 태어나 시록격(時祿格)을 놓고, 식신(食神) 병화(丙火)로 용신을 삼았다. 이때 임수(壬水)도 악신(惡神)이 된다. 시간(時干)의 병화(丙火)를 시(時)로 위협하고 있기 때문이나 역시 다행인 것은 갑인(甲寅)이 있어 나름대로 통관시켜주고 있기 때문이다.

 식신(食神) 병화(丙火) 용신(用神) 식신성(食神星) 자체는 부드러워 불쌍한 자를 보면 베풀 줄 아는 자애로운 별이다. 특히 본명의 병화(丙火)는 새벽 인(寅)시인지라 병화(丙火)가 인(寅)에 득장생(得長生)을 하는 때요 일출시간이다. 그의 인자함과 측은지심은 병화(丙火)의 밝이지는 햇살처럼 따스하기 이를 데 없다.

 산천은 고요하고 만물이 막 태동하려는 새벽처럼 무디고 어리석은 뭇 중생을 위해 북을 두드리며 목탁을 쳐 귀를 열게 하고 눈을 뜨게 하소서. 비록 아직은 시운이 오지 않아 대운(大運)을 만나지 못했으나, 운이 여름 동네로 접어 들면서부터 거송다운 정담(廷潭)의 모습이 세인의 입에 오르내리고 눈에 띄기 시작할 것이다.

 식신(食神)은 중생을 나타내나 가족으로는 조카도 된다. 병화(丙火) 식신(食神) 조카 하나는 분명 목화통명(木火通明)이 되어 재주가 있고 병화(丙火)처럼 높이 떠 명진사해할 것이다. 본명의 조카 중 하나는 재주가 있어 나라의 관록으로 이름을 떨칠 것이고, 하나는 초야의 범부로 살거나 진리를 공부하면 혜안이 있어 명진하리라. 이 글을 끝으로 부디 화(火)밭이 올 때까지 정진 또 정진하십시오. 반드시 성불하리라 믿습니다.

쉽게 푼 역학(개정판)
쉽게 배워 적용할 수 있는 생활역학서 !

이 책에서는 좀더 많은 사람들이 역학의 근본인 우주의 오묘한 진리와 법칙을 깨달아 보다 나은 삶을 영위하는데 도움이 될 수 있도록 가장 쉬운 언어와 가장 쉬운 방법으로 풀이했다. 역학계의 대가 김봉준 선생의 역작이다.

신비한 동양철학 71 ｜ 백우 김봉준 저 ｜ 568면 ｜ 30,000원 ｜ 신국판

사주명리학 핵심
맥을 잡아야 모든 것이 보인다

이 책은 잡다한 설명을 배제하고 명리학자에게 도움이 될 비법들만을 모아 엮었기 때문에 초심자가 이해하기에는 다소 어려운 부분도 있겠지만 기초를 튼튼히 한 다음 정독한다면 충분히 이해할 것이다. 신살만 늘어놓으며 감정하는 사이비가 되지말기를 바란다.

신비한 동양철학 19 ｜ 도관 박흥식 저 ｜ 502면 ｜ 20,000원 ｜ 신국판

물상활용비법
물상을 활용하여 오행의 흐름을 파악한다

이 책은 물상을 통하여 오행의 흐름을 파악하고 운명을 감정하는 방법을 연구한 책이다. 추명학의 해법을 연구하고 운명을 추리하여 오행에서 분류되는 물질의 운명 줄거리를 물상의 기물로 나들이 하는 활용법을 주제로 했다. 쌀사풀이 빛 운녕해실에 관한 명리감정법의 체계를 세우는데 목적을 두고 초점을 맞추었다.

신비한 동양철학 31 ｜ 해주 이학성 저 ｜ 446면 ｜ 26,000원 ｜ 신국판

신수대전
흉함을 피하고 길함을 부르는 방법

신수는 대부분 주역과 사주추명학에 근거한다. 수많은 학설 중 몇 가지를 보면 사주명리, 자미두수, 관상, 점성학, 구성학, 육효, 토정비결, 매화역수, 대정수, 초씨역림, 황극책수, 하락리수, 범위수, 월영도, 현무발서, 철판신수, 육임신과, 기문둔갑, 태을신수 등이다. 역학에 정통한 고사가 아니면 추단하기 어려우므로 누구나 신수를 볼 수 있도록 몇 가지를 정리했다.

신비한 동양철학 62 ｜ 도관 박흥식 편저 ｜ 528면 ｜ 36,000원 ｜ 신국판 양장

정법사주
운명판단의 첩경을 이루는 책

이 책은 사주추명학을 연구하고자 하는 분들에게 심오한 주역의 이해를 돕고자 하는 의도에서 시작되었다. 음양오행의 상생상극에서부터 육친법과 신살법을 기초로 하여 격국과 용신 그리고 유년판단법을 활용하여 운명판단에 첩경이 될 수 있도록 했고 추리응용과 운명감정의 실례를 하나하나 들어가면서 독학과 강의용 겸용으로 엮었다.

신비한 동양철학 49 ｜ 원각 김구현 저 ｜ 424면 ｜ 26,000원 ｜ 신국판 양장

내가 보고 내가 바꾸는 DIY사주
내가 보고 내가 바꾸는 사주비결

기존의 책들과는 달리 한 사람의 사주를 체계적으로 도표화시켜 한 눈에 파악할 수 있고, DIY라는 책 제목에서 말하듯이 개운하는 방법을 제시한다. 초심자는 물론 전문가도 자신의 이론을 새롭게 재조명해 볼 수 있는 케이스 스터디 북이다.

신비한 동양철학 39 ｜ 석오 전광 저 ｜ 338면 ｜ 16,000원 ｜ 신국판

인터뷰 사주학
쉽고 재미있는 인터뷰 사주학

얼마전만 해도 사주학을 취급하면 미신을 다루는 부류로 취급되었다. 그러나 지금은 하루가 다르게 이 학문을 공부하는 사람들이 폭증하고 있는 것으로 보인다. 젊은 층에서 사주카페니 사주방이니 사주동아리니 하는 것들이 만들어지고 그 모임이 활발하게 움직이고 있다는 점이 그것을 증명해준다. 그뿐 아니라 대학원에는 역학교수들이 점차로 증가하고 있다.

신비한 동양철학 70 ｜ 글갈 정대엽 편저 ｜ 426면 ｜ 16,000원 ｜ 신국판

사주특강
자평진전과 적천수의 재해석

이 책은 『자평진전』과 『적천수』를 근간으로 명리학의 폭넓은 가치를 인식하고, 실전에서 유용한 기반을 다지는데 중점을 두고 썼다. 일찍이 『자평진전』을 교과서로 삼고, 『적천수』로 보완하라는 서낙오의 말에 깊이 공감한다.

신비한 동양철학 68 | 청월 박상의 편저 | 440면 | 25,000원 | 신국판

참역학은 이렇게 쉬운 것이다
음양오행의 이론으로 이루어진 참역학서

수학공식이 아무리 어렵다고 해도 1, 2, 3, 4, 5, 6, 7, 8, 9, 0의 10개의 숫자로 이루어졌듯이 사주도 음양과 오행으로 이루어졌을 뿐이다. 그러니 용신과 격국이라는 무거운 짐을 벗어버리고 음양오행의 법칙과 진리만 정확하게 파악하면 된다. 사주는 음양오행의 변화일 뿐이고 용신과 격국은 사주를 감정하는 한 가지 방법에 지나지 않는다.

신비한 동양철학 24 | 청암 박재현 저 | 328면 | 16,000원 | 신국판

사주에 모든 길이 있다
사주를 알면 운명이 보인다!

사주를 간명하는데 조금이라도 도움이 됐으면 하는 바람에서 이 책을 썼다. 간명의 근간인 오행의 왕쇠강약을 세분하고, 대운과 세운, 세운과 월운의 연관성과, 십신과 여러 살이 미치는 암시와, 십이운성으로 세운을 판단하는 법을 설명했다.

신비한 동양철학 65 | 정담 선사 편저 | 294면 | 26,000원 | 신국판 양장

왕초보 내 사주
초보 입문용 역학서

이 책은 역학을 너무 어렵게 생각하는 초보자들에게 조금이나마 도움을 주고자 쉽게 엮으려고 노력했다. 이 책을 숙지한 후 역학(易學)의 5대 원서인 『적천수(滴天髓)』, 『궁통보감(窮通寶鑑)』, 『명리정종(命理正宗)』, 『연해자평(淵海子平)』, 『삼명통회(三命通會)』에 접근한다면 훨씬 쉽게 터득할 수 있을 것이다. 이 책들은 저자가 이미 편역하여 삼한출판사에서 출간한 것도 있고, 앞으로 모두 갖출 것이니 많이 활용하기 바란다.

신비한 동양철학 84 | 역산 김찬동 편저 | 278면 | 19,000원 | 신국판

명리학연구
체계적인 명확한 이론

이 책은 명리학 연구에 핵심적인 내용만을 모아 하나의 독립된 장을 만들었다. 명리학은 분야가 넓어 공부를 하다보면 주변에 머무르는 경우가 많아, 주요 내용을 잃고 헤매는 경우가 많다. 그러므로 뼈대를 잡는 것이 중요한데, 여기서는 「17장. 명리대요」에 핵심 내용만을 모아 학문의 체계를 잡는데 용이하게 하였다.

신비한 동양철학 59 | 권중주 저 | 562면 | 29,000원 | 신국판 양장

말하는 역학
신수를 묻는 사람 앞에서 술술 말문이 열린다

그토록 어렵다는 사주통변술을 쉽고 흥미롭게 고담과 덕담을 곁들여 사실적으로 생동감 있게 통변했다. 길흉을 어떻게 표현하느냐에 따라 상담자의 정곡을 찔러 핵심을 끌어내 정답을 내리는 것이 통변술이다.역학계의 대가 김봉준 선생의 역작.

신비한 동양철학 11 | 백우 김봉준 저 | 576면 | 26,000원 | 신국판 양장

통변술해법
가닥가닥 풀어내는 역학의 비법

이 책은 역학과 상대에 대해 머리로는 다 알면서도 밖으로 표출되지 않아 어려움을 겪는 사람들을 위한 실습서다. 특히 실명감정과 이론강의로 나누어 역학의 진리를 설명하여 초보자도 쉽게 이해할 수 있다. 역학계의 대가 김봉준 선생의 역서인 「알기쉬운 해설·말하는 역학」이 나온 후 후편을 써달라는 열화같은 요구에 못이겨 내놓은 바로 그 책이다.

신비한 동양철학 21 | 백우 김봉준 저 | 392면 | 26,000원 | 신국판 양장

술술 읽다보면 통달하는 사주학
술술 읽다보면 나도 어느새 도사
당신은 당신 마음대로 모든 일이 이루어지던가. 지금까지 누구의 명령을 받지 않고 내 맘대로 살아왔다고, 운명 따위는 믿지 않는다고, 운명에 매달리지 않는다고 말하는 사람들이 많다. 그러나 우주법칙을 모르기 때문에 하는 소리다.
신비한 동양철학 28 │ 조철현 저 │ 368면 │ 16,000원 │ 신국판

사주학
5대 원서의 핵심과 실용
이 책은 사주학을 체계적으로 공부하려는 학도들을 위해서 꼭 알아두어야 할 내용들과 용어들을 수록하는데 중점을 두었다. 이 학문을 공부하려고 많은 사람들이 필자를 찾아왔을 깨 여러 가지 질문을 던져보면 거의 기초지식이 시원치 않음을 보았다. 따라서 용어를 포함한 제반지식을 골고루 습득해야 빠른 시일 내에 소기의 목적을 달성할 수 있을 것이다.
신비한 동양철학 66 │ 글갈 정대엽 저 │ 778면 │ 46,000원 │ 신국판 양장

명인재
신기한 사주판단 비법
이 책은 오행보다는 주로 살을 이용하는 비법을 담았다. 시중에 나온 책들을 보면 살에 대해 설명은 많이 하면서도 실제 응용에서는 무시하고 있다. 이것은 살을 알면서도 응용할 줄 모르기 때문이다. 그러나 이 책에서는 살의 활용방법을 완선히 너특해, 어떤 살과 어떤 살이 합하면 어떻게 작용하는지를 자세하게 설명하였다.
신비한 동양철학 43 │ 원공선사 저 │ 332면 │ 19,000원 │ 신국판 양장

명리학 │ 재미있는 우리사주
사주 세우는 방법부터 용어해설 까지!!
몇 년 전 『사주에 모든 길이 있다』가 나온 후 선배 제현들께서 알찬 내용의 책다운 책을 접했다는 찬사를 받았다. 그러나 사주의 작성법을 설명하지 않아 독자들에게 많은 질타를 받고 뒤늦게 이 책 을 출판하기로 결심했다. 이 책은 한글만 알면 누구나 역학과 가까워질 수 있도록 사주 세우는 방법부터 실제간명, 용어해설에 이르기까지 분야별로 엮었다.
신비한 동양철학 74 │ 정담 선사 편저 │ 368면 │ 19,000원 │ 신국판

사주비기
역학으로 보는 역대 대통령들이 나오는 이치!!
이 책에서는 고서의 이론을 근간으로 하여 근대의 사주들을 임상하여, 적중도에 의구심이 가는 이론들은 과감하게 탈피하고 통용될 수 있는 이론만을 수용했다. 따라서 기존 역학서의 아쉬운 부분들을 충족시키며 일반인도 열정만 있으면 누구나 자신의 운명을 감정하고 피흉취길할 수 있는 생활지침서로 활용할 수 있을 것이다.
신비한 동양철학 79 │ 청월 박상의 편저 │ 456면 │ 19,000원 │ 신국판

사주학의 활용법
가장 실질적인 역학서
우리가 생소한 지방을 여행할 때 제대로 된 지도가 있다면 편리하고 큰 도움이 되듯이 역학이란 이와같은 인생의 길잡이다. 예측불허의 인생을 살아가는데 올바른 안내자나 그 무엇이 있다면 그 이상 마음 든든하고 큰 재산은 없을 것이다.
신비한 동양철학 17 │ 학선 류래웅 저 │ 358면 │ 15,000원 │ 신국판

명리실무
명리학의 총 정리서
명리학(命理學)은 오랜 세월 많은 철인(哲人)들에 의하여 전승 발전되어 왔고, 지금도 수많은 사람이 임상과 연구에 임하고 있으며, 몇몇 대학에 학과도 개설되어 체계적인 교육을 하고 있다. 그러나 아직도 실무에서 활용할 수 있는 책이 부족한 상황이기 때문에 나름대로 현장에서 필요한 이론들을 정리해 보았다. 초학자는 물론 역학계에 종사하는 사람들에게 큰 도움이 될 것이라고 믿는다.
신비한 동양철학 94 │ 박흥식 편저 │ 920면 │ 39,000원 │ 신국판

사주 속으로
역학서의 고전들로 입증하며 쉽고 자세하게 푼 책

십 년 동안 역학계에 종사하면서 나름대로는 실전과 이론에서 최선을 다했다고 자부한다. 역학원의 비좁은 공간에서도 항상 후학을 생각하는 마음으로 역학에 대한 배움의 장을 마련하고자 노력한 것도 사실이다. 이 책을 역학으로 이름을 알리고 역학으로 생활하면서 조금이나마 역학계에 이바지할 것이 없을까라는 고민의 산물이라 생각해주기 바란다.

신비한 동양철학 95 | 김상회 편저 | 429면 | 15,000원 | 신국판

사주학의 방정식
알기 쉽게 풀어놓은 가장 실질적인 역서

이 책은 종전의 어려웠던 사주풀이의 응용과 한문을 쉬운 방법으로 터득하는데 목적을 두었고, 역학이 무엇인가를 알리고자 하는데 있다. 세인들은 역학자를 남의 운명이나 풀이하는 점쟁이로 알지만 잘못된 생각이다. 역학은 우주의 근본이며 기의 학문이기 때문에 역학을 이해하지 못하고서는 우리 인생살이 또한 정확하게 해석할 수 없는 고차원의 학문이다.

신비한 동양철학 18 | 김용오 저 | 192면 | 8,000원 | 신국판

오행상극설과 진화론
인간과 인생을 떠난 천리란 있을 수 없다

과학이 현대를 설정하여 설명하고 있으나 원리는 동양철학에도 있기에 그 양면을 밝히고자 노력했다. 우주에서 일어나는 모든 일을 과학으로 설명될 수는 없다. 비과학적이라고 하기보다는 과학이 따라오지 못한다고 설명하는 것이 더 솔직하고 옳은 표현일 것이다. 특히 과학분야에 종사하는 신의사가 저술했다는데 더 큰 화제가 되고 있다.

신비한 동양철학 5 | 김태진 저 | 222면 | 15,000원 | 신국판

스스로 공부하게 하는 방법과 천부적 적성
내 아이를 성공시키고 싶은 부모들에게

자녀를 성공시키고 싶은 마음은 누구나 같겠지만 가난한 집 아이가 좋은 성적을 내기는 매우 어렵고, 원하는 학교에 들어가기도 어렵다. 그러나 실망하기에는 아직 이르다. 내 아이가 훌륭하게 성장해 아름답고 멋진 삶을 살아가는 방법을 소개한다.

신비한 동양철학 85 | 청암 박재현 지음 | 176면 | 14,000원 | 신국판

진짜부적 가짜부적
부적의 실체와 정확한 제작방법

인쇄부적에서 가짜부적에 이르기까지 많게는 몇백만원에 팔리고 있다는 보도를 종종 듣는다. 그러나 부적은 정확한 제작방법에 따라 자신의 용도에 맞게 스스로 만들어 사용하면 훨씬 더 좋은 효과를 얻을 수 있다. 이 책은 중국에서 정통부적을 연구한 국내유일의 동양오술학자가 밝힌 부적의 실체와 정확한 제작방법을 소개하고 있다.

신비한 동양철학 7 | 오상익 저 | 322면 | 15,000원 | 신국판

수명비결
주민등록번호 13자로 숙명의 정체를 밝힌다

우리는 지금 무수히 많은 숫자의 거미줄에 매달려 허우적거리며 살아가고 있다. 1분 ·1초가 생사를 가름하고, 1등·2등이 인생을 좌우하며, 1급·2급이 신분을 구분하는 세상이다. 이 책은 수명리학으로 13자의 주민등록번호로 명예, 재산, 건강, 수명, 애정, 자녀운 등을 미리 읽어본다.

신비한 동양철학 14 | 장충한 저 | 308면 | 15,000원 | 신국판

진짜궁합 가짜궁합
남녀궁합의 새로운 충격

중국에서 연구한 국내유일의 동양오술학자가 우리나라 역술가들의 궁합법이 잘못되었다는 것을 학술적으로 분석·비평하고, 전적과 사례연구를 통하여 궁합의 실체와 타당성을 분석했다. 합리적인 「자미두수궁합법」과 「남녀궁합」 및 출생시간을 몰라 궁합을 못보는 사람들을 위하여 「지문으로 보는 궁합법」 등을 공개하고 있다.

신비한 동양철학 8 | 오상익 저 | 414면 | 15,000원 | 신국판

주역육효 해설방법(상·하)
한 번만 읽으면 주역을 활용할 수 있는 책

이 책은 주역을 해설한 것으로, 될 수 있는 한 여러 가지 사설을 덧붙이지 않고, 주역을 공부하고 활용하는데 필요한 요건만을 기록했다. 따라서 주역의 근원이나 하도낙서, 음양오행에 대해서도 많은 설명을 자제했다. 다만 누구나 이 책을 한 번 읽어서 주역을 이해하고 활용할 수 있도록 하는데 중점을 두었다.
신비한 동양철학 38 ｜ 원공선사 저 ｜ 상 810면·하 798면 ｜ 각 29,000원 ｜ 신국판

쉽게 푼 주역
귀신도 탄복한다는 주역을 쉽고 재미있게 풀어놓은 책

주역이라는 말 한마디면 귀신도 기겁을 하고 놀라 자빠진다는데, 운수와 일진이 문제가 될까. 8×8=64괘라는 주역을 한 괘에 23개씩의 회답으로 해설하여 1472괘의 신비한 해답을 수록했다. 당신이 당면한 문제라면 무엇이든 해결할 수 있는 열쇠가 이 한 권의 책 속에 있다.
신비한 동양철학 10 ｜ 정도명 저 ｜ 284면 ｜ 16,000원 ｜ 신국판 양장

주역 기본원리
주역의 기본원리를 통달할 수 있는 책

이 책에서는 기본괘와 변화와 기본괘가 어떤 괘로 변했을 경우 일어날 수 있는 내용들을 설명하여 주역의 변화에 대한 이해를 돕는데 주력하였다. 그러나 그런 내용을 구분할 수 있는 방법을 전부 다 설명할 수는 없기에 뒷장에 간단하게설명하였고, 다른 책들과 설명의 차이점도 기록하였으니 참작하여 본다면 조금이나마 도움이 될 것이다.
신비한 동양철학 67 ｜ 원공선사 편저 ｜ 800면 ｜ 39,000원 ｜ 신국판

완성 주역비결 ｜ 주역 토정비결
반쪽으로 전해오는 토정비결을 완전하게 해설

지금 시중에 나와 있는 토정비결에 대한 책들은 옛날부터 내려오는 완전한 비결이 아니라 반쪽의 책이다. 그러나 반쪽이라고 말하는 사람은 없다. 그것은 주역의 원리를 모르기 때문이다. 그래서 늦은 감이 없지 않으나 앞으로 수많은 세월을 생각해서 완전한 해설판을 내놓기로 했다.
신비한 동양철학 92 ｜ 원공선사 편저 ｜ 396면 ｜ 16,000원 ｜ 신국판

육효대전
정확한 해설과 다양한 활용법

동양고전 중에서도 가장 대표적인 것이 주역이다. 주역은 옛사람들이 자연을 거울삼아 생활을 영위해 나가는 처세에 관한 지혜를 무한히 내포하고, 피흉추길하는 얼과 슬기가 함축된 점서인 동시에 수양·과학서요 철학·종교서라고 할 수 있다.
신비한 동양철학 37 ｜ 도관 박흥식 편저 ｜ 608면 ｜ 26,000원 ｜ 신국판

육효점 정론
육효학의 정수

이 책은 주역의 원전소개와 상수역법의 꽃으로 발전한 경방학을 같이 실어 독자들의 호기심을 충족시키는데 중점을 두었습니다. 주역의 원전으로 인화의 처세술을 터득하고, 어떤 사안의 답은 육효법을 탐독하여 찾으시기 바랍니다.
신비한 동양철학 80 ｜ 효명 최인영 편역 ｜ 396면 ｜ 29,000원 ｜ 신국판

육효학 총론
육효학의 핵심만을 정확하고 알기 쉽게 정리

육효는 갑자기 문제가 생겨 난감한 경우에 명쾌한 답을 찾을 수 있는 학문이다. 그러나 시중에 나와 있는 책들이 대부분 원서를 그대로 번역해 놓은 것이라 전문가인 필자가 보기에도 지루하며 어렵다는 느낌이 들었다. 그래서 보다 쉽게 공부할 수 있도록 이 책을 출간하게 되었다.
신비한 동양철학 89 ｜ 김도희 편저 ｜ 174쪽 ｜ 26,000원 ｜ 신국판

기문둔갑 비급대성
기문의 정수
기문둔갑은 천문지리·인사명리·법술병법 등에 영험한 술수로 예로부터 은밀하게 특권층에만 전승되었다. 그러나 아쉽게도 기문을 공부하려는 이들에게 도움이 될만한 책이 거의 없다. 필자는 이 점이 안타까워 천견박식함을 돌아보지 않고 감히 책을 내게 되었다. 한 권에 기문학을 다 표현할 수는 없지만 이 책을 사다리 삼아 저 높은 경지로 올라간다면 제갈공명과 같은 지혜를 발휘할 수 있을 것이다.
신비한 동양철학 86 │ 도관 박흥식 편저 │ 725면 │ 39,000원 │ 신국판

기문둔갑옥경
가장 권위있고 우수한 학문
우리나라의 기문역사는 장구하나 상세한 문헌은 전무한 상태라 이 책을 발간하였다. 기문둔갑은 천문지리는 물론 인사명리 등 제반사에 관한 길흉을 판단함에 있어서 가장 우수한 학문이며 병법과 법술방면으로도 특징과 장점이 있다. 초학자는 포국편을 열심히 익혀 설국을 자유자재로 할 수 있도록 하고, 개인의 이익보다는 보국안민에 일조하기 바란다.
신비한 동양철학 32 │ 도관 박흥식 저 │ 674면 │ 39,000원 │ 사륙배판

오늘의 토정비결
일년 신수와 죽느냐 사느냐를 알려주는 예언서
역산비결은 일년신수를 보는 역학서이다. 당년의 신수만 본다는 것은 토정비결과 비슷하나 토정비결은 토정 선생께서 사람들에게 용기와 희망을 주기 위함이 목적이어서 다소 허황되고 과장된 부분이 많다. 그러나 역산비결은 재미로 보는 신수가 아니라, 죽느냐 사느냐를 알려주는 예언서이이니 재미로 보는 토정비결과는 차원이 다르다.
신비한 동양철학 72 │ 역산 김찬동 편저 │ 304면 │ 16,000원 │ 신국판

國運·나라의 운세
역으로 풀어본 우리나라의 운명과 방향
아무리 서구사상의 파고가 높다하기로 오천 년을 한결같이 가꾸며 살아온 백두의 혼이 와르르 무너지는 지경에 왔어도 누구 하나 입을 열어 말하는 사람이 없으니 답답하다. 불확실한 내일에 대한 해답을 이 책은 명쾌하게 제시하고 있다.
신비한 동양철학 22 │ 백우 김봉준 저 │ 290면 │ 9,000원 │ 신국판

남사고의 마지막 예언
이 책으로 격암유록에 대한 논란이 끝나기 바란다
감히 이 책을 21세기의 성경이라고 말한다. 〈격암유록〉은 섭리가 우리민족에게 준 위대한 복음서이며, 선물이며, 꿈이며, 인류의 희망이다. 이 책에서는 〈격암유록〉이 전하고자 하는 바를 주제별로 정리하여 문답식으로 풀어갔다. 이 책으로 〈격암유록〉에 대한 논란은 끝나기 바란다.
신비한 동양철학 29 │ 석정 박순용 저 │ 276면 │ 16,000원 │ 신국판

원토정비결
반쪽으로만 전해오는 토정비결의 완전한 해설판
지금 시중에 나와 있는 토정비결에 대한 책들을 보면 옛날부터 내려오는 완전한 비결이 아니라 반면의 책이다. 그러나 반면이라고 말하는 사람이 없다. 그것은 주역의 원리를 모르기 때문이다. 따라서 늦은 감이 없지 않으나 앞으로의 수많은 세월을 생각하면서 완전한 해설본을 내놓았다.
신비한 동양철학 53 │ 원공선사 저 │ 396면 │ 24,000원 │ 신국판 양장

나의 천운·운세찾기
몽골정통 토정비결
이 책은 역학계의 대가 김봉준 선생이 몽공토정비결을 우리의 인습과 체질에 맞게 엮은 것이다. 운의 흐름을 알리고자 호운과 쇠운을 강조하고, 현재의 나를 조명하고 판단할 수 있도록 했다. 모쪼록 생활서나 안내서로 활용하기 바란다.
신비한 동양철학 12 │ 백우 김봉준 저 │ 308면 │ 11,000원 │ 신국판

역점 | 우리나라 전통 행운찾기
쉽게 쓴 64괘 역점 보는 법

주역이 점치는 책에만 불과했다면 벌써 그 존재가 없어졌을 것이다. 그러나 오랫동안 많은 학자가 연구를 계속해왔고, 그 속에서 자연과학과 형이상학적인 우주론과 인생론을 밝혀, 정치·경제·사회 등 여러 방면에서 인간의 생활에 응용해왔고, 삶의 지침서로써 그 역할을 했다. 이 책은 한 번만 읽으면 누구나 역점가가 될 수 있으니 생활에 도움이 되길 바란다.

신비한 동양철학 57 | 문명상 편저 | 382면 | 26,000원 | 신국판 양장

이렇게 하면 좋은 운이 온다
한 가정에 한 권씩 놓아두고 볼만한 책

좋은 운을 부르는 방법은 방위·색상·수리·년운·월운·날짜·시간·궁합·이름·직업·물건·보석·맛·과일·기운·마을·가축·성격 등을 정확하게 파악하여 자신에게 길한 것은 취하고 흉한 것은 피하면 된다. 이 책의 저자는 신학대학을 졸업하고 역학계에 입문했다는 특별한 이력을 갖고 있기 때문에 더 많은 화제가 되고 있다.

신비한 동양철학 27 | 역산 김찬동 저 | 434면 | 16,000원 | 신국판

운을 잡으세요 | 改運秘法
염력강화로 삶의 문제를 해결한다!

행복과 불행은 누가 주는 것이 아니라 자기 자신이 만든다고 할 수 있다. 한 마디로 말해 의지의 힘, 즉 염력이 운명을 바꾸는 것이다. 이 책에서는 이러한 염력을 강화시켜 삶에서 일어나는 문제를 해결하는 방법을 알려준다. 누구나 가벼운 마음으로 읽고 실천한다면 반드시 목적을 이룰 수 있을 것이다.

신비한 동양철학 76 | 역산 김찬동 편저 | 272면 | 10,000원 | 신국판

복을 부르는방법
나쁜 운을 좋은 운으로 바꾸는 비결

개운하는 방법은 여러 가지가 있으나, 이 책의 비법은 축원문을 독송하는 것이다. 독송이란 소리내 읽는다는 뜻이다. 사람의 말에는 기운이 있는데, 이 기운은 자신에게 돌아온다. 좋은 말을 하면 좋은 기운이 돌아오고, 나쁜 말을 하면 나쁜 기운이 돌아온다. 이 책은 누구나 어디서나 쉽게 비용을 들이지 않고 좋은 운을 부를 수 있는 방법을 실었다.

신비한 동양철학 69 | 역산 김찬동 편저 | 194면 | 11,000원 | 신국판

천직·사주팔자로 찾은 나의 직업
천직을 찾으면 역경없이 탄탄하게 성공할 수 있다

잘 되겠지 하는 막연한 생각으로 의욕만 갖고 도전하는 것과 나에게 맞는 직종은 무엇이고 때는 언제인가를 알고 도전하는 것은 근본적으로 다르고, 결과도 다르다. 만일 의욕만으로 팔자에도 없는 사업을 시작했다고 하자, 결과는 불을 보듯 뻔하다. 그러므로 이런 때일수록 침착과 냉정을 찾아 내 그릇부터 알고, 생활에 대처하는 지혜로움을 발휘해야 한다.

신비한 동양철학 34 | 백우 김봉준 저 | 376면 | 19,000원 | 신국판

운세십진법·本大路

운명을 알고 대처하는 것은 현대인의 지혜다

타고난 운명은 분명히 있다. 그러니 자신의 운명을 알고 대처한다면 비록 운명을 바꿀 수는 없지만 향상시킬 수 있다. 이것이 사주학을 알아야 하는 이유다. 이 책에서는 자신이 타고난 숙명과 앞으로 펼쳐질 운명행로를 찾을 수 있도록 운명의 기초를 초연하게 설명하고 있다.

신비한 동양철학 1 | 백우 김봉준 저 | 364면 | 16,000원 | 신국판

성명학 | 바로 이 이름
사주의 운기와 조화를 고려한 이름짓기

사람은 누구나 타고난 운명이 있다. 숙명인 사주팔자는 선천운이고, 성명은 후천운이 되는 것으로 이름을 지을 때는 타고난 운기와의 조화를 고려해야 한다. 따라서 역학에 대한 깊은 이해가 선행함은 지극히 당연하다. 부연하면 작명의 근본은 타고난 사주에 운기를 종합적으로 분석하여 부족한 점을 보강하고 결점을 개선한다는 큰 뜻이 있다고 할 수 있다.

신비한 동양철학 75 | 정담 선사 편저 | 488면 | 24,000원 | 신국판

작명 백과사전
36가지 이름짓는 방법과 선후천 역상법 수록
이름은 나를 대표하는 생명체이므로 몸은 세상을 떠날지라도 영원히 남는다. 성명운의 유도력은 후천적으로 가공 인수되는 후존적 수기로써 조성 운화되는 작용력이 있다. 선천수기의 운기력이 50%이면 후천수기도의 운기력도 50%이다. 이와 같이 성명운의 작용은 운로에 불가결한 조건일 뿐 아니라, 선천명운의 범위에서 기능을 충분히 할 수 있다.
신비한 동양철학 81 ｜ 임삼업 편저 ｜ 송충석 감수 ｜ 730면 ｜ 36,000원 ｜ 사륙배판

작명해명
누구나 쉽게 활용할 수 있는 체계적인 작명법
일반적인 성명학으로는 알 수 없는 한자이름, 한글이름, 영문이름, 예명, 회사명, 상호, 상품명 등의 작명방법을 여러 사례를 들어 체계적으로 분석하여 누구나 쉽게 배워서 활용할 수 있도록 서술했다.
신비한 동양철학 26 ｜ 도관 박흥식 저 ｜ 518면 ｜ 19,000원 ｜ 신국판

역산성명학
이름은 제2의 자신이다
이름에는 각각 고유의 뜻과 기운이 있어 그 기운이 성격을 만들고 그 성격이 운명을 만든다. 나쁜 이름은 부르면 부를수록 불행을 부르고 좋은 이름은 부르면 부를수록 행복을 부른다. 만일 이름이 거지같다면 아무리 운세를 잘 만나도 밥을 좀더 많이 얻어 먹을 수 있을 뿐이다. 저자는 신학대학을 졸업하고 역학계에 입문한 특별한 이력으로 많은 화제가 된다.
신비한 동양철학 25 ｜ 역산 김찬동 저 ｜ 456면 ｜ 19,000원 ｜ 신국판

작명정론
이름으로 보는 역대 대통령이 나오는 이치
사주팔자가 네 기둥으로 세워진 집이라면 이름은 그 집을 대표하는 문패라고 할 수 있다. 따라서 이름을 지을 때는 사주의 격에 맞추어야 한다. 사주 그릇이 작은 사람이 원대한 뜻의 이름을 쓰면 감당하지 못할 시련을 자초하게 되고 오히려 이름값을 못할 수 있다. 즉 분수에 맞는 이름으로 작명해야 하기 때문에 사주의 올바른 분석이 필요하다.
신비한 동양철학 77 ｜ 청월 박상의 편저 ｜ 430면 ｜ 19,000원 ｜ 신국판

음파메세지(氣)성명학
새로운 시대에 맞는 새로운 성명학
지금까지의 모든 성명학은 모순의 극치를 이룬다. 그러나 이제 새 시대에 맞는 음파메세지(氣) 성명학이 나왔으니 복을 계속 부르는 이름을 지어 사랑하는 자녀가 행복하고 아름다운 삶을 살아갈 수 있도록 하는데 도움이 되었으면 한다.
신비한 동양철학 51 ｜ 청암 박재현 저 ｜ 626면 ｜ 39,000원 ｜ 신국판 양장

아호연구
여러 가지 작호법과 실제 예 모음
필자는 오래 전부터 작명을 연구했다. 그러나 시중에 나와 있는 책에는 대부분 아호에 관해서는 전혀 언급하지 않았다. 그래서 아호에 관심이 있어도 자료를 구하지 못하는 분들을 위해 이 책을 내게 되었다. 아호를 짓는 것은 그리 대단하거나 복잡하지 않으니 이 책을 처음부터 끝까지 착실히 공부한다면 누구나 좋은 아호를 지어 쓸 수 있을 것이라고 생각한다.
신비한 동양철학 87 ｜ 임삼업 편저 ｜ 308면 ｜ 26,000원 ｜ 신국판

한글이미지 성명학
이름감정서
이 책은 본인의 이름은 물론 사랑하는 가족 그리고 가까운 친척이나 친구들의 이름까지도 좋은지 나쁜지 알아볼 수 있도록 지금까지 나와 있는 모든 성명학을 토대로 하여 썼다. 감언이설이나 협박성 감명에 흔들리지 않고 확실한 이름풀이를 볼 수 있을 것이다. 그리고 아름답고 멋진 삶을 살아갈 수 있는 이름을 짓는 방법도 상세하게 제시하였다.
신비한 동양철학 93 ｜ 청암 박재현 지음 ｜ 287면 ｜ 10,000원 ｜ 신국판

비법 작명기술
복과 성공을 함께 하려면
이 책은 성명의 발음오행이나 이름의 획수를 근간으로 하는 실제 이용이 가장 많은 기본 작명법을 서술하고, 주역의 괘상으로 풀어 길흉을 판단하는 역상법 5가지와 그외 중요한 작명법 5가지를 합하여 「보배로운 10가지 이름 짓는 방법」을 실었다. 특히 작명비법인 선후천역상법은 성명의 원획에 의존하는 작명법과 달리 정획과 곡획을 사용해 주역 상수학을 대표하는 하락이수를 쓰고, 육효가 들어가 응험률을 높였다.
신비한 동양철학 96 ｜ 임삼업 편저 ｜ 370면 ｜ 30,000원 ｜ 사륙배판

올바른 작명법
소중한 이름, 알고 짓자!
세상 부모들에게 가장 소중한 것이 뭐냐고 물으면 자녀라고 할 것이다. 그런데 왜 평생을 좌우할 이름을 함부로 짓는가. 이름이 얼마나 소중한지, 이름의 오행작용이 일생을 어떻게 좌우하는지 모르기 때문이다.
신비한 동양철학 61 ｜ 이정재 저 ｜ 352면 ｜ 19,000원 ｜ 신국판

호(雅號)책
아호 짓는 방법과 역대 유명인사의 아호, 인명용 한자 수록
필자는 오래 전부터 작명연구에 열중했으나 내부분의 직명책에는 아호에 권헤시는 전혀 언급하지 않고, 간혹 거론했어도 몇 줄 정도의 뜻풀이에 불과하거나 일반작명법에 준한다는 암시만 풍기며 끝을 맺었다. 따라서 필자가 참고한 문헌도 적었음을 인정한다. 아호에 관심이 있어도 자료를 구하지 못하는 현실에 착안하여 필자 나름대로 각고 끝에 본서를 펴냈다.
신비한 동양철학 97 ｜ 임삼업 편저 ｜ 390면 ｜ 20,000원 ｜ 신국판

관상오행
한국인의 특성에 맞는 관상법
좋은 관상인 것 같으나 실제로는 나쁘거나 좋은 관상이 아닌데도 잘 사는 사람이 왕왕있어 관상법 연구에 흥미를 잃는 경우가 있다. 이것은 중국의 관상법만을 익히고 우리의 독특한 환경적인 특징을 소홀히 다루었기 때문이다. 이에 우리 한국인에게 알맞는 관상법을 연구하여 누구나 관상을 쉽게 알아보고 해석할 수 있도록 자세하게 풀어놓았다.
신비한 동양철학 20 ｜ 송파 정상기 저 ｜ 284면 ｜ 12,000원 ｜ 신국판

정본 관상과 손금
바로 알고 사람을 사귑시다
이 책은 관상과 손금은 인생을 행복하게 만든다는 관점에서 다루었다. 그야말로 관상과 손금의 혁명이라고 할 수 있다. 여러분도 관상과 손금을 통한 예지력으로 인생의 참주인이 되기 바란다. 용기를 불어넣어 주고 행복을 찾게 하는 것이 참다운 관상과 손금술이다. 이 책이 일상사에 고민하는 분들에게 해결방법을 제시해 줄 것이다.
신비한 동양철학 42 ｜ 지창룡 감수 ｜ 332면 ｜ 16,000원 ｜ 신국판 양장

이런 사원이 좋습니다
사원선발 면접지침
사회가 다양해지면서 인력관리의 전문화와 인력수급이 기업주의 애로사항이 되었다. 필자는 그동안 많은 기업의 사원선발 면접시험에 참여했는데 기업주들이 모두 면접지침에 관한 책이 있으면 좋겠다는 것이다. 그래서 경험한 사례를 참작해 이 책을 내니 좋은 사원을 선발하는데 많은 도움이 될 것이라고 믿는다.
신비한 동양철학 90 ｜ 정도명 지음 ｜ 274면 ｜ 19,000원 ｜ 신국판

핵심 관상과 손금
사람을 볼 줄 아는 안목과 지혜를 알려주는 책
오늘과 내일을 예측할 수 없을만큼 복잡하게 펼쳐지는 현실에서 살아남기 위해서는 사람을 볼줄 아는 안목과 지혜가 필요하다. 시중에 관상학에 대한 책들이 많이 나와있지만 너무 형이상학적이라 전문가도 이해하기 어렵다. 이 책에서는 누구라도 쉽게 보고 이해할 수 있도록 핵심만을 파악해서 설명했다.
신비한 동양철학 54 ｜ 백우 김봉준 저 ｜ 188면 ｜ 14,000원 ｜ 사륙판 양장

완벽 사주와 관상
우리의 삶과 관계 있는 사실적 관계로만 설명한 책

이 책은 우리의 삶과 관계 있는 사실적 관계로만 역을 설명하고, 역에 대한 관심과 흥미를 갖게 하고자 관상학을 추록했다. 여기에 추록된 관상학은 시중에서 흔하게 볼 수 있는 상법이 아니라 생활상법, 즉 삶의 지식과 상식을 드리고자 했다.
신비한 동양철학 55 │ 김봉준·유오준 공저 │ 530면 │ 36,000원 │ 신국판 양장

사람을 보는 지혜
관상학의 초보에서 실용까지

현자는 하늘이 준 명을 알고 있기에 부귀에 연연하지 않는다. 사람은 마음을 다스리는 심명이 있다. 마음의 명은 자신만이 소통하는 유일한 우주의 무형의 에너지이기 때문에 잠시도 잊으면 안된다. 관상학은 사람의 상으로 이런 마음을 살피는 학문이니 잘 이해하여 보다 나은 삶을 삶을 영위할 수 있도록 노력해야 한다.
신비한 동양철학 73 │ 이부길 편저 │ 510면 │ 20,000원 │ 신국판

한눈에 보는 손금
논리정연하며 바로미터적인 지침서

이 책은 수상학의 연원을 초월해서 동서합일의 이론으로 집필했다. 그야말로 논리정연한 수상학을 정리하였다. 그래서 운명적, 철학적, 동양적, 심리학적인 면을 예증과 방편에 이르기까지 상세하게 기술했다. 이 책은 수상학이라기 보다 바로미터적인 지침서 역할을 해줄 것이다. 독자 여러분의 꾸준한 연구와 더불어 인생성공의 지침서가 될 수 있을 것이다.
신비한 동양철학 52 │ 정도명 저 │ 432면 │ 24,000원 │ 신국판 양장

이런 집에 살아야 잘 풀린다
운이 트이는 좋은 집 알아보는 비결

한마디로 운이 트이는 집을 갖고 싶은 것은 모두의 꿈일 것이다. 50평이니 60평이니 하며 평수에 구애받지 않고 가족이 평온하게 생활할 수 있고 나날이 발전할 수 있는 그런 집이 있다면 얼마나 좋을까? 그런 소망에 한 걸음이라도 가까워지려면 막연하게 운만 기대하고 있어서는 안 된다. 좋은 집을 가지려면 그만한 노력이 있어야 한다.
신비한 동양철학 64 │ 강현술·박흥식 감수 │ 270면 │ 16,000원 │ 신국판

점포, 이렇게 하면 부자됩니다
부자되는 점포, 보는 방법과 만드는 방법

사업의 성공과 실패는 어떤 사업장에서 어떤 품목으로 어떤 사람들과 거래하느냐에 따라 판가름난다. 그리고 사업을 성공시키려면 반드시 몇 가지 문제를 살펴야 하는데 무작정 사업을 시작하여 실패하는 사람들이 많다. 그래서 이 책에서는 이러한 문제와 방법들을 조목조목 기술하여 누구나 성공하도록 도움을 주는데 주력하였다.
신비한 동양철학 88 │ 김도희 편저 │ 177면 │ 26,000원 │ 신국판

쉽게 푼 풍수
현장에서 활용하는 풍수지리법

산도는 매우 광범위하고, 현장에서 알아보기 힘들다. 더구나 지금은 수목이 울창해 소조산 정상에 올라가도 나무에 가려 국세를 파악하는데 애를 먹는다. 따라서 사진을 첨부하니 많은 활용하기 바란다. 물론 결록에 있고 산도가 눈에 익은 것은 혈 사진과 함께 소개하였다. 이 책을 열심히 정독하면서 답산하면 혈을 알아보고 용산도 할 수 있을 것이다.
신비한 동양철학 60 │ 전항수·주장관 편저 │ 378면 │ 26,000원 │ 신국판

음택양택
현세의 운·내세의 운

이 책에서는 음양택명당의 조건이나 기타 여러 가지를 설명하여 산 자와 죽은 자의 행복한 집을 만들 수 있도록 했다. 특히 죽은 자의 집인 음택명당은 자리를 옳게 잡으면 꾸준히 생기를 발하여 흥하나, 그렇지 않으면 큰 피해를 당하니 돈보다도 행·불행의 근원인 음양택명당에 관심을 기울여야 한다.
신비한 동양철학 63 │ 전항수·주장관 지음 │ 392면 │ 29,000원 │ 신국판

용의 혈·풍수지리 실기 100선
실전에서 실감나게 적용하는 풍수의 길잡이

이 책은 풍수지리 문헌인 만두산법서, 명산론, 금랑경 등을 이해하기 쉽도록 주제별로 간추려 설명했으며, 풍수지리학을 쉽게 접근하여 공부하고, 실전에 활용하여 실감나게 적용할 수 있도록 하는데 역점을 두었다.

신비한 동양철학 30 │ 호산 윤재우 저 │ 534면 │ 29,000원 │ 신국판

현장 지리풍수
현장감을 살린 지리풍수법

풍수를 업으로 삼는 사람들이 진가를 분별할 줄 모르면서 많은 법을 알았다고 자부하며 뽐낸다. 그리고는 재물에 눈이 어두워 불길한 산을 길하다 하고, 선하지 못한 물)을 선하다 한다. 이는 분수 밖의 것을 바라기 때문이다. 마음가짐을 바로 하고 고대 원전에 공력을 바치면서 산간을 실사하며 적공을 쏟으면 정교롭고 세밀한 경지를 얻을 수 있을 것이다.

신비한 동양철학 48 │ 전항수·주관장 편저 │ 434면 │ 36,000원 │ 신국판 양장

찾기 쉬운 명당
실전에서 활용할 수 있는 책

가능하면 쉽게 풀어 실전에 도움이 되도록 했다. 특히 풍수지리에서 방향측정에 필수인 패철 사용과 나경 9층을 각 층별로 설명했다. 그리고 이 책에 수록된 도설, 즉 오성노, 녕산노, 명당 형세도 내거수 명당도, 지각청세도, 용의 과협출맥도, 사대혈형 와겸유돌 형세도 등은 국립중앙도서관에 소장된 문헌자료인 만산도단, 만산영도, 이석당 은민산도의 원본을 참조했다.

신비한 동양철학 44 │ 호산 윤재우 저 │ 386면 │ 19,000원 │ 신국판 양장

해몽정본
꿈의 모든 것

시중에 꿈해몽에 관한 책은 많지만 막상 내가 꾼 꿈을 해몽을 하려고 하면 어디다 대입시켜야 할지 모르는 경우가 많았을 것이다. 그러나 최대한으로 많은 예를 들었고, 찾기 쉽고 명료하게 만들었기 때문에 해몽을 하는데 어려움이 없을 것이다. 한집에 한권씩 두고 보면서 나쁜 꿈은 예방하고 좋은 꿈을 좋은 일로 연결시킨다면 생활에 많은 도움이 될 것이다.

신비한 동양철학 36 │ 청암 박재현 저 │ 766면 │ 19,000원 │ 신국판

해몽·해몽법
해몽법을 알기 쉽게 설명한 책

인생은 꿈이 예지한 시간적 한계에서 점점 소멸되어 가는 현존물이기 때문에 반드시 꿈의 뜻을 따라야 한다. 이것은 꿈을 먹고 살아가는 인간 즉 태몽의 끝장면인 죽음을 향해 달려가고 있는 인간이기 때문이다. 꿈은 우리의 삶을 이끌어가는 이정표와도 같기에 똑바로 가도록 노력해야 한다.

신비한 동양철학 50 │ 김종일 저 │ 552면 │ 26,000원 │ 신국판 양장

명리용어와 시결음미
명리학의 어려운 용어와 숙어를 쉽게 풀이한 책

명리학을 연구하는 이들은 기초공부가 끝나면 자연스럽게 훌륭하다고 평가하는 고전의 이론을 접하게 된다. 그러나 시결과 용어와 숙어는 어려운 한자로만 되어 있어 대다수가 선뜻 탐독과 음미에 취미를 잃는다. 그래서 누구나 어려움 없이 쉽게 읽고 깊이 있게 음미할 수 있도록 원문에 한글로 발음을 달고 어려운 용어와 숙어에 해석을 달아 이 책을 내게 되었다.

신비한 동양철학 103 │ 원각 김구현 편저 │300면 │ 25,000원 │ 신국판

완벽 만세력
착각하기 쉬운 서머타임 2도 인쇄

시중에 많은 종류의 만세력이 나와있지만 이 책은 단순한 만세력이 아니라 완벽한 만세경전으로 만세력 보는 법 등을 실었기 때문에 처음 대하는 사람이라도 쉽게 볼 수 있도록 편집되었다. 또한 부록편에는 사주명리학, 신살종합해설, 결혼과 이사택일 및 이사방향, 길흉보는 법, 우주천기와 한국의 역사 등을 수록했다.

신비한 동양철학 99 │ 백우 김봉준 저 │ 316면 │ 20,000원 │ 사륙배판

정본만세력

이 책은 완벽한 만세력으로 만세력 보는 방법을 자세하게 설명했다. 그리고 역학에 대한 기본적인 내용과 결혼하기 좋은 나이·좋은 날·좋은 시간, 아들·딸 태아감별법, 이사하기 좋은 날·좋은 방향 등을 부록으로 실었다.
신비한 동양철학 45 | 백우 김봉준 저 | 304면 | 사륙배판 26,000원, 신국판 16,000원, 사륙판 10,000원, 포켓판 9,000원

정본|완벽 만세력
착각하기 쉬운 서머타임 2도인쇄

시중에 많은 종류의 만세력이 있지만 이 책은 단순한 만세력이 아니라 완벽한 만세경전이다. 그리고 만세력 보는 법 등을 실었기 때문에 처음 대하는 사람이라도 쉽게 볼 수 있다. 또 부록편에는 사주명리학, 신살 종합해설, 결혼과 이사 택일, 이사 방향, 길흉보는 법, 우주의 천기와 우리나라 역사 등을 수록하였다.
신비한 동양철학 99 | 김봉준 편저 | 316면 | 20,000원 | 사륙배판

원심수기 통증예방 관리비법
쉽게 배워 적용할 수 있는 통증관리법

『원심수기 통증예방 관리비법』은 4차원의 건강관리법으로 질병이 악화되는 것을 예방하여 건강한 몸을 유지하는데 그 목적이 있다. 시중의 수기요법과 비슷하나 특장점은 힘이 들지 않아 어린아이부터 노인까지 누구나 시술할 수 있고, 배우고 적용하는 과정이 쉽고 간단하며, 시술 장소나 도구가 필요 없으니 언제 어디서나 시술할 수 있다.
신비한 동양철학 78 | 원공 선사 저 | 288면 | 16,000원 | 신국판

운명으로 본 나의 질병과 건강상태
타고난 건강상태와 질병에 대한 대비책

이 책은 국내 유일의 동양오술학자가 사주학과 정통명리학의 양대산맥을 이루는 자미두수 이론으로 임상실험을 거쳐 작성한 자료다. 따라서 명리학을 응용한 최초의 완벽한 의학서로 질병을 예방하고 치료하는데 활용하면 최고의 의사가 될 것이다. 또한 예방의학적인 차원에서 건강을 유지하는데 훌륭한 지침서로 현대의학의 새로운 장을 여는 계기가 될 것이다.
신비한 동양철학 9 | 오상익 저 | 474면 | 15,000원 | 신국판

서체자전
해서를 기본으로 전서, 예서, 행서, 초서를 연습할 수 있는 책

한자는 오랜 옛날부터 우리 생활과 뗄 수 없음에도 잘 몰라 불편을 겪는 사람들이 많아 이 책을 내게 되었다. 이 책에서는 해서를 기본으로 각 글자마다 전서, 예서, 행서, 초서 순으로 배열하여 독자가 필요한 것을 찾아 연습하기 쉽도록 하였다.
신비한 동양철학 98 | 편집부 편 | 273면 | 16,000원 | 사륙배판

택일민력(擇日民曆)
택일에 관한 모든 것

이 책은 택일에 대한 모든 것을 넣으려고 최선을 다하였다. 동양철학을 공부하여 상담하거나 종교인·무속인·일반인들이 원하는 부분을 쉽게 찾아 활용할 수 있도록 칠십이후, 절기에 따른 벼농사의 순서와 중요한 과정, 납음오행, 신살의 의미, 구성조견표, 결혼·이사·제사·장례·이장에 관한 사항 등을 폭넓게 수록하였다.
신비한 동양철학 100 | 최인영 편저 |80면 | 5,000원 | 사륙배판

모든 질병에서 해방을 1·2
건강실용서

우리나라는 아주 오랜 옛날부터 건강과 관련한 약재들이 산천에 널려 있었고, 우리 민족은 그 약재들을 슬기롭게 이용하며 나름대로 건강하게 살아왔다. 그러나 오늘날 현대의학에 밀려 외면당하며 사라지게 되었다. 이에 옛날부터 내려오는 의학서적인 『기사회생』과 『단방심편』을 바탕으로 민가에서 활용했던 민간요법들을 정리하고, 현대에 개발된 약재들이나 시술방법들을 정리했다.
신비한 동양철학 102 | 원공 선사 편저 |1권 448면·2권 416면 | 각 29,000원 | 신국판

명리용어와 시결음미
어려운 명리용어와 숙어를 쉽게 풀이한 책

명리학을 연구하는 이들은 기초공부가 끝나면 자연스럽게 훌륭하다고 평가하는 고전을 접하게 된다. 그러나 음양오행의 논리와 심오한 명리학의 진리에 큰 뜻을 갈무리하고 있는 것으로, 이 모두가 세상의 도리와 관련이 있는 시결(詩訣)과 용어와 숙어는 어려운 한자로만 되어 있어 대다수의 역학도는 선뜻 탐독과 음미에 취미를 잃을 수 있다. 그래서 누구나 어려움 없이 쉽게 읽고 깊이 있게 음미할 수 있도록 원문에 한글로 발음을 달고 어려운 용어와 숙어에 해석을 달아 이 책을 내게 되었다.

신비한 동양철학 103 │ 원각 김구현 편저 │ 300면 │ 25,000원 │ 신국판

참역학은 이렇게 쉬운 것이다② — 완결편
역학을 활용하는 방법을 정리한 책

『참역학은 이렇게 쉬운 것이다』에서 미처 쓰지 못한 사주를 활용하는 방법을 정리한다는 의미에서 다시 이 책을 내게 되었다. 전문가든 비전문가든 이 책이 사주라는 학문을 이해하는 데 도움이 되고, 사주에 있는 가장 좋은 길을 찾아 행복하게 살았으면 합니다. 특히 사주상담을 업으로 하는 분들도 참고해서 상담자들이 행복하게 살도록 도와주었으면 한다.

신비한 동양철학 104 │ 청암 박재현 편저 │ 330면 │ 23,000원 │ 신국판

인명용 한자사전
한권으로 작명까지 OK

이 책은 인명용 한자의 사전적 쓰임이 본분이지만 그것에 국한하지 않고 작명법들을 그것도 일반적으로 통용되는 기본적인 것 외에 주역을 통한 것 등 7가지를 간추려 놓아 여러 권의 작명책을 군살없이 대신했기에 이 한권의 사용만으로 작명에 관한 모든 것을 충족하고도 남을 것이다. 5,000자가 넘는 인명용 한자를 실었지만 음(音)으로 한 줄에 수십 자, 획수로도 여러 자를 넣어 가능한 부피를 줄이려고 노력하였다. 그리고 작명하는데 한자에 관해서는 다양하게 활용할 수 있도록 하였고, 일반적인 한자자전의 용도까지 충분히 겸비하도록 하였다.

신비한 동양철학 105 │ 임삼업 편저 │ 336면 │ 24,000원 │ 신국판